客户关系管理理论与实务

（第3版）

杨路明　杨竹青　谢伊苹　陈　昱　吴彦艳　编著

電子工業出版社
Publishing House of Electronics Industry
北京·BEIJING

内 容 简 介

本书从客户关系管理的起源和发展开始，对客户关系管理的内涵及相关理论进行了梳理，从客户满意度与客户忠诚度的角度进行了分析，并从客户关系管理与客户体验管理的角度进行了探讨，引出了客户关系管理与企业变革的关系。本书强调客户关系管理战略对于企业发展的重要性及作用，重视应用客户关系管理来实现企业营销策略的方法，通过对客户关系管理中数据的分析与应用，以支撑企业数据分析及客户数据的获取，进而说明了构建客户关系管理系统的方法；本书讨论了支持客户服务的基本方式，对客户关系管理的运行绩效与成本效益进行了详细分析。本书无论在理论上还是在实践上均进行了有效的改进，突出了理论与实际的结合，通过学习与阅读本书可掌握客户关系管理理论与应用的方法。

本书可以作为企业及政府构建客户关系管理的参考读物，适合高等院校管理类、经济类以及信息类本、专科生及研究生的教材，也可作为客户关系管理研究、应用人员以及从事企业管理、政府管理、管理信息系统、市场营销人员等专业人士的参考书。

图书在版编目（CIP）数据

客户关系管理理论与实务/杨路明等编著. —3 版. —北京：电子工业出版社，2015.7

ISBN 978-7-121-26539-6

Ⅰ. ①客… Ⅱ. ①杨… Ⅲ. ①企业管理－供销管理－高等学校－教材 Ⅳ. ①F274

中国版本图书馆 CIP 数据核字（2015）第 149006 号

策划编辑：赵　平
责任编辑：周宏敏
印　　刷：北京建宏印刷有限公司
装　　订：北京建宏印刷有限公司
出版发行：电子工业出版社
　　　　　北京市海淀区万寿路 173 信箱　邮编　100036
开　　本：787×1 092　1/16　印张：21.75　字数：571 千字
版　　次：2004 年 5 月第 1 版
　　　　　2015 年 7 月第 3 版
印　　次：2025 年 3 月第 12 次印刷
定　　价：88.00 元

凡购买电子工业出版社的图书有缺损问题，请向购买书店调换。若书店售缺，请与本社发行部联系。联系及邮购电话：（010）88254888，88258888。

质量投诉请发邮件至 zlts@phei.com.cn，盗版侵权举报请发邮件至 dbqq@phei.com.cn。

本书咨询联系方式：（010）88254694。

前　　言

《客户关系管理理论与实务》第 3 版与广大读者见面了。应当说，第 2 版与第 1 版相隔了 4 年时间，而第 3 版与第 2 版也相隔了 4 年。4 年来，世界及中国各个产业应用客户关系理论提升了企业的竞争能力，为获取客户资源及有效了解客户创造了条件。与此同时，客户关系管理理论也得到了更广泛的应用与发展。随着网络与其他各种信息技术一起以各种创新的方式帮助提升客户价值，通过客户关系管理与其他管理理论的整合来优化企业的管理水平；利用网络分析客户行为，通过大数据来了解客户的体验等。自本书第 2 版出版以来，这些领域都取得了长足的发展，并且快速向前推进。

然而，近年来，随着各国经济的发展，世界经济的一体化已经使得企业之间的竞争异常激烈，客户已经成为企业生存的关键，研究客户、管理客户，并与客户形成战略联盟的关系是企业发展的目标。目前，客户的获取成为企业的重要目标，获得客户、关心客户、对客户进行有效管理的理念也为越来越多的企业所接受。

随着 IT 技术的发展与应用，互联网的应用与发展更为迅速。由于互联网的快速发展，企业及各种组织机构的管理模式也发生了巨大变化。速度、知识、网络彻底改变了竞争规则，在世界范围内形成了利用信息技术、通信技术把速度与知识结合起来创造新价值的网络经济时代。企业之间、组织之间甚至国家之间的竞争已经从过去的以质量、价格、管理为中心的竞争，转变为以客户为中心的竞争。而作为管理及竞争中的一个重要环节，IT 环境下的客户关系管理（CRM）全面解决了针对企业外部及企业内部的客户问题，实现了对客户资源的有效挖掘和利用。而各类组织及国家从管理模式向服务模式的转变中也需要客户的支持，因此，客户关系管理已经不再是单纯的企业问题，而是向新的管理方式转变的一种需要，它为企业及组织的发展起到了重大的促进作用，并成为企业获得以客户为中心的竞争的手段。

客户关系管理（CRM）是一个古老而又充满新意的话题。从人类进行商品交换开始，客户关系管理就已经开始成为商务活动中一个非常重要的核心问题，也是商业活动中成功与否的关键。对于现代商业来说，客户关系管理是商务活动中的信息资源，企业所有的商务活动应当具有的信息与客户关系管理有直接的关系。特别在现代经济环境下，由于全球经济一体化进程的加速，客户关系管理已经成为各行各业信息技术与管理技术的中心。

本书在第 2 版的基础上进行了大量的修改甚至是重写，并增加了相应的章节，吸收了近年来新的研究成果和应用方法，注重理论与实际的结合，以求读者从中汲取更多知识，进而为企业进行有效的客户关系管理尽一点微薄之力。

本书不只是为了学生学习客户关系管理理论与应用而编著的，也是为了我国的各类企业、政府部门及相关专业人员认识、理解和学习客户关系管理而编著的一本介绍客户关系管理理论与实务的书籍。

本书由杨路明教授负责全书的整体策划、编著和最后的统稿及修改。本书修订的具体分工是：杨路明教授、杨竹青博士（云南大学）负责第 1、5、7 章；杨路明教授，吴彦艳博士、副教授（哈尔滨商业大学）负责第 10、11 章；杨路明教授、谢伊苹副教授（新疆生产建设兵团第十二师党委党校）负责第 2、3 章；杨路明教授，陈昱博士、教授（云南警官学院）负责第 4、8 章；罗裕梅博士、副教授（云南大学）负责第 6 章；刘明博士（云南大学）负责第 9 章。云南大学研究生（2012 级、2013 级）李宇庭、张钧彦、王德彬、闻博参加了本书的校对、审核及相关的基础工作。本书的 PPT 由王德彬、闻博、武亚娜、单良进行设计与制作。

本书特色：注重客户关系管理的概念：在每一章中都会对一些基本概念进行论述和定义，并有效结合概念进行深入的讨论与分析。这些概念可以让读者通过学习与理解来掌握章的内容，并通过概念的掌握与真正应用相应的基本理论去理解更新的知识。

学习目标：在每一章的开头都列出章的学习目标，希望读者通过阅读并完成整章内容的学习后能够达到预期的目标。只要读者能够运用书中建议的学习方法，这些目标是能够达到的。

企业的真实故事及案例分析：在每一章的结尾部分都针对一个具体企业的实际应用客户关系管理的成功案例进行介绍。一方面希望读者通过对案例的学习与阅读，提高学习兴趣。另一方面也使读者通过案例来真正了解并理解客户关系管理的实际应用，并使读者通过对案例的分析来提高实际的理解与应用能力。

本章小结：每一章都有章的内容小结。本章小结虽然是针对整章内容进行的归纳及总结，但并不意味着读书可以只读这些小结就能替代对实际内容的阅读与理解。

复习思考题：在每一章的结尾都设计了一些问题，这些问题对于理解相应的理论和内容是有帮助的，并且有助于综合理解，把理论与实践进行结合，有效地通过思考来提升理论知识。

网络实践题：学生的实际动手能力是一个重要的内容，对于学生学习理论知识及实际应用具有很大的帮助，因此，在每一章的结尾都编写了“网络实践题”的内容。

本书得到了教育部高等学校电子商务教学指导委员会众位专家的大力帮助与支持，感谢各位专家对本书提出的许多宝贵意见，在此表示谢意。对关心本书编写的各位专家及读者表示感谢。对在写作本书过程中所参考的专著、教材、论文的作者深表谢意，由于所参考的书目众多，不可能一一列出，在此深表歉意。

本书在原有基础上进行了大量的修改，甚至是重写，在内容上进行了大量的更新与补充。但是，由于本书作者在教学及科研上，特别是对客户关系管理的理解与认识上仍有许多不足，书中难免有不当之处，敬请读者批评指正。

谨以此书献给所有企业、政府、IT 技术应用及管理的各类工作人员、科研人员和学者。

杨路明

2014 年 12 月 8 日

云南昆明龙泉路云南大学小区

Lmyang@ynu.edu.cn

目　录

第 1 章　客户关系管理的起源和发展

本章导读

在过去的 10 年，客户关系管理（CRM，Customer Relationship Management）已被证明是企业确定最佳客户，满足他们的需求，并使其忠诚于企业业务，从而提高企业盈利能力的重要工具。它是企业通过与客户的有效沟通、互动和协作，影响客户行为，最终实现客户获得、保留和提高客户忠诚及客户创造价值的过程。CRM 系统通过向企业的销售、市场、服务等部门和人员提供全面及个性化的客户资料，强化企业跟踪服务和分析信息的能力，使他们能够协同建立和维护一系列与客户以及商业伙伴之间卓有成效的“一对一”关系，从而使企业得以提供更快捷和更周到的优质服务，提高客户满意度，吸引和保持更多的客户，从而增加营业额，并通过信息共享和优化商业流程有效地降低企业经营成本。简单来说，CRM 就是利用软件、硬件和网络技术，为企业建立一个客户信息收集、管理、分析、利用的信息系统。以此为背景，本章尝试对该领域的主要观点进行归纳，并梳理其理论逻辑，阐述客户关系管理产生、发展和变迁的全过程，阐明客户关系管理的目的、实质和存在的意义，以及客户关系管理的应用现状和发展趋势。CRM 的发展过程表明客户需求变迁是 CRM 管理理念变革的主要动力，而信息技术发展是 CRM 成型的主要推手。

学习目标

- 了解客户关系管理的起源及历史演变过程
- 理解客户关系管理产生的理论背景
- 理解客户关系管理的发展动力
- 认识客户关系管理的目标与实践意义
- 了解客户关系管理在中国的应用现状
- 了解客户关系管理理念、应用技术和市场等方面的发展趋势

1.1　客户关系管理的起源与发展动力

客户关系管理的理论基础来源于西方的市场营销理论，它最早产生于美国并在全球得以迅速推广。市场营销作为一门独立的管理学科存在已有近百年的历史，它的理论和方法极大地推动了西方国家工商业的发展，深刻地影响了企业的经营观念以及人们的生活方式。近 50 年来，信息通信技术的快速发展，为市场营销管理理念的普及、应用和提升奠定了技术平台，并开辟了更广阔的发展空间。

1.1.1 客户关系管理的起源及发展历程

1. 客户关系管理的起源及发展

在工业经济时代，企业通过提高生产效率并最大限度地降低成本，同时建立质量管理体系以控制产品质量，从而取得市场竞争优势。可以说，工业经济时代是以“产品”生产为导向的卖方市场时代，也可称作产品经济时代。产品生产的标准化及企业生产的规模大小决定了市场竞争地位，企业管理最重要的目标就是成本控制和利润最大化。

生产力的不断进步逐步改变了全社会生产能力不足和商品短缺的状况。随着商品越来越丰富并出现过剩，消费者的选择空间和选择余地也越来越大，世界市场步入买方市场时代，企业管理的重点也相应地从“产品为中心”转向了“客户为中心”。与此同时，客户的需求开始呈现出个性化、差异化特征，大众化、标准化的产品市场逐渐萎缩。为了提高“客户满意度”，企业必须完整掌握客户信息、准确把握并快速响应客户需求变化，提供便捷的购买渠道、良好的个性化产品及服务，并给予经常性的客户关怀。而且企业也尝试着去衡量每一个客户可能带来的盈利能力，并委派专门的客户代表负责管理客户。在这种背景下，接触客户、管理企业与客户的关系显得越来越重要，客户关系管理的地位也被不断提升，相关理论、方法和工具也逐渐得到了完善。

（1）接触管理

客户关系管理一般认为源于 20 世纪 80 年代美国出现的“接触管理（Contact Management)”。当时，企业为了降低成本，提高效率，采用了企业资源计划（ERP，Enterprise Resource Planning）系统对业务流程进行了再造。ERP 一方面提高了内部的业务流程自动化，使员工从日常事务中解放出来；另一方面对企业内部业务流程进行了重组和优化，使企业内部工作质量得以大幅度提升，企业可以有更多的精力和资源关注其与外部相关利益者的沟通互动，发现市场机会。而且，从“以产品为中心”向“以客户为中心”的转变和市场竞争的加剧，使企业越来越重视与客户的接触和联系，并发现客户对企业的产品和服务提出了越来越高的要求，能否及时合理地满足这些需求对企业市场的影响很大，但传统的市场营销理论无法系统解决这一问题，因此以接触管理为基础的客户关系管理系统应运而生。最初的客户关系管理系统应用范围较为有限，主要针对的是营销部门内部的解决方案，如销售队伍的自动化（SFA，Sales Force Automation）和客户服务支持（CSS， Customer Service Support）的自动化。

（2）客户关怀

20 世纪 90 年代初期，接触管理演变为建立在电话服务中心和客户数据库营销基础上的“客户关怀（Customer Care)”。在营销数据库的基础上，客户关怀中心提供了加强企业与客户之间关系的渠道。一些大型跨国公司为了避免残酷的价格竞争，纷纷设立独立的客户关怀部门，利用数据库获取和存储现实客户和潜在客户的信息，通过数据挖掘结果分析客户偏好，提供合适的产品和服务，在保留老客户的同时获得更多的新客户。客户关怀包括客户服务（向客户提供产品信息和服务建议）、产品质量（应符合有关标准、适合客户使用、保证安全可靠）、服务质量（与企业接触过程中客户的体验）和售后服务（售后查询、投诉、维护和修理)。

（3）具备整体交叉功能的 CRM 解决方案

20 世纪 90 年代中期，一些软件企业推出了具备整体交叉功能的 CRM 解决方案，它把内部数据处理、销售跟踪、市场、客户服务请求等融为一体，为企业营销人员提供及时、全面的客户信息，使其清晰地了解每位客户的需求和购买情况，以便提供相应的服务。这一时期，CRM 系统的功能以销售自动化（SFA）为主。到了 20 世纪 90 年代后期，CRM 得到了大量企业的广泛应用。特别是互联网技术的进步，使得 CRM 的能力大大提升，并真正得到广泛推广。

（4）CRM 管理理念和战略的提出

20 世纪 90 年代末期，CRM 受到企业、学者和政府的高度重视，并被提升到了管理理念和战略的高度。美国 IBM、Gartner 等企业认为 CRM 的产生与新经济和新技术有关，新经济促使了市场自由化，带来了竞争和客户个性化，而 CRM 成为有效满足客户个性化的关键。近年来，随着电子政务（EG，Electronic Government）的普及应用和发展，CRM 管理理念已超越了企业管理的范畴，被广泛应用于各国政府的管理和改革战略之中。

2．客户关系管理系统的发展历程

在客户关系管理软件系统方面，从早期的办公桌技术支持（Help Desk）软件、接触管理等应用系统到现在以客户为中心的相对完整的客户关系管理（CRM）软件服务系统，其间经历了 10 多年的发展历程。下面从 CRM 系统历史演变角度分别介绍其发展过程中具有代表性的软件系统。

（1）简单客户服务系统

简单客户服务系统是 CRM 系统的最初雏形，办公桌技术支持和错误跟踪系统（Bug Tracking System）是其中最为典型的应用。

在 CRM 之前，很多美国的大型服务公司都开发了自己的客户资料及问题管理系统，一般被称为办公桌技术支持系统。这种系统功能简单，不具有普遍的应用价值。而一般的软件公司则用错误跟踪系统（Bug Tracking System）来管理软件产品开发中的错误，这在后来成为产品开发公司面向客户的产品服务管理的一个重要组成部分。

（2）复杂客户服务与呼叫中心系统

复杂客户服务与呼叫中心系统以客户服务管理（Customer Service Management）、现场管理（Field Services）和呼叫中心（Call Center）为典型应用。这是现代 CRM 系统的主要应用，相关内容将在本书后续章节做详细介绍。

（3）销售自动化系统

在市场竞争日趋激烈的背景下，如何提高销售业绩和销售人员的工作效率已成为企业核心竞争力的一部分。作为 CRM 的早期应用，销售自动化系统主要完成销售流程的管理及控制、跟踪现有客户、发现潜在客户等工作。销售自动化系统可以帮助公司获取和保留客户，同时这种新的管理方式可以提高管理效率，缩短销售周期，实现利润的最大化。此外，它还可以有效地管理销售人员的销售活动，提高销售进度的可视化，保证了企业销售工作的有序开展。

（4）前台办公室

前台办公室（Front Office）是由办公软件销售商 Clarify 公司所倡导的解决方案。所谓 Front Office 软件，是相对于后台办公室（Back Office）而言的，它是指应用在销售部门、客户服务、呼叫中心（Call Center）和技术支援方面的软件。Front Office 软件的目的在于提升企业销售、营销和客户服务的效率。而今，随着企业逐渐把下单与订货等商业流程搬移到互动式的网络中进行，Front Office 不但要与 Back Office 整合，还要与互动式网络应用软件相整合，于是，CRM 渐渐取代了 Front Office。

（5）客户关系分析

随着客户关系管理软件应用的升级，分析型客户关系管理逐步成型，有关客户资料的分析及利用渐渐显示出了其强大的生命力。数据分析最初应用的只是简单的统计方法，其在管理和市场决策中起到了重要的作用。反过来，企业管理的广泛应用前景又促进了数据分析技术和工具的快速发展，产生了数据仓库技术、数据挖掘方法、联机分析应用等有效利用客户数据的手段。客户关系分析是 CRM 演变过程中提升其性能的重要一步。

（6）完整客户关系管理系统

客户关系管理系统是由客户服务、销售自动化和客户关系分析等组成的，它的模块是 CRM 演变过程中各功能模块的集合，是一幅相对完整的拼图。CRM 形成了一种新的企业解决方案，使得企业可以有力地应对激烈竞争的环境。

1.1.2　客户关系管理的发展动力

对 CRM 的需求源于企业对销售、营销和服务的日常业务的自动化和科学化水平提升的迫切需要，CRM 的发展则得益于技术进步和管理创新的完美结合。因此，CRM 发展的主要动力来自于企业需求、技术发展和管理变革三个方面。

1．企业需求拉动

（1）销售自动化的需要

从 20 世纪 50 年代开始，越来越多的信息技术被应用于企业生产经营过程中，很多企业的信息化水平得到了大幅提升，取得了很好的经济效益。但企业销售、营销和服务部门的信息化程度越来越不能适应业务发展的需要，越来越多的企业要求提高销售、营销和服务的日常业务的自动化和科学化水平。这是促使 20 世纪 90 年代客户关系管理应运而生的需求之一。一方面，企业的销售、营销和客户服务部门难以获得所需的客户互动信息；另一方面，来自市场、销售、客户服务、生产、物流等部门的信息分散在企业内部不同的部门和人员之间，这些零散的信息使得企业无法对客户有全面的认识，各部门也难以在统一信息的基础上服务于客户。这需要各部门对面向客户的各项信息和活动进行集成，组建一个以客户为中心的企业，实现面向客户活动的全面管理。

（2）维系客户关系的需要

网络技术使客户的选择权空前加大，企业迫切需要维系客户关系的新理念和新技术。互联网为人们提供了一个全新的、快速的信息交流平台，信息的传递从传统的如电话、传真等单一功能的通信设备变为可实时交互的（包括声音、文字、图像、计算机文件等信息载体）、跨地域的信息交流平台。人们足不出户就可以获得分布在世界各地的多媒体信息，更重要的是还可以利用个人计算机对这些信息进行有效的存储、处理和分析。

从图 1-1 中可以看出，客户和厂商的权利平衡随时间的推移逐渐向客户方向转移，而互联网的产生则使曲线产生了加速度的突变。造成这个现象的主要原因是：购买者可以获得更多的相关信息；客户很容易比较不同厂商所提供的有关价格和服务的条款；变换厂商所带来的损失大大降低；客户的期望值大幅度提升。因此，现在的企业面对的是更聪明、更主动、更没有“牵挂”的客户群体。应该指出的是，作为一个组织，企业在对互联网这种新技术的消化和吸收方面明显滞后于个人，如果不及时做出适当的战略性调整，最终将离客户越来越远。

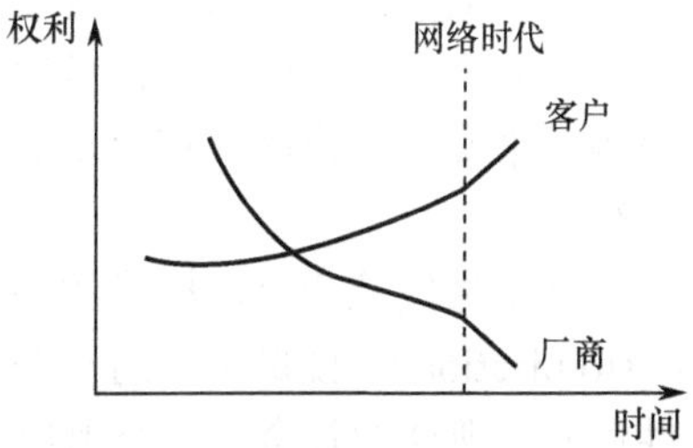

图 1-1　客户和厂商的权利转移

（3）市场竞争的需要

自 20 世纪 80 年代以来，激烈的市场竞争环境是促进 CRM 发展的又一个重要环境因素。在这个新的竞争环境下，企业想保持和扩大自己的市场份额就必须选择新的竞争手段，而 CRM 是支持企业竞争的重要工具。

① 竞争的全球化。

如今的时代，竞争对手是跨国界的，几年前还没有听说过的企业，某一天忽然会成为自己主要的竞争对手，过去的辉煌不再是永久的保证，当世界上所有的竞争者都被放在同一个起跑线的时候，结果自然是强者更强，弱者出局。企业已不能再指望过多地得到地方和国家的保护，各国资源将在世界范围内以效益最大化的原则被重新分配，面对这种激烈的竞争，每个企业、个人都要对自己的竞争能力进行重新审视，利用一切可以利用的手段来增强自身的实力是企业生存的唯一途径。

② 产品竞争转向客户竞争。

社会已经从大量生产到定制生产，信息技术以及生产技术的快速普及使得产品的生命周期大大缩短。一个新产品、新设计会很快被竞争对手模仿，产品在功能方面的细微差别已经不足以使一个企业获得很多的优势，竞争力从产品竞争转向客户竞争就成为必然的选择，如何从情感上“拉拢”客户成为企业在新经济条件下必然的生存技巧。

③ 内部潜力的挖掘已不足以产生明显的竞争优势。

在 20 世纪 80～90 年代中期，企业利用各种技术优化内部流程。企业资源计划（ERP）系统和供应链管理（SCM）系统实现了计划、生产和供应链环节的自动化，从而提高内部运转效率，减少不必要的错误，而且库存的周转期得以大大缩短。ERP 系统的实施使企业可以实现定货、库存管理、采购、生产计划以及财务部门的流程整合，从而提高了企业内部的整体运转效率。不过，当大部分企业都具备这种“内部管家”系统后，这种靠内部集成提高效率的手段也就受到了局限。企业不得不寻求新的手段来获取新的竞争优势。

④ 电子商务对传统市场的蚕食。

在互联网时代，传统的价值受到了前所未有的冲击，互联网的技术手段使得新兴的创业者能够找到机会对价值链增值的各个环节重新组合。任何不合理的价格政策、低效的流通体制都会成为这些新兴的技术型创业者的进攻目标，从而使反应缓慢的企业在还没有觉察到的时候就已经失去了以前拥有的市场。

2．信息技术的推动

（1）电子商务技术的发展使个性化服务成为可能

以客户为中心的电子商务时代，关键就是通过先进的沟通模式向客户提供满意的产品和服务，来实现客户的价值追求。由于客户千差万别，所以个性化服务就成为客户服务的主要特征。

网络将使社会经济模式的核心流程从批量生产（mass production）转变为批量定制（mass customization）。批量生产的一个重要缺陷就是使用户的选择范围减少了，“牺牲”了丰富的个性色彩。现今的社会，每个用户个性化需求差异性很大，要让产品做到“为客户定制”，用户和企业之间必须有不间断的、迅速的、“一对一”的信息交换，在网络出现之前，这是很困难的。但现在，网络提供了一种低成本、快速的信息交换渠道，批量定制正在变为可能。批量定制并没有牺牲批量生产的低成本和高效率，反而节省了社会成本。这种批量定制还不仅仅体现在制造方面，从设计、组装、运输、付款直到维修，每一个环节都存在为用户“量身定做”的可能。

现代企业已经认识到了客户的重要性，但在传统的企业结构中，要真正和客户建立起持续、友好的个性化联系并不容易，原因是技术上不容易达到，观念上难以转变。互联网为 CRM 的实施提供了更有效的手段。电子商务的特点是系统始终面对客户的历史数据，而不是客户的面孔，这就使得它应用 CRM 的条件得天独厚。现代科技水平的提高极大地扩展了数据库的容量，网络的发展增大了公司和客户联系的速度和范围，从而为客户个性化服务提供了可能。

在电子商务中，实施个性化服务的内容十分广泛，总的来说包括 3 个方面：一是根据客户的偏好和需求定制产品；二是追踪客户的消费习惯，自动为客户提供最需要的商品和服务，比如客户在网上商店选购了一张 CD，网站就会为其推荐音乐风格类似的 CD，还会为其推荐购买该 CD 的其他客户通常选购的 CD，这就给客户带来了很多方便，使其免受在众多商品页面中的淘金之苦；三是根据客户的行为特征提供相应的信息服务，如提供定制的或反映客户偏好的个性化网页，利用网络实现在线帮助，对购买的产品进行网上跟踪服务等。

（2）信息技术的快速发展是 CRM 发展的强大推动力

自 20 世纪 90 年代以来，大型关系数据库技术、局域网技术、客户/服务器技术、分布式处理技术、数据挖掘技术以及个人计算机等在企业的应用日益普及。一个公司在不同地方可以建立多个输入点，多用户共享的客户管理系统成为现实。而互联网的产生和发展则对 CRM 注入了强大的催化剂，因为它为企业增添了一个“全天候”的、不受地域限制的接触渠道，并拉近了企业与客户的距离，使得企业和客户能更快、更广泛地进行双向交流。因此，正是信息技术的飞速发展才使客户关系管理得以普遍实现，CRM 的概念和理论才被广泛流传，并在短短的几年之内成为企业管理应用系统关注的一个焦点。应该说，CRM 虽然是一个新时代、新环境的产物，但技术条件的成熟无疑在 CRM 的发展中发挥了最强大的推动作用。

信息技术对 CRM 的推动作用主要体现在三个方面。① 提高对客户资料的收集和利用能力。随着 CRM 技术的发展，各种应用软件的改善和提高，使得公司利用客户资料的能力和效率大大提高。过去客户打 800 免费电话到公司的时候，公司方面对客户的情况了解得很少。现在有了各种 CRM 软件，公司的计算机系统中存储了客户的大量资料，公司业务代表在接到客户的电话或者电子邮件时能够迅速调出客户的资料，使客户感到公司对自己的情况很熟悉，从而产生一种亲切感。利用数据挖掘等技术还可以对客户的交易数据进行加工处理，从而发现客户的需求特点，为客户的个性化需求提供服务。② 提高对客户的服务能力。传统的客户服务是面对面的直接服务，公司代表通过耐心周到的服务比较容易引起客户的好感。但随着网络的出现和电子商务的发展，买卖交易通过互联网来完成，公司和客户之间的空间距离拉大了。为了解决这一新问题，CRM 便应运而生，基于 Internet 的 CRM 具有跨时空提供服务的特点，其目的就是要把亲切和耐心的服务通过 Internet 随时随地传递给遥远的客户。③ 增加客户与企业的沟通渠道。传统客户服务的渠道一般都比较单一，客户不是打电话就是直接到商店。现在双方的交流渠道大大增加，不仅有电话、商店，还有电子邮件和网站等。这么多的交流渠道必须经过整合才能汇集到公司统一的数据处理系统。这样，无论客户通过什么方式与公司联络，有关信息都能够完整而连贯地被记录下来，从而为公司各个部门在服务客户的时候提供方便。这就是 CRM 有别于传统客户服务之处。

3. 企业管理变革的需要

ERP 的应用实施使企业得到了很大的实惠。但是，ERP 的设计主要针对生产、流通、财务领域，而对与客户有关的企业经营活动，比如，在销售、服务和营销活动方面，传统的 ERP 系统还无法提供一个有效的整合手段。尤其目前企业内部的众多低效率、内耗式的业务活动，充分说明了企业内部管理需求是 CRM 快速发展的原始动力。这主要表现在以下几个方面。

（1）客户信息零散分割导致客户服务效率低下

在典型的 ERP 系统中，围绕客户的信息分散在各个模块中，比如客户主文件管理、客户地址管理、客户交易文件、客户设备合同管理、客户服务请求管理、应收账款管理等都由不同的模块来管理。如果一个客户致电到公司客户服务中心要询问一个服务请求的进展情况，往往要同时运行多个程序才能获得一个基本的客户信息，并且一般 ERP 系统中主要以交易记录为主，对与客户进行交互的各种活动没有实时管理的模块。这就使得各个部门对过去发生的事无法集成，除非一直找同一个人，或许这个人还知道他自己做过的事，否则客户只能重新把自己已经说过的话再说一遍。另一个部门分割的例子是公司的应收账款部门向客户催账时，往往无法知道原来产品的销售人员是谁，会遇上客户地址不对、联系人电话错误等麻烦。如果要知道这个客户的购买记录，通常要从头到尾把各个程序都运行一遍才可以给客户一个明确的解释。这种信息不通的情况基本上每天都在发生，电话从一个销售部门转到服务部门又回到销售部门，碰到某个人不在，客户只好苦等，最大的问题是公司谁也没有办法对客户整体情况有一个完整的了解。每个人只负责客户管理的很小一块，公司越大，功能划分就越细，而整个信息链却无法有效存储和表示，从而导致企业内部很多重复的、内耗式的无效劳动。

（2）客户信息零散分割影响营销工作

由于企业内部没有一个对客户信息的采集、存储、处理、更新和输出的有效管理系统，在信息的可用性、准确性以及完整性方面可供营销人员使用的基础信息有限。营销经理由于得到的信息不完整、信息错误很多等原因，使其营销活动的针对性和成功率大打折扣。另外，销售人员在从事销售活动的过程中，通常自己掌握各种客户资料，他们一般把这些客户资料看成是自己的重要资产，而且不愿与他人共享。这对公司的发展是不利的，关键销售人员一旦离开，就“带走了一大笔业务”。一个新的销售人员加入公司后，对客户的了解必须从头做起，从而形成某种信息断层。很明显，从企业内部的实际需求来看，为了解决这些客户信息分散、客户信息不一致等问题，迫切需要一个类似于后台 ERP 系统功能的能够整合多个客户服务部门的前台系统，以减少内部资源的浪费，提高企业前台的工作效率。

1.2 客户关系管理的理论背景

1.2.1 客户关系管理与现代营销理论

客户关系管理的提出和广为传播与网络通信技术和数据技术的发展及成熟应用密切相关。但是，作为企业长期的客户维系战略，CRM 与同样以满足客户需求和实现企业经营目标为宗旨的现代营销理论有着密切的关系。

美国营销协会（American Marketing Association）对营销的定义是这样描述的：营销是企业计划和执行 4P（产品/服务、价格、促销、渠道）策略的一个商业过程，旨在赢得满足客户的同时实现企业经营目标。

仔细分析这个营销概念，就会发现 CRM 的理念是营销理论框架下的一个子论点。实际上，营销理论中“关系营销”的概念几乎就是 CRM 的概念。营销理论对“关系营销”的解释是：关系营销是为了同客户和其他重要的“公司利益分享者”建立良好关系的一类营销，关系营销找出高价值客户和潜在客户，并通过人性化的关怀使他们同企业产生“家庭式”的密切关系。

CRM 是现代营销理论在信息技术基础上的应用与发展，信息技术使营销理论中的关系营销、“一对一”营销等思想在现实中得以实现。因此，CRM 首先是一种理念，然后才是一种技术，但理念的实现离不开技术，而技术反过来也会对营销理论进行充实和补充，这主要体现在两个方面：① 以基于网络的 CRM 应用已经超越了原来营销理论的单一“互联网营销”的使用范畴，成为销售、服务、营销、客户信息采集与传送等业务领域的“全天候”的客户互动渠道。②企业市场营销策略的成功将与信息技术的应用密切相关，其成败在很大程度上取决于 CRM 应用系统在企业应用的成熟度，即技术将反过来直接影响企业的营销战略。一个对技术不甚了解的营销经理将不再能适应新的形势。

1.2.2 从 4P 到 4C 理论的演进

营销优势就是企业要比竞争对手更能了解消费者的需求，并且更能满足消费者的需求，而且还能使消费者信任企业。电子商务环境下，企业应如何构建自己的营销优势呢？传统的 4P 理论[产品（Product）、价格（Price）、渠道（Place）、促销（Promotion）]由管理咨询公司麦卡锡于 1960 年提出，在传统经济时代起到了卓越的功效。然而，随着新经济的产生与发展，消费者在企业营销中的主体地位日益确立，原有的 4P 理论已不足以满足客户价值的需要。

1990 年，以美国劳特朋（Lauterbom）为代表的营销专家认为：企业从事营销必须以客户为中心而不应以企业为中心，为此他们提出了 4C 理论，即消费者（Consumer）、成本（Cost）、沟通（Communication）和便利性（Convenience）。4C 理论的提出对传统 4P 理论产生了很大冲击力。4P 理论是一种企业导向而非客户导向、是由内向外的经营思维，本身带有传统销售观念的痕迹。4C 理论的经营思维与 4P 理论刚好相反，它强调由外向内看待营销，是市场观念的具体体现。在网络经济条件下，由于网络的即时交互和超越时空的特点，使企业和消费者之间的距离消失，它们之间的联系更加密切和方便。所以说，贴近市场的 4C 理论比 4P 理论更能概括网络经济条件下企业营销的特点，从而对企业的经营活动更富有指导意义。因此，有学者认为，在网络经济中 4C 理论将替代 4P 理论。

1．客户（Customer）替代产品（Product）

4C 理论认为，在网络经济条件下企业应把产品原有的优点放在一边，忘掉它，并把精力转移到研究消费者的需求和欲望上来。因为传统的产品早在消费者提出需要之前，企业已设计制造出来，而消费者无法按照自己的需求对产品提出设计要求。比如，在 20 世纪初，福特汽车公司提出“不管客户需要什么，我的轿车一律是黑色的”，市场上所有消费者的个性被扼杀。即使是后来，汽车厂家对市场进行细分，即把客户按照其需求特征进行了有效的归类，然后为每一类客户提供一种产品，这也只是福特在无差异营销基础上向前迈进的一步。但它仍然是把相近的客户看作是完全同质的，每个客户的个性化需求仍然被扼杀，只不过在程度上小一点罢了。

然而，在网络经济条件下的情况则不然。由于厂家和消费者能够做到即时互动，厂商就可以把市场的每一个消费者都看作是一个完全不同的目标市场，并根据其个性化的需求为其定制产品，客户的需求和期望永远是网络经济条件下企业设计产品的唯一标准，那种把产品在工厂设计好再卖给消费者的经营行为将成为过时的经营模式。在这方面，美国的戴尔计算机公司为企业做出了一个样板。在戴尔的经营模式下，客户可以从设计开始，通过网络与戴尔公司进行密切合作。客户根据自己的需求特点增加或减少某种功能，成为产品的设计主体。这种经营模式真正实现了“客户至上”的原则，使客户真正享有“上帝”的权利。传统的观点认为，戴尔计算机公司是美国第四大计算机制造公司，应该列入制造业。但总裁戴尔认为，戴尔公司更富有服务企业的特征，因为戴尔公司的核心能力是了解和集中客户的需求信息，依据客户要求装配计算机，并提供售后服务和解决方案。因此，与其说戴尔提供计算机产品，还不如说戴尔在满足客户更恰当。从上面的分析可以预见：在网络经济下，“产品”将是个过时的名词，而取代它的将是“客户”。

2．成本（Cost）将取代价格（Price）

在网络经济条件下，产品的价格信息将是彻底透明的，因为你的竞争对手就在隔着鼠标的一击之间。传统经济那种利用消费者在价格信息获取能力上的劣势来给产品定一个高价的手段将无法实施。各种诱使消费者购买的定价技巧将会被消费者通过比较而识破。因此，在网络经济条件下，企业应把自己的主要精力从研究定价的策略上调整到如何降低企业的生产经营成本上来。在市场售价已定的情况下，企业获得超额利润的唯一途径就是从成本的角度着手。这就是说，在网络经济条件下企业的定价必须遵循市场导向，即由原来的“价格=成本+利润”的思维方式改为“利润=价格–成本”。日本的丰田汽车公司是这种思维的典型代表，他们认为过去那种在企业产品成本基础上加上一定比例利润的定价模式越来越行不通了，因为这样的汽车价格未必能得到市场消费者的认可。而现在丰田汽车公司把产品定价的权力让给了市场，当客户把其所需要的产品价格确定下来后，丰田接下来的工作便是在保证客户满意和产品质量的前提下，研究如何进行有效地组织生产和营销以便把成本降下来，然后从价格与成本的差额中扩展利润空间。从上面的分析可以看出，在网络经济条件下，企业的定价权利将越来越小，而其获取利润的主要方式是降低成本，“成本”这个概念对企业来说其内涵远比价格更大。

3．沟通（Communication）将替代促销（Promotion）

传统促销的主要手段有广告、人员推销和营业推广等，这几种促销措施是工业化大规模生产时代的“强势营销”。广告的逻辑是宣传会改变消费者的个人选择，企业企图以一种信息大量灌输的方式在消费者心目中留下深刻的印象，而根本不考虑消费者是否需要这类信息。虽然大量的灌输性广告可以扩大品牌的知名度，但往往会损害品牌的美誉度。人员推销的逻辑是可以采用推销技巧说服任何一位客户购买产品，而不管客户是否真的需要，客户事后往往会对企业的产品和推销人员产生反感，而这种反感对企业的长远利益是极为不利的。营业推广的逻辑则是任何客户都抵挡不住产品的利益诱惑，打折、有奖销售、买一送一等营业推广手段的大量使用将会使消费者失去兴趣，甚至产生负面影响。

通过网络进行双向沟通则不然，它是在充分了解客户的基础上进行的，是客户自愿的一种选择，而且在沟通过程中通过对话的方式，双方既是信息的发出者又是信息的接收者，地位是平等的。在网络经济下，“促销”将使人难以接受，而“沟通”则使人倍感亲切。

4．便利（Convenience）将替代渠道（Place）

渠道是商品从生产者到消费者手中所经过的通道。它的作用在于使消费者在适当的时间、适当的地点购买到他所需要的产品。实质上，它是为消费者的购物提供便利性，即时间便利、地点便利和品种便利。因为客户一般都喜欢快速交货、随时买到商品和就近买到商品，甚至是足不出户由别人送上门来。同时，客户还希望渠道提供较多的花色品种以便充分利用自己的选择权。在网络经济条件下，由于网络即时互动、跨超时空的特性，使渠道的“便利性”这一实质体现得更加充分。从消费者购物追求的时间效用方面来说，网络可使这一效用的实现达到最大化。因为网络经济下的企业提供的是24小时在线服务，任何人可在任何时间向网上企业请求帮助，而且在商品买卖结束后，网上企业还会从距消费者最近的发送地以最快的速度把商品送到消费者手中。从消费者购物追求的空间效用来说，网络使其实现达到了极限，任何消费者可在足不出户的情况下实现购物，空间在网络经济下已经消失。从消费者购物追求的品种效用来说，网络商店相对于传统商店更占优势，不仅单个的网络商店品种会更多，而且消费者从一个网络商店到另一个网络商店去进行品种比较选择时，几乎不需要花任何时间成本和精力成本，只是用鼠标轻轻一击即可实现。从上面的分析可以看出，用“便利性”这个词来描述网络经济下企业的渠道更准确，更能反映渠道的实质。

当然，也有学者认为4C不是对4P的替代，只是在电子商务环境下，4P必须要以4C为导向，4P与4C应该进行互补和整合，即根据客户的需求和期望来生产和销售产品（Product-Customer的整合）；根据客户能支付的费用来定价（Price-Cost的整合）；从方便客户选择购买来设置分销渠道（Place-Convenience的整合）；主要通过企业同客户的情感交流和思想融通，寻求企业与客户的契合点来达到促销的目的（Promotion-Communication的整合）。

1.2.3　从 4C 到 4R 理论的演进

1. 4C 理论的局限性

4C 理论是在新营销环境下产生的，它以消费者需求为导向，与产品导向的 4P 相比，4C 有了很大的进步和发展。但从企业的实际应用和市场发展趋势看，4C 理论依然存在不足，其具体表现可以归纳为：① 4C 理论以消费者为导向，着重寻找和满足消费者需求。而市场经济还存在竞争导向，企业不仅要看到需求，还要更多地注意到竞争对手，只有冷静地分析自身在竞争中的优势与劣势并采取相应的策略，才能在激烈的市场竞争中立于不败之地。这显然与市场环境的发展所提出的要求有一定的差距。② 4C 以消费者需求为导向，但消费者需求存在一个合理性问题。消费者总是希望质量好、价格低，特别是对价格的要求是无界限的，如果企业只看到满足消费者需求的一面，企业必然会付出更大的成本，久而久之，必然会影响企业的持续发展。所以从长远看，企业经营要遵循双赢的原则，只有怎样将满足消费者的需求与企业利润较好地结合起来，才是 4C 需要进一步解决的问题。③ 虽然 4C 理论的思路和出发点都是满足消费者需求，但它没有提出解决满足消费者需求的操作性问题，如提供集成解决方案、快速反应等，使企业难以操作、掌握和普及。④ 产品、价格、营销手段日趋同质化，互相模仿是目前国内企业营销活动的特征。尽管 4C 理论已被企业关注，企业已把塑造、提升企业的品牌融入到企业营销策略和行为中，在一定程度上推动了企业营销活动的发展和进步，但如果不能形成品牌的差异，即个性、特色、差异优势，国内企业的营销又只会在新的层次上同一化，不同企业最多是层次上的差距问题，仍然解决不了当前企业所面临的营销问题。⑤ 4C 在总体上是 4P 的转化和发展，其被动适应消费者需求的特色较重。根据市场的发展，参与竞争的企业不仅要积极适应周围的环境，而且在某种状况下应创造环境，大市场营销理论的提出也说明了这一点。因此，在某种程度上来说，这种理论抑制了企业的主动性和创造性。

2. 4R 理论的提出

针对 4C 理论的局限性，美国学者舒尔茨进一步提出了 4R 理论，从而阐述了全新营销的四要素。

（1）关联（Relevancy）

企业与客户是一个命运共同体，在经济利益上是相关的、联系在一起的，建立、保持并发展与客户之间的长期关系是企业经营中的核心理念和最重要的内容。因此，企业应当同客户在平等的基础上建立互惠互利的伙伴关系，保持与客户的密切联系，认真听取他们提出的各种建议，关心他们的命运，了解他们存在的问题和面临的机会，通过提高客户在购买和消费中的产品价值、服务价值、人员价值及形象价值，降低客户的货币成本、时间成本、精神成本及体力成本，从而更大程度地满足客户的价值需求，让客户在购买和消费中得到更多的享受和满足。特别是企业对企业的营销（B2B）与消费市场营销完全不同，更需要靠关联、关系来维持。

（2）反应（Response）

在当今相互影响的市场中，对经营者来说，最现实的问题不在于如何控制、制订和实施计划，而在于如何站在客户的角度及时地倾听客户的希望、渴望和需求并及时答复和迅速做出反应，以满足客户的需求。当代先进企业已从过去推测性商业模式转移为高度回应需求的商业模式。面对迅速变化的市场，要满足客户的需求，建立关联关系，企业必须建立快速反应机制，提高反应速度和回应力。

（3）关系（Relation）

在企业与客户的关系发生了本质性变化的市场环境中，抢占市场的关键已转变为与客户建立长期而稳固的关系，与此相适应产生了 5 个转向：①从一次交易转变为强调建立友好合作关系，长期地拥有客户；②从着眼于短期利益转向重视长期利益；③从客户被动适应企业单一销售转向客户主动参与到生产过程中来；④从相互的利益冲突变成共同的和谐发展；⑤从管理营销组合变成企业与客户的互动关系。同时，因为任何一个企业都不可能独自提供运营过程中所需的资源，所以企业必须和经营中相关的成员建立起一个适当的合作伙伴关系，形成一张网络（这是企业经营过程中除了物质资本和人力资本以外的另一种不可或缺的资本——社会资本）。充分利用网络资源，挖掘组织间的生产潜力，基于各自不同的核心竞争优势进行分工与合作，共同开发产品、开拓市场、分担风险、提高竞争优势，更好地为消费者和社会服务。

（4）回报（Return）

任何交易与合作关系的巩固与发展，对于双方主体而言，都是一个经济利益问题。因此，一定的合理回报既是正确处理营销活动中各种矛盾的出发点，也是营销的落脚点。对企业而言，市场营销的真正价值在于其为企业带来短期或长期的收入和利润的能力。一方面，追求回报是营销发展的动力；另一方面，回报是企业从事营销活动、满足客户价值需求和其他相关主体利益要求的必然结果。企业要满足客户需求，为客户提供价值，客户必然予以货币、信任、支持、赞誉、忠诚与合作等物质和精神的回报，而最终又必然会归结到企业利润上。

关系营销的 4R 理论以竞争为导向，在新的哲学层次上概括了营销的新框架。它将企业的营销活动提高到宏观和社会层面来考虑，更进一步提出企业是整个社会大系统中不可分割的一部分，企业与客户及其他的利益相关者之间是一种互相依存、互相支持、互惠互利的互动关系，企业的营销活动应该以人类生活水平的提高、以整个社会的发展和进步为目的，企业利润的获得只是结果而不是目的，更不是唯一目的。因此，该理论提出企业与客户及其他利益相关者应建立起一种事业和命运共同体，建立、巩固和发展长期的合作协调关系，强调关系管理而不是市场交易。菲利普·科特勒在其《营销管理》中也写道："精明的营销者都会试图同客户、分销商和供应商建立长期的、信任的和互利的关系，而这些关系是靠不断承诺和给予对方高质量的产品、优良的服务和公平的价格来实现的，也是靠双方组织成员之间加强经济的、技术的和社会的联系来实现的。双方也会在互相帮助中更加信任、了解和关心。"

1.3 客户关系管理的目标与实践意义

如同企业的产品有生命周期一样，客户同样也是有生命周期的。客户的保持周期越长，企业的相对投资回报就越高，从而给企业带来的利润也就越大。由此可见，保留客户非常重要。保留什么样的客户、如何保留客户是客户关系管理要解决的重要问题。

1.3.1　客户关系管理的目标

应该采取何种措施来细分客户，对细分客户应采取何种形式的市场活动，采取何种程度的关怀方式，才能不断地培养客户的满意度，这是企业客户关系管理要解决的首要问题。

CRM 系统的实施在一定程度上改变了企业对市场以及客户的看法。过去，企业把发展新客户看作是扩大市场的关键因素。现在，企业不但要重视新客户的发展，更要注重对原有客户的保持和潜力挖掘。通过对客户交往的全面记录与分析，不断加深对客户需要的认识，开发现有客户存在的购买潜力，以达到进一步提高销售额、提高利润率、提高客户满意程度、降低成本的目标。

（1）提高销售额

利用 CRM 系统提供的多渠道的客户信息，确切了解客户的需求，增加销售成功的概率，进而提高销售收入。

（2）提高利润率

由于对客户的更多了解，业务人员能够有效地抓住客户的兴趣点，有效进行销售，避免盲目的以价格让利取得交易成功，从而提高销售利润。

（3）提高客户满意度

CRM 系统提供给客户多种形式的沟通渠道，同时又确保各类沟通方式中数据的一致性与连贯性。利用这些数据，销售部门可以对客户的需求做出迅速而正确的反应，让用户在对购买产品满意的同时也认可并愿意保持与企业的有效沟通关系。

（4）降低市场销售成本

由于对客户进行了具体甄别和群组分类，并对其特性进行了分析，使市场推广和销售策略的制定与执行避免了盲目性，节省了时间和资金。

1.3.2　客户关系管理的实践意义

随着市场竞争愈演愈烈，传统的企业管理系统越来越难以胜任动态的客户关系管理，基于互联网的 CRM 系统给企业带来了经营管理方式上的重大变革，对企业发展具有非常重要的实践意义。

1. 全面提高企业运营效率

CRM 系统通过整合企业的全部业务环节和资源体系，使企业的运营效率大大提高。一套完整的 CRM 系统在企业的资源配置体系中起到了承前启后的作用。向前，它可以向企业渠道的各方向伸展，既可以综合传统的电话中心和客户机构，又可以结合企业门户网站、网络销售、网上客户服务等电子商务内容，构架动态的企业前端；向后，它能逐步渗透至生产、设计、物流配送和人力资源等部门，整合 ERP、SCM 等系统。资源体系的整合实现了企业范围的信息共享、业务处理流程的自动化和员工的工作能力提升，使企业的运作能够更为顺畅，资源配置更为有效。

2．整合企业市场价值链

营销的过程是产品价值增值的过程。CRM的应用使原本“各自为战”的销售人员、市场推广人员、服务人员、售后维修人员等开始真正围绕市场需求协调合作，为满足客户需求这一中心要旨组成了强大的团队。而对于企业的财务、生产、采购和储运等部门，CRM也成为反映客户需求、市场分布及产品销售情况等信息的重要来源。

3．保留老客户并吸引新客户

一方面，通过对客户信息资源的整合，帮助企业捕捉、跟踪、利用所有的客户信息，在全企业内部实现资源共享，从而使企业更好地管理销售、服务和客户资源，为客户提供快速周到的优质服务。另一方面，客户可以选择自己喜欢的方式同企业进行交流，方便地获取信息并得到更好的服务。客户满意度得到提高，就能帮助企业保留更多的老客户，并有效吸引新客户。

4．不断拓展市场空间

通过新的业务模式（电话、网络）扩展销售和服务体系，扩大企业经营活动范围，及时把握新的市场机会，占领更多的市场份额。

客户关系管理是企业管理中的一个理念，同时也是为了实现这一理念的计算机支持系统。在CRM理念下，通过计算机支持系统的预见性、和谐性、高效性，企业能够全面调节与客户的关系。从企业主体来说，CRM能够从营销智能化、销售自动化、客户管理高效性三个方面来提高企业的实力；从客户角度上讲，CRM为客户节约采购成本，满足潜在需求，提供无微不至的服务，客户方也可以从CRM系统中有所获益。

总之，CRM给企业带来了Internet时代生存和发展的管理体制和技术手段，成为企业成功实现电子商务的基础，使企业顺利实现由传统企业模式到以电子商务为基础的现代企业模式的转变。

1.4　客户关系管理在中国的应用与发展

在当今的商务环境中，越来越多的中国公司认识到管理客户关系的重要性，CRM在中国的应用也越来越广泛。

1.4.1　客户关系管理在中国的应用现状

目前，CRM市场比较有名的、上规模的国内软件有用友、天剑、Turbo CRM、金蝶、联想、彩练、中圣、易达伟业、奥捷特、维音数码、讯鸟软件、汇卓科技、浪潮通软等。而在中高端市场，国外品牌占有很高的市场比例和优势，比如Oracle CRM、MySAP等国际知名品牌在为那些具有销售周期较长、产品较复杂以及支付力较高的国内大型企业、垄断企业提供服务。

1．行业应用现状

在我国，CRM的应用已经覆盖了几乎所有的行业，但不同行业的应用程度有所差别。调查显示，CRM 应用最广泛的是金融、电信及 IT（软、硬件及相关领域）行业，这些行业中的企业信息化程度较高，自身业务流程较为完整，通过应用 CRM 或部分功能往往能迅速建立起与客户之间的有效价值链，产生良好的效益。

相比之下，传统制造业、零售业、地产业、医药等行业的企业虽然对 CRM 的重要性已有一定的认识，但目前的应用比例并不高。随着 CRM 认知程度的提高，CRM 系统将逐渐被越来越多的企业所熟悉和接受，将有更多的行业和企业在竞争的驱动下，为扩大市场占有率及提高客户满意度，对应用 CRM 产品产生大量的需求。CRM 行业应用的普及化和泛化特征将有所体现，在更多的传统行业以及当前没有涉足的领域，都会出现 CRM 应用的需求。

此外，并非所有的企业都能够执行相似的 CRM 策略。同样，当同一公司的不同部门或地区机构在考虑实施 CRM 时，事实上有着不同的需求。而且，针对不同的技术基础设施条件，采用的 CRM 策略也不同。因此，客户的行业特征和企业规模引导着 CRM 的分类发展。在企业应用中，越是高端应用，行业差异越大，客户对行业化的要求也就越高。因而，有一些专门的行业解决方案，比如银行、电信、大型零售等 CRM 应用解决方案。而对中低端应用，一般采用基于不同应用模型的标准产品来满足不同客户群的需求。

2. 企业规模与 CRM 应用

一般将 CRM 分为三类：以全球企业或者大型企业为目标客户的企业级 CRM；以 200 人以上、跨地区经营的企业为目标客户的中端 CRM；以 200 人以下企业为目标客户的中小企业 CRM。

在我国，一些行业内具有雄厚实力的大中型领先企业显现出较强的 CRM 应用需求。他们由于企业业务发展稳定，对业务能力的改善和发展是企业的核心业务策略。因此，对通过引入信息化手段来改善业务有非常明确的需求，同时企业已经形成自身管理模式，正好弥补 CRM 供应商对行业经验的欠缺，CRM 的实施效果容易呈现。因此，CRM 在这类企业的应用将会快速发展。目前，大中型领先企业是我国 CRM 的主要市场。

同时，中小企业应用渐成气候。中国拥有数量极为可观的、成长性极强的中小企业，市场潜力巨大，从而为面向中小企业 CRM 市场的专业厂商提供了广阔的市场空间。这使得我们有充分的理由相信，未来的中国 CRM 应用市场将远远超出目前的水平，甚至可能超过人们的想象。

不同规模的企业有不同的 CRM 应用需求。大型企业在业务方面有明确的分工，各业务系统有自己跨地区的垂直机构，形成了企业纵横交错的庞大而复杂的组织体系，不同业务、不同部门、不同地区间实现信息的交流与共享极其困难。同时，大型企业的业务规模远大于中小企业，致使其信息量巨大。此外，大型企业在业务运作上非常强调严格的流程管理，而中小企业的组织机构要简单很多，业务分工不一定很明确，运作上更具弹性。因此，大型企业所用的 CRM 软件比中小企业的 CRM 软件要复杂、庞大得多。一直以来，国内许多介绍 CRM 的报道和资料往往是以大型企业的 CRM 解决方案为依据的。这就导致一种错觉：好像 CRM 都很复杂、庞大。其实，价值万元左右的面向中小企业的 CRM 软件也不少，其中不乏简洁易用的产品。

越来越多的 CRM 供应商依据不同企业规模情况来提供不同的 CRM 产品。主要的 CRM

提供商一直以企业级客户为目标，并逐渐向中型市场转移，因为后者的成长潜力更大。以企业级客户为目标的公司包括 Siebel、Oracle、Turbo 等。另外一些公司，如 Onyx、Pivotal、用友 iCRM 等则与中型市场相联系，并试图夺取部分企业级市场。MyCRM、Goldmine、Multiactive 和 SalesLogix 等公司瞄准的是中小企业，他们提供的综合软件包虽不具有大型软件包的深度功能，但功能丰富实用。

3. CRM 应用集成度

CRM 涵盖整个客户生命周期，涉及众多的企业业务，如销售、支持服务、市场营销、订单管理、数据挖掘、建立电子商务平台等；CRM 既要完成单一业务的处理，又要实现不同业务间的协同；同时，作为整个企业应用中的一个组成部分，CRM 还要充分考虑与企业的其他应用，如与财务、库存、ERP、SCM 等进行的集成应用。

但是，不同的企业或同一企业处于不同的发展阶段时，对 CRM 整合应用和企业集成应用有不同的要求。为满足不同企业的不同要求，CRM 在集成度方面也有不同的分类。从应用集成度方面可以将 CRM 分为 CRM 专项应用、CRM 整合应用和 CRM 企业集成应用。

（1）CRM 专项应用

以销售人员主导的企业与以店面交易为主的企业在核心能力上是不同的。销售能力自动化（SFA）是以销售人员主导的企业的 CRM 应用的关键，而客户分析与数据库营销则是以店面交易为主的企业的核心。在专项应用方面，还有广为应用的 Call Center（呼叫中心）。随着客户对服务要求的提高和企业服务规模的扩大，呼叫中心在 20 世纪 80 年代得到了迅速发展，与 SFA 和数据库营销一起成为 CRM 的早期应用。到目前为止，这些专项应用仍然具有广阔的市场，并处于不断的发展完善之中。代表厂商有 AVAYA（Call Center）、Goldmine（SFA）等。对于中国企业特别是中小企业而言，CRM 的应用处于初期阶段，根据企业的销售与服务特点，选择不同的专项应用启动 CRM 的实施不失为一条现实的发展之路。当然，在启动专项应用的同时，应当考虑后续的发展并选择适当的解决方案，尤其是业务组件的扩展性和基础信息的共享。

（2）CRM 整合应用

由于 CRM 涵盖整个客户生命周期，涉及众多的企业业务，因此，对于很多企业而言，必须实现多渠道、多部门、多业务的整合与协同，必须实现信息的同步与共享，这就是 CRM 的整合应用。CRM 业务的完整性和软件产品的组件化及可扩展性是衡量 CRM 整合应用能力的关键。这方面的代表厂商有 Siebel（企业级 CRM）、Pivotal（中端 CRM）和 MyCRM（中小企业 CRM）。

（3）CRM 企业集成应用

对于信息化程度较高的企业而言，CRM 与财务、ERP、SCM 以及群件产品如 Exchange、MS-Outlook 和 Lotus Notes 等的集成应用是很重要的。这方面的代表厂商有 Oracle，SAP、Turbo 等。

从 CRM 在我国的应用来看，集成解决方案在未来将更受欢迎。通用型软件可能很快进入成熟期，行业最终用户对标准化产品的需求逐渐稳定，而企业用户对增值类产品和方案会有更强的需求。随着 ERP 等信息化系统在企业应用的日益广泛，未来对 CRM 产品和方案中的集成功能会有更迫切的要求。以 CRM 为主，整合企业前后端业务系统的趋势会越来越明显。

1.4.2　客户关系管理在中国的应用中存在的问题

CRM 产生和发展源于三方面的动力：需求的拉动、信息技术的推动和管理理念更新的需要。而新事物的理念从形成到为人们所接受再到被人们有效利用，总是存在一个逐步发展的过程。从 CRM 在国内的实施来看，虽然国内 CRM 市场成长迅速，但也存在 CRM 低成功率或实施效果不尽如人意的现实，这使更多的企业在尝试 CRM 时感到犹豫、彷徨。CRM 系统价格过高或行业定制化的不成熟，使许多中小企业与 CRM 绝缘。我国企业领导对 CRM 重视不够、传统观念强大、信息技术为企业文化等带来的冲击，使先进的 CRM 系统在我国的企业中受到冷遇。在这里，我们将分析 CRM 在中国企业实施中遇到的主要问题以及导致 CRM 低成功率的原因，以期能从中获得一些启发，找到 CRM 在中国的正确实施之路。

1．CRM 项目存在盲目性

我国部分企业存在明显的决策随意性。有些企业准备实施 CRM，原因是企业营销部门中有人对计算机比较熟悉，看了一些关于企业信息化方面的书籍，认为公司应该上一些软件促进企业的管理工作。市场部经理觉得 CRM 可以帮助他完成一些工作，便在会议上提出要实施 CRM 以促进营销部门的工作。营销部门总经理听取了他的汇报后也很感兴趣，于是决定马上选择一套软件开始实施。

我们必须清醒地认识到：CRM 系统并不是万能的。如果企业盲目引入 CRM，不但不会产生预期的作用，可能还会使企业蒙受巨大的损失。因此，企业要想获得最大程度的利润，就必须对不同客户采取不同的策略，CRM 正是达到这一目的的好帮手。目前，CRM 特别适合与客户交流频繁和客户支持要求高的行业，如银行、保险、房地产、电信、家电、民航、运输、证券、医疗保健等行业。

而在正确上 CRM 项目之前，应该了解企业自身的业务哪些需要改善、哪些流程需要改进，甚至管理模式、战略目标也需要改变。这就需要对实施 CRM 的目的进行确认，而不是一开始就选型。只有了解了自己的需求，对实施周期才能很好把握，否则一味地强调快，可能欲速则不达。

2．缺乏全面的业务规划

实施 CRM 项目之前企业需要对以客户为中心的原则有清晰的认识，制订详细的目标计划并严格执行。这往往需要对业务情况非常清楚才能做到。遗憾的是，许多负责 CRM 的管理人员还没有真正了解问题，就将精力集中在解决方案上。成功的 CRM 解决方案能够使用户建立起面向整个企业的客户联系，但不少企业的 CRM 战略却仅仅注重某一方面或某一部门的单一 CRM 需求，或者只注重 CRM 的解决方案，不能从整个企业 CRM 需求的角度来对这类解决方案的部署进行全面的业务规划，导致企业 CRM 的应用过于分散，难以获取最大收益。我们应该制定企业级的 CRM 战略，在实施过程中重视部门间 CRM 应用的规划与协调。

3．低估成本预算数额

许多公司经常低估 CRM 项目的成本。据盖特纳集团（Gartner Group）透露，大部分从事

CRM 项目的公司都将成本低估 40%～75%，许多公司仅仅计算 CRM 项目的短期成本和显著成本，而忘记了 CRM 实施后，企业用户使用 CRM 系统前的培训成本、企业对 CRM 系统的日常维护费用、系统中数据扩充的成本以及系统不断升级的费用等。这些项目的成本数额也是巨大的。因此，需要对 CRM 项目进行全面的成本预算，要放眼于将来，从而才能确保投入巨资的 CRM 项目真正发挥效用。

4. 企业客户关系“私有化”带来的障碍

与西方国家相比，我国企业销售人员发展客户关系时，私人交往所占的成分比较重。私人关系其实是一个“双刃剑”，一方面，企业希望员工同客户能够维持很好的私人关系，这样客户就可以通过员工与企业发生亲密的关系，对客户的各种需求就能很好地了解，以提高企业和客户之间的沟通能力；另一方面，这种亲密关系又会使企业失去客户关系的控制权，从而或多或少地被员工所“要挟”，比较难以管理。

那么这种较强的私人关系对中国企业的 CRM 实践的影响如何呢？显然，一个可能的结果是企业的销售人员觉得 CRM 的理念根本就是“夸夸其谈”，毫无在中国土壤生根发芽的可能性。因为在情感关系占主导的销售策略里，个人的“人脑”活动占有绝对的支配地位，而在很大程度上减少了员工协作、数据共享等“合作”的成分。为什么我的关系要贡献给公司？别人掌握了我的客户关系，我今后怎么做生意？客户也变成只认某个人，不认公司，导致企业客户资源被“私有化”。这种文化现象导致企业人员对 CRM 的抵触是中国企业在 CRM 实践中所要正视的。相比之下，西方企业的员工同客户很难产生密切的私人关系，因而企业可以更大程度上规范地实施客户关系管理。

5. 人员能力和态度的影响

有效实施 CRM 的关键是靠人。CRM 实施、应用涉及的“人”或者角色很多。面对 CRM，每一个角色都有自己的困难、认知和反应。就我国企业现状来看，对于准备或者正在实施 CRM 的企业，从高层、中层、项目经理直到基层，对 CRM 所持的典型态度归纳如下。

- 高层：配合、只看到希望、什么都不懂却乱指挥。
- 中层：消极、积极（某种原因）、恐惧、繁忙。
- 项目经理：主动、大局观强、配合、消极、挑剔。
- 基层：消极、恐惧、消极对付、不理睬。

我国企业人员对信息化的了解和熟悉程度低，对技术持有陌生和抵触心理，担心 CRM 应用威胁其原有地位等是造成以上态度的根本原因。因此，在 CRM 实施前、实施中和实施后，考虑“人”的影响是很重要的。但通过咨询、宣传、培训、沟通等方法减少阻力是一个长期的过程。

6. 将 CRM 引入有缺陷的业务流程

我国企业面临市场环境与客户需求的不断变化，许多企业面向客户的业务流程经常要发生相应的变化，而其中部分业务处理流程也难免存在不适应变化的诸多缺陷。因此，如果企业在实施 CRM 战略过程中，不慎将自动化处理引入这类存在缺陷的业务流程，那么企业 CRM 系统的部署不但不能改善客户关系，还会恶化客户关系。因为这部分存在缺陷的业务流程处理效率的提高，实质上也就意味着缺陷出现频率的提高，无疑会进一步加重客户的不满情绪。因此，在部署 CRM 的过程中，应将所有与客户相关的业务处理流程进行全面彻底的检查。针对计划引入自动化处理的业务流程，应考虑是否会受到相关技术部署的影响，抓住关键的无缺陷的环节，对存在缺陷或可能受到影响的环节进行认真调整与完善。

7. 对数据重要性认识不够

CRM 解决方案的核心技术就是基于不同时间、地点及需求，对企业的客户、产品、库存及交易数据进行及时准确的处理。尽管不少企业为保证 CRM 解决方案能真正发挥作用，耗时数月甚至数年部署整合多家供应商的优势的解决方案，但却恰恰对作为 CRM 系统核心的数据的重要性认识不够。企业对如何获取所需数据、如何对数据进行处理与优化、如何保证数据质量、需要哪些方面的第三方数据等问题缺乏正确的认识与把握，从而使企业的 CRM 系统投资难以获取应有的回报。因此，我们也要制定确保数据质量的战略。

1.4.3　客户关系管理在中国的发展机遇

近年来，我国大中企业对 CRM 的兴趣和寄予的期望是十分高的。事实证明，目前我国在研究、开发和应用 CRM 方面的发展速度远远高于国外。CRM 在我国有着独特而广阔的发展机遇。

1. 市场竞争使中国企业对 CRM 的需求突显

过去我们的企业以产品为导向，由于生产力不足和产品短缺，供小于求，因此，企业将主要精力放在扩大生产和满足社会需求上。随着我国改革开放步伐的加大，生产力大发展，现在的成品已是供大于求。因此，企业要生存，就要生产客户需要的产品，这就是以“客户为导向”的时代。客户成了上帝，客户对企业产品的需求决定了企业未来的命运。因此，保持住已有的客户、发展新的客户、密切与客户的联系并了解他们的新需求，决定今后新产品的开发方向，为未来做出科学预测等成了企业成败的关键。以客户为中心，并且逐步实现对客户的个性化服务，争取到尽量多的客户才能使企业发展。而 CRM 是一种解决“以客户为中心”的非常重要的系统和方法。

2. 企业面临全球化竞争

随着全球化的深入，企业不仅要与国内的同行业企业竞争，而且还要与国外企业竞争。如何建立起企业的竞争优势，保证企业可以长期、稳定发展，是今天摆在企业面前的核心问题。国外企业在 CRM 应用方面比我们有经验，发展以客户为中心的以及科学的企业经营运作已成为国外企业运作的生命，而我国企业在这方面差距较大。跟上国外先进企业发展的方法是借助于 CRM，在科学管理方面迎头赶上。

1.5　客户关系管理的发展趋势

客户关系管理经过多年的应用，自身在不断地发展和变化。随着管理理念和信息技术的进步以及企业市场的需求变化，CRM 应用出现了很多趋势，并在企业应用中产生了深刻的影响。

1.5.1 客户关系管理理念的发展趋势

CRM 这个概念本身也在发展中，要解释其发展趋势，必须将客户关系管理提升到全面的企业关系管理的层次，将客户的语义范围扩展到其他关系对象。概括起来说，CRM 在理念上将呈现出两个发展趋势。

1. CRM 向 xRM 转变

对 CRM 中“C”的理解，将扩展客户的理解范围，包括员工和伙伴等其他关系对象。也就是说，任何个人或组织，只要他们对企业的发展有贡献（现实的或潜在的），都称之为客户，这样建立起的“企业关系管理”概念已不再局限于传统概念上的客户。

需要指出的是，我们目前定义的很多社会角色，其定义都已过时，它们之间的界限正在不断模糊。企业内部员工可以转化为企业产品的购买者或义务推销员；今天的竞争者可能成为明天的伙伴；今天的员工可能成为明天的竞争者。正因为如此，有些研究人员干脆去掉 CRM 中“客户”这个词而简化为关系管理（RM）或者称为（xRM），即将 x 改为客观对象，将客户的内涵覆盖到更大范围的管理对象。比如，现在已经产生了学生关系管理和市民关系管理的应用等一系列关系管理的新名词。这样，根据个人或组织特性，就可以自然延伸为个人关系管理、企业关系管理、事业关系管理和政府关系管理（公民关系管理）等。很显然，这种“关系管理”论点可以在某一天真正上升至“关系管理学”的理论高度。持这种观点的人的主要论点是：客户关系管理虽然重要，但有点以偏概全，不能反映企业的真实关系状况，并且认为这也是多数 CRM 项目失败的根本原因之一。

2. CRM 向 CMR（Customer Managed Relationship）转变

企业采用 CRM 几乎是以企业利益为中心的，在企业和客户的“权力斗争”过程中，企业基本上主导着关系的发展和维持。而我们也知道，关系是双方建立的，只有合作互利才可以将关系长久化，关系的双方没有谁大谁小的问题。因此，CMR 的主要论点就是要确实地将客户作为一个“尊敬的关系主体”邀请到关系管理的全过程中，而不是目前大多数实施 CRM 项目的企业所采取的试图利用新技术应用“驱赶式”地对待那些显得不那么重要的客户的方式。当然，我们认为 CMR 作为一个论点是有新意的，但不太实用，毕竟企业的资源有限，而且它存在的唯一理由就是利益的最大化，只不过是实现利益的手段以及利益实现的阶段性不同而已。

1.5.2 客户关系管理技术的发展趋势

现代企业管理的重心已从传统的生产、物流、财务等内部管理转向全面的客户关系管理，CRM 系统因而成为企业的核心管理系统之一。企业的应用需求和信息技术的发展是推动 CRM 系统发展方向的重要因素，目前 CRM 系统的技术架构发展呈现以下几种趋势。

1. CRM 系统将全面采用 B/S 技术

为了满足移动办公和分布式管理的需求，CRM 系统将更多采用基于浏览器/服务器（B/S）架构的多层结构，如图 1-2 所示。B/S 结构的特点是在客户端使用标准的 Web 页面浏览器，不需要安装特殊的应用程序，减少了升级和维护的难度。所有的业务数据都保存在服务器端，确保了数据的安全。在通信方面，由于使用标准的 HTTP 协议，使得系统可以轻松地实现移动办公和分布式管理。另外，为了系统功能的可扩展性，应该采用将数据库、应用层及表现层分离的多层结构。独立的数据库层便于支持多种数据库系统，将实现企业逻辑的应用层独立，使得业务逻辑的更新和扩展更为方便。而当需要支持手机、PDA 等新的客户端设备时，只要对表现层进行扩充就可以实现。同时，这种多层结构也可以采用负载均衡与集群等技术实现系统的高可用性和性能的平滑扩展。

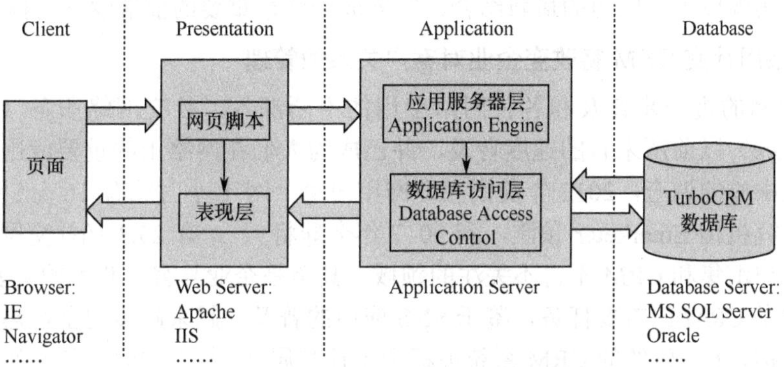

图 1-2　CRM 系统的 B/S 架构

随着 Web2.0 技术的成熟和需求的拉动，CRM 软件厂商将全面以 Web Base 的技术来进行产品开发。Web Base 产品的优势在于只要可以上网的地方都可以使用，符合现代企业据点分散于世界各地的远程管理需求。

2．CRM 系统将全面集成内外部信息

随着 Internet 的发展，新的信息交流技术不断发展。作为企业的前端业务系统，CRM 系统需要支持客户可能倾向采用的各种交流方式。除了支持传统的电话和电子邮件以外，CRM 系统也应该集成对手机短信息、VoIP、企业即时消息（EIM）和网络会议等新的沟通方式的支持。在一个客户服务中心，客户代表既可以接听客户的普通电话、网络电话、查看客户的 E-mail，也可以看到客户通过手机发来的短信息，与客户通过即时消息谈话，或者与客户开始一个视频网络会议，实时解决客户的问题，大大提高服务响应速度和客户满意度。对于企业的市场和销售业务，多媒体短信促销、在线导购、远程演示等全新的沟通技术在降低营销成本的同时也可以扩展传播途径、提高客户沟通效率、缩短交易周期，从而提升企业的盈利能力。

3．CRM 系统将更多地采用数据仓库和数据挖掘技术

随着全球经济一体化的加速和技术的快速发展，企业比以往任何时候都面临着更为复杂的生存环境。市场竞争的压力对企业决策的质量和速度都提出了更高的要求。作为管理客户资源这一企业核心资源的信息系统，CRM 系统必须具备强大的数据分析和挖掘功能，为管理者做出正确的决策提供及时而准确的依据。数据仓库（Data Warehousing）、数据挖掘（Data Mining）和 OLAP 技术已成为 CRM 系统提供决策支持的关键技术。CRM 系统可以利用这些技术为企业建立完善的、量化的客户价值评估体系，以销售额、利润等原始数据为指标建立评估模型，找出对企业最有价值的客户群体并分析其特征，帮助企业制定更合理的经营策略。通过应用数据仓库和挖掘技术，一个CRM系统还能够透视企业的销售、市场和服务等各个业务环节，按照组织机构、时间、产品线和客户群的特征等各种维度进行多维数据分析和数据挖掘，从而帮助企业及时发现市场环境的细微变化和自身业务流程中的潜在问题，迅速采取相应的应对措施。

随着CRM管理理念的进一步完善、客户管理手段的变革和IT新技术的飞速发展，CRM系统也将不断实现技术和应用的最新结合，发展成企业最重要的前端业务支撑系统。

4．广泛采用社交CRM将改变企业对客户关系的管理

随着互联网的进一步普及和各种网络应用的不断深入，社交网络服务（SNS， Social Network Service）以前所未有的速度普及，并已成为人们在网络上的重要应用平台。根据中国互联网信息中心的调查，2013年美国互联网用户每上网1小时就有16分钟用在社交网络上。而市场研究机构Emarketer预测，到2017年全球将 有23.3亿社交网络用户。社交网络成为了客户汇集和CRM不得不关注的领域，甚至是企业与客户联系的主要沟通渠道。

贴近客户是CRM的首要任务，鉴于SNS应用的普及，越来越多的企业热衷于利用SNS来完成这一目标，于是传统的CRM系统被赋予了社交属性，社交CRM应运而生。利用SNS，企业采用社会化的方式与自己的客户、合作伙伴、供应商相互沟通交流，企业内部的员工也通过社会化的方式相互连接，传递内容和信息，共同协作。通过简单的分享、评价、讨论和参与，SNS能方便快捷地帮助人们建立和维护基于互联网的社会性网络。SNS改变了消费者信息获取和沟通交流的方式，并逐渐影响到消费者与企业之间的沟通，以及企业内部的组织管理和外部的沟通协作。

传统CRM注重呼叫中心、企业网站以及面对面沟通等渠道的管理，而社交CRM需要以网络社区的动态环境为基础定义社交网络，将关系的控制权转移到客户手中，因为客户与企业的沟通将会通过社交网络迅速地扩散到他或她的朋友圈，客户有能力影响社交网络中的其他人，实现信息和内容的快速病毒式传播。CRM以流程和技术为支撑，提高对客户的响应能力，其目的是在整个客户生命周期内管理客户关系，从而获取最大价值。但是，在使用社交网络时，企业不再拥有客户关系的控制权，客户及其社交网络成为与企业对话的推动者。社交CRM要求企业抛弃管理客户的做法，并推动客户所关心的沟通和体验，确保客户能够通过参与获取他们所需的价值，主动赢得客户的信任，从而为客户和企业双方都带来收益。当然，社交网络并非企业与客户贴近的唯一渠道，社交CRM需要将社交网络全面地与其他面向客户的途径集成。

社交CRM的实施可以分为“倾听——分析——参与——演变”四个持续的过程。通过实施社交CRM，企业可以使用社交平台挖掘数据，深入了解客户，对品牌进行监控，并推动创新，改善产品、服务和客户体验。

案例分析：招商银行以CRM系统推进批发业务转型

尽管银行对批发业务的CRM需求旺盛，但是银行界却鲜有成功案例。招商银行采用咨询与开发同步的创新模式，成功地构建了批发业务 CRM 系统，并为其批发业务管理的提升以及招商银行二次转型奠定了坚实的基础。不仅如此，招商银行的创新举措再次创中国银行业的风气之先。

突破 CRM 困境

虽然招商银行的客户关系管理在国内商业银行中属于领先水平，但从管理的精细化角度出发，他们在批发业务方面的客户关系管理却还有待提升，其差距主要体现在以下 4 个方面。

首先，招商银行在支行层面的批发业务管理相对比较粗放。招商银行的 IT 建设在业界享有盛誉，但在批发业务领域客户关系管理方面却明显滞后。由于缺乏一个合适的工作平台，客户经理在开展日常业务时只能把客户信息记录在计算机的 Excle 表格或者记事本上。由于无法全部掌握银行的批发业务内容，有时候客户提出需求时，客户经理只好打电话到柜台去查询后才能给出答复。

其次，客户经理处于单打独斗的状态，不利于招商银行未来成为金融服务提供商的目标实现。招商银行拥有几十种批发业务品种。在营销过程中，由于缺乏有效的工具，客户经理往往只熟悉少量的产品，因而只能向客户推荐和销售少数自己熟悉的产品，有限的企业客户资源难以得到有效利用，其最终结果是：招商银行批发业务中单个客户的盈利能力较低。因此，招商银行公司银行部需要借助团队的力量来整合营销资源，深度挖掘商机，并提高客户的满意度。

再次，销售方法不统一，销售流程不清晰，销售有效性有待提高。这是因为招商银行在批发业务层面缺乏系统化的项目管理机制和配套的推进和辅导机制，因而往往只能对项目结果反映的业务数据进行管理，但对项目过程的管理却比较弱。

最后，在业绩考核方面缺乏统一的标准和薪酬体系。这在一定程度上影响了对公司银行业务部门客户经理的积极性的调动。

尽管招商银行多年来一直在努力提升批发业务客户关系管理，但大多采用传统方式，而少有体系化的科学方法，难以实现本质上的改善。为此，招商银行批发业务营销负责人一直在探索如何在传统的方法上引入科学的方法和工具，突破营销管理的瓶颈。

事实上，我国各商业银行一直想在 CRM 系统建设上有所突破，但是都遇到了或多或少的问题，因为银行 CRM 系统绝非一个简单的、割裂的系统，它要求核心业务系统为其提供准确的数据。招商银行也早在 2002 年起就着手建设批发业务的 CRM 系统，历经 6 年才准备就绪，也就是直到 2008 年项目才正式启动。

寻求创新模式

2008 年，为了实现全面的批发业务客户管理，招商银行正式启动 CRM 项目，其目标是：为客户经理提供能够满足他们业务开展需求的工具；通过 CRM 项目将优秀客户经理和团队的经验固化下来，从而优化业务流程；构建一个信息共享平台，减少信息沟通的成本；系统的推行不仅是工具的运用，同时也是营销方法和流程的变革。

针对批发业务的 CRM 系统——特别是营销流程——对于国内外银行而言可以算是新鲜事物，没有什么先例可遁，因此必须采用创新的思路来实现。招商银行决定采用自行设计、开发、合作伙伴提供业务咨询并辅助实施的策略来建设全新的 CRM 系统。这主要考虑到以下

3个方面的因素。

首先，招商银行希望保留核心的开发、设计技术等。一方面，招商银行本身的IT能力比较强，已经自行开发了很多系统，具备自行开发的能力。另一方面，自行开发便于银行将CRM系统与其他系统整合，形成一个完整的企业IT架构。

其次，目前成熟的CRM系统多是针对零售业务的，即使采用成熟的CRM产品，招商银行还是需要做很多二次开发工作。批发业务和零售业务的客户关系管理很不一样，零售业务强调的是服务便利性和以客户为中心，而批发业务要求更高，特别是随着批发业务种类的不断丰富，客户希望银行能够提供综合的服务。这对银行的销售模式提出了新的要求，要求不是由单一客户经理为客户服务，而是由一个专业的团队来为客户服务。

最后，在系统上线之后，招商银行要根据优化的管理流程来优化系统，还可能会增加一些新的功能，他们希望自身拥有对系统持续改进的能力。鉴于合作伙伴在系统实施中所担当的重要角色，招商银行对合作伙伴提出了很高的要求：合作伙伴要对CRM具有前瞻性的视角，要充分了解国内外银行业管理现状，有营销管理方法和流程设计的经验，同时还要有强大的系统实现能力。经过严格的招投标，招商银行最终选择了IBM作为其CRM建设的合作伙伴。

不走弯路的秘诀

在IBM的帮助下，招商银行初步把CRM项目分成两期来进行。一期项目主要是搭建提高客户经理服务能力的CRM工具系统，同时进行新的销售方法和流程的设计。根据招商银行批发业务的特点，IBM帮助招商银行设计了“点金五式”流程，其中包括：目标与计划管理、商机管理、客户信息管理、营销推进管理和业务管理。与此同时，招商银行搭建了CRM平台的框架，上线了客户信息管理、客户管理、活动管理、产品与知识库管理、业绩管理、权限管理和报表管理七大功能。

2009年9月，招商银行在一期项目的基础上，启动了二期项目，目标在于为实施新的销售流程和方法提供工具，以提高客户满意度、产品交叉销售率和销售成功率。具体功能包括优化大客户销售计划和商机管理（包括销售线索管理、商机管理），并增加了客户营销团队申请、过程管理、客户反馈三个功能。

CRM项目是招商银行非常重要的项目，得到了银行高管层的高度重视。此项目的高效快速实施充分体现出招商银行过硬的执行力。作为项目负责人，雷财华更是投入了大量的精力。据了解，在流程设计阶段，雷财华把50%的精力都放在CRM项目中，与IBM的专家共同探讨业务流程等问题。

在项目推进策略上，招商银行从引导实施到长期制度的做法可圈可点。也就是说，在项目实施开始，招商银行只是鼓励分支机构的客户经理将客户相关数据导入的系统中；后来大家逐渐接受并熟悉系统后，再将这项工作作为工作指标要求客户经理去执行，从而形成了长期的机制。正是这一机制，有效地保证了CRM系统中信息的完整性和实时性。

对招商银行来说，CRM项目既是信息化项目，又是管理项目。但是从表面上来看，系统上线后，客户经理增加了不少的工作量，比如说，要填写很多信息。为此，招商银行专门做了大范围的培训，为员工解答工作量增加的原因，以及如何让系统更好地为业务所用。

2010年7月，招商银行完成了批发业务CRM二期项目的建设，基本没有走什么弯路。

招商银行之所以没走弯路，主要有三方面原因：其一，招商银行和 IBM 之间沟通比较顺畅、配合比较默契；其二，IBM 拥有丰富的行业经验，能够很好地把握招商银行的需求；其三，一开始就有良好的规划，从全局出发进行项目实施过程，比如说，在一期项目中就考虑到了二期该怎么做。

二次转型的基石

2009 年 10 月，招商银行行长马蔚华对外界披露，招商银行已经进入第二次转型阶段，要以低资本消耗的方式来发展业务，提高定价能力和非利差收入的比重。而 CRM 项目恰恰承载着招商银行批发业务资源整合的使命，通过销售方法和销售流程变革提高营销投入产出比。

CRM 一期、二期项目实施后，招商银行在批发业务上实现了一个统一、两个集中、三个平台、四个转变，从而有效地支持批发业务的二次转型。其中，一个统一为统一度量衡，两个集中为客户信息集中、营销信息集中，三个平台为客户信息平台、RM 工作平台和营销管理工作平台，四个转变为业务数据化、管理流程化、营销精细化和销售过程化。在具体业务层面上，CRM 项目所带来的收益主要体现在以下几个方面。

1. 实现对营销过程的全面把握。以往招商银行每个分行都要管理多个支行的多个团队，难以全面把握所有营销项目的过程，因而很难做出决策应该重点支持哪些商机。支行为了获取更多的营销资源，往往要展开高层攻关工作。这样，分行即使得到了一定营销资源，成本也比较高，耗费的时间也比较长。现在只要支行把需求申请通过系统提交上来，分行层面就很容易看到项目的实际进展情况，从而决定到底该给该项目提供怎样的资源，“有了 CRM 平台的支撑，中后台对前台的支持变得更加主动，支持能力得到了很大提升，从整个招行来说，对市场的反应能力得到加强。”雷财华总结说。此外，借助 CRM 系统，招商银行还可以对未来的业绩进行预测。

2. 对客户资源进行集中、有效的管理。借助 CRM 系统，招商银行对客户的重要联系人信息进行集中管理，不但解决了银行公司客户私有化问题，而且提高了营销工作的连续性、有效性。客户经理可以借助系统全面了解分管客户的信息，为营销提供更有效的支持。

3. 提高联动效率，使得以客户为中心成为全行一致的行为。过去招商银行公司银行部提倡以客户为中心，在实际执行层面却只能落实在一线客户经理层面上，而中后台只能通过产品创新等途径间接来执行以为客户为中心的理念。现在借助 CRM 平台，结合配套的管理制度，针对每个商机，招商银行可以调动前、中、后台的所有营销资源，真正做到以客户为中心，并提高客户的满意度。

4. CRM 平台成为知识积累和营销提升能力的一个有效工具。CRM 中客户营销分析和营销技巧都是基于标杆客户经理和团队工作经验并借鉴先进的管理方法和工具总结出来的，通过系统固化成流程将标杆经验进行推广，未来可根据标杆经验不断优化。典型案例资源能帮助客户经理不断提升业务能力，新的客户经理可以借助系统设置的流程快速适应新的岗位。

5. 系统构建了一个新型考核平台，充分调动了客户经理积极性。现在，CRM 系统成为招商银行公司银行部客户经理日常业务运作和管理人员制定并推进营销战略的有效工具，并且系统提供的数据已经被考核部门作为员工和部门绩效评估的依据。借助 CRM 系统提供的数据，招商银行实现了以利润为口径的考核方法和透明的考核流程，提高了考核效率，使得业绩考评结果既能满足员工个人成长的要求，又能满足招商银行的战略需求。

（案例来源：IBM 全球咨询业务部. 招商银行借咨询之力，以 CRM 系统推进转型[EB/OL]. http://www-935.ibm.com/services/cn/bcs/iibv/casestudy/cmb.html, 2014.04.01，略有删减。）

案例分析题

1. 实施 CRM 系统之前，招商银行面临的业务挑战是什么？
2. 招商银行 CRM 解决方案的要点有哪些？
3. 招商银行不走弯路的秘诀是什么？

关键词汇

客户关系管理（CRM），电子商务，4P，4C，4R

本章小结

在网络环境下，电子商务开始成为企业应对迅速变化的环境、建立和保持竞争优势的有力措施。CRM 是电子商务实施中的重要环节，它可以提高企业对市场的快速响应能力和满足客户个性化需求的能力，进而全面提升企业的核心竞争力。

CRM 的兴起是企业应对环境变化的需求、技术进步的拉动以及管理理念发展的结果。只要企业成功实施 CRM，就能不断地培养和提高客户的满意度，从而提升企业的盈利能力，这使得我国企业 CRM 的应用越来越广泛，并覆盖了所有的行业。本章从客户关系管理的起源、发展历程、产生背景和发展动力等角度对 CRM 的产生做了详细阐述，分析了客户关系管理的目标及实践意义，介绍了我国 CRM 应用的现状和存在的问题，并从 CRM 理念、技术和市场三个方面对客户关系管理的未来发展趋势做了分析。

复习思考题

1. 关系营销与客户关系管理有何区别与联系？
2. 客户关系管理的起源和产生的理论背景有哪些？
3. 从营销的角度来看，4P、4C 和 4R 理论各有什么优缺点？
4. 电子商务的兴起对 CRM 有什么样的影响？
5. 客户关系管理系统在其历史演变中产生了哪些软件功能？
6. 消费者价值观经历了哪几个阶段的变迁？
7. 客户关系管理的目标是什么？有何意义？
8. 推动客户关系管理发展的因素有哪些？
9. 结合熟悉的企业或行业，阐述 CRM 未来的应用趋势。
10. 企业是靠“产品”竞争还是靠“客户”竞争？为什么？

讨论题

1．客户关系管理的控制权是在企业手机还是在客户手里？
2．除了客户需求、技术发展和企业变革之外，你认为 CRM 的发展还有哪些推动力量？
3．大数据会对 CRM 技术发展产生什么样的影响？
4．企业实施 CRM 是以“管理”为核心还是以“技术”为核心？
5．在缺乏相应技术支持的情况下，CRM 相关的理念能在企业成功实施吗？
6．你认为移动网络的普及将会对 CRM 的发展带来哪些变化？

网络实践题

1．根据网络公开资料，归纳总结 CRM 在中国应用的概况和技术发展趋势。
2．在线注册试用微软的 Dynamic CRM 或其他公司的 CRM 在线版，撰写试用报告。
3．访问主要 CRM 厂商的网站，对比分析他们的产品和解决方案的异同点。
4．利用 CRM 行业网站，分析国内 CRM 供应商的技术背景和发展动态。

第2章　客户关系管理的内涵及相关理论

本章导读

客户关系管理最早产生于美国，由高德纳咨询公司（Gartner Group）首先提出了客户关系管理的概念，20 世纪 90 年代以后伴随着因特网和电子商务的大潮得到迅速发展。客户关系管理借助先进的信息技术和管理思想，通过对企业业务流程的重组来整合客户信息资源，并在企业内部实现客户信息和资源的共享，为客户提供一对一的个性化服务、提高客户价值、提升客户满意度、增强企业盈利能力和保持客户的忠诚度，吸引更多的客户，最终实现企业价值最大化。客户关系管理应用系统通过对所收集的客户特征信息进行智能化分析，并为企业的商业决策提供科学依据。本章从客户关系管理的概念、内涵、特点等方面分析并介绍客户关系管理应用系统的分类、作用及企业应用效益。同时，分析客户价值理论和客户关系生命周期理论，以帮助读者全面地理解客户关系管理的真正内涵。

学习目标

- 掌握客户关系管理的定义和内涵
- 掌握客户价值的基本内涵
- 掌握客户价值的来源和影响因素
- 了解客户关系管理的特点和功能
- 了解客户关系价值理论和客户生命周期理论
- 了解客户关系管理的价值链

2.1　客户关系管理思想的发展

客户关系管理起源于西方的关系营销理论，在 20 世纪 70 年代末至 80 年代初产生于美国并得以迅速发展。1983 年，贝瑞（Berry L. L.）提出关系营销的概念，1985 年，美国营销学专家巴巴拉·本德·杰克逊（Barbara B. Jackson）把关系营销的概念引入生产领域。关系营销概念的提出，使人们对市场营销理论有了更深一层的认识。这个时期可称为客户关系管理思想的第一个阶段。

在 20 世纪 80 年代末至 90 年代中期，客户关系管理的研究成果主要体现在销售的自动化系统、客户服务系统、呼叫中心等方面。代表人物有约翰（John J. Sviokla）和本森·夏皮罗

（Benson P. Shapiro），研究内容涉及客户价值、客户保持、客户忠诚和客户满意度。

20 世纪 90 年代中期至 2002 年，尤其是 1998 年随着电子商务的兴起，客户关系管理的理念不断被丰富和完善。客户关系管理的研究成果已经转向实用阶段，主要体现在客户关系管理的企业实施策略和客户关系管理系统分析性功能。2002 年后，客户关系管理处于稳定发展时期。

客户关系管理起源于 20 世纪 80 年代初，从一种管理概念到一种管理技术手段和商业策略，反映了客户是企业的一项重要资产，它改变着企业的竞争能力，为企业管理的变革、创新提供了具体的思想和方法。

2.1.1　客户关系管理与现代营销理论

“客户关系管理”这个名词是在互联网应用达到一定的普及程度之后才产生的（1993 年前后）。它的提出和广泛宣传同信息技术一样，主要是和互联网技术的发展与成熟应用密切相关。作为一个企业的长期客户维系战略，与同样以满足客户需求和实现企业经营目标为宗旨的现代营销理论有什么关系呢？客户关系管理的营销理念符合什么营销思想？美国营销协会（American Marketing Association）对营销的定义是这样描述的：

营销是企业计划和执行 4P[产品/服务（Product/Services）、价格（Price）、促销（Promotion）、渠道（Place）]策略的一个商业过程，旨在赢得既满足客户又能实现企业经营目标的成功交易。

仔细分析这个营销概念，就会发现它同客户关系管理所包含的商业理念没有任何冲突；甚至可以说，客户关系管理的理念是营销理论框架下的一个子论点。实际上，营销理论中有一个“关系营销”的概念几乎就是客户关系管理的概念。营销理论对“关系营销”的解释是：

关系营销是为了同客户和其他重要的“公司利益分享者”建立良好关系的一类营销，关系营销找出高价值的客户和潜在客户并通过人性化的关怀使他们同企业产生“家庭式”的密切关系。

由此可见，现代营销理论对“关系”的定义比客户关系管理更为全面，不管从何种角度看，客户关系管理的经营理念绝不是一个单独出现的或者说是新的“某种理论”。除了关系营销概念以外，在分析客户关系管理时，其他类似的营销论点也经常被提及，在这里归纳如下：

（1）80/20 法则，即企业 80% 的利益或收入是从 20%的客户中获得的。

（2）整合营销信息渠道的论点，强调企业通过各种传播媒介向客户、分销商、提供商以及任何其他关系对象，如政府、公众等发出的信息必须是统一的和一致的。

（3）一对一营销思想，即企业要尽最大的努力满足每个客户独特的个性化需求。

（4）企业获得一个新客户的投入是留住一个老客户的许多倍。

（5）一个满意的客户可以向多人宣传企业的好处；一个不满意的客户会迫不及待地向更多的人讲述他的“苦难”经历。

（6）客户周期理论可归纳为三段论：获得新客户，提高对现有客户的利润贡献，与利润客户保持永久关系，如图 2-1 所示。

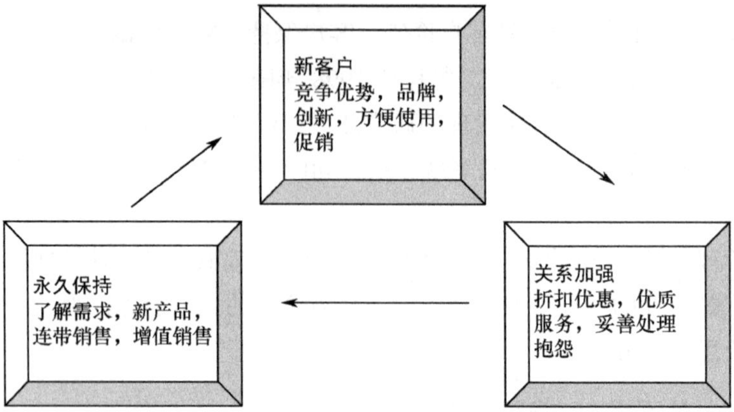

图 2-1　客户周期理论

因此，客户关系管理的关键之处在于如何实现客户关系管理的经营理念，计算机技术成为实现这个理念的前提，而且技术也会对营销理论进行充实和补充，主要体现在两个方面：

一是客户关系管理的互联网应用已经超越了原来营销理论的单一“互联网营销”的使用范畴，成为新时代的另一种销售、服务、营销、信息采集与传送等业务领域的全天候的客户互动渠道。

二是企业的市场营销策略将与技术更加密切相关，实施的成败在很大程度上取决于客户关系管理应用系统在企业中的实施状况，即技术将反过来直接影响企业的营销战略。一个对技术不甚了解的营销经理将不再能适应新的形势。

2.1.2　管理理念及消费者价值的变迁

消费者价值是指消费者的需求和期望被满足的程度及因此而建立的相对稳定的认识和信任。按照马斯洛关于人的需求层次的理论，在一个相对富裕的社会中，消费者价值一般与人的较高层次的需求比如安全、自尊、成就感和自我实现等有关。随着人们收入水平的提高，可支配收入将越来越多地用于与消费者价值相关领域的消费。

消费者的价值在于企业提供优质产品（效用）后消费者所提供的购买成本（价格）。所以企业应在发展中高度关注消费者价值，并能高效地为消费者提供产品，通过从消费者那里得到回报为企业注入活力。企业仅仅关注消费是远远不够的，企业需要洞察消费者的购买行为和生活方式，把消费者的需求看成是一种资源，并根据自身的能力不断去满足消费者的需求，只要把握住需求，利用和激发消费者的价值，企业就能掌握自身的命运。通常部分消费者表现出的价值并不算高，但他们在生活中出现问题时企业也应尽量提供解决方案，从而体现这部分消费者的价值。为此企业需要建立更加灵活的组织结构与管理体系来面对日益变化的需求。只有充分认识到消费者的价值，通过不断努力满足消费者的需求，企业才有机会从消费者处得到更高的回报。在认识到消费者的价值后，企业就要据此打造自身的核心能力和加快企业发展速度，消费者价值的变迁导致了管理理念的更新，从而也使 CRM 产生和发展起来。消费者价值的变迁经历了三个阶段。

第一个阶段是“理性消费时代”。在这一时代的恩格尔系数较高，社会物质尚不充裕，人们的生活水平较低，消费者的消费行为是相当理智的，不但重视价格，而且更看重质量，追求的是物美价廉和经久耐用。此时，消费者价值选择的标准是“好”与“差”。

第二个阶段是“感觉消费时代”。在这一时代，社会物质和财富开始丰富，恩格尔系数开始下降，人们的生活水平逐步提高，消费者的价值选择不再仅仅是经久耐用和物美价廉，而是开始注重产品的形象、品牌、设计的艺术性和使用的方便性等，选择的标准是“喜欢”和“不喜欢”。

第三个阶段是“感情消费时代”。随着科技的飞速发展和社会的不断进步，人们的生活水平大大提高，消费者越来越重视心灵上的充实和满足，对商品的需求已跳出了价格与质量的层面，也超出了形象与品牌等的局限，他们更加注重追求商品购买与消费过程中心灵上的满足感。因此，这一时代，消费者的价值选择是“满意”与“不满意”。

可以说，正是这种价值取向将营销管理推进到了“客户关系管理时代”。在这个时代中，产品的差别越来越难以区分，产品同质化的趋势越来越明显，通过产品差别来细分市场从而创造企业的竞争优势变得越来越困难，这就决定了企业从以产品为中心的模式向以客户为中心的模式转移，并将客户关系管理作为营销管理的重要内容和决定性因素。

2.2　客户关系管理的定义和内涵

2.2.1　客户关系管理的定义

客户关系管理的理念是在企业把客户看成最重要的资产，并对客户进行长期管理的实践中产生的。客户关系管理是企业基于以客户为中心的商业理念和运作模式，借助一定的信息技术，实现企业与客户之间的良性互动，最终实现企业价值最大化的管理方式。

客户关系管理的定义

“客户关系管理”，英文为 Customer Relationship Management（CRM），一般译作“客户关系管理”，也有译作“顾客关系管理”的。在实际中，Customer 译作客户所表示的意义更为广泛，它包括了过去购买或正在购买的消费者，以及还没有购买但今后可能产生购买行为的“潜在消费者”。

关于客户关系管理的定义，不同的学者或商业机构都从不同角度提出了自己的看法，如表 2-1 所示。

表 2-1　不同学者和商业机构对客户关系管理的定义

Gartner Group	最早提出客户关系管理定义，认为客户关系管理是整个企业范围内的一个战略，这个战略目标通过组织细分市场，培养客户满意行为，将从供应商到客户的系列处理过程联系在一起，使得利润、收益、客户满意程度最大化
CRMGuru.com	客户关系管理是在营销、销售和服务业务范围内，对现实的和潜在的客户关系及业务伙伴关系进行多渠道管理的一系列过程和技术
IBM 商业公司	客户关系管理是通过提高产品性能，增强客户服务，提高客户交付价值和客户满意度，

（续表）

IBM 商业公司	与客户建立起长期、稳定、相互信任的密切关系，从而为企业吸引新客户、维系老客户，提高效益和竞争优势
SAP 公司	客户关系管理系统的核心是对客户数据的管理。客户数据库是企业最重要的数据中心，记录了企业在整个市场营销与销售的过程中和客户发生的各种交互行为，以及各类有关活动的状态，并提供各类数据的统计模型，为后期的分析和决策提供支持
NCR（The National Cash Register Corporation）	客户关系管理是企业的一种机制。企业通过与客户的不断互动，提供信息和客户进行交流，以便了解客户并影响客户的行为，进而留住客户，不断增加企业的利润。通过实施客户关系管理，能够分析和了解处于动态过程中的客户状况，从而搞清楚不同客户的利润贡献度，清楚应该提供何种产品给何种客户，以便在合适的时间、通过合适的渠道来完成交易
美国机械制造技术协会（AMT，The Association for Manufacturing Technology）	把客户关系管理理解为一种以客户为中心的经营策略，以信息技术为手段，对业务功能进行重新设计，对业务流程进行重组
信息产业部中国信息化推进联盟客户关系管理专业委员会	客户关系管理是现代管理科学与先进信息技术结合的产物，是企业树立“以客户为中心”的发展战略，并在此基础上开展的包括判断、选择、争取、发展和保持客户所实施的全部商业过程

Gartner Group①明确指出了客户关系管理并非某种单纯的 IT 技术，而是企业的一种商业策略，注重企业盈利能力和客户满意度；CRMGuru.com②重点指出了客户关系管理的管理手段，即过程和技术，比较适用于客户关系管理开发系统，并界定了客户关系管理的业务领域。但过分弱化了客户关系管理的策略性，简单归纳为一种技术处理；IBM 商业公司认为，客户关系管理可以进一步从三个层面来理解，即对客户来说，客户关系管理关心一个客户的“完整的生命周期”；对企业来说，客户关系管理涉及企业“前台”和“后台”，需要整个企业信息集成和功能配合；对具体操作来说，客户关系管理体现在企业与客户的每次交互上，这些交互都可能加强或削弱客户参与交易的愿望；NCR（The National Cash Register Corporation）③认为，在客户关系管理中，管理机制是主要的，而技术应用只是一部分，是实现管理机制的手段而已。实施客户关系管理，主要是企业的组织、流程及文化等方面的变革；信息产业部中国信息化推进联盟客户关系管理专业委员会认为：是企业以客户关系为重点，通过再造企

① Gartner Group：全球最具权威的 IT 研究与顾问咨询公司，成立于 1979 年，总部设在美国康涅狄克州斯坦福。其研究范围覆盖全部 IT 产业，就 IT 的研究、发展、评估、应用、市场等领域，为客户提供客观、公正的论证报告及市场调研报告，协助客户进行市场分析、技术选择、项目论证、投资决策。为决策者在投资风险和管理、营销策略、发展方向等重大问题上提供重要咨询建议，帮助决策者做出正确抉择。

② CRMGuru.com：由 Bob Thompson 于 2000 年 1 月创办成立，至今已经发展成为世界上最大的 CRM 社团。其使命是帮助企业经理人理解 CRM，并将其运用于实践。CRMGuru.com 包含 CRM 策略、解决方案以及通过发送电子新闻信件和专题文章提供最佳实施方案；主持基于电子邮件的 CRM 讨论团；邀请行业专家举行每季度一次的 webcasts，以及提供免费的“专家”Q&A 服务。

③ NCR 公司（纽约证券交易所股票代码为 NCR）是全球领先的技术公司，致力于帮助各种商业建立强大的客户关系。NCR 公司的自动柜员机（ATM）、零售系统、Teradata 数据仓库和 IT 服务为客户提供关系技术（Relationship Technology TM）解决方案，可以不断提升客户互动所带来的价值。NCR 公司总部设于美国俄亥俄州戴顿市，在全球超过 100 个国家拥有 29 600 名员工。2008 年《财富》杂志世界 500 强名列第 391 名。

业组织体系和优化业务流程，展开系统的客户研究、提高客户满意度和忠诚度、提高运营效率和利润收益的工作实践；也是企业为最终实现信息化、运营目标所创造和使用的软硬件系统及集成的管理方法、解决方案的总和。

上述定义的角度和侧重点各有不同，但总的说来是一致的，即他们都认为“客户关系”是公司与客户之间建立的一种相互有益的、互动的关系，并由此把客户关系管理上升到企业的战略高度，同时都认为技术在客户关系管理中起到了很重要的驱动作用。

本书在总结以上相关经典定义的基础上，从营销理念、业务流程和技术支持三个层面将客户关系管理定义为：客户关系管理是现代信息技术、经营理念和管理思想的结合体，它以信息技术为手段，通过对以“客户为中心”的业务流程的重新组合和设计，形成一个自动化的解决方案，以提高客户的忠诚度，最终实现业务操作效益的提高和利润的增长。

2.2.2　客户关系管理的基本内涵

“以客户为中心”是客户关系管理的核心所在。客户关系管理通过满足客户个性化的需要、提高客户忠诚度来实现缩短销售周期、降低销售成本、增加销售收入、拓展销售市场、全面提升企业盈利能力和竞争能力的目标。客户关系管理的内涵主要包含三方面内容，即客户价值、关系价值和信息技术，如图 2-2 所示。

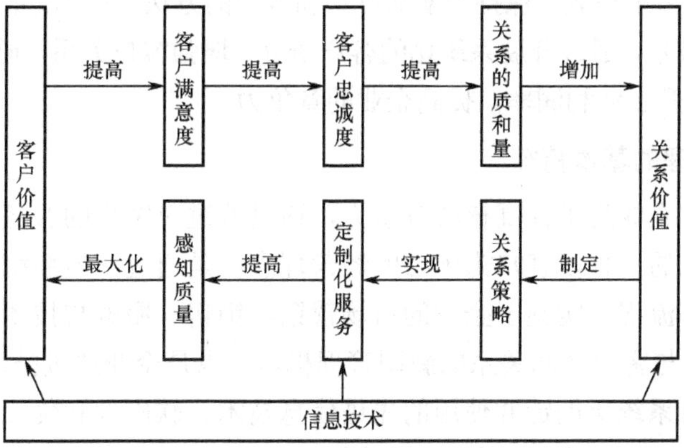

图 2-2　客户关系管理的内涵

图 2-2 表明，在客户价值和关系价值之间存在着某种互动，这种互动关系反映了客户价值最大化和关系价值最大化之间的平衡和互动。通过对关系价值的管理，使企业将资源和能力集中在关系价值最高的客户身上，为其提供高质量的产品或服务，满足其需要，进而实现客户价值的最大化；同时，从客户的角度而言，客户价值能够提高客户的满意度，积累的满意度能促进其对供应商的忠诚，进而促进关系的质（如客户消费更多更广）和量（如关系生命周期的延长）的全面提高，进一步增加该客户的关系价值。信息技术不仅支持了客户价值最大化和关系价值管理两项活动，而且还支持了两者之间的互动过程。

客户关系管理的目的是实现客户价值的最大化和企业收益的最大化之间的平衡，任何企业实施客户关系管理的初衷都是想为客户创造更多的价值，即实现客户与企业的“双赢”。坚持以客户为中心，为客户创造价值是任何客户关系管理战略必须具备的理论基石。为客户创造的价值越多，就越尽可能地增强客户满意度，提高客户忠诚度，从而实现客户的维系，有利于增加客户为企业创造的价值，使企业收益最大化。

企业是一个以盈利为目的的组织。企业的最终目的都是为了实现企业价值的最大化。因此，在建立客户关系时，企业必须考虑关系价值，即建立和维持特定客户的关系能够为企业带来多大的价值。从逻辑上讲，企业的总价值应该等于所有过去的、现在的或将来的客户的关系价值的总和。关系价值高，所创造的利润就高，企业应该将精力放在关系价值高的客户身上，而对那些价值较低，不具有培养前景，甚至会带来负面效应的客户关系，企业应该果断终止。我们可以认为，关系价值是客户关系管理的核心，而管理关系价值的关键却在于对关系价值的识别和培养。

信息技术是客户关系管理的关键因素，没有信息技术的支撑，客户关系管理可能还停留在早期的关系营销和关系管理阶段。正是因为信息技术的出现，使得企业能够有效地分析客户数据，积累和共享客户知识，根据不同客户的偏好和特性提供服务，从而提高客户价值。同时，信息技术也可以辅助企业识别具有不同关系价值的客户关系，针对不同的客户关系采用不同的策略，从而实现客户价值最大化和企业利润最大化之间的平衡。

2.2.3 客户关系管理的特征与目标

客户关系管理是一个获取、保持和增加可获利客户的方法与过程。作为一种新的商业运作模式，它借助于 IT 技术，通过开展系统化的客户研究，增强客户关系，通过优化企业组织体系和业务流程，最终提升企业利润率，提高企业的竞争力。

1. 客户关系管理的基本特征

客户关系管理是企业为了提高核心竞争力，通过改进对客户的服务水平，提高客户的满意度与忠诚度而树立的一种以客户为中心的经营理念；是通过开展系统化的理论研究，优化企业组织体系和业务流程，实施于企业的市场营销、销售、服务与技术支持等与客户相关的领域，旨在改善企业与客户之间关系的新型管理机制；也是企业通过技术投资，建立能搜集、跟踪和分析客户信息系统所创造并使用的先进信息技术、软硬件和优化的管理方法、解决方案的总和。因此，客户关系管理具有以下特征。

（1）客户关系管理是一种管理软件和技术

客户关系管理是信息技术、软硬件系统集成的管理办法和应用解决方案的总和。它既是帮助企业组织管理客户关系的方法和手段，又是一系列实现销售、营销、客户服务流程自动化的软件乃至硬件系统。

客户关系管理将最佳的商业实践与数据挖掘、工作流、呼叫中心、企业应用集成等信息技术紧密结合在一起，为企业的销售、客户服务和决策支持等领域提供了一个智能化的解决方案，使企业有一个基于电子商务的面向客户的系统，从而顺利实现由传统企业模式到以电子商务为基础的现代企业模式的转化。

（2）客户关系管理是一种管理机制

客户关系管理也是一种旨在改善企业与客户之间关系的新型管理机制，可以应用于企业的市场营销、销售、服务与技术支持等与客户相关的领域。

客户关系管理通过向企业的销售、市场和客户服务的专业人员提供全面的、个性化的客户资料，强化其跟踪服务、信息分析的能力，帮助他们与客户和生意伙伴之间建立和维护一种亲密信任的关系，为客户提供更快捷和周到的优质服务，提高客户满意度和忠诚度。客户关系管理在提高服务质量的同时，还通过信息共享和优化商业流程来有效地降低企业经营成本。

成功的客户关系管理可以帮助企业建立一套运作模式，随时发现和捕捉客户的异常行为，并及时启动适当的营销活动流程。这些营销活动流程可以千变万化，但是基本指导思想是不变的，因此应在提高服务质量和节约成本之间取得一个客户满意的平衡，如把低利润的业务导向低成本的流程（自动柜员机 ATM 和呼叫中心 Call Center），把高利润的业务导向高服务质量的流程（柜台服务）。

（3）客户关系管理是一种管理理念

客户关系管理的核心思想是将企业的客户（包括最终客户、分销商和合作伙伴）视为最重要的企业资产，通过完善的客户服务和深入的客户分析来满足客户的个性化需求，提高客户满意度和忠诚度，进而保证客户终生价值和企业利润增长的实现。

客户关系管理吸收了“数据库营销”、“关系营销”、“一对一营销”等最新管理思想的精华，通过满足客户的特殊需求，特别是满足最有价值客户的特殊需求，来建立和保持长期稳定的客户关系。客户同企业之间的每一次交易都使得这种关系更加稳固，从而使企业在同客户的长期交往中获得更多的利润。

客户关系管理的宗旨是通过与客户的个性化交流来掌握其个性需求，并在此基础上为其提供个性化的产品和服务，不断增加企业给客户的交付价值，提高客户的满意度和忠诚度，最终实现企业和客户的双赢。

2. 客户关系管理的目标

客户关系管理是以客户为中心的包括销售、市场营销和客户服务的企业业务流程自动化，通过改进和提高客户满意度来提高企业的经营效率和盈利能力。它是一种技术，也是一种机制，更是一种管理理念。因此，了解客户关系管理的目标及其内容，是掌握客户关系管理构成的基本前提，如图 2-3 所示。

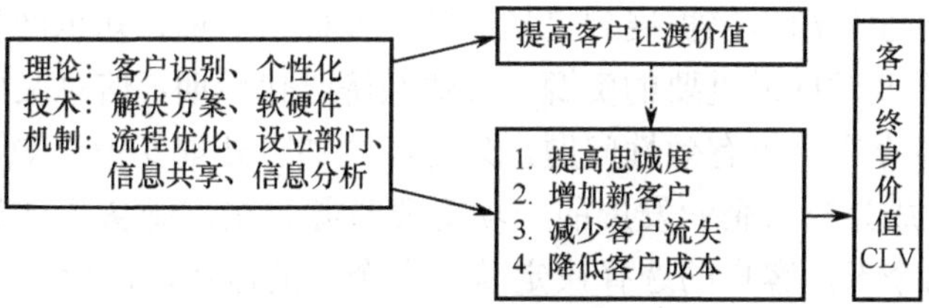

图 2-3　客户关系管理的目标与内容

企业要实施客户关系管理，旨在提高客户忠诚度（可用满意度、美誉度、推荐次数、钱包份额等考核指标）、增加新客户、减少客户流失、降低客户成本（获取成本、维系成本和挽救成本），提高客户让渡价值（它有助于提高客户忠诚度），最终实现客户终身价值（CLV，Customer Lifetime Value）这一目标。客户关系管理的目标主要有以下内容。

（1）提高效率

通过采用信息技术，可以提高业务处理流程的自动化程度，实现企业范围内的信息共享，提高企业员工的工作能力，并有效减少培训需求，使企业内部的管理更加高效地运转。

（2）拓展市场

通过新的业务模式（电话、网络等）扩大企业经营活动范围，及时把握新的市场机会，以便扩大更多的市场份额。

（3）维系客户

企业为客户提供各种不同的互动渠道，客户可以选择自己喜欢的方式和企业进行交流，在方便地获取信息的同时得到更好的服务。客户的满意度提高，就可以帮助企业维系客户关系，保留更多的老客户，并更好地吸引新客户。

客户关系管理不仅是一个管理理念，更是一套人机交互系统和一种解决方案，其中贯穿着系统管理、企业战略、人际关系资源的合理利用等思想，它能帮助企业更好地吸引潜在的客户和留住最有价值的客户。通过客户关系管理，企业可以迅速发现潜在客户，对客户进行全面的观察和管理，更好地了解客户的需求，对客户及其发展前景进行有效的预测，对其当前和潜在的利益进行科学的分析，进而维系二者之间的关系，实现在客户身上的盈利最大化。

客户关系管理是本着对客户进行系统化研究的指导思想，完整地认识整个客户生命周期，管理与客户之间的所有交互关系，提供与客户沟通的统一平台，改进对客户的服务水平，提高员工与客户接触的效率和客户忠诚度，并因此为企业带来更多的利润。

2.2.4 客户关系管理的核心思想

在当前的环境下，市场竞争的焦点已经从产品的竞争转向品牌的竞争、服务的竞争和客户的竞争。与客户建立和保持一种长期的、良好的伙伴关系，掌握客户资源、赢得客户信任、分析客户需求，提供满意的客户服务等客户关系管理的核心思想在实践中的具体运用是企业提高市场占有率、获取最大利润的关键。客户关系管理的核心思想主要包括以下几方面。

1．客户成为企业发展最重要的资源之一

早期的企业资源主要是指有形的资产，包括土地、设备、厂房、原材料、资金等。随着人类社会的发展，企业资源内涵扩展到包括品牌、商标、专利、知识产权等无形资产，随后人力资源也被纳入企业发展最重要的资源。工业经济时代后期，信息又成为企业发展的一项重要资源。由于信息存在一个有效性问题，只有经过加工处理变为“知识”才能促进企业发展，为此，“知识”成为当前企业发展的一项重要资源。在市场从“产品”导向时代转变为“客户”导向时代的今天，客户的选择决定着一个企业的命运，因此客户已成为当今企业最重要的资源之一。客户关系管理系统中对客户信息的整合集中管理体现出将客户作为企业资源之一的管理思想，在很多企业中，完备的客户档案或数据库构成企业颇具价值的资产，通过对客户资料的深入分析并应用销售理论中的80/20法则会显著改善企业营销业绩。

2．重视客户的个性化特征，实现一对一营销

进入信息时代后，随着竞争的不断加剧以及产品和服务的极大丰富，特别是信息工具和渠道的快速发展，使得客户对产品和服务的选择范围不断扩大，选择能力不断提高，同时选择的欲望也不断加强，因而使客户的需求也呈现出个性化的特征。从理论上讲，每一位客户的需求都是唯一的，可以将其视为细分的市场，对每一位客户实行“一对一营销”。

所谓“一对一营销”是指企业根据客户的特殊需求来相应调整自己的经营策略的行为。它要求企业与每一位客户建立一种伙伴型的关系，尤其是那些对企业最具有价值的“金牌客户”。企业通过与客户的交往不断加深对客户的了解，不断地改进产品和服务，从而满足客户的需求。

3. 不断提高客户满意度和忠诚度

较高的客户满意度能使客户对产品品牌在心理上产生稳定的依赖和喜爱，也正是这种满意度创造了客户对该产品品牌的高度忠诚。对于企业来说，仅仅知道和了解了客户对企业已经或正在提供的产品和服务的满意程度，一般只是具有借鉴和参考的作用，只是意味着企业获得了进入市场的“通行证”。而只有通过对客户满意度的研究，掌握了客户对企业产品的信任和忠诚程度，对于企业发掘潜在的客户需求、增加未来市场销售额才具有重要的指导意义。

企业要想提高客户的忠诚度，首先，要完整地认识整个客户生命周期，从技术上提供与客户沟通的统一平台，提高员工与客户接触的效率和客户反馈率，建立多样化的沟通渠道和灵活高效的激励机制，形成一个完整的反馈流，从而既能为消费者提供完全一致的高品质服务，使消费者在意想不到的时刻感受来自产品供应商的点到点、面对面的关怀，同时还可以实时掌握市场动态，迅速开发出新的市场。其次，提高客户忠诚度的重要手段是提供个性化的产品和服务，或根据客户的不同需求提供不同内容的产品，客户再次光顾的可能性会大大提高。总之，在保证客户服务、让客户满意和建立良好信誉的基础上，通过适当的方法实施客户忠诚度计划将为企业带来巨大的价值。

4. 客户关系始终贯穿于市场营销的全过程

客户关系的历史可追溯到企业试图扩大其售后服务的范围。在早期，企业向客户提供售后服务是作为其特定产品的一种支持，认为有了售后服务后产品才能增值。事实证明，那些在售后服务方面做得好的公司其市场销售就处于上升趋势。反之，那些不注重售后服务的公司其市场销售则处于不利地位。

最初，客户关系的发展领域是服务业。由于服务的无形性特点，注重客户关系可以明显地增强服务的效果，为企业带来更多的利益。于是客户关系不断地向实物产品的销售领域扩展。当前客户关系可以说已经贯穿到了市场营销的所有环节，即客户从购买前到购买后客户体验的全过程之中。

2.3 客户价值理论

客户关系管理的核心是对客户价值的发现、保留和发展的动态管理过程，客户价值的研究能够帮助企业正确认识、选择客户。对客户价值的分类评价和管理有利于企业资产的增值。

2.3.1 客户价值内涵

1. 客户价值的界定

自 20 世纪 90 年代以来，“客户导向”的竞争观念已在全球企业中得到了广泛普及。据沃顿学院（Wharton School）的一项研究表明：客户导向型企业的确比较赚钱。只要每年的客户流失率能降低 5%~10%，公司的利润便可以增加 25%~75%。程度多少视行业而定[①]。在这种情况下，越来越多的企业开始重视以客户价值的创造为核心的战略导向。但是，对客户价值的理解存在分歧，体现在对客户价值的流向、方向性和所有者认定等方面。归纳起来有两种：一是客户价值的方向是“企业→客户”，即企业为客户创造价值，其受益者和所有者是客户，称为客户价值。代表人物有伍德罗夫（Woodruff）、尼尔森（Nilson）和赫斯凯特（Heskett）等。二是客户价值的方向是“客户→企业”，即客户为企业创造了价值，其收益者和所有者是企业，称为客户终身价值。其代表人物是罗杰·卡特怀特（Cartwright R.）。

客户价值的方向性区别对于理解客户价值的内涵、建立企业与客户的双向性关系和倡导企业与客户之间互动和双赢，具有不同意义和影响。无论是强调客户价值是由企业创造、流向客户、其受益者和所有者都是客户，还是强调客户价值是由客户带给企业、由客户流向企业、其受益者和所有者都是企业，都单纯地强调了“客户导向”条件下，企业为追求市场份额而不得不一味地、想方设法地讨好客户，追求客户满意。只注重客户满意的企业关注的是如何使购买自己产品或服务的客户感到满意，较少关注竞争对手与其客户的情况。这样形成的企业与客户之间的关系往往是以静态的“单方取悦”来获得客户对自己产品的忠诚。这曲解了现代关系营销理论强调的企业与客户之间的互动关系。

显然，对客户价值方向性的界定应表现为双向性，即客户价值既体现在“企业→客户”，也体现在“客户→企业”。缺少或单独只选取一个方向都是不成立的。这种双向性的确定，既是为了对客户价值概念的明确，也是为了体现在关系营销中客户与企业的双向性、共同创造价值并获得双赢。

基于上述前提，客户价值的内涵应表现为：一方面，企业在充分考虑了客户的期望价值之后，通过其所提供的产品和服务，使客户获得符合他们期望的让渡价值，并产生满意感，形成重复购买意向和行为，并且相信只有该企业能够为他们提供最高让渡价值，而不受竞争者的诱惑，从而对该企业提供的价值产生忠诚。另一方面，企业不仅从客户那里获得一次性交易的利润，而且在与客户保持的长期关系中获得更多的利润，如忠诚客户向他人推荐的口碑利润、因转移成本而带来的利润、客户终身价值等。

因此，我们可以这样来理解客户价值的内涵：从客户角度，客户价值即客户让渡价值，是指客户期望从某一个特定的产品或服务中获得的一组利益与其在评估、获得和使用该产品和服务时引起的预计费用之差。该组价值是由企业创造并交付给客户的，价值的感受主体是客户，受益者也是客户；从企业角度，客户价值是客户在时间上带给企业的利润最大化，是企业在发展、培养和维持与特定客户的特定关系时期内，由客户带给企业的一组利益，即关系价值。该组价值是由客户提供给企业，并且是在一定的时间过程中产生的，其感受主体和受益者是企业。

---

① 哈维·汤普森. 创造客户价值. 华夏出版社，2003，第 7 页.

2．客户价值与关系价值之间的联系

关系价值由企业在与客户关系的保持中所能够获得的关系盈利性价值、关系生命周期价值、客户终身价值和推荐价值等构成。客户价值与关系价值是一个价值创造过程的两种活动结果。在这个价值创造过程中，企业与客户同时既为创造者又为受益者，缺少任何一方，这个价值创造过程都不存在；客户价值的提供是关系价值受益的前提，关系价值的获得是客户价值创造的结果；客户是关系价值的源泉，企业为客户价值的创造提供支持和帮助，良好关系的维持是所有价值实现的媒介。因此，客户价值是在关系互动过程中由双方创造出来并交付对方的。

客户价值与关系价值之间存在着互动，这种互动关系反映了客户让渡价值最大化和关系价值最大化之间的平衡与互动。通过对关系价值的管理，能够使企业将资源和能力集中在关系价值最高的客户身上，为其提供高质量的产品和服务，满足其需要，进而实现客户让渡价值的最大化；从客户角度讲，客户让渡价值是客户满意的根源，能够促进客户对企业的忠诚，使关系质量得到全面提高，增加该客户的关系价值。

2.3.2　客户价值的来源

分析客户价值的来源，有助于我们更准确、更深刻地理解客户价值的创造是企业获得关系价值的前提。我们可以通过分析客户价值的理论模型来更清晰地认识客户价值的来源。

1．科特勒的客户让渡价值模型

现代消费行为的研究表明，客户在进行购买决策时，常常是围绕着他们能够获得的两个基本利益而展开的。一个是由产品和服务本身为客户提供的实际功效和使用价值等核心利益，另一个是购买中的服务态度、购买和使用的便利性、安全性，品牌形象、信誉等给客户所带来的附加价值和利益。近年来，在新的市场竞争形势上，由于实现产品的差别化越来越困难，因而通过全方位的客户服务、客户关怀等来满足客户需求的附加价值和利益便成了企业的新选择。

科特勒（Kolter，1964）教授认为，企业为客户创造的价值——客户价值，来源于客户让渡价值（CDV），即客户获取的总价值或利益（TCV，Total Customer Value）与其所花费的总成本（TCC，Total Customer Cost）之差，用公式表示为：

$$CDV=TCV-TCC$$

同时，Kolter 还进一步分析了总客户价值与总客户成本构成的基本要素，如图 2-4 所示。

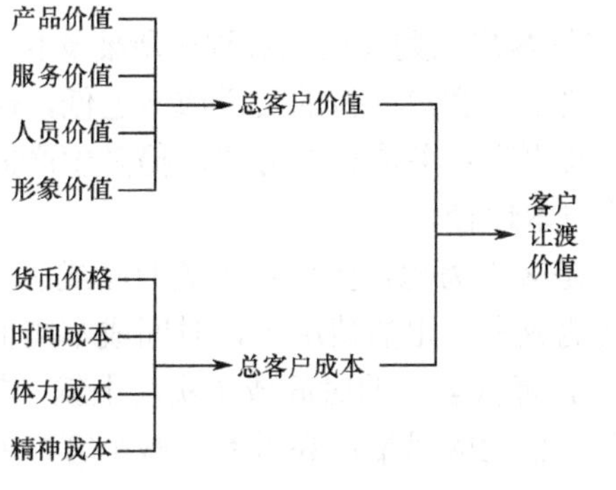

图 2-4　客户让渡价值示意图

显然，要使客户让渡价值（CDV）最大化，最根本的途径就是提高总客户价值（TCV），降低总客户成本（TCC），在这里我们逐一分析总客户价值与总客户成本的基本构成要素。

（1）总客户价值的构成要素

按照客户让渡价值理论，企业为客户所创造的客户价值，可以分解为产品价值、服务价值、人员价值以及形象价值等方面的具体价值，其中每一种价值因素的变化都会对总客户价值的变化产生影响。

① 产品价值。产品价值是客户购买和使用过程中由产品的功能、特性、品质、价格、品种和式样等所给客户带来的价值。产品价值是客户需要的核心内容之一，是客户选购商品的首要因素，由客户的需要来决定。在产品个性化生产和服务的今天，如何针对个性化的客户需求进行新产品的设计、开发、生产和销售，是提高产品价值的基本要求。

② 服务价值。服务价值是指企业向客户提供的各种服务带给客户的价值。服务价值一方面可以伴随有形产品的实体销售和物流过程来提供，另一方面可以直接在企业为客户提供无形产品和服务的过程中来获得。服务价值是构成总客户价值的主要组成部分。其本质在于，服务是决定实体商品交换的前提和基础，实体商品流通所追求的利益最大化首先服从客户满意的程度。

③ 人员价值。人员价值是指在企业与客户的关系交往或接触过程中，企业员工经营思想、知识水平、业务能力、工作效率、经营作风以及应变能力等因素给客户所带来的影响和价值。员工的素质直接决定着为客户提供产品和服务的质量和效率，从而也影响着客户购买整体价值的大小。只有企业所有部门和员工协调一致地成功设计和实施卓越的竞争性的价值让渡系统，营销才会变得卓有成效。

④ 形象价值。形象价值是指企业及其产品品牌在社会公众面前的形象对客户所产生的影响和价值。形象价值是企业各种内在要素质量的反映。良好的企业形象是企业的财富，它可以创造消费者信息，提高消费者对本企业产品的认知价值，给客户带来精神上和心理上的信任感，使客户在购买产品的同时也获得较高的精神和心理方面的价值，成为推动客户重复购买的巨大力量。

（2）总客户成本的构成要素

客户让渡价值最大化，不仅取决于总客户价值，还取决于总客户成本，它不仅包括客户在购买和使用产品过程中所要支付的货币成本，还包括客户付出的时间成本、精神成本和体力成本等非货币成本。

① 货币成本。货币成本是客户在购买商品过程中所要支付的最重要的成本。也是客户在消费过程中最为关心的基本要素。客户支付的货币成本越低，所获得的价值就越大。因此，通过技术创新、改进生产以及再造业务流程等方式，提高生产效率来降低产品和服务的价格是企业降低客户购买成本的根本途径。

② 时间成本。时间成本是客户为想得到所期望的商品或服务而必须处于等待状态的时期和代价。在客户总价值与其他成本一定的情况下，时间成本越低，客户购买的总成本越小，“客户让渡价值”越大。因此，降低客户的时间成本实质上就是提高企业的效率。因此，在保证产品与服务质量的前提下，企业应尽量提高效率来减少客户的时间成本，为客户创造更大的让渡价值。

③ 精力和体力成本。精力和体力成本是指客户在购买产品时，在精神、体力方面的消耗和付出。在客户总价值与其他成本一定的情况下，精神、体力成本越低，客户购买的总成本越小，从而“客户让渡价值”也就越大。客户购买行为过程，是一个产生需求，寻找、判断选择、决定购买到实施购买，以及使用后的消费体验和评价的全过程。在购买过程的每一个阶段，消费者都要付出一定的精神和体力。而且，客户为购买商品和服务而付出的精力和体力成本的大小，还受到具体购买的商品、购买情况的复杂程度的影响。因此，对企业来说通过有效的服务措施和通畅的信息沟通等方法来降低客户的精力成本，对于创造客户价值也是非常重要的。

客户让渡价值理论从客户角度出发，分析了客户价值的一个来源，它是客户价值创造的一个方面。从企业角度来看，企业在为客户提供让渡价值时是需要付出成本的，这种成本既包括产品的研发、生产、销售成本，也包括企业与客户的良好关系的关系成本。因此，作为企业来讲，这种成本的付出，应该得到相应的回报，也就是说，企业作为一种成本的投入也应该有利润的回报，即关系价值，它是客户价值的又一个主要组成部分。

2．Jeanke、Ron、Onno 的客户价值模型

Jeanke、Ron、Onno（2001）的模型从供应商和客户两个角度，描述价值从一个模糊的概念到市场上的具体产品的整个过程，如图 2-5 所示。对供应商而言，供应商的依据的是他所感觉到的客户需求以及企业本身的战略、能力和资源，形成“想提供的价值”的概念。由于企业条件或产品开发与市场脱节等原因，企业以“想提供的价值”为基础，设计出以具体产品或服务为载体的“设计价值”，两者之间存在“设计差距”。对客户而言，客户从自身角度出发希望获得的是“想要得到的价值”。由于社会环境、科技的发展程度等客观因素的限制，市场上提供的产品不可能与顾客想得到的价值完全吻合，因此存在“折中差距”和客户的“期望价值”。由于供应商与客户之间存在对于客户需求的不对称信息，或是企业在客户需求调查过程中过多地掺杂了企业自身的思想，对客户需求的分析未必客观准确，所以“想提供的价值”与客户“想得到的价值”之间存在“信息差距”。客户的主观性价值感知，使“期望价值”与设计价值间出现“感知差距”。当客户使用产品后，所“得到的价值”与期望价值之间的差距为“满意差距”。通过缩小各个差距，企业就可以提供真正为客户所需的价值。

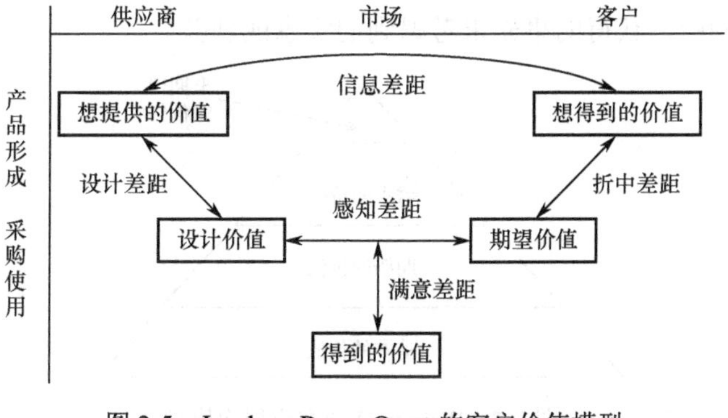

图 2-5 Jeanke、Ron、Onno 的客户价值模型

3．伍德罗夫的客户价值层次模型

伍德罗夫（Woodruff，1997）的客户价值层次模型对客户如何感知企业所提供的价值问题进行了回答，如图 2-6 所示。该模型提出，顾客以途径—目标的方式形成期望价值。从底层往上看，在购买和使用某一具体产品的时候，顾客将会考虑产品的具体属性和属性效能，以及这些属性对实现预期结果的能力。顾客还会根据这些结果对顾客目标的实现能力形成期望。从最高层向下看，顾客会根据自己的目标来确定产品在使用情景下各结果的权重。同样，结果又确定属性和属性实效的相对重要性。同时，该模型强调了使用情景在顾客价值评价中的关键作用。当使用情景发生变化时，产品属性、结果和目标间的联系都会发生变化。该层次模型还提出，顾客通过对每一层次上产品使用前的期望价值和使用后的感知价值的对比，会产生每一个层面上的满意度。因此，顾客对于产品属性、属性效能、使用结果和目标意图的达成度都会感到满意或者不满意。

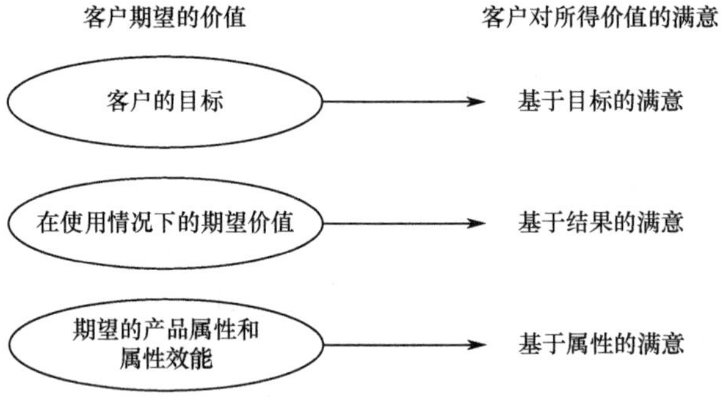

图 2-6　伍德罗夫的客户价值层次模型

4．Weingand 的客户层次模型

Weingand（1997）在进行图书馆的实证研究过程中，将顾客价值划分为四个层次，即基本的价值、期望的价值、需求的价值和未预期的价值，各个层次都对应不同的客户价值，如图 2-7 所示。基本价值反映的是客户对产品的基本需求，如产品的丰富性和可选择性；期望价值反映的是产品能够提供给客户的质量保证；需求价值反映的是客户对产品品质的要求，当拥有该产品时，不仅获得的是产品提供的实用性，还包括心理上的满足感；未预期价值反映的是客户消费过程中，获得的事先未考虑到的实惠或利益。

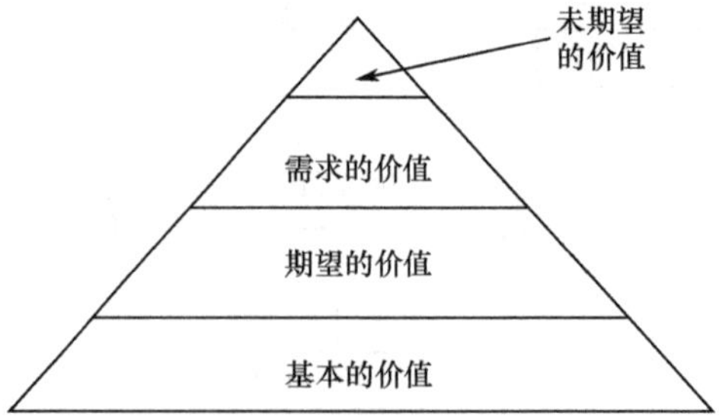

图 2-7　Weingand 的客户层次模型

5．客户关系价值

关系价值是企业发展、培养和维持与特定客户的特定关系而能在关系生命周期内给企业带来的价值。对于企业价值的获取来说，并非所有客户都是平等的，不同的客户具有不同的关系价值。如果所有关系都有利可图，企业对于关系投资没有资源限制，则不相等的客户关系价值就无关紧要。事实上，不同价值的客户群是存在的，表 2-2 显示了某企业客户组合比重的变化，在企业中具有投资价值的客户群占整个企业客户群的比例较少。

表 2-2　客户组合比重的变化——以斯可洗车公司为例

客户群价值（%）	占市场百分比（%）	占斯可洗车公司客户百分比（%）
非常低（3.75）	49.6	40
低（2.08）	27.8	22.0
适度（6.54）	16.7	25.0
高（30.51）	5.0	11.0
非常高（105.98）	0.8	2.0

资料来源：罗伯特，韦兰，保罗 • 科尔. 走进客户的心——企业成长的新策略. 经济日报出版社，1998：第 153 页.

在计算了不同客户的关系价值后，很多企业发现，他们的客户基数常常显示出一个正态分布，如图 2-8 所示。

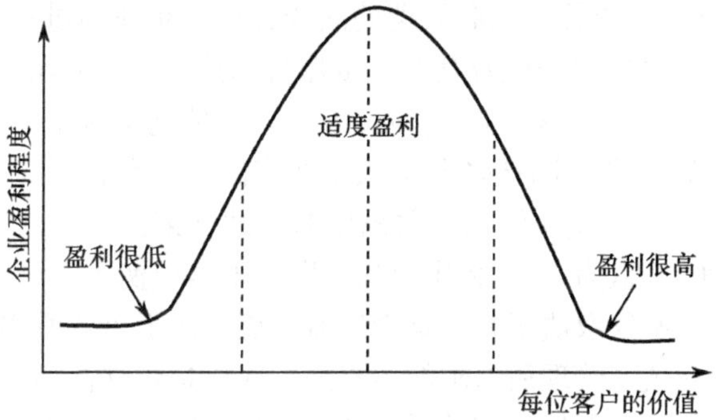

图 2-8　客户关系价值的正态分布
(资料来源：同上：第 154 页.)

从图 2-8 中可以看出，不同的客户带给企业的价值是不同的，企业有针对性地管理不同的客户群是为了提高企业客户关系价值分布的中值。因此，企业必须分清哪些是最有价值的客户关系，企业怎样才能发现并保有这样的客户关系。为了最大化企业实际的或潜在的利润，企业所有的活动也应该围绕关系价值的培养和发展而展开。关系给企业产生的价值可能来源于很多方面，斯托巴卡（Storbacka, 2001）等人认为："关系价值体现在关系盈利性、关系生命周期、客户能力价值、推荐价值、潜在价值等方面。"①

① Kaj Storbacka,Tarmo R. Lentinen. Customer Relationship Management-Creating Competitive Advantage Through Win-win Relationship Strategies.New York: McGraw-Hill Companies,2001, p.123.

（1）关系盈利性

关系盈利性指的是在“特定时期内特定关系所能给企业带来的利润”①，是对企业能获得的关系收入与关系成本进行的比较和权衡，反映了特定客户关系的利润创造能力。企业与客户关系的建立、发展、巩固和维持是一个动态的过程，在关系过程中企业要消耗一定投入和成本，即关系成本。关系成本由关系的初始投入成本、关系的维持成本和关系的结束成本构成，客户关系的盈利性在数额上就等于特定时期内的关系投入减去关系成本。因此，只有增加关系收入，降低关系成本，才能获得更高的关系盈利性。

关系盈利性代表着关系价值中以利润实现的价值创造能力，是所有获得的关系价值的最重要内容，也是企业最关心、最容易衡量的价值。与某个客户关系的盈利性反映了企业通过获取、发展和保有与该客户关系所能给企业带来的利润增值的能力，是关系价值的一个最重要的维度，关系盈利性能否得以延续取决于客户的挽留水平。另外，关系盈利性还是决定客户终身价值的一个重要指标，它和关系生命周期结合在一起，就可以计算客户在关系生命周期内能够为企业创造的现实的或潜在的价值。

（2）关系生命周期价值

关系生命周期指的是企业与某一客户之间的关系从形成到终止所持续的全过程的时间。生命周期持续时间较长的客户通常具有比较牢固的关系基础和稳固的关系联结，会增大带给企业价值的机会。关系生命周期的长短反映了企业与客户关系发展的时间维度，成为关系价值中最主要的维度之一，如图2-9所示。

图2-9描述了一个典型的关系生命周期的演变过程。企业通过识别客户的需求，采用特殊手段吸引客户注意，使客户对企业及其产品或服务形成认知，并考虑其是否满足自身需求。通过对产品或服务的综合评价，客户决定购买该企业或是竞争对手的产品或服务。如果企业能够实现有效挽留，则客户会不断选择购买该企业产品，关系得以延伸。如果客户对该企业的感知质量或价值水平下跌而发生流失，关系生命周期结束。

斯托巴卡等人（2001）认为，“关系生命周期取决于客户挽留”②，客户保持与挽留对于延长生命周期意义重大。它不仅取决于客户是否忠诚，还取决于企业所实施的关系管理的策略和手段等多方面因素。企业关系管理所追求的客户挽留应该是建立在客户满意、忠诚基础上的保持与挽留，是客户自愿与企业保持长远关系的态度和行为倾向的真实体现，只有这样的客户挽留，才具有稳定性和延续性。

（3）客户能力价值

在很多情况下，关系价值还体现在客户的能力上。客户能力（Customer Competence）是企业通过维持与客户的关系，学习和吸收客户拥有而自身缺乏的能力，从而不断实现自身能力的积累，企业通过这种途径获得的价值就是能力价值（杨永恒，2002；郑玉香，2006）。

（4）推荐价值

关系价值还体现在客户作为推荐者所能给企业带来的价值，即推荐价值。对企业而言，

① Kaj Storbacka，Tarmo R. Lentinen. Customer Relationship Management-Creating Competitive Advantage Through Win-win Relationship Strategies. New York: McGraw-Hill Companies,2001, p.125.

② Kaj Storbacka, Tarmo R. Lentinen. Customer Relationship Management-Creating Competitive Advantage Through Win-win Relationship Strategies. New York: McGraw-Hill Companies,2001,p.16.

能够充当本企业忠实推荐者的客户往往具有很大的价值。他们能为企业免费培养大量的潜在客户，不断为企业发展新的客户关系。通常，如果客户对企业的忠诚度越高，越可能向别人推荐自己的提供商，对企业推荐的价值就越大。

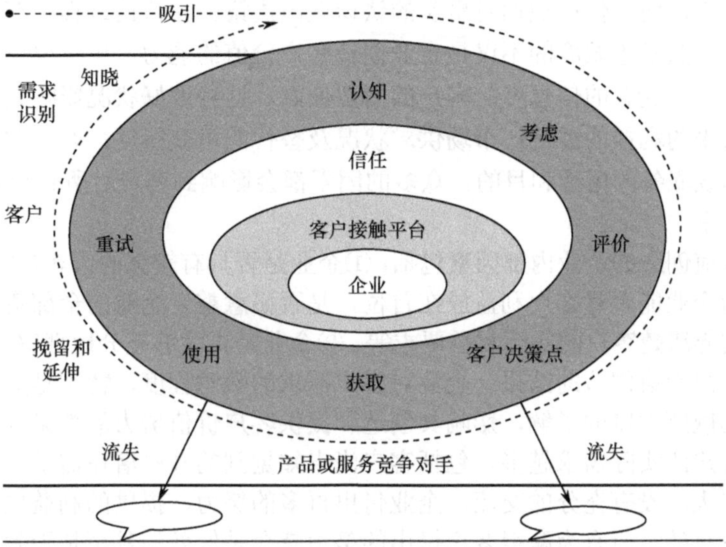

图 2-9　关系生命周期

资料来源：Claudia Imhoff, Lias Loftis, Jonathan G. Geiger. Building Customer-Centric Eenterprise: Data Warehousing Techniques for Supporting Customer Relationship Management. New York: John Wiley & Sons,Inc.p.64.

（5）潜在价值

关系的潜在价值是一种关系培养价值，即通过有效地培养和强化现有关系状态所能给企业创造出的价值，这是关系价值潜力的一种体现。通过确定当前企业与客户关系的价值潜力，企业可以根据未来预期的回报而分配资源，将客户潜在的价值转化为未来现实的利润收入。关系的潜在价值主要取决于关系质量的提高和改善。

2.3.3　客户价值的影响因素

客户价值的产生受特定因素的影响，不同的客户对价值的认知程度不同。从客户让渡价值、客户感知价值和关系价值等不同角度，都会产生不同的价值影响因素。只有对影响客户价值的因素有更深入、更准确的理解，才能更好地把握价值客户的需求。

1. 客户价值的影响因素

（1）外部环境因素

外部环境因素的变化是影响客户价值的主要因素之一。市场经济条件下，任何经济实体都生存于一个相互联结的社会网络中。企业为客户创造价值的努力必须得到相应的环境支撑，包括：①原材料、零部件供应环境。没有高质量的零部件供应商，汽车厂商可能就很难为客户提供高质量的车。②产品使用环境。缺乏发达畅通的道路系统，客户在购买和使用汽车时所能获得的利益就要大打折扣。③竞争环境。企业面临的市场竞争状况对其创造和提供客户价值的行为会产生直接的影响。竞争会对企业产生增加客户价值的压力，若竞争限制了企业价格提升的空间，会迫使企业将大部分利益转让给客户，降低了客户消费的成本；同时会刺激创新，促使企业努力通过生产和销售等技术的革新为客户提供新的利益。④客户因素。人们往往不是依据事实行事，而是依据他们对事实的认识做出决策。在营销过程中存在同样的道理。因此，决定客户满意及忠诚度的不仅是企业创造客户价值的能力，更重要还在于客户如何知觉这些利益。如客户拥有的信息度；客户的消费偏好，这种偏好状况影响人们对某种产品或服务能够为其带来的利益的评价；市场供求状况及替代的可获得性；客户购买和使用体验；客户使用某产品或服务的用途和目的。众多的因素都会影响到客户对所获得利益的知觉。

（2）企业因素

影响客户价值创造的企业内部因素包括：①企业是否具有较强的为客户提供利益的意愿。这种意愿表现为企业能否将客户利益放在首位，是否愿意整合企业的全部资源为客户服务，是否愿意并切实弄清楚客户的实际利益要求等。②企业是否能够充分地理解客户的利益诉求，将直接关系到客户价值创造的结果。企业对客户需求的熟悉程度，特别是关于客户对不同利益、不同成本的敏感程度的了解，影响其创造和提供客户价值努力的效果。企业通过与客户的沟通，了解客户的实际需求越多，包括客户尚未知觉到的某些潜在需求，则能为客户提供的实际利益就越大。没有充分的交流，企业付出再多的努力，提供的利益也可能是客户并不需要或者并不看重的，所有为赢得客户付出的努力就会是低效的甚至是无效的。③企业的技术水平直接关系到客户价值创造的能力。④企业的成本控制能力。成本控制能力更强的企业可以以更低的成本提供与竞争者所提供的相同产品或服务，企业就会有更大的让利空间，从而降低总客户成本，增加客户价值。⑤品牌形象。品牌直接与客户所获得的形象价值相关，消费者购买某些特定产品的目的可能不是为了获得产品本身的某些物理功能，而是借助于产品品牌获得某种知觉满足，或是树立自身的某种特定形象。⑥员工的服务态度与能力即人员价值。服务人员良好的服务态度和很强的服务能力成为客户得益的主要来源。

2. 关系价值的影响因素

关系盈利性是关系价值中最重要的维度，根据关系盈利性和关系生命周期计算出来的客户终身价值是关系价值的最重要的表现形式之一。因此，影响关系盈利性和客户终身价值的因素都会影响关系价值。

（1）影响关系盈利性的因素

影响关系盈利性的因素主要有：①客户消费频次，即单位时间内客户消费某种产品或服务的次数。②客户消费能力。客户消费频次乘以客户消费能力等于客户在特定时期内的消费总量。③钱包份额。即当客户决定进行某种购买或消费行为时，有多大可能会选择本企业。钱包份额生动地反映了企业对客户行为的影响和控制。客户消费总量与钱包份额的乘积就等于客户在本公司的消费量。④协议价格。协议价格是供应商与特定客户就特定交易所达成的价格。协议价格受客户忠诚度的影响，也受企业所采取的关系策略的影响。协议价格直接影响关系收入。⑤单位提供成本。单位提供成本是企业提供单位服务或产品所耗费的成本。⑥关系策略。关系策略直接影响关系成本，通过对客户思想份额和情感份额的影响，作用于钱包份额，而影响到关系盈利性。⑦客户忠诚度。客户忠诚度对关系盈利性的影响主要体现在两个方面：一是客户忠诚度能够影响协议价格的形成。二是客户忠诚度直接决定客户的情感份额，影响到客户对供应商的选择，从而影响到关系盈利性。

（2）影响客户终身价值的因素

影响客户终身价值的因素有很多，大致可以分为：

① 计算的时间长度和贴现率。计算的时间长度和贴现率是与企业有关的因素，会对客户终身价值产生影响。

缩短计算时间的长度会减少客户终身价值。假如计算的时间只有一个周期，只有当前的利润可以纳入计算，客户终身价值就等于客户在当前周期内的价值。如果计算时间长度内周期数量增加，更多的未来收益会被考虑在内，客户终身价值会随之增长。如图 2-10 所示，假设给定每个周期的贡献值为 1.00 并保持不变，计算贴现率为 10%的客户终身价值的大小。可以看出，计算时间长度为 5 个周期的客户终身价值是计算时间长度为一个周期的 4 倍多。

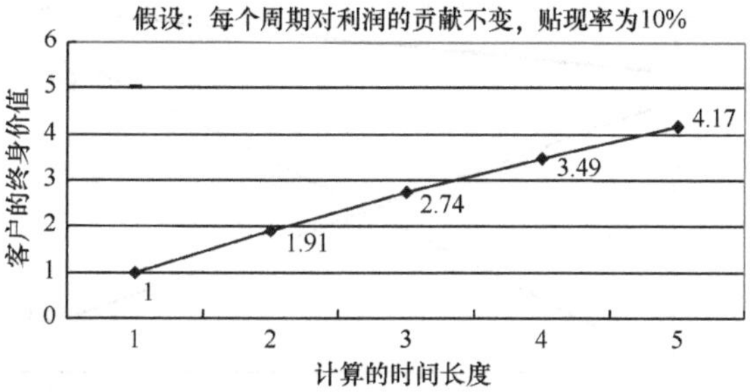

图 2-10　计算的时间长度对客户终身价值的影响

资料来源：罗兰 • T. 拉斯特，佛莱丽 • A. 齐森尔，凯瑟琳 • N. 勒门著. 张平淡译. 驾驭客户资产——如何利用客户终身价值重塑企业战略. 企业管理出版社, 2001：55.

企业的贴现率越高，客户终身价值就越小。在高通货膨胀的经济情况下，贴现率很高，未来的销售对企业的贡献率很小，只有当前销售可纳入计算，当前的销售就是客户终身价值。在这种经济环境条件下，企业没有动力提高服务或加强客户维系，客户终身价值几乎是由当前销售决定的。另一方面，在通货膨胀较低的经济情况下，贴现率很低，未来的销售会形成很大的净现值，这会激励企业通过提高服务等策略来维系与客户的关系，以提高销售。所以，未来销售对客户终身价值影响很大。贴现率对客户终身价值的影响如图 2-11 所示。

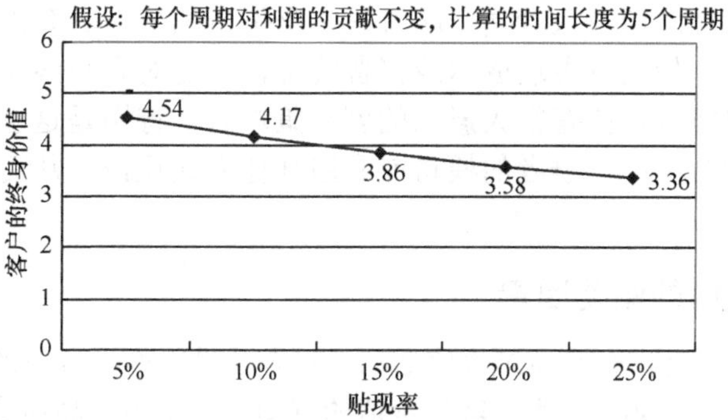

图 2-11　贴现率对客户终身价值的影响

资料来源：罗兰 • T. 拉斯特，佛莱丽 • A. 齐森尔，凯瑟琳 • N. 勒门著. 张平淡译. 驾驭客户资产——如何利用客户终身价值重塑企业战略. 企业管理出版社，2001：56.

依然假定贡献保持不变为1.00，计算时间长度为5个周期，这样贴现率为5%的客户终身价值比贴现率为25%的高出30%。

② 维系成本和营销成本。维系成本和营销成本会减少客户终身价值。维系成本不是与每次特定交易相关的直接成本，而是那些提供连续服务的行业，按照客户来分摊成本与维系客户有关。现代经济条件下，细分的子市场甚至具体到单个客户，这样营销能够也会成为影响客户终身价值的因素。

③ 客户忠诚。较高的客户忠诚度不仅可以增强关系的牢固程度，还可以改善客户挽留的效果，从而实现客户关系的长期保持。长期客户对企业的贡献会随时间增加而增加，如图2-12所示。

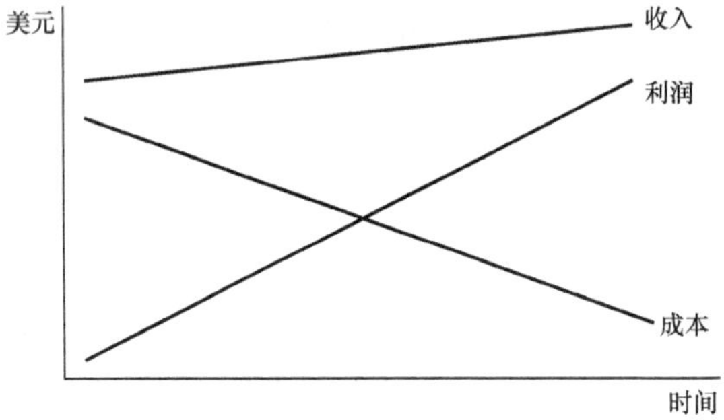

图2-12 长期客户的利润增长情况

资料来源：罗兰·T. 拉斯特，佛莱丽·A. 齐森尔，凯瑟琳·N. 勒门著. 张平淡译. 驾驭客户资产——如何利用客户终身价值重塑企业战略. 企业管理出版社, 2001：61.

忠诚客户会给企业带来收入增加、成本减少、口碑宣传、附带购买和购买升级等收益。

④ 动态因素。客户终身价值是随着时间的变化而变化的。Slater 和 Narver（1994）提出，为了持续为买方创造好的价值，卖方需要了解买方的整个价值链，不仅要了解现在是什么样子，同样也要了解它随着时间变化的演变情况。顾客从产品中所期望得到的价值不仅仅在顾客之间存在着差异，而且对于同一顾客在不同的时间也存在着差异，“每个顾客只反映了他的一个瞬间”。影响客户终身价值的动态因素既来自于竞争环境，也来自于竞争者对创新策略的反应。新进入者是影响客户终身价值的一个重要因素。较有优势的新进入者会改变市场状况，如改变市场成本或消费观念，从而对客户终身价值产生重大影响。当企业制定出对客户终身价值有很大影响的创新策略时，特别是这些创新策略是显性的、有效的时，就很可能会引起竞争者的模仿或利用其他方式反击，从而对客户终身价值产生负面影响。

2.3.4 客户价值的驱动因素

客户价值驱动因素是指企业通过价值活动，对企业进行客户价值的创造和传递产生影响的因素。Parasuraman（2000）认为，客户价值的驱动因素是由产品质量、服务质量和价格因素构成的。类似地，Wolfgang Uaga（2001）等人通过实证研究，则把客户价值驱动因素分成三类：①产品相关特性，如产品的一致性、产品特征、产品范围、便于使用；②服务相关特性，如供应的可靠性与敏捷性、技术支持、快速响应、技术信息；③促销相关特性，如形象、个人关系、公司的声誉、公共关系等。

Woodruff（1997）等人认为，客户价值之所以具有动态性的特征，都是由驱动因素所引起的。他们将价值概念区分为价值观（Value）、客户感知价值（Customer Desired Value）、价值判断（Value Judgement），认为不同的驱动因素会导致不同价值概念的变化，进而导致客户满意及客户忠诚的变化。

覃蓉芳，武振业（2001）[①]认为，企业可以从一般价值、品牌价值和保持价值三个方面施加影响力，以驱动客户价值。其中，一般价值驱动因素由质量、价格和方便程度等因素构成；品牌价值驱动因素由客户品牌意识、客户品牌认同和客户品牌忠诚等因素构成；保持价值驱动因素由常客奖励计划、感情联络计划、特别对待计划、共同体计划和客户信任计划等因素构成。

马云峰，郭新有（2002）[②]则给出了客户价值的一级驱动因素、亚驱动因素（二级驱动因素）和三级驱动因素，如表 2-3 所示。

表 2-3　客户价值驱动因素

	一级驱动因素	亚（二级）驱动因素	三级驱动因素
客户价值	产品因素	质量	实物产品、服务产品、服务提供、服务环境
		价格	价格竞争、折价减价
		便利性	地理位置、方便使用、可获得性
	品牌因素	品牌认知	传播信息、传播媒体、传媒组合
		品牌态度	信息沟通、特殊事件、品牌延伸、品牌合作、产品展示、名人签名
		品牌道德	公益事业、隐私保护、环境保护、善待员工、产品承诺
	关系因素	情感氛围	特殊奖赏、特殊对待
		情感联络	联谊活动、记忆价值、经历价值
		转移成本	常客回报、学习曲线

从以上相关分析中可以看出，有关客户价值驱动因素构成的提法大同小异。可以从客户感知利益所得和客户感知成本所失两个方面，把客户价值驱动因素总结为五个重要组成部分：知识因素、品牌因素、产品因素、关系因素和技术因素，这 5 个客户价值驱动因素彼此间存在一定的相互关联性。5 个驱动因素还有更加具体的次一级的驱动因素，每个驱动因素对客户价值的驱动关系如图 2-13 所示。

1．知识因素

知识在这里是指客户和企业相互间促使消费的经验积累，既包括客户的消费经历和体验的积累，也包括企业为客户服务经验的积累。知识的学习性特点，使得客户可以通过学习提高他们对价值的判断，增强消费的过程性体验。企业则可以通过学习提高和改善为客户服务的质量，增强客户价值的创造力和完善客户价值的传递效果。因而，知识是构成客户价值的一个重要驱动因素。

① 覃蓉芳，武振业. 一个以顾客价值为中心的组织结构框架[J]. 世界科技研究与发展，2001 (23)：2.
② 马云峰，郭新有. 论顾客价值的推动要素[J]. 武汉科技大学学报：社会科学版，2002 (4)：4.

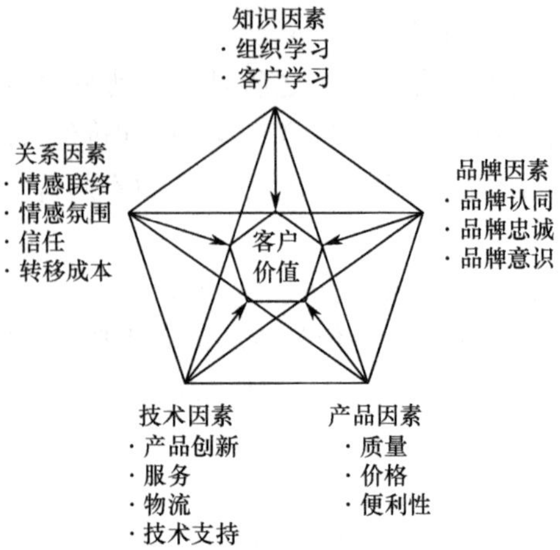

图 2-13　客户价值驱动因素模型

2．品牌因素

品牌名称和品牌标识可以帮助客户解释、加工、整理和储存有关产品和服务的识别信息，简化购买决策。因此，良好的品牌形象有助于降低客户的购买风险，增强其购买信心，从而影响客户的选择和偏好。尤其是对服务业，强势品牌能帮助客户对无形服务产品做出有形化理解，增加客户对无形产品购买的信心。因此，品牌因素成为客户价值的重要驱动因素。

3．产品因素

产品是客户价值的最基本来源，因此它成为驱动客户价值的重要因素。产品在驱动客户价值时主要从质量、价格和便利性 3 个次级因素加以实现。

4．关系因素

关系不仅是客户价值的一个重要来源，还是驱动客户价值的一个重要因素，其由情感氛围、情感联络、信任和转移成本 4 个次级要素构成。其中，信任使得客户把企业看作是持久的合作者，能为企业带来丰厚的利润，企业则要通过降低信任风险，维持这种信任。情感氛围和情感联络是维系信任的有效手段，通过关心客户需求、增强企业亲和力使客户有归属感。这样，不仅能创造出更高的客户价值，也增加了客户的转换成本。因此，企业与客户关系的维系就意味着利润。

5．技术因素

技术因素主要包括产品创新、服务、物流和技术支持 4 个次级因素，技术进步会推动社会的进步，也改善着人们的生活。随着通信技术、计算机技术和网络技术的飞速发展，传统的企业经营模式被彻底改变，客户价值的创造和传递方式也随之改变。CIMS、CRM、ERP、SCM 和 Call Center 等软件的使用增加了客户总价值，降低了客户总成本，提高了客户价值。

2.3.5　客户价值测量的方法

1．客户价值测量的重要性

客户价值具有测量性，只有度量了客户价值，才能把客户价值作为一种策略应用于实践。

从客户角度讲，客户价值测量是客户价值应用的前提和基础，只有对客户价值做出了精确的测量之后，才能更好地解释消费者行为，精确地解读客户对于价值的需求和感受。客户价值测量能帮助企业明确目标细分市场，尽可能降低新产品研发投资风险，同时，客户价值测量在提取广告主题、激发广告创意及提高企业的营销策略，以及结合市场的普遍性与行业的特殊性在预测市场行情等方面都能够发挥积极而显著的指导性作用。

从企业角度讲，客户价值测量的意义在于识别和发展一种吸引和保留客户的企业战略，这样的战略会产生满意的忠诚客户，他们会为企业创造财富，增长企业的价值。

2．客户价值的测量方法

基于上述认识，本书选取客户让渡价值测量和关系盈利性与客户终身价值的计算作为客户价值测量的基本方法。

（1）对客户让渡价值的测量

Kolter（1967）从客户让渡价值和客户满足角度来测量客户价值。他指出，客户能够判断出哪些供应品将提供最高价值（客户总价值）。在搜寻成本和有限知识、灵活性和收入等条件（客户总成本）的约束下，客户是价值最大化的追求者。客户让渡价值是客户总价值与客户总成本之差，据此，可将客户价值的测量用下公式表示：

设：产品价值为 Pd，服务价值为 S，人员价值为 P，形象价值为 I，整体客户价值为 TCV，则存在如下函数关系：

$$TCV=f\text{（}Pd，S，P，I\text{）} \quad (2\text{-}2)$$

设：货币成本为 M，时间成本为 T，体力和精力成本为 C，整体客户成本为 TCC，则存在如下函数关系：

$$TCC=f\text{（}M，T，C\text{）} \quad (2\text{-}3)$$

设：客户让渡价值为 TCDV，则 TCV 减去 TCC 可得：

$$TCDV=f\text{（}Pd，S，P，I\text{）}-f\text{（}M，T，C\text{）（绝对的表示）} \quad (2\text{-}4)$$

或

$$TCDV=f\text{（}Pd，S，P，I\text{）}/f\text{（}M，T，C\text{）（相对数表示）} \quad (2\text{-}5)$$

如果 TCDV a>TCDV b，则可以认为 a 产品是客户最终会购买的产品。

（2）对关系价值的测量

每一个客户关系在其生命周期内都能够给企业带来一定的价值——关系价值，而企业与所有客户关系价值的总和就形成了企业的利润，因此，企业价值最大化也就演变成了关系价值的最大化。对关系价值的测量方法就是通过对关系盈利性和客户终身价值的衡量来实现的。

关系盈利性代表单位时间内某种关系的利润创造能力，而客户终身价值却是在关系生命周期内创造的利润总和。尽管两者之间存在很大的内在关联性，但两者在经济含义上有所不同。关系盈利性取决于特定时间内客户的消费水平和消费频次等因素，客户终身价值不仅取决于如上因素，还取决于客户的忠诚度、客户挽留效果等因素。

由于关系生命周期或关系寿命的估计更多地体现为一种预期，故对客户终身价值的计算和比较往往具有很大的不确定性，因此评估关系价值的一个最好办法就是在考察客户终身价值的同时评估关系盈利性，以更好地制定关系策略。在关系管理中，企业的一个目标就是选择最具有关系盈利性的客户，并尽可能延长其关系寿命，或者选择最具有忠诚度的客户并尽可能提高关系盈利性，以实现客户终身价值最大化。

如果不考虑推荐价值、客户能力价值，只考虑企业所获得的关系利润，某单个客户的终身价值就可以看作是该客户在其整个关系生命周期内对企业的关系盈利性的累积贡献。在这种情况下，关系盈利性和关系生命周期就构成了客户终身价值的大小。通过计算客户终身价值，企业可以有效地识别最有利可图的客户群。企业营销和服务的策略也可以根据客户的终身价值相应地做出调整，以获得尽可能多的具有较高终身价值的客户。

为方便起见，我们把企业的计划时期作为关系生命周期时间，在计算客户终身价值时，采用净现值的方法，将客户在不同关系时期所创造的利润折现到同一个时点，类似于财务管理中计算投资的净现值方法。如果只考虑现有的关系盈利性，不考虑潜在价值，则客户终身价值的计算公式如下：

$$\text{CLV}=\Sigma\{\text{RP}\div(1+d)^t\}\quad(t=1,2,\cdots,\ T) \tag{2-6}$$

式中　CLV——某客户终身价值的净现值；

RP——该客户在第 t 年度的关系盈利性；

d——资金折现率；

t——该客户的关系生命周期。

通过计算出客户终身价值，企业可以了解和掌握关系价值的核心组成部分。通过对关系价值的监控，决定其所采取的关系策略和关系行为，以培养客户忠诚度，延长关系生命周期，最大化客户为企业带来的价值。

传统营销理论中，企业与客户在追求各自利益时是一对矛盾体，一方利益的增加意味着另一方利益的减少。关系营销理论的发展为客户与企业之间化解这一矛盾提供了依据。企业通过与客户建立良好的关系，实现企业与客户之间关系的互动，从而推动价值的互动达成客户让渡价值与关系价值之间的平衡，实现双赢。因此，作为关系主要推动者的企业，要使得关系价值最大化，应善于建立和维系与客户之间的信任关系，源源不断地为客户创造和提供优于竞争对手的让渡价值，通过客户关系管理，培养客户忠诚，实现客户挽留，赢得客户终身价值。

2.4　客户关系生命周期理论分析

客户终身价值是客户关系管理的最终目标。作为理想的状况，企业要预测每一客户的终身价值。为了更好地认识客户终身价值，必须首先了解客户关系生命周期的概念。客户关系生命周期理论是从动态角度研究客户关系及其价值的一个十分有用的工具。

2.4.1　客户关系生命周期的内涵

客户关系生命周期理论是指从企业与客户建立业务关系到完全终止关系的全过程，动态地反映了客户关系在不同阶段的总体特征。Dwyer、Schurf 和 Oh（1987）指出，买卖双方的关系存在着生命周期的特点，生命周期的理论可以运用到客户关系的研究中，因此提出客户关系生命周期的概念，简称客户生命周期。在生命周期框架下运用客户生命周期理论研究客户关系问题，能够清晰地洞察客户关系的动态特征：客户关系的发展是分阶段的，不同阶段客户的行为特征和为公司创造的利润不同；不同阶段驱动客户关系发展的因素不同，同一因素在不同阶段其内涵不同等。

Crosby 和 Stephens（1987）强调了关系动态特性的重要性，认为买卖关系是不断更新的，买方的满意始终受其对市场上产品竞争程度主观判断的影响，仅凭良好的业务关系不足以保持客户。Dwyer、Schurf 和 Oh（1987）进一步提出了买卖关系发展的一个五阶段模型，第一次明确强调渠道关系的发展是一个具有明显阶段特征的过程。他们认为，买卖关系的发展一般要经历认知、考察、扩展、承诺和解体五个阶段。在五个阶段中：认知阶段通过接触与广告得到加强；考察阶段以买方搜索卖方和尝试性购买为特征；扩展阶段买卖双方相互依赖日益增强；承诺阶段双方高度满意，并相互保证持续现有关系；解体阶段至少一方退出关系。

Jap 和 Ganesan（2000）参考 Dwyer 等人的五阶段模型，将供应商和零售商之间的关系的发展划分为考察、形成、成熟、退化和恶化 5 个阶段。董金祥（2002）将客户关系生命周期分为潜在客户期、开发期、成长期、成熟期、衰退期、重新进入成熟期、终止期 7 个阶段。在 Dwyer 模型和 Jap - Ganesan 模型的基础上，陈明亮（2002）提出了四阶段模型，将客户关系划分为考察期、形成期、稳定期和退化期四个阶段。这四个阶段类似于 Jap - Ganesan 模型中的考察、形成、成熟和退化四个阶段，而去除了 Dwyer 模型中的认知阶段和解体阶段。

2.4.2　客户关系生命周期模式分类

客户关系并不总是按照理想的生命周期轨迹发展，客户关系生命周期模式存在多种类型，不同的类型带给供应商不同的利润，代表着不同的客户关系质量。客户关系的退化可以发生在考察期、形成期和稳定期三个阶段的任意时点，因此，根据客户关系退出所处的阶段不同，可将客户关系生命周期模式划分成四种类型，可用客户终身价值曲线来表示四种客户关系生命周期模式。模式 I（早期流产型）、模式 II（中途夭折型）、模式 III（提前退出型）、模式 IV（长久保持型）分别表示客户关系在考察期、形成期、稳定期前期、稳定期后期四个阶段退出。

1．模式 I（早期流产型）

客户关系在考察期流产，如图 2-14 所示。流产的原因：一是从客户一方看，供应商提供的价值没有达到客户的预期，客户认为供应商没有能力提供令其满意的价值。这时客户对供应商的基本信任尚未建立起来，也没有转移成本，客户关系非常脆弱，一旦不满意，客户很可能直接退出关系。二是从供应商一方看，供应商认为客户没有多大的价值，不愿与其建立长期关系。模式 I 代表的是一种常见的客户关系形态，在可供选择的供应商与客户之间的多元关系网络中，经过双向价值评估和选择，能够进入二元关系的毕竟是少数。

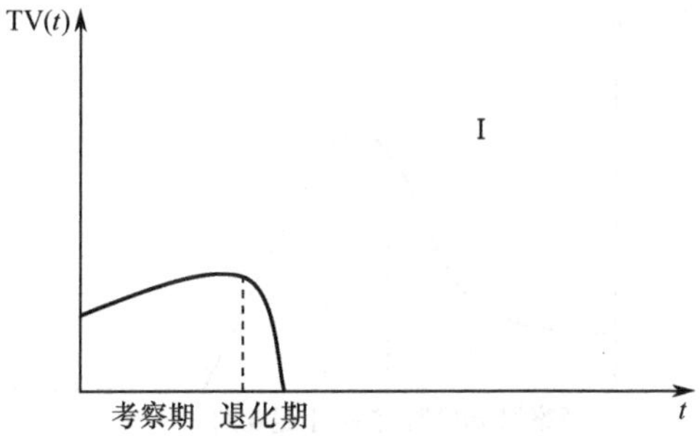

图 2-14　客户关系生命周期模型 I

2. 模式 II（中途夭折型）

客户关系越过了考察期，在形成期夭折，如图 2-15 所示。客户关系能够进入形成期表明双方对考察期关系的价值是满意的，并建立了一定的相互信任。中途夭折最可能的原因是供应商不能满足客户不断提升的价值预期。客户价值是客户保持的决定因素，客户对价值的预期是不断提升的，只有供应商提供的价值不断满足客户的预期，并达到或超过可替代供应商的水平，客户关系才可能进入稳定期。客户关系中途夭折，说明供应商虽然在前期能提供比较好的公共价值，如较高的产品质量、适中的价格、较及时的交货、较好的售后服务和技术支持等，但由于自身的原因，无法给客户提供个性化增值。供应商如果不能满足客户的这种要求，无法成为客户心目中最好的供应商，客户便会寻找更合适的供应商，一旦发现更好的可替代供应商，客户便从现有关系中退出，转向新的供应商。

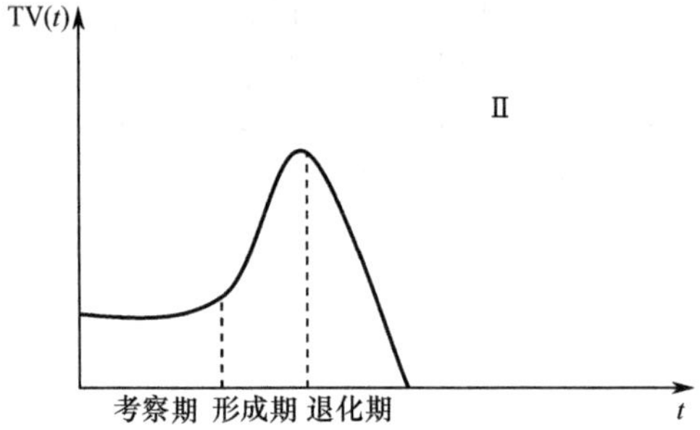

图 2-15　客户关系生命周期模型 II

3. 模式 III（提前退出型）

客户关系进入了稳定期但在稳定期前期退出，如图 2-16 所示。造成客户关系在稳定期不能持久保持的可能原因主要有两种：一是供应商持续增值的创新能力不够。客户关系要长久保持在高水平的稳定期，供应商必须始终提供比竞争对手（最好可替代供应商）更高的客户价值。供应商由于受自身核心竞争能力的限制，或者不能及时捕捉客户需求的变化，或者没有能力持续满足不断变化的个性化客户需求，从而引起客户的不满，失去客户信任，导致客户关系退化并最终退出。二是客户认为双方从关系中获得的收益不对等。当客户关系发展到很高水平时，客户对价值的评价不再局限于自身从关系中获得的价值，同时也会对供应商从关系中获得的价值做出评价，如果发现自身从中获得的价值明显低于供应商从中获得的价值，客户将认为双方的关系是不公平的，对等双赢才是关系可持续发展的一个基础。因此，一旦客户认识到关系不公平，客户关系就会动摇，以致破裂。

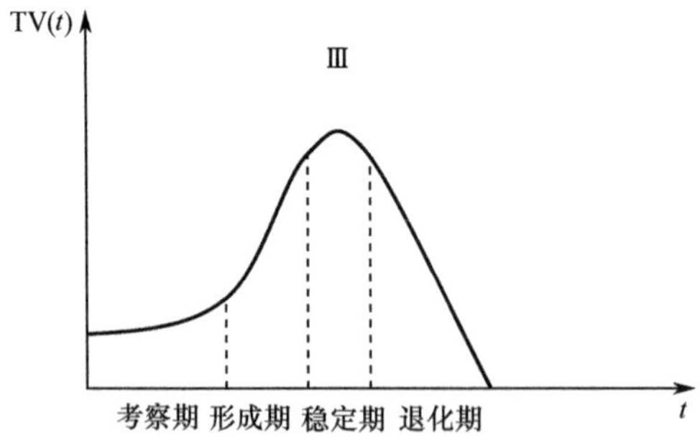

图 2-16　客户关系生命周期模型 III

4．模式 IV（长久保持型）

客户关系进入稳定期并在稳定期长久保持，如图 2-17 所示。客户关系能长久保持在稳定期的原因有三个：一是供应商提供的客户价值始终比竞争对手更高，客户认为现有供应商是他们最有价值的供应商。二是双方关系是对等双赢的公平关系。三是这个时期一旦结束关系，客户将面临高转移成本。因此，即使供应商提供的价值一时达不到客户的预期，客户也不会轻易退出。此时，转移成本成为阻止客户退出关系的关键因素。当客户关系出现问题时，转移成本的这种作用为供应商提供了良好的客户关系修复机会。模式Ⅵ是供应商期望实现的一种理想客户关系生命周期模式，这种客户关系能给供应商带来更多的利润。客户是企业最重要的资产，谁拥有了高质量的客户谁就掌握了主动权。所以，客户群的质量决定了企业的竞争能力。而客户群的生命周期结构决定了客户群的质量，一个企业的客户群中如果大部分有价值的客户的生命周期模式属于“长久保持型”，该企业在市场竞争中必然处于优势地位。反之，该企业在市场竞争中将处于劣势地位。客户关系生命周期模式的分类为企业诊断客户群的质量提供了一个很好的分析工具，企业可以更有针对性地制订客户关系管理的行动方案。

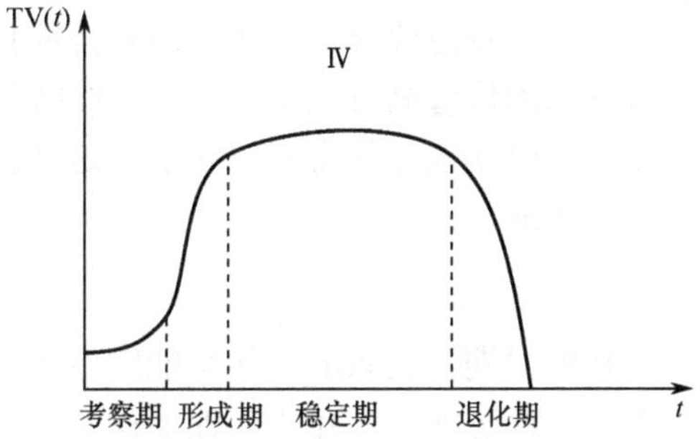

图 2-17　客户关系生命周期模型Ⅳ

2.4.3　客户关系生命周期的阶段划分

客户与企业的关系，与产品生命周期和企业生命周期一样也有一个从建立到消亡的变化过程。在各个阶段，客户的市场特征不同，企业需制定出不同的个性化营销策略。

客户关系生命周期是指从某一客户欲对企业进行了解或企业欲对某一客户进行开发时起，到该客户与企业的业务关系完全终止的这一时间段。客户关系生命周期阶段划分是客户关系生命周期研究的基础。我们现在就来认识、分析客户关系不同阶段和表现出的关系特征，在生命周期各阶段上企业的具体投入产出比如图 2-18 所示。

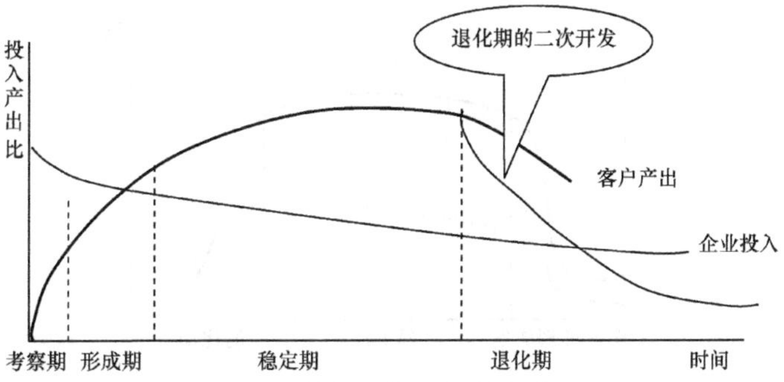

图 2-18　客户生命周期企业投入产出对比

1．考察期

考察期是关系的探索和试验阶段。在这一阶段，双方考察和测试目标的相容性、对方的诚意、对方的绩效，考虑如果建立长期关系，双方潜在的职责、权利和义务。这个阶段的基本特征是：双方相互了解不足，不确定性大，客户尝试性地下些订单。其中心目标是：评估对方的潜在价值，降低不确定性。

2．形成期

形成期是关系的快速发展阶段。双方在考察期内相互满意，并建立了一定的相互信任和交互依赖，双方关系将进入这一阶段。在这一阶段，双方从关系中获得的回报日趋增多，交互依赖的范围和深度也日益增加，逐渐认识到对方有能力提供令自己满意的价值（或利益）和履行其在关系中承担的职责，因此愿意承诺一种长期关系。这个阶段的基本特征是：了解和信任不断加深，关系日趋成熟，双方的风险承受意愿增加。

3．稳定期

稳定期是关系发展的最高阶段。双方或含蓄或明确地对持续长期关系做了保证。这一阶段的明显特征是：双方对对方提供的价值高度满意，为长期维持稳定的关系，双方都做了大量有形和无形投入。因此，在这一时期双方的交互依赖水平达到整个关系发展过程中的最高点，双方关系处于一种相对稳定状态。

4．退化期

退化期是客户关系发生逆转的时期。关系的退化可能发生在前三个阶段的任意时点。有些关系可能永远越不过考察期，有些关系可能在形成期退化，有些关系则越过考察期、形成期而进入稳定期，并在稳定期维持较长时间后退化。引起关系退化的可能原因很多，如一方或双方经历了一些不满意、发现了更适合的关系伙伴、需求发生变化等。退化期的主要特征是：关系退化，一方或双方正在考虑结束关系甚至物色候选关系伙伴（供应商或客户），提出结束关系。

2.4.4 生命周期不同阶段的市场特征

前面我们认识了客户关系生命周期不同阶段的划分和不同阶段的关系特征，事实上各阶段所表现出的市场特征也是不一样的，如图 2-19 所示。

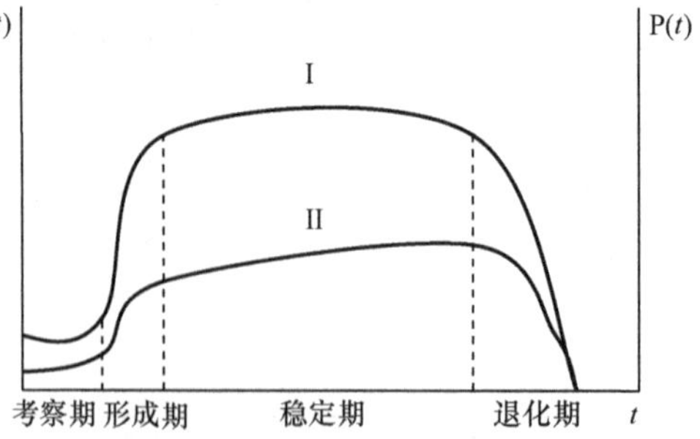

图 2-19　生命周期不同阶段客户利润变化趋势

因此，我们从交易量、价格、成本、间接收益、交易额和利润 6 个方面来考察其变化特征。

1．交易量

在考察期阶段，由于客户关系的极其不确定性，客户只是试探性地下少量订单，交易量很小。形成期随着双方相互信任的增加和客户承受风险能力的提高，交易量快速上升。稳定期双方交易量达到最大并可能维持一段较长的时间。退化期双方关系出现问题，交易量回落。交易量在考察期较小，形成期快速增加，稳定期最大，退化期回落。因此，交易量与客户关系发展水平成正比。

2．价格

从考察期、形成期到稳定期，随着公司与客户的沟通越来越充分，相互了解不断增进，客户的支付意愿会随着客户关系水平的提高而不断提高。公司对客户独特需求的理解越深刻，为客户提供的服务和信息就更具个性化、更有价值，客户也更愿意支付更高的价格。在退化期，由于客户往往对公司提供的价值不满意，客户的支付意愿下降。

3．成本

成本中包含产品成本、营销成本、服务成本和交易成本。在不同的关系阶段，产品成本可以认为基本不变，营销成本、服务成本和交易成本会随着客户关系的发展有明显下降趋势。营销成本下降主要是因为客户维系成本低于客户开发成本。服务成本下降是因为随着对客户了解的加深和服务经验的积累，服务效率不断提高。交易成本下降是因为：①规模效应，即随着客户购买量的提高，运作成本降低；②随着交易过程的经常化、常规化，交易效率提高；③随着信任的增加，协调、监督成本（如风险评估成本、谈判签约成本等）降低；④随着关系的发展，沟通效率提高，沟通成本降低。因此，随着客户关系水平的提高，企业成本下降。

4．间接效益

忠诚的客户是企业的义务广告员，由于口碑效应，为企业获得新客户节约了大量的成本，企业因此获得良好的间接效益。在形成期后期和稳定期，随着客户忠诚的形成和发展，公司有望获得良好的间接效益。

5．交易额和利润

假设某客户在第 t 个时间单元内与公司的交易额、带给公司的利润分别为 TV(t)和 P(t)，则交易额随客户关系生命周期阶段的发展而不断提高：考察期最小，形成期其次，稳定期最大，退化期快速降低。如图 2-19 所示，曲线Ⅰ和曲线Ⅱ分别描述了 TV(t)和 P(t)的变化趋势。TV(t)和 P(t)所表现出的相似阶段特征是：在考察期总体很小且上升缓慢，形成期以较快速度增长，稳定期继续增长但增速减慢，退化期快速下降，两条曲线均呈倒“U”形。TV(t)曲线和 P(t)曲线有两点不同：①交易额在形成期后期就接近最大值，稳定期在最大值附近保持，但利润在稳定期仍持续攀升，直到稳定期后期才达到最大值。这是由于在交易额达到最大时，价格提升、成本降低和间接效益对利润的贡献并没有达到最大，它们对利润的正效应一直要延续到稳定期后期，其中“口碑效应”甚至要延续到退化期。②在退化期利润回落的速度低于交易额的回落速度。原因是由于惯性，价格、成本和间接效益变化有一定的滞后效应。

随着客户关系的发展，交易量不断增加，客户支付意愿不断提高，成本不断下降，间接效益不断扩大。交易额和利润不断提高，到了退化期则快速下降。

2.5 客户关系管理的价值链

2.5.1 客户关系管理价值链的概念

“价值链”的概念最初是由哈佛商学院教授迈克尔·波特在其管理学著作《竞争优势》中提出的，其基本观点是，企业作为一个整体来看，由于涉及的市场因素和企业资源太多，往往缺乏标准和工具来分析其竞争优势。因此他引入了价值链作为基本的分析工具，将企业的全部活动分解为与战略性相关的许多内容。波特认为，每一个企业都是在设计、生产、销售、发送和辅助其产品的过程中进行种种活动的集合体，所有这些活动都可以用一个价值链来表示。这些互不相同但又相互关联的生产经营活动，构成了一个创造价值的动态过程，即价值链。价值链的基本分析方法视企业为一系列的输入、转换与输出的活动序列集合，每个活动都有可能相对于最终产品产生增值行为，从而增强企业的竞争地位。信息技术应用和关键业务流程的优化是实现企业战略的关键，企业通过在价值链过程中灵活应用信息技术，发挥信息技术的使能作用、杠杆作用和乘数效应，能够增强企业的竞争能力。也就是说，竞争者的价值链之间的差异是竞争优势的关键来源。

无论是企业还是客户都应该认识到，要实现价值链的优化，必定需要双方共同付出努力。以客户为中心的企业价值链的优化作用主要体现在以下几方面。

第一，建立整合性的客户互动关系与完整的增值链条。企业可以根据客户的需求重新编排基本业务流程，满足客户个性化的需求；借助多种先进的技术途径来整合市场环节，把营销、销售和客户服务融合起来，建立起与客户的互动关系；同时对供应商、分销商以及企业职能部门、机构进行协调管理，以形成完整的企业价值增值体系。例如，家具公司可以向客户提供能自行组合、自己拼拆的家具，满足不同客户根据自己家庭状况配置家具的要求和偏好，自主地选择家具散件的配套与组合；同时，因为可以让客户运回家自己装，有的客户也愿意接受由此带来的较低成本，等等。

第二，以客户需求的满足为核心原则，以最佳方式进行资源配置和运用，并通过互动、学习、沟通来获取客户知识，把握客户需求，掌握市场机遇。现实中一些客户格外重视交易价格或咨询信息，有些客户则很重视企业同他们的关系或服务等，企业必须有区别地关注客户的需求，进而提供定制化的产品和服务，以及通过客户的反馈改善服务等。通过对客户需求互动、学习、沟通的过程，全面掌握客户信息，从而辨认出最具有价值的客户来增加其满意度和忠诚度，在更好地掌握市场机遇的基础上实现企业资源的最佳配置。

此外，企业在构建和优化企业价值链时，应当在客户策略导向下注重先进信息技术的支持。因为借助于信息技术，可以将诸如营销、销售、功能集成、价值再造等多项过程整合在一起。客户可以在价值链的任意阶段介入，直接参与企业的生产与分配。

借助信息系统优化客户价值链是当今企业实施其战略目标的大趋势，企业可以借助 IT

技术构架两个平台：一是客户互动平台，包括营销、销售人员、服务部门、联络中心等；二是客户知识平台，用于分析客户的信息、资讯，积累企业对客户的知识和了解。这两个平台对于优化企业价值链具有重要意义。

2.5.2　客户关系管理价值链的基本环节

客户关系管理是通过围绕客户细分来组织企业，鼓励满足客户需要的行为，并通过加强企业与客户、分销商及供应商等之间的联系来提高客户满意度和客户盈利能力的商业策略。客户关系管理的核心就是客户价值管理。客户关系管理价值链的基本活动和支持活动的环节构成如图 2-20 所示。

图 2-20　客户关系管理价值链

1. 客户终生价值分析

客户终生价值（LTV，Customer Lifetime Value）是指对一个新客户在未来所能给公司带来的直接成本和利润的期望净现值。客户的价值包括三部分：第一，历史价值，是指到目前为止已经实现了的客户价值；第二，当前价值，是指如果客户当前行为模式不发生改变，在将来会给公司带来的客户价值；第三，潜在价值，是指如果公司通过有效的交叉销售、调动客户购买积极性或客户向别人推荐产品和服务等，从而可能增加的客户　价值。

在对客户终生价值具体分析方面包括以下几个步骤。

（1）收集客户数据

客户数据的收集包括个人情况、生活方式、态度、地区、需要、关系、客户行为方式等方面，在客户数据库的构建一节中将另做详细介绍，这是对客户终生价值分析方面最重要的一步。

（2）定义和计算终生价值

构成或影响终生价值的因素有：

- 所有来自客户初始购买的收益流、所有与客户购买有关的直接可变成本；
- 客户购买的频率；
- 客户购买的时间长短；
- 客户购买其他产品的喜好及其收益流；
- 客户推荐给朋友、同事及其他人的可能性；
- 适当的贴现率。

在计算时，可以基于交易成本和资金投入进行计算，或者根据过去类似客户的行为模式，利用统计技术预测客户将来的利润。

（3）客户投资与利润分析

根据上一步的计算结果，对客户投资和客户利润进行分析，发现最有价值的客户。客户投资与利润的一般分布如图2-21所示。

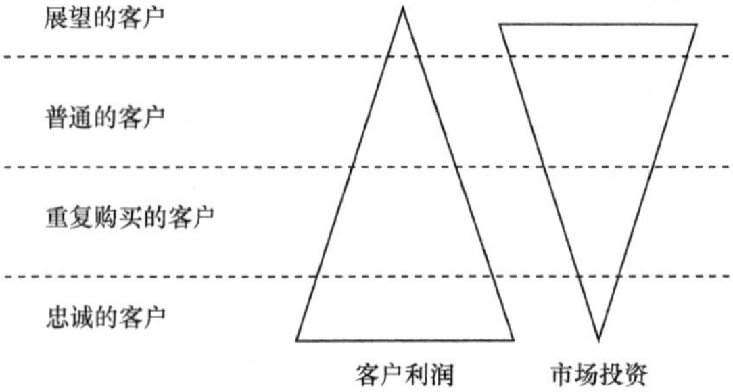

图2-21　客户投资与利润

（4）客户分组

根据一个客户的当前价值和潜在价值就可以在客户价值矩阵中定位客户。然而在每个矩阵单元里，可能有很多具有不同特征、不同行为模式和不同需求的组。因此我们需要对客户进行分组，以便对其采取特定的措施。可以用聚类分析的方法对客户进行分组，如图2-22所示。在图2-22中，右上方的单元格基于客户态度被分成四部分，即可能是苛刻的客户、犹豫不决的客户、节俭的客户和久经世故的客户。

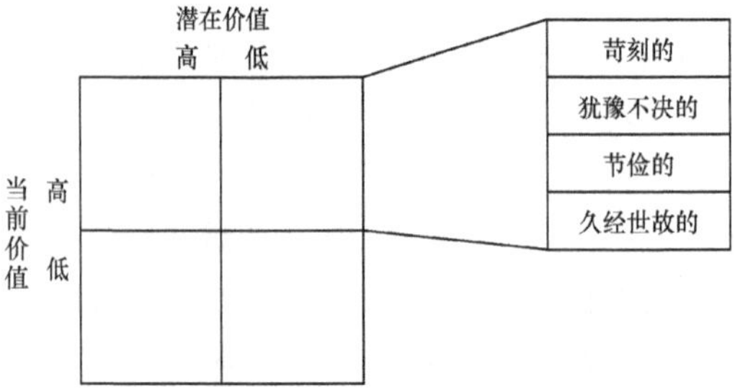

图2-22　客户价值矩阵

将客户价值矩阵和聚类分析综合起来即得到一个立方图，如图2-23所示，每一单元被定义为当前价值、潜在价值和特征聚类。

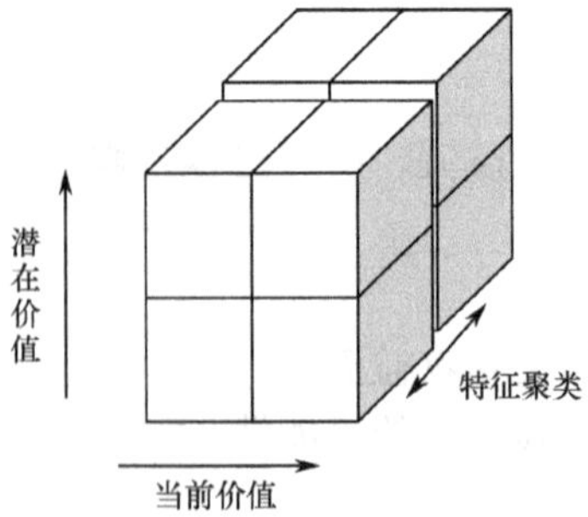

图2-23　客户分组立方体

（5）开发相应的客户措施

针对特定的客户分组制定相应措施。例如，上海的房地产开发公司根据以往的资料分析结果发现，月收入在 5 000 元左右的购房者对两室两厅双卫且客厅在 25 平方米以上、主卧在 14 平方米的户型最感兴趣，因此，在新楼盘开盘销售时，售楼人员将会针对月薪在 5 000 元左右的购房者着重推荐此类户型。这样在降低投资风险的同时，也提高了销售效率。

2．客户亲近

选择了客户之后首先要考虑如何更好地为他们服务。由于企业中每个人在各方面的能力不尽相同，所以必须有一套良好的收集或累积客户知识的数据仓库或数据库以便进行系统分析，获得客户信息。然后根据获得的信息实施客户关怀，拉近客户关系，提高客户满意度。

对客户实施关怀的措施多种多样，比如与客户建立良好的联系，客户提醒或建议等，具体由商家根据分析资料自由策划。通过形式多样的措施使客户能感觉到公司对客户所能提供的良好的亲情关怀，虽然对经营的成本影响不大，却能取得良好的影响效果。

客户亲近需要良好的沟通方式，随着信息技术的发展，公司可以通过电话、传真、呼叫中心、Internet、E-mail、直接接触等多种方式与客户进行交流。譬如在网上建立网络社区，进行网上社区服务，能大大增进客户与公司之间的感情。

3．网络发展

在公司与公司竞争的同时，公司网络还在与公司网络进行竞争。对一个成功实施客户关系管理的公司来说，其网络连通性是公司巨大的竞争优势资源。网络包括员工、客户、供应商、分销商、业主或投资者等合作伙伴。良好的网络能将企业的产品和信息及时快捷地传递给客户，并将客户反馈信息传回给企业。企业应该积极地和客户建立关系，让客户感受到这种关系的存在，并且从关系的存在中受益，从而达到企业和客户双赢的目的。员工表现直接影响客户满意度和购买欲，要将员工满意和客户满意结合起来，需对雇员们进行再教育或再培训。公司的供应商也需要了解公司致力于服务的是谁，以便对客户需求变化做出快速反应，公司也必须与分销商合作，形成强大的、各有所长的分销网络，及时进行信息交流、提供技术支持、及时快捷的运输产品。

有效的网络意味着将价值传递给伙伴，从而帮助他们取得成功，而不仅仅是操纵他们。为了成功执行客户关系管理，供应商、员工、拥有者或投资者以及合作伙伴必须紧密结合起来，设法满足所选客户群的需求。这不仅需要提供一种企业策略来使网络价值最优化，还需要一种以客户为中心的全新的价值观。

4．客户中心的价值观

在我们知道要服务于谁，并且将与谁建立网络关系后，网络成员将一起共事，给所选客户创造和传递价值观。价值观是及时有效处理客户问题的好方法。传统观念认为产品是主要价值来源，但随着产品的商品化，服务提供越来越多的价值。有关客户的事情是如何处理的变得尤为重要，为此我们需要树立一种新的价值观。

客户是企业的重要资产。在传统的管理理念以及现行的财务制度中，只有厂房、设备、现金、股票、债券等才是资产。随着科技的发展，开始把技术、人才视为企业的资产，对技术以及人才加以百般重视。然而，这些划分资产的理念是一种闭环式的，而不是开放式的。无论是传统的固定资产和流动资产论，还是新出现的人才和技术资产论，都是企业能够得以实现价值的部分条件，而不是完全条件，其缺少的部分就是产品实现其价值的最后阶段，同时也是最重要的阶段，在这个阶段的主导者就是客户。在以产品为中心的商业模式向以客户为中心的商业模式转变的情况下，提倡并且树立客户是企业资产的理念尤为重要。CRM 可以帮助各企业最大限度地利用其以客户为中心的资源，并将这些资源集中应用于客户和潜在客户身上。

5．关系管理

根据以上确定的价值观念，改进企业业务流程、组织结构、绩效评价方法和激励机制等，最终达到管理关系的目的。

业务流程应按照方便客户和便于流通的原则进行设计，打破相关的职能限制直达客户，同时根据客户需要和竞争对手的变化而不断调整；组织结构按照新的业务流程进行设计，改变传统的分层结构和产品经理模式，代替它们的是更加扁平的组织结构和客户经理，组织中的人员可以享有更多的自主权及活跃的沟通。

2.5.3　客户关系管理价值链的支持条件

客户关系管理价值链的成功需要很多支持条件，以下列举五种重要的支持条件。

1．领导重视和企业文化的支持对一个企业的转变起关键的作用

研究发现：当企业领导带头重视时，下面员工的支持率会非常高，而一个具有改革创新的企业文化氛围对项目的成功发挥着重要的作用。

2．数据仓库或数据库是客户关系管理项目的灵魂

它将客户行为数据和其他相关的客户数据集中起来，对客户行为进行分析，并将结果传递给市场专家，由市场专家利用这些分析结果来制定准确、有效的客户策略。

3．IT 基础设施建设是成功的保证

企业只有建立了很好的内联网（Intranet），才能实现企业内部各部门之间、员工之间的信息沟通、信息共享和相互协调，共同为客户提供服务；只有建立了较好的外联网（Extranet），才能实现企业与供应商、分销商及合作伙伴之间快速地传递客户信息，及时对客户做出反应。

4．企业的业务流程和组织结构的重新设计是 CRM 的主要内容

企业的产品和服务都是经过自己的业务流程而到达客户的。传统的业务流程是以产品为中心进行设计的，是为了方便产品生产和销售，而不是为了方便客户和服务，很大程度上阻碍了企业与客户的交流和沟通，因此，企业应对原有流程进行彻底转换，以客户为中心进行重新设计；同样，在企业传统的职能型组织结构中，组织关注的中心是领导而非客户，因此，要以服务客户的流程为中心重新设计组织，尽量减少中间环节。

5．人力资源管理项目也是必不可少的

企业中真正与客户接触的是员工，为此需将人力资源管理与客户关系管理日程结合起来。

案例分析：迪克连锁超市客户关系管理[①]

开拓者：肯·罗布，高级营销副总裁

启　示：仅收集大量的客户信息还远远不够。成败关键取决于利用这些信息针对个体客户制定出量身定做的服务政策。

肯·罗布有一个秘密，但实际上他并非那种不愿袒露心迹的人。他性格外向开朗，心里想什么就说什么，从不犹豫，这一点很好，因为他是迪克连锁超市的高级营销副总裁，这是一家在威斯康星州乡村地区拥有八家分店的超级市场。当然，原来这与当美国中央情报局的头不太一样，所以他的“秘密”也不可能让詹姆斯·邦德（James Bond，007 系列电影中的神探）感兴趣。我们只是想说罗布知道一些不为其对手所了解的东西。

罗布的秘密是当他的顾客来商场采购时，他十分了解这些顾客想要买些什么。这一点连同超市所提供的优质服务的良好声誉，是迪克连锁超市对付低价位竞争对手及类别杀手的主要防御手段。迪克超市采用数据优势软件（DataVantage）——一种由康涅狄格州的关系营销集团（RMG，Relationship Marketing Group）所开发的软件产品，只要对扫描设备中的数据加以梳理，即可预测出其顾客什么时候会再次购买某些特定产品。接下来，该系统就会“恰如其时地”推出特惠价格。

它是这样运行的：在迪克超市每周消费 25 美元以上的顾客每隔一周就会收到一份定制的购物清单。这张清单是由顾客以往的采购记录及厂家所提供的商品现价、交易政策或折扣共同派生出来的。顾客购物时可随身携带此清单，也可以将其放在家中。当顾客到收银台结账时，收银员就会扫描一下印有条形码的购物清单或者顾客常用的优惠俱乐部会员卡。无论采用哪种方式，购物清单上的任何特价商品都会被自动予以兑现，而且这位顾客在该店的购物记录会被刷新，生成下一份购物清单。

“这对于我们和生产厂家都很有利，因为你能根据顾客的需求定制促销方案。由此你就可以做出一个与顾客商业价值成正比的方案，”罗布说。

迪克超市还依靠顾客特定信息，跨越一系列商品种类把定制的促销品瞄准各类最有价值的顾客。比如，非阿司匹林产品（如泰诺）的服用者可以被分成三组：全国性品牌、商店品牌和摇摆不定者。这些组中的每组顾客又可以根据低、中、高用量被分成三个次组。用量就代表着在某类商品中顾客对迪克超市所提供的长期价值（仅在这一个产品种类中就有 6 个“模件”，产生出总共 9 种不同类型的顾客——这足以发动一次批量定制营销活动了）。

假设超市的目标是要把泰诺用户转变成商店品牌的用户，那么罗布就会将其最具攻击性的营销活动专用于用量大的顾客，因为他们最有潜在价值。给予大用量顾客的初始折扣优惠远高于给予低用量和中等用量的顾客。促销活动的时间会恰好与每一位顾客独有的购买周期相吻合，而对这一点，罗布通过分析顾客的以往购物记录即可做出合理预测。

“顾客们认为这太棒了，因为购物清单准确地反映了他们要购买的商品。如果顾客养有狗或猫，我们就会给他提供狗粮或猫粮优惠；如果顾客有小孩，他们就可以得到孩童产品优惠，比如尿不湿及婴幼儿食品；常买很多蔬菜的顾客会得到许多蔬菜类产品的优惠，”罗布说，“如

① 案例来源：中国客户管理网（www.comclick.com）。

果他们不只在一家超市购物，他们就会错过我们根据其购物记录而专门提供的一些特价优惠，因为很显然我们无法得知他们在其他地方买了些什么。但是，如果他们所购商品中的大部分源于我们的商店，他们通常可以得到相当的价值回报。我们比较忠诚的顾客常会随同购物清单一起得到价值为 30~40 美元的折价券。我们的目标就是回报那些把他们大部分的日常消费都花在我们这里的顾客。"

有时可以通过获取其他相关单位的赞助来尽量减少折扣优惠所造成的经济损失；反过来，这些单位可以分享你不断收集到的信息资讯。以迪克超市为例，生产厂商会给予绝大多数的打折商品补贴。作为整个协议的一部分，生产厂家可以获得从极为详尽的销售信息中所发现的分析结果（消费者名字已去除）。这些销售信息的处理加工均是由关系营销集团进行的，这家公司不但提供软件产品，而且还提供扫描数据采掘服务。

要点提示：此处当心。虽然频次营销和优惠卡计划是用于收集顾客资讯的有效途径，但却常常遭到滥用，造成不利于自己的结果。一对一营销商的首要任务就是识别和区分客户，所以在零售业，像迪克超市那样的频次营销计划可能会成为一种不可或缺的辅助工具。它激励个体顾客在每次踏进店门就"举起手来申明身份"，以期获得打折优惠。频次营销计划的实际运作还提供了一个与顾客互动交流的良好平台，这种互动可以通过信函进行，也可以通过收银台仰或网络进行。

但这里隐藏着危险。频次营销只是用于获取个体客户信息和互动交流的一项策略，而非足以促使顾客保持忠诚的战略。要把这种客户信息与互动转变成一种学习型关系，让顾客认识到保持忠诚而非参与竞争对手所提供的类似活动对自己更为方便，那么你就必须按迪克超市的办法去做。你必须根据所收集到的信息，针对每一个体客户定制相关的服务政策。这样，随着收集到的任意单独客户信息的日渐增多，针对该客户的服务政策就会调整得越来越具体准确，同时也让客户在你所提供的服务中进行一番协同投入。除此之外，在最大可能的限度内，这项计划不仅应该包括给客户准确定制的折扣优惠，还应该包括一些价格以外的奖励，比如食谱、每周饮食计划、产品使用技巧、健康营养知识、快速结账通道，以及送货上门服务等。

千万记住，市场营销的目的绝不仅仅是分发赠品而已。

短期来看，紧接着忠诚计划推出以后，这一点很容易就被忘掉。你可能会误以为赠送物品就可以让客户更忠诚于你。但是，如果你的竞争对手也推出了一个类似的计划，而且现在你的客户在任何一家店里都可以得到打折优惠，那么你该怎么办呢？谁想要一群总是不断寻觅打折的客户？你这样做的全部效果无疑等同于在训练自己最有价值的顾客去追寻价格优惠。

1997 年，尼尔森公司（A. C. Nielsen）对一个"典型的"美国城市进行了调查，三家当地相互竞争的主要食品杂货店各自均有一套频次营销计划。忠诚计划参与者的购买量占到了每家商店销售额的 90%以上。然而，这些参与者之中有 3/4 的人在钱夹里不只放有一张忠诚计划优惠卡，而且超过半数的人三张全有。

要谨记，是什么原因让迪克超市成了为数不多的成功一对一营销实践者之一：罗布利用从其顾客处所得到的信息向顾客们提供了竞争对手无法轻易仿效的激励，因为这些激励是根据每个顾客独自的爱好及购物周期而专门设计定制的。一位顾客在迪克超市购物越多，超市为其专门定制的优惠也就越多，这样就越发激励顾客保持忠诚。从而该项计划也就难以与之竞争。

罗布将这种信息看作是自己的小秘密。“在多数情况下，”他说，“如果你的对手想了解你的商品价位，他们只需到你的店里查看一下货架上的价格标签，要么也可以浏览一下你每周的广告。但是，有了这种购物清单，竞争对手对你目前所做的一切一无所知，因为每位顾客的购物清单都不一样。”

案例思考题

1. 迪克连锁超市实施客户关系管理的措施有哪些？
2. 迪克连锁超市成功实施客户关系管理给我们的启示是什么？

本章小结

客户关系管理的定义并不统一，它随着技术的发展而不断更新其内涵。在本书中，客户关系管理从信息技术、经营理念和管理思想三个层次来进行定义，围绕“以客户为中心”的基本原则来设计和管理企业的策略、流程、组织和技术，将最佳商业实践与信息技术相结合，为企业销售、营销以及客户服务和支持提供一个自动化解决方案，其目的是提高顾客满意度和忠诚度，实现企业收入的增长与效率的提高。

客户关系管理的核心是客户关系价值管理，客户关系价值创造的过程就是通过一系列的价值活动来实现客户盈利。价值活动包括客户终生价值分析、客户亲近、关系网络发展、创造传递客户价值和管理客户关系的基本活动和企业文化和领导、采购过程、人力资源管理过程、IT 支持、组织设计等支持活动两个方面，它们与客户盈利共同构成了客户关系管理价值链。其中，对于价值活动的分析是整个客户关系管理价值链分析的关键。

激烈的市场竞争，使得市场空间饱和，企业获取利润的途径由空间转向时间，即由以拥有众多市场份额提供一次性交易获取利润，转向由以特定目标客户在一个生命周期内为企业提供的终身价值。客户成为企业发展的战略性资源和稀缺资源，拥有了客户就拥有了市场，也就拥有了竞争优势。界定客户价值的方向性，辩证地理解客户价值内涵，分析客户价值与关系价值的相互关系，为客户提供优于竞争对手的让渡价值，是培养客户忠诚的出发点，也是企业获取关系价值的正确选择。

在生命周期框架下运用客户生命周期理论研究客户关系问题，可以清晰洞察客户关系的动态特征：客户关系的发展是分阶段的，不同阶段客户的行为特征和为公司创造的利润不同；不同阶段驱动客户关系发展的因素不同，同一因素在不同阶段其内涵不同等。

复习思考题

1. 什么是客户关系管理？其内涵是什么？

2．客户关系管理有哪些特点？
3．客户关系管理由哪几部分构成？
4．怎样理解客户价值？
5．衡量客户价值的方法有哪些？
6．客户关系生命周期是怎样划分的？呈现哪些特点？
7．客户价值主要来源于哪里？
8．什么是客户价值的驱动因素？
9．客户价值的驱动因素和客户价值的影响因素有什么不同？
10．客户关系管理价值链有哪些基本环节？

讨论题

1．为什么说客户关系管理既是一种管理理念，也是一种管理软件和技术？
2．怎样理解客户关系管理的内容与目标的关系？
3．消费者价值的变迁经历了哪几个阶段？有什么特点？
4．为什么对客户价值的内涵要双向性理解？
5．怎样理解科特勒的客户让渡价值？
6．客户价值与关系价值有什么区别？

网络实践题

1．选取一家在线的电子商务企业和一家传统企业，比较两者在客户关系管理中的不同特点。
2．登录京东商城网，了解其客户关系管理的基本流程和方法。
3．比较苏宁电器和国美电器的客服内容，说明他们各自的优势和不足。
4．访问一家电子商务网站，体验该网站的客户服务。

第 3 章　客户满意度与客户忠诚度

本章导读

客户关系管理是通过客户分类，识别最有价值客户，并在有限成本的基础上，侧重加强对重点客户的满意服务来提升客户忠诚度。培养企业的最终客户、分销商和合作伙伴，使其对本企业及其产品有更积极的偏爱或偏好，以此留住最终客户、分销商和合作伙伴，来提升企业业绩的一种营销策略。这种策略要求企业要以客户为中心，来完善企业对客户需求能够做出快速反应的组织，规范以客户为核心的工作、流程，建立客户驱动的产品、服务设计，进而培养客户的品牌忠诚度，提高企业获利水平。对于企业来说客户满意至关重要，企业通过现有客户并依靠老客户的口碑效应扩大企业影响、提升企业形象、吸引新客户，大大降低企业的经营成本。只有使客户满意的产品，客户才可能持续购买。客户满意不仅是客户忠诚于企业的前提，而且不满意的客户会给企业带来很大的负面效应。

学习目标

- 掌握客户满意度的概念和内涵
- 掌握客户忠诚度的概念和内涵
- 了解客户满意度和客户忠诚度的关系
- 了解客户满意度的指数模型和测评体系
- 了解客户忠诚度的要素
- 了解客户忠诚的驱动因素

3.1　客户满意度与客户忠诚度

优质的客户关系管理是企业制胜的新渠道，通过客户关系管理促进客户满意，实现客户忠诚，成为企业提升竞争力的关键。“提高客户满意”进而“实现客户忠诚”已成为现代企业的经营哲学。

3.1.1　客户满意度的基本描述

客户满意理论被引入客户关系管理领域是在 20 世纪 90 年代后期。客户满意度被描述为企业行为和客户行为之间互动关系的一个中间变量，即：企业行为→客户满意度→客户忠诚度→客户行为→企业行为。作为中间变量的客户满意度，联系着企业行为和客户行为这两个端点。因此，客户满意度理论在客户关系管理中占有重要地位，如图 3-1 所示。

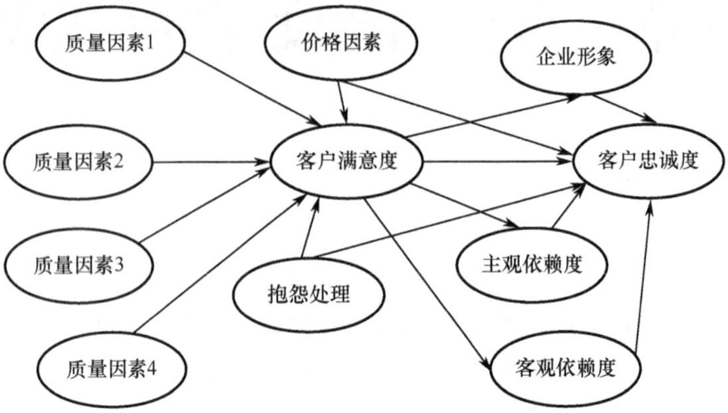

图 3-1　客户满意因素分析模型

1965 年达道欧（Dardozo）首次将客户满意（CS，Customer Satisfaction）引入营销学后，顾客满意问题即受到高度关注。自 20 世纪 70 年代起，一个新兴的研究领域——“顾客满意”日益受到学术界和企业界的认可和重视。20 世纪 90 年代初期，以 Fomell 为代表的学者研究认为，高度满意的客户是企业获取利润的重要源泉。该研究对客户满意度和客户重复购买、口碑效应及客户忠诚度等变量之间的关系做了较为深入的分析，他们认为客户满意度通过一系列的传递作用来影响企业的最终销售。

“满意”是一个不确定的概念，满意的标准会因人而异。同样的产品和服务可能有人满意，也可能有人不满意。也就是说，从个体的角度出发，是否满意呈现出随意性，没有规律可言。但如果将大量个体集结为一个整体来观察，只要个体（也就是统计学所指的样本）数量足够多，就能体现出规律性来。因此，依据统计学原理对客户进行调查，就能得到正确反映客户大群体满意状况的有用信息。

客户的满意状况是由客户的期望和客户的感知（包括对质量和价格的感知两个因素决定的，如期望越低就越容易满足，实际感知越差越难满足。可见客户是否满足与期望呈反比关系，与感知呈正比关系。据此我们可以用一个简单的函数式来描述客户满意状况的评价指标——客户满意度，即：

$$c = \frac{b}{a} \tag{3-1}$$

式中　c——客户满意度；

b——客户的感知值；

a——客户的期望值。

对客户满意状况的测量实际是看客户满意度的大小。当 c 等于 1 或接近 1 时，表示客户的感受即可认为“比较满意”，也可认为“一般”；当 c 小于 1 时，表示客户的感受为“不满意”；而当 c 等于 0 时，则表明客户的期望完全没有实现。在一般情况下客户满意度多在 0 到 1 之间，但在某些特殊情况下，客户满意度也可大于 1，这意味着客户获得了超过期望的满足感受。

在 2000 版的 ISO/DIS9000 中，客户满意被定义为："客户对某一事项已满足其需求和期望的程度的意见。" 其中，"某一事项是指在彼此需求和期望及有关各方对此沟通的基础上的特定时间的特定事件"。可见，所谓客户满意是指客户的感觉状况水平，这种水平是客户对企业的产品和服务所预期的绩效和客户的期望进行比较的结果。

客户满意与否，取决于客户接受产品或服务的感知同客户在接受之前的期望相比较后的体验。通常情况下，客户的这种比较会出现三种感受，如图 3-2 所示。

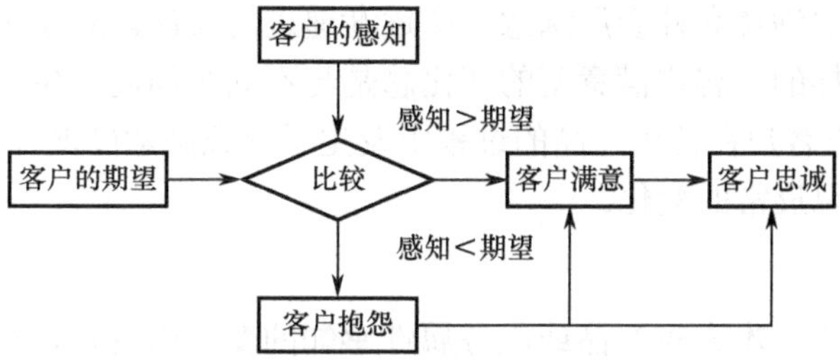

图 3-2　客户满意期望与客户感知比较后的感受

① 当感知接近期望时，一般会出现两种状态：一种是客户因实际情况与心理期望基本相符而表示"比较满意"；另一种是客户会因对整个购买决策过程没有留下特别印象而表示"一般"。所以，处于这种感受状态的客户就有可能重复同样的购买经历，也有可能选择该企业的竞争对手的产品或服务。

② 当感知高于期望时，客户就会体验到喜悦和满足，感觉是满意的，其满意程度可以通过事后感知与事前期望之间的差异函数来测量。显然，感知超过期望越多，客户的满意程度就越高，而当感知远远超过期望时，满意就演变成忠诚。值得强调的是，客户满意并不等同于客户忠诚。客户满意其实是进行某种消费后的心理状态，而客户忠诚则是一种购买行为，代表了企业的盈利能力。

③ 当感知低于期望时，则客户会感到失望和不满意，甚至会产生抱怨或投诉，但如果对客户的抱怨采取积极措施妥善解决，就有可能使客户的不满意转化为满意，甚至令其成为忠诚的客户。

由式（3-1）可知，对企业而言，若要实施"以客户满意为中心"的经营战略，就必须尽力消除客户满意度小于 1 的情况，即通过提高产品和服务相对于客户的价值来满足甚至超越客户的期望，实质上就是平息和预防客户抱怨的发生，尽可能使客户体验到喜悦和满足。

3.1.2　客户满意度的特征

客户满意度是以定量的方式对客户满意进行描述。由于满意是一种人的感觉状态的水平，是客户根据自己的价值判断，对企业提供的产品和服务的直接综合评价，因此客户满意度呈现以下特征。

1．主观性特征

虽然客户感受对象是客观的，但其满意度是建立在对产品或服务的体验上的，所以结论是主观的。但客户满意度是客户的主观感知活动的结果，具有强烈的主观色彩。满意与否以及满意的程度，受到自身条件如文化背景、知识和经验、经济地位、生活习惯和价值观念、个人需求和期望及评价动机，甚至地方性的好恶、性格、情绪等非理性因素的主观因素的影响。

2．层次性特征

客户满意度是客户对企业提供的产品和服务的心理评价，这种评价是多层次的而不是单一指标。从横向上包括理念满意、行为满意、视听满意、产品满意和服务满意；从纵向上包括物质层满意、精神层满意和社会层满意三个逐渐递进的层次。对于不同的人而言，满意度的变化可能是各种各样的。客户满意度的变化总是与不同时间内发生的导致客户满意或不满意的事件相联系。如果客户在使用产品的过程中发生了导致满意度增加或降低的突发性事件，就可能会使满意度出现反常的变化。

3．动态性特征

客户满意度随着客户本人对产品或服务属性感知的变化而变化，客户在评价满意感时基于对过去发生的与产品有关的一系列属性的感受进行综合评价，而对于尚未感受到的产品属性客户是无法评价的。客户在产品的使用过程中，经历了一个“逐步认知”的过程。客户满意度在客户购买产品时就已经建立，客户从有意购买某类产品到真正购买某类品的过程本身就是一个逐渐培养满意感的过程。客户从收集信息开始就表现出自己的偏好，通过比较、咨询，甚至体验，客户总会选一款自己最满意的产品，这时客户已有了一定的情感偏向，所以在购买时就已经具备了一定的满意度。随着客户对产品的进一步熟悉和了解，对产品的附加值认识更深，在心理上会获得更多的满足，其对产品的满意度会进一步提高。随着时间的递进，产品的新鲜感逐步消退，产品出现更新换代，或者出现性价比更高的替代产品，该产品的某些缺点逐渐显现出来，客户的满意度逐渐下降，直到停止使用该产品。

由于客户需求具有变化性，顾客满意度会随着时间的推移、技术的进步、整体环境素质的提高而发生变化。同时，企业的优势也会相应发生变化，随着社会经济和文化的发展，客户的需求和期望也会相应提高，客户满意度也会发生变化，甚至从满意转为不满意。因此客户对其所消费产品或服务满意感的评判应该是一个随时间发展而变化的动态过程。

4．比较性特征

通常，客户对产品的技术指标和成本等经济指标并不熟悉，而是惯于将购买的产品或获得的服务与其他同类产品或服务以及以往的消费经验进行比较，由到的满意或不满意具有相对性。客户满意度是客户期望与客户感知相比较的产物，客户满意度的比较，可以是横向比较，也可以是纵向比较。但比较是有限的，由于客户满意度是一种主观感知、自我体验和情感判断，这种主观感知或情感判断带有许多“亦此亦彼”或“非此非彼”的现象，在某些情况下，很难比较或不宜比较。因为不同的顾客对同一个影响其满意度的因素的期望与感知不尽相同，从而形成了客户满意度的差距，这种差距往往难以精确量化。

3.1.3 客户忠诚度的基本概念与内涵

客户忠诚度是对客户忠诚的量化描述。当客户对企业提供的产品或服务形成依附性偏好时，会对企业产生高度认同和满意，产生对企业的产品和服务重复购买的行为趋向。客户忠诚度是企业利润增长的重要推动力。

1. 客户忠诚的概念与内涵

客户忠诚是企业赢利的源泉和成长的基石，是企业最大的无形资产。国内外研究表明，企业的大部分销售收入均来自一小部分的忠诚客户。尽管客户忠诚的重要性已经得到了广泛的认同，但对于客户忠诚的内涵，客户忠诚的评判标准，理论界还有很多争议。笔者认为，客户忠诚是指客户长期锁定于你的公司，使用你的产品，并且在下一次购买类似产品时还会选择你的公司。

根据客户忠诚的概念，其内涵主要可以通过以下两个方面来理解。

（1）态度取向

态度取向代表了客户对企业产品积极取向的程度，也反映了客户将产品推荐给其他客户的意愿。客户忠诚是指企业的营销行为或品牌个性与消费者的生活方式或价值观念相吻合，消费者对企业或品牌产生情感，甚至引以为荣，并将它作为自己的精神寄托，进而表现出持续购买的欲望。

（2）行为重复

行为重复是指消费者在实际购买行为上能持续购买某一企业产品的可能性，以客户购买产品的比例、购买的顺序、购买的可能性等指标来衡量。这种持续的购买行为可能出自对企业产品的好感，也可能是由于购买冲动、企业的促销活动、客户的购买习惯、转移成本过高或企业的市场垄断地位等与感情无关的因素促成的。

2. 客户忠诚的类别

根据客户忠诚的来源可以将客户忠诚进行以下分类。

（1）垄断忠诚

这种客户忠诚源于产品/服务的垄断。一些企业在行业中处于垄断的地位，在这种情况下，无论满意与否，用户别无选择，只能够长期使用这些企业的产品/服务。一个典型的例子就是城市居民们用的自来水，一旦你的家里安装了自来水管道，就必须使用自来水公司提供的服务，即使你对他们的服务很不满意，也不可能放弃使用。类似的例子如电力公司等。

（2）亲缘忠诚

企业自身的雇员甚至包括雇员的亲属会义无返顾地使用该企业的产品/服务，这是一种很牢固的用户忠诚。但是很多情况下，这些用户对该产品/服务并非感到满意，甚至还会产生抱怨。他们选择该产品/服务仅仅是因为他们属于这个企业，或是他们的亲属属于这个企业。用户的这种忠诚称为亲缘忠诚。

（3）利益忠诚

用户的这种忠诚来源于企业给予他们的额外利益，比如价格刺激、促销政策激励等。有些客户属于价格敏感型，较低的价格对于他们有很大的诱惑力，因此在同类产品中，他们对于价格低的产品保持着一种忠诚。另外，一些企业，尤其是一些新进入市场的企业在推广产品时会突出一些优惠政策，这些政策对很多用户有着巨大的诱惑，因此在此期间这些用户往往对这种产品保持着一种忠诚。但这类客户的忠诚是极其不稳定的，一种倾向是用户通过初期的使用慢慢对这一产品真正产生了兴趣，或是对该企业真正感到了满意，所以这种忠诚就变得更加稳定和持久；另一种倾向则是一旦产品的价格上涨或是企业的优惠政策取消后，这些用户就离开了该企业，这种忠诚也就消失了。

（4）惰性忠诚

有些客户出于方便的考虑或是因为惰性会长期保持一种忠诚，这种情形在一些服务行业中尤为突出。比如，很多人会长期而固定地在某家超市购物，原因仅仅是因为这家超市离家近；一些采购人员会选择固定的供货商，原因是他们已经熟悉该供货商的订货程序。诸如此类的例子很多。我们将这种由于方便需求或是惰性而形成的忠诚称为惰性忠诚。

（5）信赖忠诚

当客户对你的产品/服务感到满意并逐步建立一种信赖关系后，他们往往会形成一种忠诚。这种忠诚不同于前面几种，它是高可靠度、高持久性的。这一类型的忠诚客户可以看成是企业的追随者和义务推销员，他们不仅仅是个人对你的产品/服务情有独钟，还会主动将他们感受到的满意告诉自己的亲朋好友，并向人们推荐使用你的产品/服务。这类客户才是企业最为宝贵的资源，这种客户忠诚也正是企业最为渴求的。事实上，CRM 所要研究并帮助企业最终获得的正是这种信赖忠诚。

（6）潜在忠诚

潜在忠诚是指客户虽然拥有但是还没有表现出来的忠诚。通常的情况是，客户可能很希望继续购买你的产品或享受你的服务，但是你们公司的一些特殊规定或是一些额外的客观因素限制了客户的这种需求。因此，对这类客户我们可以通过了解他们的特殊需要，对自己进行适当的调整，并将这种潜在忠诚转变为其他类型的忠诚，尤其是信赖忠诚。

以上各类忠诚，其客户的依赖性和持久性是不同的，可以用图 3-3 来表示。

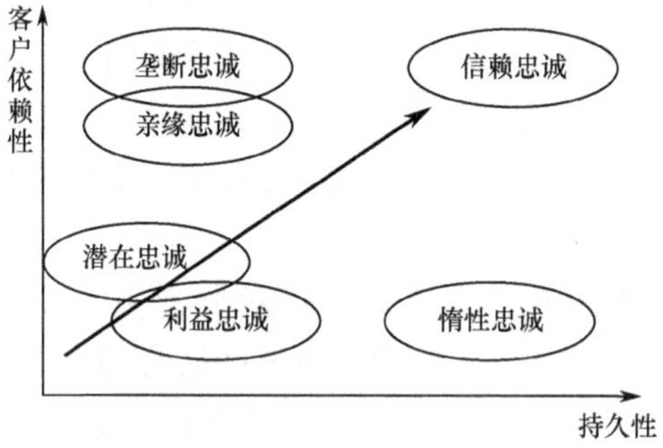

图 3-3　各类忠诚的客户依赖性和持久性

可以看到，在各类忠诚之中，信赖忠诚的用户依赖性和持久性是最高的，因而这是企业最终追求的目标，也正是客户关系管理的最终目标。在这里，我们可以简单地认为：客户忠诚在狭义上就是信赖忠诚，它实际上是这样一种结果：企业为客户提供便利，并由此促进客户能在信赖的基础上保持和增加对该公司的购买行为；当客户在没有诱因也能成为公司的拥护者时，客户忠诚就产生了。正是这样，当企业察觉到客户的各类忠诚之后，应当想办法努力使其向着信赖忠诚的方向发展。

3.1.4　客户忠诚度的影响要素

影响客户忠诚度的因素有很多，如产品质量和价格、良好的服务和客户满意度、消费体验及企业形象等。在这里重点阐述以下几个方面。

1. 客户满意

客户满意是客户对一种产品或服务的可感知效果与他们的期望值相比较后所形成的愉悦或失望的感觉状态。据美国贝恩公司的一次调查显示，声称对公司产品满意甚至十分满意的客户中，有 65%～85%的人会转购其他产品。在汽车业中，客户满意率平均为 85%～95%，而客户的再购率却只有 30%～40%；在餐饮业中，表示满意或非常满意的客户中，仍会有 60%～80%的人成为品牌的转换者。鲍勃·哈特利和迈克尔·W. 斯塔基①认为，在完全无竞争领域，客户的持续购买与客户满意之间不相关，客户无论是否满意都会再次购买，只有当满意度降到了令其无法容忍的地步时才会放弃；在低度竞争领域，客户的持续购买与客户满意度之间弱相关，即高度忠诚并不需要过高的满意度，低度满意和轻度的不满意对客户持续购买的影响也不太大，但如果客户不满意和非常不满意，其忠诚度会急剧下降；在高度竞争领域，导致客户忠诚的客户满意的基点较高，满意和比较满意难以有效地令客户产生再购买以及积极的人际宣传行为，如果客户的满意度下降，客户的忠诚度会急剧下降。如果客户不满意，不仅不会再购买，而且还可能劝阻其周围的人购买甚至通过现代信息传播媒介劝阻更多的人购买，从而置企业于困境。因此，让客户感到相对主要竞争对手而言高度满意或者意外惊喜，才可能令客户产生高度忠诚。

2. 产品质量

优质的产品是客户忠诚的基础。在市场经济条件下，产品极其丰富，虽然消费者选择空间非常大，但消费者考虑最多的依然是产品的质量。客户忠诚的基本行为是重复购买，而重复购买的前提是产品必须得到消费者的认可，因此产品因素是建立客户忠诚的基础。也就是说，客户所忠诚的更多的是企业所提供的产品价值，而不是企业本身。产品价值是客户对提供物的一种感知效用，这种效用产生于客户自己的判断，是客户获得的利益与因获得和享用该产品或服务而付出的代价之间的比较。

3. 产品价格

消费者选择网上购物大多是因为网上购物的价格相对于传统购物价格来说比较便宜，人们永远希望能够买到物美价廉的产品。花更少的钱享受更多更好的服务是每个消费者的愿望。由于网络的便利条件，许多消费者会通过对各个商家的产品及其价格进行比较，从而选择更能提供符合自己要求的商家。如果竞争对手的产品价格比较优惠，消费者就会选择竞争对手的产品，这也就意味着你的客户的忠诚度减低甚至客户转移。

① 鲍勃·哈特利，迈克尔·W. 斯塔基. 销售管理与顾客关系, 1996.

4. 服务质量

服务质量是影响客户行为意向的一个重要的决定性因素，直接影响客户的重复购买行为和推荐意愿的产生，决定了消费者是否会忠诚。在网络竞争日趋激烈的情况下，除了产品本身的质量外，优质的服务发挥着挽留客户的作用。网络服务质量的提高，可以改善网络客户对产品的认识，从而提高客户总体满意度，继而促使客户的购买倾向提高，如更强的重复购买意愿、增加使用量、良好的口碑宣传等，重复购买倾向的提高又会引发忠诚行为，最终带来盈利和财务绩效的提升。高质量的服务确是难以模仿和复制的，服务的不可替代性能够大大提高客户的忠诚度。

3.1.5 客户满意与客户忠诚的关系

当今企业市场竞争的性质已经发生了革命性的变化。对于许多企业来说，重要的问题并不是统计意义上的市场占有率，而是拥有多少忠诚的客户，即企业竞争的目标由追求市场份额的数量（市场占有率）转向市场份额的质量（忠诚客户的数量）。客户忠诚的数量决定了企业的生存与发展，也是企业长治久安的根本保证。

客户忠诚对于企业生存和发展的经济学意义非常重要：获得新客户需要付出成本，特别在供过于求的市场态势下，这种成本将会越来越昂贵。但新客户对于企业的贡献却是非常微薄的，在有些行业，新客户在短期内甚至是无法向企业提供利润的。相比之下，老客户（忠诚客户）对于企业的贡献却是令人瞠目的：国外的学者对许多服务行业进行了研究，他们发现当客户忠诚度上升 5 个百分点时，利润上升的幅度将达到 25%～85%。同时，企业为老客户提供服务的成本是逐年下降的。更为重要的是，忠诚的客户成为“传道者”，努力向其他人推荐企业的服务，并愿意为其所接受的服务支付较高的价格（溢价）。可以说，忠诚客户是企业竞争力重要的决定因素，更是企业长期利润最重要的源泉。

按照传统的管理和营销理论，建立客户忠诚的模式和途径是相对固定的，即通过客户满意建立客户忠诚，通过客户忠诚获取利润并实现企业长久的发展。实际上，客户满意是客户需求被满足后的愉悦感，是一种心理活动。客户满意度与态度相关联，争取客户满意的目的是尝试改变客户对产品或服务的态度；而忠诚客户所表现出来的却是购买行为，并且是有目的性的、经过思考而决定的购买行为。调查也证明：客户满意度和购买行为之间并不一定具有正面相关的关系。据《哈佛商业评论》报告显示，在满意于商品的客户中，仍有 65 %～85% 的客户会选择新的替代品；美国 IntelliQuest 公司针对全世界计算机公司展开调查，结果发现，在 3 万多次的访谈中，从未发现高度的客户满意度可以引发具体的购买行为。通过对二者的不同层次的分析看出他们是不等同的。那么客户满意与客户忠诚之间究竟有何联系呢？长期以来，人们普遍认为客户满意与客户忠诚之间的关系是简单的、近似线性的关系，即客户忠诚的可能性随着其满意程度的提高而增大。但美国学者琼斯和赛塞（Thomas Jones，W. Earl Sasser，1995）的研究结果表明，二者的关系受行业竞争状况的影响。影响竞争状况的因素主要有以下 4 类：①限制竞争的法律和政策，如政策对电信行业的保护。②高昂的改购代价，如企业在广告协议未完成时更换广告公司。③专有技术。企业采用专有技术提供某些独特的利益，客户要获得这些利益，就必须购买该企业的产品和服务。④有效的常客奖励计划。例如，美国的一些航空公司推出经常旅行者计划，给予常客奖励，刺激他们更多购买其机票。如图 3-4 所示，虚线左上方表示低度竞争区，虚线右下方表示高度竞争区，曲线 1 和曲线 2 分别表示高度竞争的行业和低度竞争的行业中客户满意程度与客户忠诚可能性的关系。

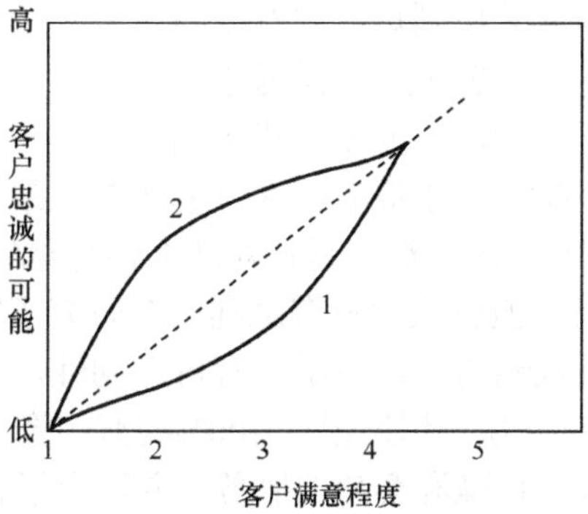

图 3-4　客户满意度与客户忠诚关系曲线

在低度竞争的行业中，曲线 2 描述的情况似乎与人们传统的认识十分吻合，即客户满意程度对客户忠诚度的影响较小。但这是一种假象，限制竞争的障碍消除之后，曲线 2 很快就会变得和曲线 1 一样。因为在低度竞争情况下，不满的客户很难跳槽，他们不得不继续购买企业的产品和服务。但客户心里并不喜欢这家企业的产品和服务，他们在等待机会，一旦有更好的选择，他们将很快跳槽。这种表面上的忠诚是虚假的忠诚，有一定的欺骗性。处于低度竞争情况下的企业应居安思危，努力提高客户满意程度，否则一旦竞争加剧，客户大量跳槽，企业就会陷入困境。在此，企业必须分清真正和虚假的忠诚者。归纳起来，客户满意与客户忠诚的关系主要体现在以下几方面。

（1）不同市场类型中的满意与忠诚的关系

在不同的竞争条件下，客户满意对客户忠诚的作用不一致。在竞争激烈的行业，客户只有在“高”满意区域才会产生较强的忠诚效应，而在“低”满意区域，满意度的提高变化甚微。但在完全垄断的行业中，“低”满意区域甚至不满意的客户都显得很“忠诚”，而一旦垄断被打破，这种关系将会发生剧烈的变化。Jones 和 Sasser（1995）的实证研究证明了这一点。哈特利和斯塔基（1996）指出，在完全无竞争领域，客户的持续购买与客户满意之间不相关，客户无论是否满意都会再次购买，只有当满意度降到了令其无法容忍的地步时才会放弃。

在低度竞争领域，客户的持续购买与客户满意度之间弱相关，即高度忠诚并不需要过高的满意度，低度满意和轻度的不满意对客户持续购买的影响也不太大，但如果客户不满意和非常不满意，其忠诚度会急剧下降。在高度竞争领域，促使客户忠诚的客户满意的基点较高，满意和比较满意难以有效地令客户产生再购买以及积极的人际宣传行为，如果客户的满意度下降，客户的忠诚度会急剧下降。如果客户不满意，不仅不会再购买，而且可能劝阻其周围的人购买甚至通过现代信息传播媒介劝阻更多的人购买，从而致企业于困境。

（2）满意与忠诚的正相关关系

由于受到随机因素的影响，客户满意与忠诚之间的关系是正相关关系，但却不是线性关系。Oliver（1992）研究发现，当满意度达到某一水平后，忠诚度会迅速增加。Hart 和 Johnson

（1999）通过对施乐公司的实证研究，发现了“质量不敏感区”的存在，基本满意和满意的客户的忠诚度都是很低的，只有非常满意的客户才表现出极高的重复购买率和口碑传播意愿，非常满意客户的忠诚是满意客户的 6 倍。客户满意度与客户忠诚度之间的函数关系存在两个关键性阈值：在高端，当客户满意度到达一定水平后，客户忠诚度将急剧增加；而在低端，当客户满意度下降到某点后，客户忠诚度同样迅速地下降。

因此，提高客户满意度和忠诚度，并不是指提高所有客户的满意度和忠诚度。正确的做法是，在对客户进行细分的基础上，采取有针对性的策略，最大限度地让更具有价值的客户满意，而不是取悦于所有的客户。这一观点是在对瑞典银行组织实证性研究的基础上提出的。在该银行，客户满意水平很高，但企业却没有赢利。在研究了客户的存贷行为并将收入、利润同成本比较后，他们发现，80%的客户并不具有可赢利性，而他们对从银行获得的服务却很满意。另一方面，20%的客户贡献了超过银行 100%利润的资金，但却对银行的服务不满意。所以，银行采取措施努力改善对可赢利客户的服务，并取得了极好的成果。

持久的客户满意度意味着企业持久、快速的发展，而保持客户忠诚，从而提高企业的绩效，则是企业追求的目标。所以，正确处理好客户满意和客户忠诚之间的关系是企业立于不败之地的关键所在。

3.2 客户满意度指数模型

客户满意理论既是构建客户满意度的理论基础，又是对测量结果进行分析的基础。而客户满意度指数（CSI）模型旨在发现和确定影响 CSI 的因素，以及 CSI 和这些因素之间的作用机制。对于这一问题，当前存在着多种理论模型，本书重点介绍以下几种。

3.2.1 卡诺的客户满意度模型

受赫兹伯格的双因素理论的影响，日本东京理工大学卡诺博士（Noriaki Kano）和他的同事于 1979 年提出了卡诺（Kano，1979）模型，有助于我们理解客户满意度的概念。在该模型中，卡诺把产品和服务的质量分为三类：当然质量、期望质量和迷人质量。

① 当然质量是指产品和服务应当具备的质量。对于这类质量特性，客户通常不做表述，因为客户假定这是产品和服务所必须提供的。如果客户认为这类质量特性的重要程度很高，企业在这类质量特性上的业绩也很好，但却不会显著增加客户的满意度；相反，即使重要程度不高，如果企业在这类质量特性上的业绩不好，则会导致客户的严重不满。

② 期望质量是指客户对产品或服务有具体要求的质量特性。这类质量特性上的重要程度与客户的满意程度同步增长。客户对产品或服务的这种质量特性和期望，以及企业在这种质量特性上的业绩都容易度量。因此，对这种质量特性的期望和满意程度的测评是竞争性分析的基础。

③ 迷人质量是指产品或服务所具备的超越了客户期望的、客户没有想到的质量特性。这类质量特性（即使重要程度不高）能激起客户的购买欲望，并使客户十分满意。卡诺的客户满意度模型如图 3-5 所示。

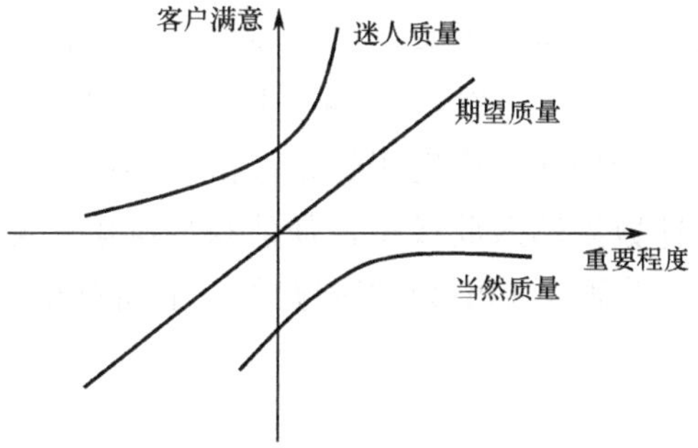

图 3-5　卡诺的客户满意度模型

从图 3-4 中可以知道，企业所提供的产品和服务必须保证当然质量，不断改进期望质量，积极开发迷人质量。当然，产品或服务的当然质量和迷人质量具有相对性。随着科技的进步、管理水平的提高以及客户需求和偏好的变化，产品或服务的期望质量将转化为当然质量，迷人质量将转化为期望质量甚至当然质量。

在三类质量特性中，期望质量和客户满意度之间呈线性正相关关系，这种关系提供了目前各种客户满意度测评方法和模型的理论基础；而当然质量和迷人质量与客户满意度之间则为非线性正相关关系，对此，目前的各种客户满意度模型都无法给出令人信服的数学解释。统计工具中虽然有各种非线性回归的方法，但对当然质量和迷人质量与客户满意度之间的这种非线性关系的拟合效果并不理想。因此，卡诺客户满意度模型所面临的挑战就在于统计方法的创新。

卡诺模型的缺点在于不能在客户满意度和企业的经营业绩之间建立直接的、可以量化的链接，也不能像客户满意度指数测评模型那样能够建立起客户满意度、客户忠诚度以及各个潜在测评指标的指数体系。但是，卡诺模型可以很容易地得到定性的客户满意度测评结果，而且卡诺模型也是客户满意度指数测评方法的理论　基石。

3.2.2　美国客户满意度指数（ACSI）模型

美国在 1994 年就建立了自己的 ACSI。ACSI 是美国密歇根大学商学院、美国质量协会（ASQ）的国家质量研究中心（NQRC）和 CFI 国际咨询公司联合编制的美国客户满意度指数模型，先后在中国台湾、新西兰、韩国等国家和地区选择一定数量的行业进行满意度调查，计算该地区的顾客满意度指数。该模型由国家整体满意度指数、部门满意度指数、行业满意度指数和企业满意度指数四个水平测评指数构成。ACSI 既是一种衡量经济产出质量的宏观指标，也是在微观上根据客户对产品和服务的满意度而构建的经济模型。ACSI 模型是一个方程组模型，它以客户行为理论为基础，选取 6 个结构变量，对客户满意水平进行评估，如图 3-6 所示。

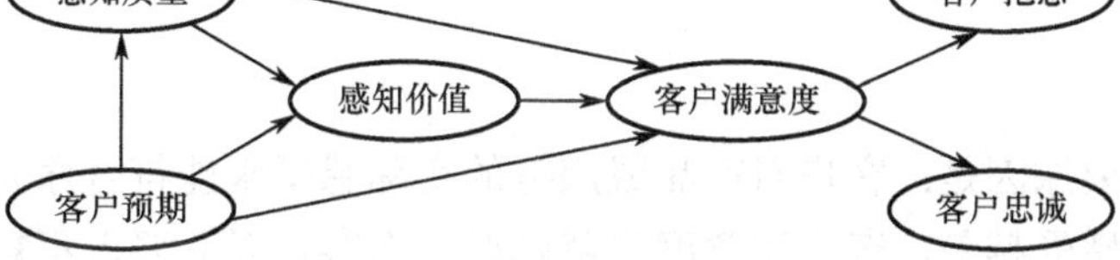

图 3-6　ACSI 结构模型

该模型是由客户满意度与其决定因素（感知质量、客户预期、感知价值，以及结果因素中的客户满意度、客户忠诚、客户抱怨 6 种变量）组成的一个整体逻辑结构。可以利用调查表的项目对这些变量进行操作，借助于计量经济学中的有关方法将此逻辑结构转化成数学模型，继而将有关测评数据输入此模型，便能得出准确的测量结果——客户满意度指数，整个模型是用偏最小二乘估计（PLS）来回归的。下面对与客户满意度相关的 6 个因素进行分析。

1．客户预期

客户预期是客户在购买决策过程前期（购买前）对其需求的产品或服务寄予的期待和希望。客户期望来自于客户需求，不同的客户有其不同的需求，随之就会产生不同的期望。但由于人们总是本能地和习惯地在事前对要求的事物寄予美好的希望和期待，因此，期望往往高于需求。由客户需求所形成的客户期望，就会成为客户在其购买决策中实际感受的一个评判依据。在客户满意度指数测评中，对客户期望的评价内容主要包括以下三个方面：

- 客户对产品或服务质量在整体印象上的期望；
- 客户对产品或服务在可靠性（产品或服务可能出现问题的频率）上的期望；
- 客户对产品或服务可以满足自己要求的程度的期望。

2．感知质量

客户对质量的感知是指客户在购买和消费产品或服务过程中对质量的实际感受和认识。如果说期望是事前产生的，那么感知便是事后形成的。需要指出的是，客户对质量的感知虽然是客户对其购买决策的整个过程在主观上的判断，但是其判断的基础来自于实际经历的一个客观体验过程，其判断依据就是客户在经历前的需求期望。

客户对质量的感知是构成客户满意度的核心变量，它对客户满意度有直接的影响。客户对质量的感知又可以分为对产品质量和功能的感知，以及对服务质量的感知。

3．感知价值

客户对价值的感知是指客户在购买和消费产品或服务过程中，对所支付的费用和所达到的实际收益的体验。客户感知的价值，其核心是价格，但又不仅仅是价格。从广义的角度考虑，客户对价值的感知体现在四个方面：客户对总成本的感知，客户对总价值的感知，客户对质量和价格之比的感知，客户对价格和质量之比的感知。

4．客户满意度

客户满意度是源于客户在消费过程中对产品与服务的实际感受同预期质量的差距和总体满意程度。客户的实际感受同客户心目中理想产品的比较会影响客户满意度，差距越小客户满意度水平就越高。

5．客户抱怨

客户抱怨的主要原因是：客户对产品或服务的实际感受未能符合原先的期望。客户对其要求被满足程度的感受越差，客户满意度也就越低；而客户对其要求不被满足的感受程度越强，则客户越不满意，从而产生抱怨，甚至投诉。

6．客户忠诚

客户忠诚是指客户在对某一产品或服务的满意度不断提高的基础上，重复购买（光顾）该产品或服务，以及向他人热情推荐该产品或服务的一种表现。

ACSI 模型认为：客户满意的三个前提变量（客户预期、感知质量和感知价值）和三个结果变量（客户满意、客户抱怨和客户忠诚）之间存在着复杂的相关关系，如图 3-5 所示。该模型假定客户是理性的，即客户具有从以前的消费经历中学习的能力，而且能够据此预测未来的质量和价值水平。换句话说，客户具有足够的知识保证他们的预期能够正确地反映当前的产品和服务质量。如果产品和服务的感知质量超过客户的预期，那么客户就满意；如果产品和服务的感知质量没有达到客户的预期，那么客户就不满意。

美国 ACSI 的建立是美国经济和企业发展的需要。ACSI 给国家和企业提供了一个从客户满意的角度系统观测产品和服务质量的指标。这一指标的出台，给美国国内 7 个主要区域、30 多个行业和 200 个左右的企业及有关机构提供了关于质量方面非常有用的信息，完善了美国经济检测的指标体系。

目前，除了上面两种模型外，世界上许多国家都建立了自己的客户满意度指数模型，例如瑞典模型、欧洲模型，它们在借鉴 ACSI 模型的基础上，对测量模型和结构变量做了一些调整。

3.2.3　国外其他模型介绍

1．瑞典客户满意度指数模型

瑞典于 1989 年在世界上率先建立了国家层次上的客户满意度指数模型。该模型是在美国密西根大学的福内尔（Fornell）教授等人的指导下开发的，该模型共有 5 个结构变量：客户预期、感知价值、客户满意度、客户抱怨和客户忠诚。其中，客户预期是外生变量，其他变量是内生变量，如图 3-7 所示。

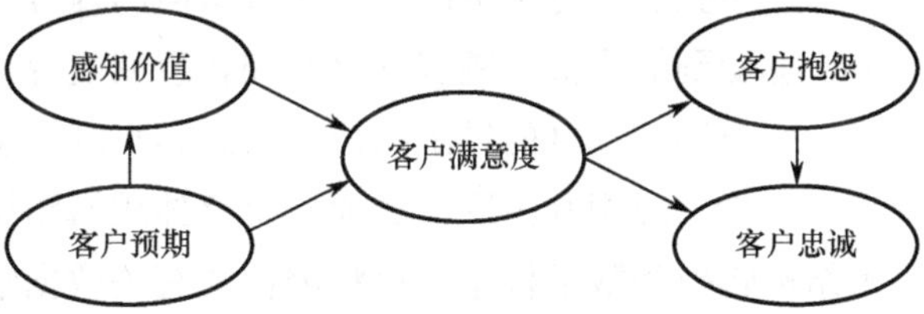

图 3-7　瑞典客户满意度指数模型

2．欧洲客户满意度指数模型

欧洲客户满意度指数（ECSI）测评模型借鉴了 ACSI 模型，并在 ECSI 模型中增加了形象作为结构变量，将感知质量分为感知硬件质量和感知软件质量两个部分，去掉了客户抱怨这个结构变量。ECSI 的结构模型如图 3-8 所示。在 ECSI 模型中，对于有形的产品来说，感知硬件质量为产品质量本身，感知软件质量为服务质量；对于服务产品来说，感知硬件质量为服务属性质量，感知软件质量为服务过程中同客户交互作用的一些因素，包括服务提供人员的语言、行为、态度、服务场所的环境等因素。

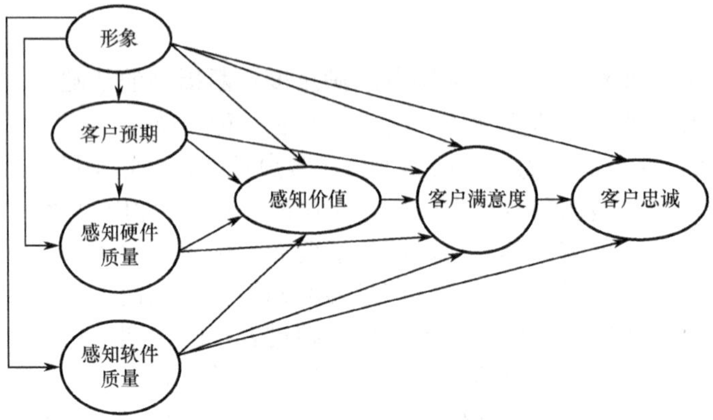

图 3-8　欧洲客户满意度指数 ECSI 结构

3.3　客户满意度指数测评体系

3.3.1　美国客户满意度指数的计算

1989 年，美国密歇根大学商学院质量研究中心的福内尔（Fornell）博士总结了理论研究的成果，提出把客户期望、购买后的感知、购买的价格等方面因素组成一个计量经济学模型，即福内尔逻辑模型。这个模型把客户满意度的数学运算方法和客户购买商品或服务的心理感知结合起来。以此模型运用偏微分最小二次方求解得到的指数，就是客户满意度指数（CSI，Customer Satisfaction Index）。美国顾客满意度指数（ACSI）也依据此指数而来，它是根据客户对在美国本土购买、由美国国内企业提供或在美国市场上占有相当份额的国外企业提供的产品和服务质量的评价，这些企业和有关机构的客户满意度是计算全国以及部门与行业的客户满意度指数的基础。对每一个企业或者机构的客户调查访问的内容包含多个问题，例如客户的期望、感受到的质量、感受到的价值、顾客抱怨和顾客忠诚度等。通过建立模型计算而获得的一个指数是一个测量客户满意程度的经济指标，按照客户满意度指数的含义，它应该具有多种指标。这些指标（变量）应相互关联，成为一个整体逻辑结构，借助于计量经济学的有关方法，将这些逻辑结构转换为数学模型，再将测评的有关数据输入此模型，便可以计算出客户满意度指数。

3.3.2　中国满意度指数测评方法

我国的满意度指数（CCSI）测评体系的建立起步较晚，1997 年在中国质量协会、全国用户委员会的推动下开始着手 CCSI 系统研究，并联合北大、人大、清华、社科院等国内顶级学术机构共同攻关，展开适合中国国情的国家满意度指数模型的设计工作。中国客户满意指数是我国正在建立的宏观质量指标评价体系中的一项重要指标，其目的在于通过向社会提供客户对产品质量和服务质量进行直接评价的信息，对提高公众质量意识、促进企业提高质量、有效引导消费具有重要的导向作用。1999 年 12 月，国务院发布了《关于进一步加强产品质量工作若干问题的规定》，明确提出要研究和探索顾客满意度指数评价方法。

中国客户满意指数 CCSI 是在参照和借鉴美国用户满意度指数方法（ACSI）的基础上，根据中国国情和特点而建立的具有我国特色的质量评测方法。CCSI 以用户作为质量评价主体，用户需求作为质量评价标准，按照消费行为学和营销学的研究结论，通过构建一套由预期质量、感知质量、品牌形象、感知价值、客户满意度、客户抱怨和客户忠诚度 7 个主要指标组成的严格的模型，计算出消费者对产品使用的满意度指数，如图 3-9 和表 3-1 所示。它的特点是收集客户对其感知到的质量状况和预期的质量水平等相关问题的回答结果，然后代入 CCSI 计量经济模型，计算出一个百分制的分数来显示用户的满意程度。

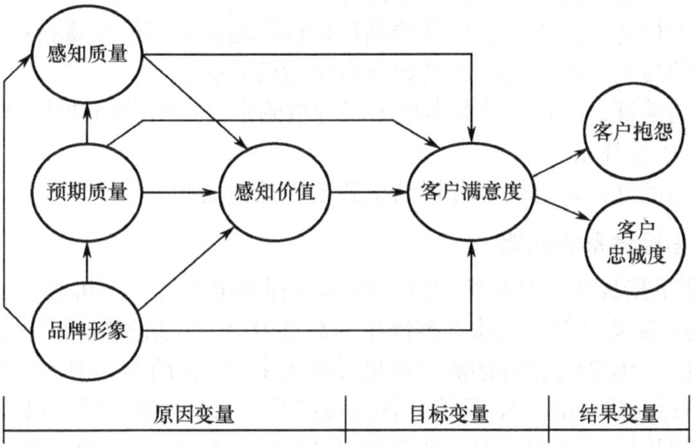

图 3-9　中国客户满意指数基本模型

资料来源：单友成，李敏强，赵红. 面向客户关系管理的客户满意度指数模型及测评体系[J]. 天津大学学报（社会科学版），2010（2）.

表 3-1　中国客户满意指数测评基本模型要素

原因变量	品牌形象	指客户在购买某个公司（或品牌）产品或服务之前，对该公司（或品牌）的印象
	预期质量	指客户在购买和使用品牌产品或服务之前对其质量的总体估计
	感知质量	指客户在购买和使用产品或服务以后对其质量的实际感受
	感知价值	指客户在综合产品或服务质量和价格以后对其所获利益的主观感受
目标变量	顾客满意度	指客户直接对某品牌产品或服务的满意程度
结果变量	顾客忠诚	指客户对某品牌产品或服务的忠诚程度，包括重复采购的意愿及对该品牌产品或服务的价格敏感度

资料来源：单友成，李敏强，赵红. 面向客户关系管理的客户满意度指数模型及测评体系[J]. 天津大学学报（社会科学版），2010（2）.

3.3.3　客户满意度指数测评指标体系的构建

1. 构建测评指标体系的原则

构建客户满意度指数的测评指标体系应遵循以下 4 条原则。

① 客户确定原则。准确把握客户需求，选择客户认为最关键的测评指标，即由客户来确

定测评指标体系，这是设定测评指标体系最基本的要求。

② 可测量性原则。测评结果是一个量化的值，因此设定的测评指标必须是可以进行统计、计算和分析的。

③ 可控性原则。测评会使客户产生新的期望，促使企业采取改进措施。如果企业在某一领域还不能采取行动加以改进，则应暂不采用这方面的测评指标。

④ 可比性原则。设定测评指标时要充分考虑到竞争者的特性。

2. 构建测评指标体系的步骤

构建客户满意度测评指标体系应分成5个步骤。

① 基础信息的收集。对二手资料进行探访。

② 指标体系的构建。分成结构模糊的测量指标和结构清晰的测量指标。

③ 基础数据的搜集。通过实际的测评获得定量的数据。

④ 指标体系的验证。首先通过探索性因子分析确定潜在的数据结构，然后通过验证性因子分析验证假设的指标体系。

⑤ 指标体系的确立。通过因子分析结果和定性论证后确立。

3. 构建测评指标体系的框架

客户满意度测量指标体系是将客户满意的总目标分解为若干个可测量子目标所构成的测量和评价体系。客户满意度每一层次的测评指标都是由上一层测评指标展开的，而上一层次的测评指标则是通过下一层测评指标的测评结果反映出来的，如图3-10所示。测评指标体系的框架为：一是一级指标（第一层次），即客户满意度指数；二是二级指标（第二层次），即客户满意度模型中的客户期望、客户对产品或服务质量的感知、客户对价值的感知、客户满意度、客户抱怨和客户忠诚6个要素；三是三级指标（第三层次），即根据不同的产品、服务、企业或行业的特点，将二级指标中的6个要素展开为具体的测评指标；四是四级指标（第四层次），即将三级指标中的具体测评指标展开为问卷上的一系列问题，是直接针对客户、面向客户的指标。

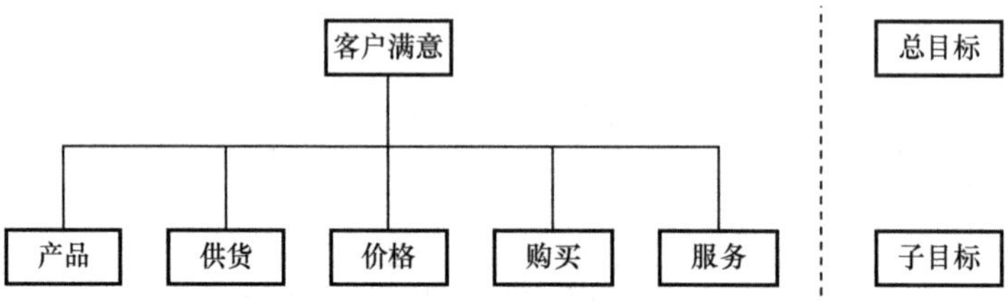

图3-10 客户满意度测量指标体系

资料来源：单友成，李敏强，赵红. 面向客户关系管理的客户满意度指数模型及测评体系[J]. 天津大学学报（社会科学版），2010（2）.

3.4 客户忠诚的驱动因素分析

客户忠诚因受多种因素的驱动而形成，分析这些驱动因素，对于我们更准确地理解客户忠诚与客户价值之间的关系、实施客户忠诚计划具有重要作用。

1. 客户满意因素

满意是指“一个人通过对一个产品的可感知效果（或结果）与他的期望值相比较后所形成的愉悦或失望的感觉状态”。①也就是说，客户满意度越高，购买越多，其品牌忠诚越久。客户往往通过产品或服务的品质信息建立起品牌信任，在产品或服务的消费中建立并积累满意，满意达到一定水平后，产生忠诚。客户满意不同于客户忠诚，客户满意与客户忠诚不是线性关系，满意不一定会直接导致重复购买行为。但客户满意却是客户忠诚的前提条件，客户忠诚的形成是一个动态的过程，客户只有获得连续不断的满意消费经历后才可能由满意客户变为忠诚客户。

2. 客户让渡价值因素

企业与客户之间的关系终究是一种追求各自利益与满足的价值交换关系，即便是在关系营销范式下追求的也是一种双赢的价值交换关系，因而很难说客户忠诚的是某一个特定企业或品牌，实际上，客户忠诚的是企业提供的优异价值。因此，企业让渡给客户的价值对其忠诚的产生发挥着重要作用。实际上，任何一位客户都拥有一个评价产品或服务的价值结构，当其购买产品或服务时，首先对备选产品或服务的各项都有一个评价，然后，快速估计出该产品或服务的价值，最后根据自己的感知利得和感知利失，从这些备选产品或服务中选择出价值最高的作为购买对象。这样，只要客户的价值观不变，该客户就会保持忠诚，不断重复购买。价值与忠诚模型反映了客户价值与客户忠诚之间的关系，如图 3-11 所示。

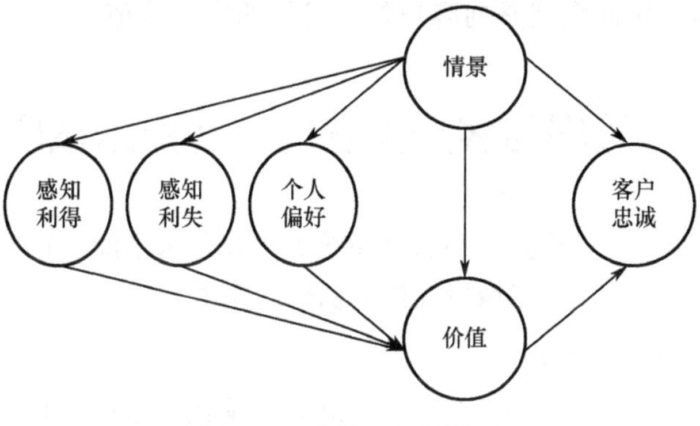

图 3-11　价值—忠诚模型

资料来源：S. A. Blackwell, S. L. Szeinback, J. H. Barnses, D. W. Garner and V. Bush. “The Antecedents of Customer Loyalty”. Journal of Service Research, Vol.l.No.4, May1999, PP362-375.

3. 价值—满意驱动因素

只有客户价值、客户满意同时推动客户内在情感和外在行为上对企业的忠诚，才是严格意义上的客户忠诚（真正的客户忠诚）的驱动因素，而其他因素只是驱动重复购买行为、促进客户保留的非态度因素（王月兴，2002），如图 3-12 所示。

在这里，客户价值、客户满意因素和其他因素分别称作客户忠诚的全驱动因素和半驱动因素。真正的忠诚不会是只来自于驱动行为忠诚的半驱动因素，客户长期的忠诚必须建立在

① 菲利普·科特勒. 营销管理[M]. 梅汝和等译. 上海人民出版社，1999.

客户对企业长期的积极情感和资源的基础之上，无视客户的不满情绪或低的满意水平，仅通过半驱动因素（如垄断市场、增加转换成本等），迫使客户别无选择而锁定客户，只会赢得客户迫于无奈的在重购行为维度上表现出来的虚假的忠诚，无益于培养长期良好的客户忠诚关系，甚至这种俘获客户的做法会带来潜在的负面作用。

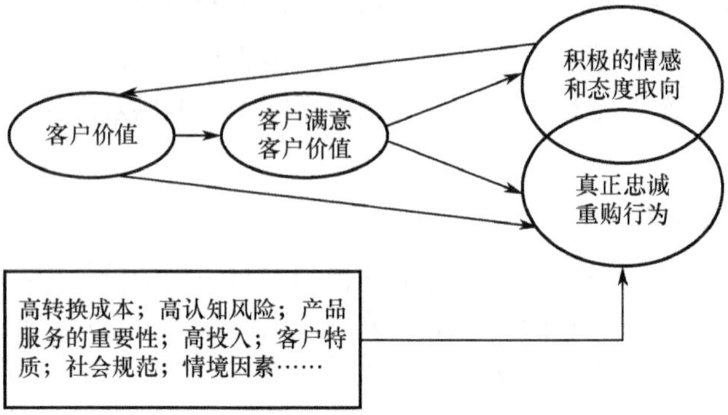

图 3-12　价值—满意—忠诚模型

资料来源：王月兴，客户忠诚的驱动因素及其作用. 山东大学学报（哲学社会科学版），2004（4）：103-107.

基于以上分析可以看出，客户价值不仅直接驱动客户的行为忠诚，还通过客户满意间接驱动客户忠诚行为。无论是直接还是间接，客户价值都是驱动客户忠诚的永恒要素。因此，赢得客户忠诚的关键问题就是向客户传递优异的客户价值。

3.5　客户关系管理与客户满意度、客户忠诚度

随着市场竞争愈演愈烈，客户关系管理系统给企业带来了经营管理理念和方式上的重大变革，对提高客户满意度和客户忠诚度发挥着积极的作用。

1. 保留老客户并吸引新客户

一方面，通过对客户信息资源的整合，帮助企业捕捉、跟踪、利用所有的客户信息，在整个企业内部实现资源共享，从而使企业更好地管理销售、服务和客户资源，为客户提供快速周到的优质服务；另一方面，客户可以选择自己喜欢的方式同企业进行交流，方便地获取信息并得到更好的服务。客户满意度只要能得到提高，就能帮助企业保留更多的老客户，并有效地吸引新客户。

2. 通过客户关怀增强客户忠诚

客户关怀是客户关系管理的中心。客户关怀包括：客户服务（包括向客户提供产品信息和服务建议等），产品质量（应符合有关标准、适合客户使用、保证安全可靠），服务质量（指与企业接触过程中客户的体验），售后服务（包括售后的查询和投诉，以及维护和修理）等。

在所有营销变量中，客户关怀能够在营销的产品和服务、沟通方式、销售激励和公共关系 4 个实际营销变量中营造出友好、激励、高效的氛围。客户关系管理软件的客户关怀模块充分地将相关的营销变量纳入其中，使得客户关怀这个非常抽象的问题通过一系列相关的指

标来测量，便于企业及时调整对客户的关怀策略，使得客户对企业产生更高的忠诚度。

如同企业的产品有生命周期一样，客户同样也是有生命周期的。客户的保持周期越长久，企业的相对投资回报就越高，从而给企业带来的利润也就越大。由此可见，保留什么样的客户、如何保留客户是对企业提出的重要课题。

3．通过细分客户群体赢得客户满意

一方面，实施客户关系管理可以更好地理解关键的客户群体，更准确地发现客户的需求和价值观，更精确地锁定客户，更有针对性地设计和开发产品与服务，更有效地制定销售、营销和顾客服务策略，更科学地衡量面向客户的所有活动的效果。客户关系管理是借助先进的信息技术和管理思想，通过对企业业务流程的重组来整合客户信息资源，并在企业的内部实现客户信息和资源的共享，为客户提供一对一的个性化服务，改进客户价值、满意度、赢利能力以及客户的忠诚度，保持和吸引更多的客户，最终实现企业利润最大化。另一方面，客户关系管理应用系统通过对所收集的客户特征信息进行智能化分析，为企业的商业决策提供科学依据。通过分析客户对服务的应用频率、持续性等指标来判别客户的忠诚度，从而对忠诚客户提供优惠服务。通过分析详细的交易数据来鉴别哪些是企业希望保持的具有吸引力的盈利客户，确保这些客户可以享受到一流的服务。

案例分析：客户忠诚——乐购公司①

美国西北大学凯洛格商学院（KGSM）教授、整合营销创始人唐•舒尔茨（Don Schultz）曾预言："零售商未来的成功模式只有两种，一种是沃尔玛模式，即通过提高供应链效率，挤压上下游成本，以价格和地理位置作为主要竞争力；另一种是 Tesco 模式，即通过对客户的了解和良好的客户关系，将客户忠诚计划作为企业的核心竞争力。没有任何中间路线。"

乐购（Tesco）超市公司是英国最大的食品超市公司之一，该公司 10 年前开始实施的忠诚计划——"俱乐部卡"（Clubcard），帮助公司将市场份额从 1995 年的 16%上升到了 2003 年的 27%，成为英国最大的连锁超市集团。乐购的"俱乐部卡"被很多海外商业媒体评价为"最善于使用客户数据库的忠诚计划"和"最健康、最有价值的忠诚计划"。

乐购的"俱乐部卡"的设计者之一，伦敦 Dunnhumby 市场咨询公司主席克莱夫（Clive Humby）非常骄傲地说："俱乐部卡的大部分会员都是在忠诚计划推出伊始就成为了我们的忠诚客户，并且从一而终，他们已经和我们保持了 9 年的关系。"

"俱乐部卡"绝不是折扣卡

克莱夫介绍道："设计之初，'俱乐部卡'计划就不仅仅将自己定位为简单的积分计划，而是乐购的营销战略，是乐购整合营销策略的基础。"在设计"俱乐部卡"时，乐购的营销人员注意到，很多积分计划章程非常烦琐，积分规则很复杂，消费者往往花很长时间也不明白具体的积分方法。还有很多企业推出的忠诚计划奖励非常不实惠，看上去奖金数额很

① 案例来源：联商网（www.linkshop.com.cn）。

高，但是却很难兑换。这些情况造成了消费者根本不清楚自己的积分状态，也不热衷于累计和兑换，成为了忠诚计划的“死用户”。

1. 消费代金券

因此，“俱乐部卡”的积分规则十分简单，客户可以从他们在乐购消费的数额中得到1%的奖励，每隔一段时间，乐购就会将客户累计到的奖金换成“消费代金券”，邮寄到消费者家中。这种方便实惠的积分卡吸引了很多家庭的兴趣，据乐购自己的统计，“俱乐部卡”推出的头6个月，在没有任何广告宣传的情况下，就取得了17%左右的“客户自发使用率”。

2. 顾客数据库

在Sainsbury、Asda等连锁超市也相继推出类似的累计积分计划以后，乐购并没有陷入它们的价格战及加大客户返还奖励等误区之中。乐购通过客户在付款时出示“俱乐部卡”，掌握了大量详实的客户购买习惯数据，了解了每个客户每次采购的总量，主要偏爱哪类产品、产品使用的频率等。克莱夫说：“我敢说，乐购拥有英国最好、最准确的消费者数据库，我们知道有多少英国家庭每个星期花12英镑买水果，知道哪个家庭喜欢香蕉，哪个家庭爱吃菠萝。”

在英国，有35%的家庭加入了乐购“俱乐部卡”计划。据统计，有400万家庭每隔3个月就会查看一次他们的“俱乐部卡”积分，然后冲到超市，像过圣诞节一样疯狂采购一番。

3. 利基俱乐部

通过软件分析，乐购将这些客户划分成了10多个不同的“利基俱乐部”，比如单身男人的“足球俱乐部”、年轻母亲的“妈妈俱乐部”等。“俱乐部卡”的营销人员为各“分类俱乐部”制作了不同版本的“俱乐部卡杂志”，刊登最吸引他们的促销信息和其他一些他们关注的话题。一些本地的乐购连锁店甚至还在当地为不同俱乐部的成员组织了各种活动。

目前，“利基俱乐部”已经成为一个个社区，大大提高了客户的情感转换成本（其中包括个人情感和品牌情感），成为乐购有效的竞争壁垒。

有效的成本控制

乐购要维持一个拥有1 000万会员的俱乐部，而且是以现金返还为主要奖励方法，还要为不同“利基俱乐部”成员提供量身定做的促销活动，这其中的日常管理和营销沟通非常繁杂。如果不进行有效的成本控制，乐购肯定会陷入自己设计的成本泥潭中。

据乐购自己的统计，“俱乐部卡”每年返还给客户的折扣大约为15亿英镑，9年来共为此付出了10亿英镑的代价。因此，乐购总结出了一整套成本控制方法。

1. 直邮信函代替电视广告

首先，乐购几乎从来不使用电视等大众媒介来推广“俱乐部卡”。克莱夫解释说：“乐购以前是电视媒体的主要广告商之一，但是后来我们通过调查发现，直接给客户寄信，其信息到达率更高，更能引起消费者的注意。而且，很多消费者认为，定期收到一些大公司的沟通信件，让他们的社会地位有被抬高了的感觉。在英国这个有限的市场里，乐购的市场目标不可能是赢得更多的消费者，而是怎样增加单个消费者的价值，所以直接和消费者建立联系，既便宜又有效。”

如果有的“利基俱乐部”要进行一次“获得新客户”的营销活动，他们往往会选择一两本这些细分市场经常阅读的杂志。然后花很低的广告费，在杂志中夹带“利基俱乐部”的促销信件。

2. 与供应商联手促销

为了更好地控制成本，乐购还经常和供应商联手促销，作为返还给消费者的奖励，把维系忠诚计划的成本转移到了供应商身上。

由于乐购这种按照消费者购买习惯细分市场的“利基俱乐部”数据库，内容真实详细，促销非常具有针对性，供应商十分愿意参加这样的促销活动，提高品牌知名度，加强与消费者的关系。与沃尔玛强迫供应商降价促销相比，供应商基本上都是自愿与乐购联手，实现了共赢。

业务延伸：联名卡

自 1996 年开始，乐购不再满足于经营单纯的零售积分卡，而是把业务延伸到了金融服务领域，于当年 6 月推出了“Clubcard Plus”联名卡。

联名卡一般是非金融界的赢利性公司与银行合作发行的信用卡，近年来被市场广泛接受，发展很快。较成功的先例有美国航空公司与花旗银行联名发行的 Advantage 卡、AT & T 和美国运通公司联合发行的 AT & T Universal Card 等。在管理方式上，联名双方（或多方）签有详细的利润分成协议，可以利用公司的品牌和忠诚客户基数，针对有一定特殊共性的消费群体来设计品牌，是一种极好的市场细分手法。

乐购的“Clubecard Plus”推出时针对的是“俱乐部卡”会员中最忠诚、消费额度最高的中产阶级家庭（占 20%）。克莱夫说：“在英国，消费者对于乐购的信任度大大超过了一般的金融服务公司。因此，与乐购联名推出信用卡是理所当　然的。”

不仅“Clubcard Plus”信用卡在英国颇受欢迎， 2003 年，公司在“俱乐部卡”的基础上还推出了“乐购个人金融服务”和“乐购电信服务”等其他利润更高的衍生服务。推出不到一年，用户已经超过了 50 万。正如乐购自己形容：“我们不仅用‘俱乐部卡’的积分来奖励消费者，还根据它的数据来决定企业的发展方向。”

总结：如何赢得客户忠诚度

乐购采用的是与航空公司类似的“常旅客计划”，奖励经常到超市购物且达到一定量的消费者。在有选择的情况下，消费者倾向于选择自己持有“会员卡”的超市，以便获得各种奖励。这种积分计划在一定程度上可达到转换成本的效果，因为一旦消费者转换到另一家超市，以前的积分可能就被放弃或者被推迟兑现了，从而产生了转换成本。乐购超市正是因此类忠诚计划建立了企业的核心竞争力。

乐购赢得客户忠诚度的主要原因在于：

- 俱乐部卡积分简单，提供实在的优惠；
- 建立数据库对客户进行分类，掌握客户详细的购买习惯；
- 有效降低营销成本；
- 关注客户特别需求，如推出“瘦身购物车”。

乐购赢得客户忠诚度的“杀手锏”就是利用细分的消费者数据来设立了乐购的“利基俱

乐部”。在《乐购怎样赢得客户忠诚度？》一书中，“俱乐部卡”设计者介绍道：“乐购将超市中客户经常购买的商品分为 50 个类别，每个类别和消费者的一种生活习惯和家庭特征相对应，如奶粉、尿片等类别代表年轻父母，水果、蔬菜类别代表健康的生活习惯。然后，通过收银员扫描每个客户购买的商品得到大量的统计数据。系统运行了 6 个月后，乐购的数据库成功地细分出了 13 个“利基俱乐部”。

乐购赢得客户忠诚度的另一个重要原因是关注客户的特别需求，不断推出新的优惠和服务。例如，乐购为女性购物者和对健康很在意的消费者特别推出了“瘦身购物车”。

这种推车装有设定阻力的装置，使用者可自主决定推车时的吃力程度，阻力越大，消耗的卡路里就越多。推车购物过程中，客户的手臂、腿部和腹部肌肉都会得到锻炼，相当于进行一定时间的慢跑或游泳而得到的锻炼。手推车上还装有仪器，可测量使用者的脉搏、推车速度与时间，并显示出推车者消耗的热量。乐购发言人称，这种“瘦身购物车”造价是普通推车的 7 倍，但受到了目标群体的热烈欢迎。

案例思考题

1. 乐购是如何赢得客户忠诚的？
2. 乐购赢得客户忠诚的原因是什么？

本章小结

客户满意度理论在客户关系管理中占有重要地位，高度满意的客户是企业获取利润的重要源泉。客户满意度是描述企业行为和客户行为之间互动关系的一个中间变量，联系着企业行为和客户行为两个端点。客户满意度是客户的主观感知活动的结果，具有强烈的主观色彩，随着客户本人对产品或服务属性感知的变化而变化。客户忠诚是指客户长期锁定于某一公司，使用其产品，并且在下一次购买类似产品时还会选择该公司。忠诚的客户依赖性和持久性是最高的，因而也是客户关系管理的最终目标。狭义的客户忠诚就是信赖忠诚，它实际上是企业为客户提供便利，并由此而导致客户能在信赖的基础上保持和增加对该公司的购买行为。影响客户忠诚度的因素有很多，如产品质量和价格、良好的服务和客户满意度、消费体验以及企业形象等。客户忠诚受多种因素的驱动而形成，分析这些驱动因素，对于更准确地理解客户忠诚与客户价值之间的关系、实施客户忠诚计划具有重要作用。

客户长期的忠诚必须建立在客户对企业长期的积极情感和资源的基础之上，无视客户的不满情绪或低的满意水平，仅通过垄断市场、增加转换成本等，迫使客户别无选择而锁定客户，只会赢得客户迫于无奈地在重购行为维度上表现出虚假的忠诚，无益于培养长期良好的客户忠诚关系，甚至这种俘获客户的做法会带来潜在的负面作用。客户满意度指数（CSI）模型旨在发现和确定影响 CSI 的因素，以及 CSI 和这些因素之间的作用机制。

客户满意和客户忠诚是一对相互关联的概念。客户满意是客户需求被满足后的愉悦感，是一种心理活动。客户满意度与态度相关联，争取客户满意的目的是尝试改变客户对产品或服务的态度；而忠诚客户所表现出来的却是购买行为，并且是有目的性的、经过思考而决定的购买行为。衡量客户忠诚度主要有两方面，即客户的保持度和客户的占有率。忠诚的客户群体是一个相对稳定的动态平衡。从来没有永远的忠诚，企业无法买到客户的忠诚，只能增加客户的忠诚。

复习思考题

1．什么是客户满意度？其内涵包括哪些内容？
2．客户满意度具有哪些特征？
3．什么是客户忠诚度？其内涵包括哪些内容？
4．客户忠诚度的要素构成有哪些？
5．客户忠诚可以分为哪些类型？
6．客户满意与客户忠诚的关系是什么？
7．什么是客户满意度指标模型？
8．列举出 3 种以上的客户满意度指标模型。
9．为什么要建立客户满意度指数测评体系？
10．客户关系管理对客户满意度及客户忠诚度的提高有什么作用？

讨论题

1．影响客户满意的因素有哪些？
2．为什么说客户忠诚是企业盈利的源泉？
3．不同客户满意度指数模型的特点有哪些？
4．为什么要建立客户满意度指数测评体系？
5．怎样建立客户满意度指数测评体系？
6．建立客户满意度指数测评体系的原则是什么？

网络实践题

1．访问一家电子商务网站，根据经营内容，为其设计一个客户满意度调查表。
2. 访问上海大众汽车官方网站，查询其客服中心的服务项目。
3．登录淘宝、天猫、京东商城等网站，比较其客户服务的相同点和不同点。
4．根据以上实践，请归纳出我国电子商务网站客户关系管理中存在的问题。

第 4 章　客户关系管理中的客户体验管理

本章导读

客户体验管理是近几年新兴起的一种崭新的客户管理方法和技术。客户体验管理（CEM，Customer Experience Management）是“战略性地管理客户对产品或公司全面体验的过程”，它以提高客户整体体验为出发点，注重与客户的每一次接触，通过协调整合售前、售中和售后等各个阶段，协调整合与各种客户的接触点或接触渠道，通过有目的地无缝隙地为客户传递目标信息，创造匹配品牌承诺的正面感觉，以实现良性互动，进而创造差异化的客户体验，强化感知价值，提高客户满意，实现客户忠诚。本章主要内容是客户关系管理中相关的概念、框架、实施步骤，对数据处理的方法及相关应用。

学习目标

- 掌握客户体验的相关概念
- 了解客户体验的内容及影响因素
- 掌握客户体验管理的相关概念
- 掌握客户体验管理的方法
- 掌握客户体验管理与客户关系管理的关系
- 了解客户体验管理的应用

4.1　客户体验管理概述

在快速发展的体验经济时代，客户体验对企业的重要性日益突出。在如今激烈的市场竞争中，客户体验管理将成为保留客户的关键因素，企业通过客户体验管理能够为不同公司挖掘消费者的潜力，并根据客户体验管理得到的价值来满足客户的需求。客户体验管理不是一经安装就能使用的技术，而是一种商业模式，所以企业不能仅仅依靠供应商提供客户体验管理的解决方案来实施客户体验管理。

4.1.1　体验的概念及内涵

根据约瑟夫·派恩和詹姆斯·杰尔莫的专著《体验经济》一书中的定义：“体验事实上是当一个人达到情绪、体力、智力甚至是精神的某一特定水平时，他意识中所产生的美好感觉，结果是没有哪两个人能够得到完全相同的体验经历，因为任何一种体验其实都是某个人本身心智状态与那些筹划事件之间互动作用的 结果。”

从企业的角度来说，体验就是企业以服务为舞台、以商品为道具进行的令消费者难忘的营销和管理活动。产品、服务对消费者来说是外在的，体验是内在的、存在于个人心目中的，是个人在形体、情绪、知识上参与的所得。体验是继货物（产品）、商品、服务之后的第四种经济提供物，体验自始至终都围绕着我们的日常生活。当某人购买一种服务时，他购买的是一组按自己的要求实施的非物质形态的活动。但当他购买一种体验时，相当于他是在花时间和金钱来享受某个企业提供的一系列值得记忆的事件。比如，当咖啡被当成“货物”贩卖时，一磅卖 300 元；当咖啡被包装为商品时，一杯就可以卖 25 元；当其加入了服务，在咖啡店中贩卖，一杯最少要 35～100 元；但如能让客户体验咖啡的香醇与生活方式，一杯就可以卖到 150 元甚至好几百元。美国一家连锁咖啡公司星巴克（Starbucks）的利润就在于“体验”。

在本教材中，我们把“体验”称为“体会”，也就是一种客户使用了某种产品或服务后，通过自己的亲身经历，来自内心感受的一种精神体会和亲身体验。

4.1.2　客户体验的概念及内涵

公司所提供的一切东西——无论是产品还是服务——都会涉及客户体验。客户体验在一定程度上取决于客户的期望，而客户对某家公司的产品或服务抱有何种期望，在一定程度上又取决于他们先前与该公司接触的体验。他们会将每一次新体验——无论是正面的或负面的——与先前的体验进行比较并做出评判，所以如何让客户一直获得美好的体验是每个公司都应特别关注的问题。

伯尔尼 • H. 斯密特（Bernd H. Schmitt）在《客户体验管理》一书中指出：“客户体验是客户根据自己与企业的互动产生的印象和感觉，它是一个整体的过程。”一个理想的客户体验必须由一系列舒适、欣赏、赞叹、回味等心理过程组成，它带给客户以获得价值的强烈心理感受。

从供应链的角度来看，客户体验是客户在与商品或服务供应商之间产生联系的一段时间内对该供应商的体验的总和，它是客户根据自己与企业的互动产生的印象和感觉。因此，可以认为，客户体验是客户直接或间接与一家公司接触后内心的主观感受。

在网络经济时代，客户从通过互联网研究产品开始或通过与朋友和家人交谈，就已经间接地与提供该产品的厂商产生了联系，对厂商的印象和感觉是从他开始接触到其广告、宣传品，或是第一次访问该公司就产生了。此后，从接触到厂商的销售、产品，到使用厂商的产品，接受其服务，这种体验得到了延续。客户购买产品后，在使用的过程中可能遇到问题。他们可以通过多个渠道来解决这些问题。

网络经济时代的客户体验可以通过下面的例子来感受。例如，致电客服热线以获取支持。在遇到问题的情况下一般选择的是传统的呼叫中心。当然还能选择上网搜索，或在特定的产品论坛发布问题，或咨询朋友和家人等社会关系。传统意义上，呼叫中心只有在客户致电客服热线的情况下才能发挥作用。因此，虽然呼叫中心是一个非常重要的部分，但是客户与提供产品的厂商产生关联的一段时间对呼叫中心的体验只是客户整体体验的一部分。

在本书中，客户体验也叫用户体验。顾名思义，就是用户使用商品后的最直接感受。这种感受包括操作习惯、使用后的心理想法等。

4.1.3 客户体验管理的概念及管理

客户体验管理（CEM，Customer Experience Management）是近几年新兴起的一种崭新的客户管理方法和技术。是“战略性地管理客户对产品或公司全面体验的过程”，它以提高客户整体体验为出发点，注重与客户的每一次接触，通过协调整合售前、售中和售后等各个阶段，各种客户的接触点或接触渠道，有目的地、无缝隙地为客户传递目标信息，创造匹配品牌承诺的正面感觉，以实现良性互动，进而创造差异化的客户体验，实现客户的忠诚，强化感知价值，从而增加企业收入与资产价值。通过对客户体验加以有效把握和管理，可以提高客户对公司的满意度和忠诚度，并最终提升公司价值。

客户体验管理包括有意识的感觉和无意识的感觉两个方面。这种感觉是客户在整个客户生命周期中，通过与组织（企业）品牌的所有互动而带来的相互关系的感觉。对于客户体验管理，Gartner 的定义为：“它是对与客户沟通的设计和反应的实践，目的是满足或超出客户期望，从而提高客户满意度和忠诚度，让客户认可你的品牌并进行推广。”客户体验管理的范围不仅仅是服务于组织的在线客户，也不仅仅是让组织了解客户在哪个渠道购买什么品牌那么简单。它可以让组织全面地了解客户，从而能够为客户创建并提供个性化的体验，这将促使客户不仅能够保持对组织的忠诚，并且还会向其他人推荐介绍组织的服务和产品——这将是最具价值的营销方式。因此，客户体验管理的目标是把客户的态度从满意提升至忠诚，然后再从忠诚提升至夸赞。大多数希望有更好销售业绩的厂商认为，客户的满意会带来更多的收益。但是获得并保持客户的满意度并不简单，这就是客户体验管理需要解决的问题。

所谓体验，就是企业以服务为舞台、以商品为道具进行的令消费者难忘的活动。产品、服务对消费者来说是外在的，体验是内在的、存在于个人心目中的，是个人在形体、情绪、知识上参与的所得。客户体验是客户根据自己与企业的互动产生的印象和感觉。客户对厂商的印象和感觉是从他开始接触到其广告、宣传品，或是第一次访问该公司就产生了，此后，从接触到厂商的销售、产品，到使用厂商的产品，接受其服务，这种体验得到了延续，因此，客户体验是一个整体的过程，一个理想的客户体验必是由一系列舒适、欣赏、赞叹、回味等心理过程组成的，它带给客户以获得价值的强烈心理感受；它由一系列附加于产品或服务之上的事件所组成，鲜明地突出了产品或服务的全新价值；它强化了厂商的专业化形象，促使客户重复购买或提高客户对厂商的认可。一个企业如果试图向其客户传递理想的客户体验，势必要在产品、服务、人员以及过程管理等方面有上佳的表现，这就是实施 CEM（客户体验）的结果。

4.1.4 客户体验管理的作用

客户体验的概念可能听起来有些理想化或者过于高估情感的重要性，但是任何人忽略了客户体验，都会令人遗憾地与时代趋势脱节。事实上，客户体验在今天极度竞争和极度连通的全球市场中，已经成为一个关键的区别于其他竞争对手的差异化指标，有效管理客户体验能够带来有形的商业价值。客户体验管理的作用主要体现在以下几方面。

1．给予顾客差异化的体验

通过差异化的体验能够增强客户对品牌的偏好。顾客对产品的差异化体现，是指企业在提供给顾客的产品上，通过各种方法造成足以引发顾客偏好的特殊性，使顾客能够把它同其他竞争性企业提供的同类产品有效区别开来，从而达到使企业在市场竞争中占据有利地位的目的。产品差异化能增强客户对品牌的偏好。

2．取得口口相传的营销效应

通过现有客户的口口相传带来新的销售并提高企业收入。口口相传也称口碑营销，口碑营销其实来源于传播学，是指消费者之间就某些产品或服务自动进行交流和评论，从而成为一个持续受到关注的社会热点。也就是说，通过购买者以口口相传的方式将商品的有关信息传递给其他消费者，从而影响其他消费者的购买决策。口碑营销虽然是一门很古老的营销艺术，但是发展至今借助互联网却重新焕发了勃勃生机。春秋航空无疑是最好的参照。截至 2010 年，这家从“出生”就以“廉价航空”姿态示人的航空公司，来自于 B2C 的销售额高达 80%，并且电子商务降低了其 69%的营销成本。2011 年净利润逾 4.7 亿元，成为当前国内最成功的廉价航空公司，总部在上海，在上海虹桥机场、上海浦东机场、石家庄正定机场、沈阳桃仙机场设有基地。让很多人费解的是，一家原本票价就低的公司，到底是怎么赚钱的？与以代理人为主的销售模式不同，春秋航空直接在自己的官网上卖机票，并且自己有一套订座系统，利用这套系统，促使“99 元特价机票”成为春秋航空的营销特色，吸引了不少粉丝追着购票，并形成口口相传的效果。

3．加强与客户沟通

通过有价值的令人印象深刻的客户沟通，提高客户忠诚度（创建良好的口碑）。有价值的令人印象深刻的客户沟通是指在客户沟通过程中，给客户有价值、有意义的信息，客户对相关的产品及服务有深刻印象并得到有意义、有价值的相关信息，并以这样的方式提高客户忠诚度。忠诚的根源是顾客对自己与产品生产者、服务提供者之间关系的良好感受。真正的忠诚来自顾客感受到的、通过双向沟通所传递的价值和相互关系，通过这样的方式能提高客户忠诚度，创建良好的口碑。

4．通过减少客户流失率来降低成本

降低客户流失率是降低成本的关键。如何降低客户流失率呢？根据埃森哲报告显示：“在充满挑战的全球经济环境下，客户需要重新审视 CRM 服务商。同其他行业一样，通信和高科技行业也开始考虑如何降低客户流失率，保障其客户持续付费率并继续增加新的业务。”在电子商务行业飞速发展的今天，扩大会员用户量是各大电子商务网站的当务之急，而残酷的行业竞争、高投入的广告宣传费用伴随的总是会员的低忠诚度和高流失率。任何一个会员用户对于 B2C 商城而言均具有极高的商业价值，如何维护好客户的关系，提升用户的购物体验，减少客户的流失率是降低成本的关键，也是电子商务网站成功的关键。

4.1.5　客户体验的影响因素

有一部分学者认为，有 4 个重要的因素会对最终体验产生明显的影响，分别是产品策略、用户界面、技术和运营。也有学者认为，客户体验的影响因素分别是品牌、功能性、应用性及内容。本书认为客户体验的影响因素定义为 6 个方面，即产品、价格、品牌形象、便利性、关系及服务。

1．产品（Product）

产品这个要素应包括实物和服务。有即时享用的（如餐饮业），亦有以后才使用的（如电子及耐用消费品）。在客户体验中，客户对产品或服务抱有何种期望在一定程度上取决于其先前与该公司接触的体验。他们会本能地将每一次新体验（无论是正面的还是负面的）都与先前的体验进行比较并做出评判。另外，客户的期望也会受到市场状况、竞争程度和客户个人处境的影响。有时即使客户的期望是由一家公司创造的，客户在与该公司的接触中也有可能失望。从客户的需求出发，最后再回归到客户的需求上，将客户关系管理的经验同信息技术进行结合，从调研、创意、分析、开发、验证、投放到评估，每个阶段都是在以客户资料为基础进行科学、定量的分析后展开的，这使企业能够制定出符合市场需求、具有个性化的产品创新战略。独特的产品创新组织结构设计和核心系统设计，作为两个重要支点支撑着完善的产品研发的全过程。

2．价格（Price）

价格要素包括评价、规格、高性价比、客户细分定价等。杰克·韦尔奇说："当质量、品种、价格等与消费者的'正式关系'和竞争对手不相上下时，营销活动的重点就在于建立企业和客户间的'非正式关系'，即以十倍于追求情人的热情，精确了解客户希望的商品或服务个性，找准客户，精确地了解其购买和更新产品的愿望。"因此客户体验要以客户的整体消费体验为导向，建立从客户的角度对产品或服务的评价、规格、高性价比及客户细分定价，来衡量产品或服务对客户的整体价值。

3．品牌形象（Band Image）

品牌形象要素包括针对各种市场与目标客户的品牌定位。客户体验关系中，来自对产品及服务的品牌的期望是客户对产品及服务的既有了解所产生的预期。在客户体验中，客户对于高品质的产品及服务有着更高的期望。可以通过客户对产品及服务的品牌持续预期及客户的期待来大幅改善客户体验。

4．便利性（Convenience）

便利性要素包括在整个客户周期流程（购买/消费前、中、后）的便利性，即是否容易、省时、省力（如网上/电话银行）。为了给客户提供便利的客户体验，企业应该能够及时响应客户的需求，有效利用客户的闲暇时间并满足客户随时能够进行交易的要求，无论是信息的获取、交易的场所还是服务地点的选择都能考虑到客户的各种需求，让客户感到很便利，以满足客户对交易过程的便利性要求，做到交易过程的简单、省时。

5．关系（Relationship）

关系要素包括各种加强与客户关系的手段（如 VIP 俱乐部、特殊优惠的长期客户等）。VIP 和特殊优惠的长期客户是指经常性消费并且消费习惯可控的客户。不同于会员客户，会员客户可能是在店中消费次数或者消费力上有特别贡献而可以获得高折扣的顾客。

6．服务（Service）

服务要素包括基本服务（服务于基本产品）及额外服务（如售后、维修和咨询服务）。客户体验管理中，服务决定了客户的心理感受，是决定其是否成功的重要因素之一。

4.2 客户体验管理框架、实施步骤及方法

客户体验管理需要完整的框架实施完成，因此必须先理解客户体验的管理创建，通过完

善客户体验框架，实施客户体验的管理办法。

4.2.1　客户体验管理框架

客户体验管理不仅体现了“以顾客为中心”的管理理念，而且体现了“以顾客为中心”的品牌设计理念、服务营销理念等。在实际操作中，从战略定位到产品的设计开发与服务流程的制定、从顾客接触点的布置到服务的提供无不蕴涵着提升客户体验的思想，企业要实施客户体验管理，必然要掌握与此相关的一整套策略。因此，建立以客户体验需求的识别、客户体验的影响因素分析、客户体验的创造与完善以及客户体验实施绩效评价为核心内容的客户体验管理框架就很有必要了。在本教材中以顾客生命周期理论为基础，以吸引顾客、发展顾客和保留顾客这三个不同阶段客户体验的识别、创造和完善为核心，建立了企业实施客户体验管理的系统框架。在这一框架范畴内对企业组织进行改造既可以保证对客户体验需求的识别能够站在一定的高度，又可以兼顾到创造体验和完善体验的现实要求。客户体验管理框架如图 4-1 所示。

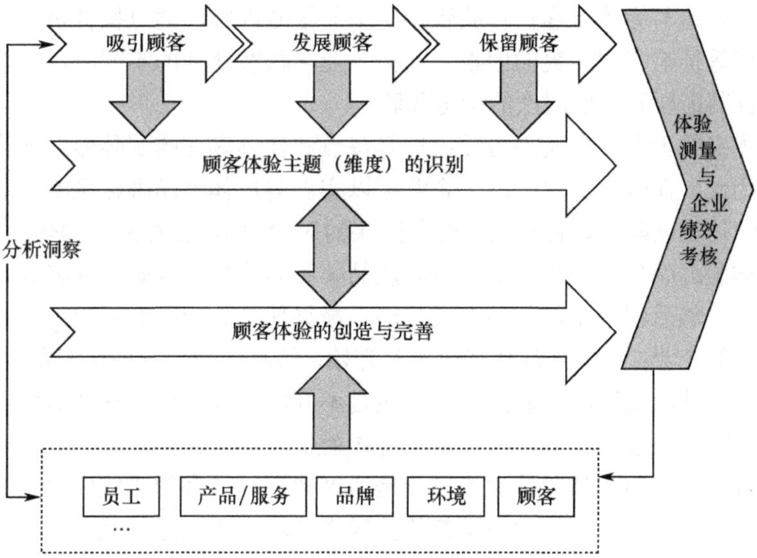

图 4-1　客户体验管理框架

1．分析顾客的体验世界——客户体验主题（维度）的识别

任何一个企业在为顾客创造和传递体验时都不可能兼顾所有的市场、所有的顾客，因此，对细分市场顾客特征及其需求的认知是对客户体验加以管理的先决条件。然而客户体验是以顾客的自身情况为基础，由企业的行为所激发的情绪和感受，不同的顾客有不同的需求，经历相同的过程会有不同的体验。因此，在市场细分的基础上要准确识别目标顾客的需求，企业还必须从顾客的视角重新审视顾客与企业交互过程中的所有接触点以及在这些接触点上顾客期望得到的感受；另外，顾客与企业发生交互的时间越长他们对企业的预期往往也越高。在这种情况下，企业能否及时识别处于顾客生命周期不同阶段的顾客特征及其期望并因人而异地给予满足呢？

最后，通过对顾客的体验需求进行分析和归纳，可以提炼出一定的体验主题（或称体验维度），如对便利性的体验、自主掌控、选择多样化的体验、享受服务的同时能获取知识的体验、彰显身份备感荣耀的体验等。这些主题（维度）将是企业在客户体验创造中努力的目标，是要向顾客传达的明确信息和承诺，也是树立企业品牌形象的起点。只有使顾客感受到这些体验主题，才有可能实现高层次的价值体验，如欣喜、新奇、震撼、沉浸其中、娱乐、享受等。

2．客户体验的重点影响因素分析

落实客户体验可控性的关键方面是要把握影响客户体验创造的各种因素。体验是顾客在与企业进行交互的过程中产生的各种感觉或感受，因此，可以从顾客和企业两个角度来分析体验的影响因素。从企业角度来讲，影响客户体验创造的因素可以归结为员工、产品、服务、品牌、环境等。从顾客角度来讲，包括顾客的需求动机、个性特征、自信以及知识等要素。需要强调的是，与产品、商品以及服务不同，体验的产生离不开顾客的参与。为此，在影响客户体验创造的诸多因素中，顾客本身也起着极为关键的作用。

3．客户体验的创造与完善

客户体验的创造与完善是客户体验管理框架的核心内容。通过操控员工、产品、服务、广告宣传、环境等影响客户体验的因素，区分企业与顾客交互的不同阶段，企业可以为顾客创造和传递符合其需要和价值层次的特定体验。

由于体验本身的无形性以及不可预料性等特点致使顾客在购买体验之前往往面临着更大的不确定性。因此，在吸引客户阶段，企业可以实施客户体验品牌化策略，通过为顾客创造生动独特的品牌体验来降低这种不确定性和购买的风险。创造独特的品牌体验通常又分为“体验品牌”和“体验品牌化”两种方式，前者从品牌和品牌价值开始，并将其转变成针对目标顾客的一种承诺，然后将承诺以某种方式传递，最终使品牌变得鲜活起来，适用于在成熟市场已经建立品牌的企业；后者则是从客户体验开始，然后借助于各种资源发展出相应的品牌，适用于初创企业。体验品牌和体验品牌化虽然是不同的路径，但是核心概念是一致的，都是借助于品牌体验吸引顾客的注意力，有效地树立企业的品牌形象。

在发展顾客阶段，客户体验管理的目标是通过建立与顾客的接触实现企业与顾客之间的良性互动。品牌体验是静态的，但与顾客的接触则是动态的。这种互动包括店内面对面的接触、销售代表到客户办公室的拜访、银行的 ATM、网上的交易等多样形式。在这个阶段，企业可以采取“交互式体验管理”策略，通过渠道整合以及建立动态企业联盟等方式统一协调各个接触点和接触渠道，有目的地、无缝隙地为顾客传递一致的目标信息，创造匹配品牌承诺的正面感觉以实现良性互动，最终为顾客创造差异化的独特体验。

成功的体验是指那些顾客认为独特的、难忘的、能够延续很长时间的、顾客希望重复并愿意通过口碑宣传的体验，因此在保留顾客阶段，企业需要致力于不断地体验创新以提高顾客持久的满意和忠诚。体验创新有多种方式，如产品创新、营销创新等；但最有潜力的一种方式是通过建立企业与顾客共同创造体验的“同创式体验环境”，并根据顾客的需求对体验环境进行改革创新，使顾客可以在此亲自设计符合其需求的个性化体验。

4．客户体验管理实施效果测评

对客户体验进行测量的研究，尤其是实证研究，目前在国内几乎还是空白，但类似的案例如顾客满意度测量、顾客生命周期价值的计算等均可作为参考。在实施客户体验管理的过程中，企业可以开发利用各种体验测量工具，如客户体验品牌化评估量表、客户体验记分卡以及企业绩效考核等手段，对客户体验管理系统的奏效与否加以评估，并据此校正策略偏差，考虑是否重新设计客户体验管理流程。实际上，客户体验测量与客户体验管理实践是在相互促动过程中不断得以完善的。

4.2.2　完善客户体验管理框架

如何做好客户体验管理框架呢？在本书中，我们将用 5 个步骤来分析如何完善客户体验管理框架。

1．分析客户的体验世界

客户体验管理的第一步是提供客户内心最深处的想法。在消费品市场上，要分析消费者的生活环境，包括社会文化因素、消费者的体验需求和想法及生活方式。对于工业品市场，要分析商业环境，包括可以影响客户体验的经营方式。

2．建立客户体验平台

体验平台是战略和实施之间最主要的连接点。体验平台包括动态的、多种感觉的、多维的对理想体验的描述。它也显示出客户能从产品中希望得到的价值。平台的至高点是全面的实施主体，它可以协调市场和沟通及未来的创新。

3．设计品牌体验

品牌体验包括：首先，作为客户品牌体验的起点，就是体验产品特点和产品美学；其次，在标签设计、包装、货架上吸引人的“看点和品味点”；最后，适当的体验信息和广告、网站上的形象及其他营销活动共同形成的品牌体验。

4．建立与客户的接触

体验平台要在与客户的接触中实施。虽然品牌体验是静态的，而与客户的接触则是动态的、互动的。这种接触包括办公室拜访、银行的自助取款机、酒店的入住登记柜台甚至网上交易。建立动态接触的内容和方式，以恰当的、互动的态度提供客户希望的信息和服务是很重要的。

5．致力于不断创新

创新包括接待客户的方式和提供客户体验，包括从重大发明到产品形式的小创新。营销创新必须包括有创意的事件和活动。创新向客户显示了公司是能够连续创造新的相关体验的动态企业。创新可以吸引新客户，通过卖给客户创新产品来建立客户价值。任何创新都需要计划、管理和上市，以便提高各种体验。

4.2.3　客户体验管理的方法

客户体验管理的目标是在各个客户接触点上（如销售人员、呼叫中心、代理商、广告、活动、收账人员、客户接待、产品使用手册和网站），产品、服务以及一系列感受（如视觉、语气、味觉、气氛、细致入微的关怀与照顾）产生“利好因素”的综合产物，使客户关系最优化、客户价值最大化。客户体验管理不是不顾成本，把客户想要的所有东西都提供给他们，或者通过持续的高价格低成本的策略来增加利润，而是在不同种类的客户之间保持平衡。

客户体验管理能够成功实施的评价标准在于根据对企业的价值贡献对不同的客户进行区别管理，更好地向企业最有价值的客户提供个性化和差异化的购买体验，以及在满意度、保有率和忠诚度指标上的提升。这些转变也有可能源自对非价值客户的服务降低优先级，包括降低服务和满意度，降低保有率和忠诚度，甚至用提升费用或其他方式“砍掉”这些“赔本客户”。

客户体验管理必须竭力保证客户从购买中获得良好的感受，因而特别强调对客户不满意的补偿，比如某航空公司为某个等待移植器官而又延误了航班的旅客特别租一架飞机；在感恩节商店已经销售一空的时候经理将火鸡亲自送到客人的家里。这些现象都以某种极端方式表现了尽其所能让客户体验到满意。

在如今激烈的市场竞争中，客户体验管理将成为保留客户的关键因素，还能够为不同公司挖掘消费者的潜力，并根据他们的价值来满足客户的需求。它能够使服务与其价值相对应，识别销售时机并能有效管理消费者的不确定因素，以便于保留最有价值的客户。企业要想获得竞争优势，就必须注重每一次的交互过程中客户体验对于企业将来的利润和收益的作用与影响，并且要优化客户体验，确保跨渠道和跨市场营销的正常运作。

客户体验管理的具体应用可以通过如下方法来完成。

1．客户理解品牌价值

品牌价值是指品牌在需求者心目中的综合形象：包括其属性、品质、档次（品位）、文化、个性等，代表着该品牌可以为需求者带来的价值。

2．了解目前的客户体验和期望

任意选择一家公司，采用体验测量工具。利用体验测量工具，按照10分的标准值来具体了解客户体验和期望，客户的实际体验在价格和品牌形象方面都不错（7分），服务与产品好（6分），便利性稍差（5分），零售一买一卖（4分）。

根据客户关系的三角定律：客户满意度=客户体验−客户期望值，满意度=体验−期望。通过对客户的调查，前线员工反馈及管理层的判断，客户对于产品、价格、便利性和品牌形象都有颇高期望（7分）。

满意度=体验−期望，就是2c = 2a − 2b。客户比较不满意的是便利性和产品，觉得店铺数目不足（−2分），产品类别也不够多（−1分）。

当需要提高客户满意度时，不能忽略各种满意度的权重，因为不是所有体验对客户都是同样重要的。在某些特殊情况下，“方便”成为客户选择产品最重要考虑的因素。比如，在同一条街上，客户觉得产品一样，价格差不多时，“方便”就是很重要的因素之一（9分）。

3．确定关键体验的度量值

将2d重要性乘以2c满意度就得出满意度权重，从中发现便利性不只是客户的关键体验

（9 分）。如果为负值，则做得差。

4．如何找到理想与实际体验的差距

理想体验基本上与 2a 实际体验是一样的，除了便利性为 10 分，其余仅仅令客户满意，为什么？因为所有企业都是有资源限制的，不能（也不该）无限制满足客户期望。将资源投放在客户最看重的关键体验上，大大超越其期望，可令其非常满意、非常忠诚。

体验差距是 2a 实际体验与 4a 理想体验之差，便利性是−5 分。

5．制定需求以弥补差距

基于在第 4 步中体验差距是 2a，便利性是−5 分，因此便利性是最大（最差）。

6．将需求与企业策略与能力相结合

公司可以考虑扩大销售渠道并在其他生意一般的区域关掉分店，也不考虑进行互联网或电话销售。在人、流程和技术的能力上也要配合调整。

7．用于持续改善的回馈机制

用业绩证实，用数据说话。从一家店到两家店，业绩上是否翻一番？他们开两家店时的生意是 2 倍、三家店是 3 倍、四家店是 4 倍以上，所以就分阶段地用业绩引证在同一条街开了四家店。但整个客户体验管理方法并未完结，由第 7 步又回到第 1 步，如今从“便利性”是其最重要的品牌价值开始，每隔一段时间，再重复同样 7 个步骤，以调整策略与执行配合市场与客户变化。

4.3　客户体验管理数据收集与处理

要完善客户体验管理框架，前提是必须做好客户体验管理数据的收集，下面将讨论客户体验管理信息模式、收集方法及处理方法。

4.3.1　客户体验管理信息模式

克里斯托弗・迈耶将客户体验信息分为三种，即过往模式、当前模式和潜在模式。

过往模式是在客户使用一项新服务之后通过调查了解客户体验的好坏。收集过往模式数据最常用的工具是问卷调查，但是网上论坛和博客也是公司接触客户的有效途径。赢得客户高度认同的评论对公司有很强的指导意义，但有时如果客户对产品的某些功能或服务反应冷淡，那也同样能说明问题。对此，负责评估结果的员工必须关注问卷等调查工具并未直接涉及的客户体验领域。

当前模式不仅仅是对最近一次接触客户的价值和成效进行评估，它还着眼于公司与客户之间的长久关系。因此，调查的问题还可延伸到客户对其他供应商的认知度、客户想要的新功能、公司竞争力面临的挑战等方面。这种调查涵盖面广，所以不能单靠客户主动发起的交易，而是要有计划地定期收集有关公司关键产品和服务的信息。例如，惠普公司（Hewlett-Packard）和毕博咨询公司（BearingPoint）每年都会和所有关键客户主动接触一次。

毕博在每年不同时间约见不同的客户，从而建立起一条几乎从不间断的数据流，这样公司便可就一系列问题比较各类客户的情况，不会受制于某笔交易完成与否。毕博公司正是通过这种方法发现，他们某个行业团队开发的最佳实践并没有被公司其他行业团队采用。当前模式的数据收集方式包括问卷调查、面对面访谈、专题研究以及这些方式的组合运用。为了让客户更好地回答问题，公司可事先告诉他们调查的目的、调查结果的告知方式以及在此次活动中他们将扮演何种角色。惠普非常重视这种调查，因此其客户经理奖励计划不仅考虑调查结果，还要看客户调查参与率。

潜在模式通过解析客户数据和观察客户行为，企业不仅可以发现商机，而且能够发掘客户行为的潜在模式。随着与客户关系的加深，公司收集数据的频率往往也会提高。潜在模式会指明公司需进一步研究的领域。例如，某公司对现有关系进行的研究表明，公司在现场服务体验方面亟待改进。在推行改进措施之后，公司通常会对每一位接受完服务的客户进行调查，以便了解改进的效果。公司随后又做了一次更加全面的调查，发现客户对服务响应时间的体验很好，但整体评价仍然偏低，因此认为公司必须进行专项研究，从一系列影响服务体验的因素中找出哪一些才是客户最为看重的。

公司可以监测与客户互动的各种模式，从而更好地了解自己给顾客提供怎样的体验。基于收集到的精确信息，公司可以有选择地分析过往模式、当前模式、潜在模式或者以上模式的组合。不同的模式必须采用不同的方法来收集和分析数据，带来的启示也有差异。追踪客户体验模式参看表4-1。

表4-1　追踪客户体验——持续、定期和间或模式

模式和目的	负责机构	数据收集频率和范围	数据收集和分析方法	分析和行动讨论
过往模式——收集最近一次体验的 数据 ➢ 意在改善交易体验 ➢ 跟踪体验目标和趋势 ➢ 评估新举措的影响 ➢ 发现正在出现的问题 例如，产品安装后或客户服务的跟踪，购买新产品后的跟踪	总部调查机构或者职能部门	持续的 ➢ 和大交易量业务或即时反馈系统相连的电子问卷调查 ➢ 交易完成后自行弹出调查 ➢ 循环周期短的定时专题数据收集 ➢ 网上论坛用户自发的反馈	➢ 网上调查、人员访谈或者电话调查 ➢ 用户论坛和博客	➢ 在职能部门、总部调查机构或两者内部进行分析 ➢ 跨部门的问题呈交高层 ➢ 高层下达战略分析结果和行动方案
当前模式——跟踪当前的客户关系和体验问题，同时注意识别未来的机会 ➢ 对关系现状和其他因素持续保持深切关注 ➢ 既回顾历史，也展望未来 ➢ 分析比较重要的客户群体和问题 例如，两年一次的客户评估、“跟踪到家”的用户调研	总部调查机构、业务单元或者职能部门	定期的 ➢ 季度客户评估 ➢ 客户关系调研 ➢ 用户体验调研 ➢ 用户群体调查	➢ 事先打过招呼的网上问卷调查 ➢ 人员直访或电话访谈 ➢ 有人主持的用户论坛 ➢ 焦点小组访谈或者定期举行的其他调查形式	➢ 由发起部门进行初步的分析 ➢ 宏观趋势问题呈交高层战略及运营会讨论 ➢ 在公司总部、业务单元或负责机构对新出现的问题进行深入分析

（续表）

模式和目的	负责机构	数据收集频率和范围	数据收集和分析方法	分析和行动讨论
潜在模式——提出特定的问题以识别和检验将来的机会 例如，民族设计调研、专项市场调研、焦点小组访谈	管理高层或职能部门	间或的 ➢ 一次性的专题研究 ➢ 暂时性的趋势研究	➢ 由特定客户或特殊问题驱动 ➢ 主题导向 ➢ 综合对客户关系的现有了解	➢ 集中在发起部门里，同时由总部调查机构进行协调和提供支持

资料来源：克里斯托弗·迈耶（Christopher Meyer），安德烈·施瓦格尔（Andre Schwager），“发掘客户体验的价值”，商业评论，2007：66。

4.3.2　客户体验管理数据收集方法

数据是客户体验管理的基础和前提，只有做好了客户体验管理的数据收集才能有效地进行客户体验管理。客户体验管理的数据收集有很多种方法，本书将对以下几种方法做简单介绍和分析。

（1）问卷调查

问卷调查是社会调查的一种数据收集手段。当一个研究者想通过社会调查来研究一个现象时（如什么因素影响顾客满意度），他可以用问卷调查方式收集数据，也可以用访谈或其他方式收集数据。问卷调查在问卷上打印研究者需要知道答案的问题，编制成书面的问题表格，交由调查对象填写，然后收回整理分析，从而得出结论。在客户体验管理中，可以通过问卷调查的方式收集。

（2）焦点小组座谈

焦点小组座谈又称小组座谈法，就是采用小型座谈会的形式，由一个经过训练的主持人以一种无结构、自然的形式与一个小组的具有代表性的消费者或客户交谈，从而获得对有关问题的深入了解。在客户体验管理中，可以通过焦点小组座谈方式来收集需要的相关数据。

（3）用户论坛

用户论坛是一个用户学习交流的平台，是一个用户的论坛，关于产品的交流、服务问题的交流、技术问题的解决都可以在用户论坛解决。客户体验管理中，采用用户论坛的方法收集相关数据及信息。

（4）博客

博客，又称为网络日志、部落格或部落阁等，是一种通常由个人管理、不定期张贴新文章的网站。客户体验管理中，客户博客的文章通常根据张贴时间以倒序方式由新到旧排列。许多客户的博客专注于特定的产品或服务的评论或新闻，可以作为客户体验中的数据收集方式。

（5）市场调研

市场调研是指为了提高产品的销售决策质量、解决存在于产品销售中的问题或寻找机会而系统地、客观地识别、收集、分析和传播营销信息的工作。其优点主要表现在提高调研效率、节约调查费用、调查数据处理比较方便、不受地理区域限制等方面。通过市场调研，可以得到市场体验管理中的相关数据和信息。

（6）观察研究

观察研究是非随机化的研究，在自然状态下对研究对象的特征进行观察、记录，并对结果进行描述和对比分析。在观察性研究中一般只有两个基本要素：一个是研究对象，另一个是研究因素。在描述性研究中，研究因素是影响因素；在分析性研究中，研究因素称为危险因素或暴露因素。通过观察研究得到的数据和信息，可以在市场体验管理中使用。

4.3.3 客户体验管理数据的处理方法

为了做好客户体验管理，在收集了数据的前提下，将收集的数据用以下方式进行处理。①创建并维护完整的客户档案；②打造个性化的客户体验；③任何时候都要适时、适地向客户传递适当的消息

要提供星级的客户体验，必须要比以往更加深入地了解客户。这就意味着要建立和维护一个完整的客户档案，帮助理解和衡量客户在所有渠道的每一个接触点的行为。对客户了解得越多，在给他们提供相关服务时就越有效。提供的服务越相关，业务和客户之间的关系就越紧密，从而驱动忠诚度和客户保持率等指标的提高。以往，公司使用结构化数据，例如客户人口统计特征、交易数据和日志数据，来构建客户档案。现在，必须纳入新的数据类型，如社交媒体、视频、无线射频识别（RFID）、传感器、地理位置等跨渠道的混合数据。然后添加客户生命周期内的联系、响应和交易历史等分散的信息，以及客户价值、利润贡献度、行为分析和倾向评分等。

从历史上看，公司已经使用结构化数据。例如，人口、交易和日志数据，构建客户档案。随着信息化的发展，数据的管理必须包括新兴的数据类型：社交媒体、视频、RFID、传感器、地理定位等。跨渠道协调绑在一起，并添加接触、响应和事务的历史穿插在整个客户生命周期，以及客户价值、盈利能力、行为分析和倾向分数。

通过分析传统的结构化数据，结合新类型的数据，我们就可以做到：①了解如何在特定的接触点改善客户体验。②理解客户的所想所期。③更快地制定更好的决策。④打造个性化的客户体验。一旦能够彻底了解客户，就能够使用你所掌握的知识为客户打造个性化的交互沟通。在客户体验管理中不能仅仅关注客户，还要关注客户行为的环境。保证客户的数据能够帮助企业在进行客户体验管理时保持关注重点，在客户体验管理中可以持续地用新的数据源来丰富现有的（核心）数据时，通过对客户关注添加上下文，在一个客户最可能接受的时候，给出最恰当、最善解人意的产品、推荐、建议和服务。

为了在每个客户接触点获得最大的价值，增强客户体验，可以通过数据对客户生命周期的一些特别阶段展开分析，以便能够适时、适地给出最适当的信息。生命周期的每个阶段都是重要的，从最开始的考虑到积极的评价，再到购买的那一刻，甚至是购买后的体验。生命周期的每个阶段都是增强客户体验的一个机会。而且每个阶段都是获得更多洞察的机会，应将这种洞察反馈应用到下一次营销机会中。

4.4 客户关系管理与客户体验管理的关系

客户关系管理与客户体验管理既有联系也有区别。客户关系管理跟踪的是既成事实的客户行为，记载的是公司对某个客户的了解——有关他们的服务请求、退货、咨询等的历史记录；而客户体验管理记录的则是客户与公司接触时的反应，记载的是客户对某个公司的主观看法。贝恩公司对362家公司的客户进行了问卷调查，结果显示，只有8%的客户形容自己的体验“极佳”，然而自认为提供了“极佳”体验的公司多达80%。由此可见，公司方面对客户

体验的误解相当深。

4.4.1　客户关系管理与客户体验管理的联系

客户体验管理与客户关系管理都是“以客户为中心”的管理理念，但客户关系管理更多的是注重客户的需求，通过对历史的相关数据及信息的加工分析，识别客户的期望需求，进而改善和优化自身的产品和服务来满足客户的需求；客户体验管理则更注重“体验的创造”，通过资源整合创造各类体验，这些体验形式可能是客户曾经享受过的，但并不是客户主动要求的，甚至有大量此前未曾享受的。

客户体验管理实行差异化、个性化的客户体验原则，重点对企业的目标客户提供极佳的客户体验，而对非目标客户则降低服务优先级，使其逐步淡出企业的服务，从而降低企业的运营成本，间接地为企业创造价值。

随着现代生产管理和现代生产技术的发展，产品的差别越来越难以区分，产品同质化的趋势越来越明显，因此，通过产品的差别化来细分市场，满足顾客日益多样化、个性化的需求，从而创造企业的竞争优势变得越来越困难。为了实现顾客的忠诚度，满足顾客随时变化的需求，从 20 世纪 50 年代开始至 90 年代末，企业管理先后出现了以下变化特征：管理视角从“内视型”向“外视型”转换，管理重心从内部业务链向外部供应链扩展，管理模式从生产制造向顾客关系管理转移，这些特征反映在管理方法上表现为：物料需求计划（MRP）——制造资源计划（MRP II）——企业资源计划（ERP）——供应链管理（SCM）——客户关系管理（CRM）。

进入 21 世纪，随着体验经济的到来，顾客的需求不仅仅局限于产品及与之相关的服务本身，如何通过产品或服务的消费给用户留下深刻而难以忘怀的印象，正成为目前企业管理研究的又一热点，在此背景下，客户关系管理（CRM）的应用受到质疑，因此客户体验管理（CEM，Customer Experience Management）由此产生。

CEM 是从旧的市场和管理方法中创新出来的新模式，是对 CRM 的进一步完善。CRM 实质上属于“营销”范畴，而 CEM 属于真正注重客户的管理概念。CRM 只注重商品的交易结果，而 CEM 注重客户的满意过程。CEM 对客户世界的洞察有分析性和创造性，是整合归纳客户体验世界的战略性工具。这些工具主要包括：分析与创意的概念和工具。CRM 与 CEM 的区别在于相似产品及抓住顾客注意力、满足顾客愿望和需要的关键点是有创意的想法；战略制定与实施的思路与方法。分析客户的体验世界和建立体验的平台属于战略性的考虑，而设计品体验、建立与客户的接触、不断创新体现了战略的具体实施。CRM 不但关心外部客户的体验，也关心内部员工的体验，CRM 为企业管理展示了全新而有力的方法，它比传统的自称注重客户的 CRM 将走得更远。

4.4.2　客户关系管理与客户体验管理的区别

客户体验管理和客户关系管理的区别在于它们的对象、管理时点、监测方式、信息受众以及管理目的有所不同，具体区别见表 4-2。伴随着市场经济的快速发展，顾客需求已不再满足于单纯的商品功能，而是进一步扩展为对购买或消费背后的身心愉悦、社会认同及自我实现等更高层次价值的追求。对各银行来说，如何有效利用客户体验为产品研发提供指引，从而避开创新同质化陷阱，使企业具有持久的竞争优势，是金融产品创新所面临的新问题。而战略性地管理客户全方位体验无疑成为解决问题的关键。在本教材中，我们将以新锐国际用户体验和客户体验管理解决方案的客户体验管理实践为例，探索和研究客户体验管理的应用。

表 4-2　客户关系管理与客户体验管理的区别

模式	做什么	何时做	如何监测	谁使用信息	对未来绩效的影响
客户体验管理（CEM）	收集和分享客户对公司的看法	在公司与客户互动之处——触点	问卷调查、专题研究、观察研究、“客户之声”调查	业务或职能部门领导人，以建立起可兑现的客户期望及与产品和服务有关的更佳体验	指导性——在客户期望和体验存在差距的地方增加产品和服务
客户关系管理（CRM）	收集和分享公司对客户的了解	在公司和客户互动有了记录之后	销售点数据、市场调查、网站点击、销售自动跟踪	与客户直接打交道的销售、市场、现场服务及客户服务部门，以提高执行的效率和效果	滞后性——将客户需要的和不需要的产品捆绑在一起，推动交叉销售

资料来源：克里斯托弗·迈耶（Christopher Meyer），安德烈·施瓦格尔（Andre Schwager），“发掘客户体验的价值”，商业评论，2007 年 7 月，第 64 页。

4.5　客户体验管理的应用

案例分析：新锐国际用户体验和客户体验管理解决方案

为了解决在用户体验实践中的种种问题，新锐国际（GEONG）利用以往为 60 多家在金融行业和其他行业中具有领导地位的客户建设电子商务系统时所遵循的理念、方法、先进成熟的技术和项目管理经验，努力协助金融服务行业客户改进网站和网银系统的用户体验，从而建设一个能够满足目前实际业务需要与长期发展相结合的国际一流银行业网上服务系统。

新锐国际用户体验和客户体验管理解决方案是从规划、设计、开发到评估的全面解决方案，详见图 4-2。

1．服务内容一：用户特征研究

（1）目标：研究用户的特征属性；将用户特征抽象为人物（Person）。

（2）方法。

定量分析：问卷调查（问卷设计，调查执行，问卷统计，统计分析）；日志分析（访问日志，交易日志）

定性分析：用户深度访谈（访谈问卷设计，问卷结果统计分析）

（3）合作方：无。

（4）交付成果：用户细分分析报告（包括人口统计学属性，领域属性，Web 使用特征，系统行为特征等）；用户对于系统改进的期望。

样例：用户角色定义——建设银行总行网银用户体验优化项目，详见图 4-3。

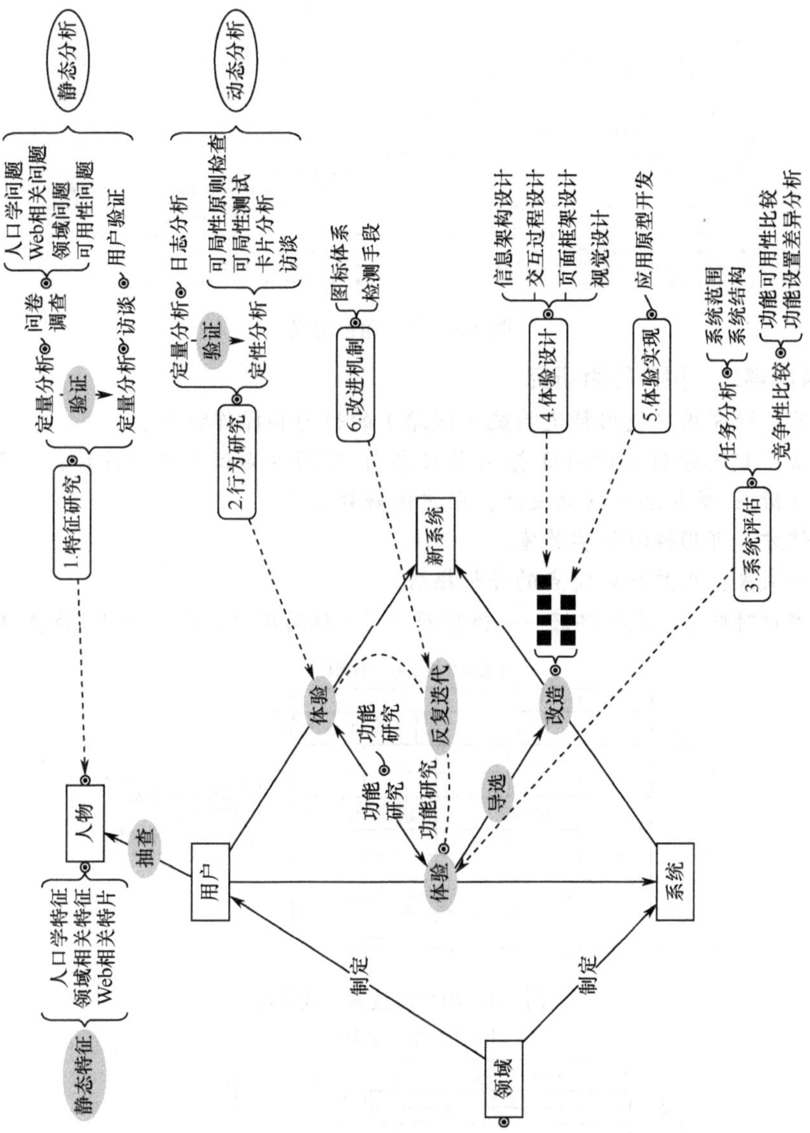

图 4-2　用户体验管理关系图

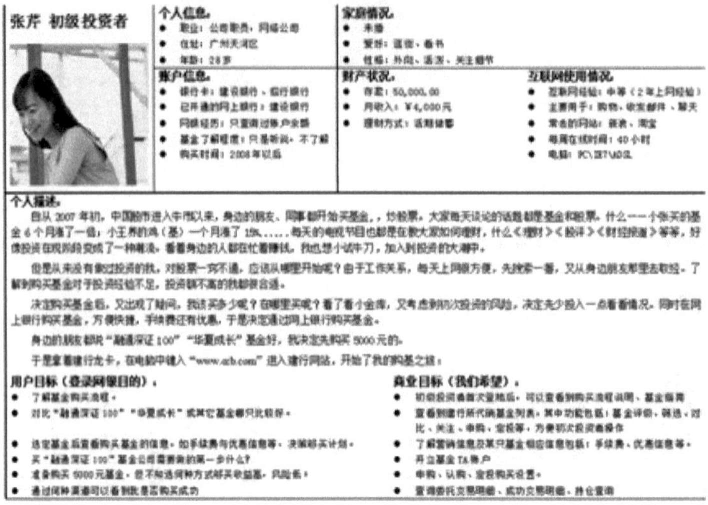

图 4-3　用户角色定义

2．服务内容二：用户行为研究

（1）目的：研究用户使用特定系统（网站）的行为和操作特点。

（2）方法：日志分析（访问日志/交易日志）；可用性测试（测试设计，人员招募，测试执行，测试分析）；卡片法（测试设计，用户偏好分析）。

（3）合作方：可用性测试实验室。

（4）交付成果：用户行为特点的分析报告。

示例：用户对搜索方式的偏好——银行网站用户体验项目，详见图 4-4 和图 4-5。

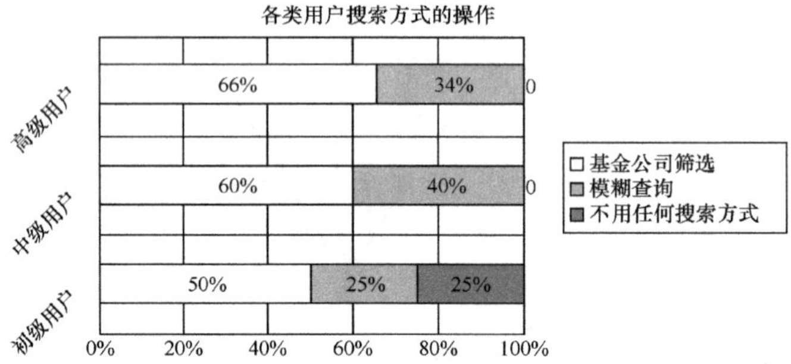

图 4-4　用户对搜索方式偏好

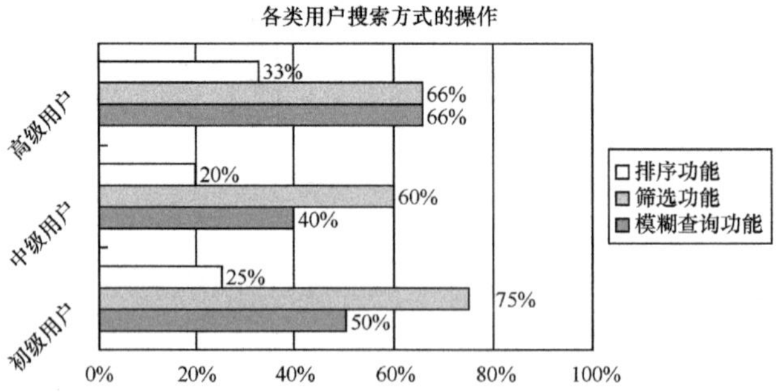

图 4-5　用户认为搜索存在问题

- 3 类用户中，半数以上的用户会使用“筛选功能”挑选基金。
- 只有少部分用户不使用任何搜索方式。
- 3 类用户中，半数以上的用户认为筛选功能需要改进，用户认为使用筛选功能要比使用查询功能容易。
- 用户认为查询功能需要输入，比较麻烦，同时又怕查询不到结果。

3．服务内容三：系统用户体验评估

（1）目的：对特定系统（网站）的用户体验进行评估。

（2）方法：日志分析（访问日志/交易日志）；原则检查（原则体系选择，评估结果分析）；竞争性比较分析（针对主要竞争对手或行业标杆）；可用性测试（测试设计，人员招募，测试执行，测试分析）。

（3）合作方：Momentum。

国际先进标杆企业经验分析；国际最新的用户体验原则和技术。

（4）交付成果：现有系统的评估（量化指标和定性指标）；系统（网站）改进建议。

示例：可用性测试结果——光大银行网站用户体验项目，现有网站贷款功能测试（详见图 4-6）。

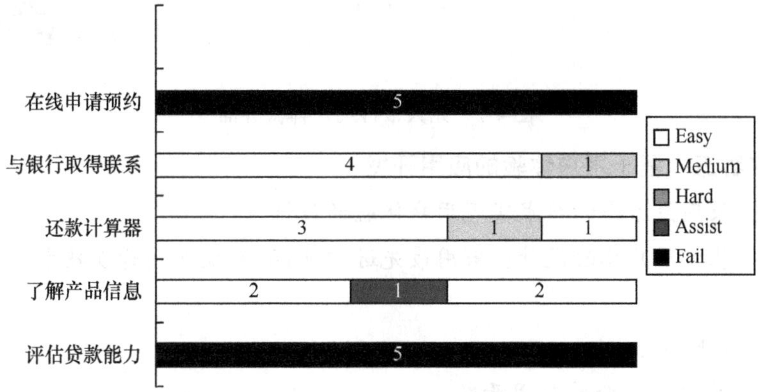

图 4-6　可用性测试结果

小结

- 3 类用户对“了解产品信息”、“还款计算器（贷款工具）”、主要受到导航的影响，出现问题很高，严重影响了用户对业务的了解。
- “在线预约”、“评估贷款能力”，现有网站无此内容，所以全部失败。

4．服务内容四：体验规划与设计

（1）目的：基于业务需求，以用户为中心，规划最适宜的用户体验方式；基于规划，设计用户体验良好的系统（网站）。

（2）方法：信息架构设计、交互过程设计、页面框架设计、视觉设计。

（3）合作方：Momentum。

借鉴国际先进企业的创新业务运营模式的经验；基于国际先进技术的用户体验设计。

（4）交付成果：系统页面框架原型、视觉设计规范。

界面原型——光大银行网站用户体验项目，见图 4-7。

图 4-7　光大银行用户体验界面

5．服务内容五：基于用户体验的应用开发

（1）目的：采用最适合的技术实现用户体验的设计。

（2）方法：基于用户体验设计；采用最先进的 RIA 前端应用开发技术，如 JavaScript、Flash/Flex 等。

（3）合作方：Momentum。

提供 RIA 开发技术，合作应用开发。

（4）成交付果：符合用户体验设计的完整前端原型系统。

服务内容六：用户体验持续改进机制建立

（1）目的：创建并维护用户体验的规范体系；协助用户体验规范的执行和持续改进。

（2）方法：对现有系统的用户体验进行评估；对组织运营机制的分析；对组织的技术能力的评估。

（3）合作方：Momentum。

国际先进标杆企业经验分析；国际最新的用户体验原则和技术。

（4）交付成果：用户体验量化指标体系；用户体验规范及指导原则（包括设计指导原则、流程执行规范等）；用户体验操作指导手册（包括标准语汇表、视觉规范、基本检查表等）。

（5）后续专业服务：基于指导原则的日常检查；用户体验管理体系的维护与改进。

案例二：网银用户体验指标改进——建行网银用户体验优化项目，见图 4-8。

成功案例详见图 4-9。

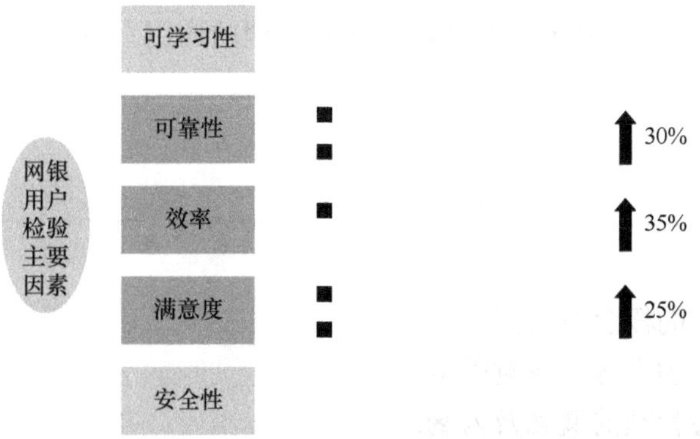

图 4-8　网银用户体验主要因素

	用户特征研究	用户行为研究	体验规划设计	前端应用开发	用户体验评估	持续改进机制
建行总行网银用户体验优化	●	●	●	●	●	●
光大银行网银用户体验优化	●	●	●	●	●	
网通ADSL网站用户体验设计	●	●	●	●	●	
建行总行网站用户体验设计			●	●		
工行总行网银用户体验优化			●	●		

图 4-9　用户体验成功案例

案例来源：http://www.geong.com/Channel/709369.

案例分析题

1. 新锐国际用户体验和客户体验管理的用户行为研究是如何完成的?
2. 新锐国际是如何进行基于用户体验的应用开发的?

关键词汇

用户特征；用户行为研究；用户体验评估；用户体验规划与设计；基于用户体验的应用开发

本章小结

客户体验是指客户在与商品或服务供应商产生联系的一段时间内对该供应商的体验的总和。从通过互联网研究产品开始或通过与朋友和家人交谈，潜在客户就已间接地与提供该产品的厂商产生了联系。通过在线网络聊天或搜索厂商网站上的 FAQ（常见问题解答），客户可以询问有关产品特性和保修等方面的问题，从而与厂商进一步进行互动。客户购买产品后，在使用过程中可能遇到问题。

客户体验管理的目标是把客户的态度从满意提升至忠诚，然后再从忠诚提升至夸赞。大多数希望出售更多商品或服务的厂商得出的结论是：客户的满意会带来更多的收益。但是获得并保持客户的满意度并不简单。

通过对新锐国际案例的分析，掌握客户体验管理的应用，从不同的角度学习客户体验管理的应用。

复习思考题

1. 简述客户体验的概念及特点。
2. 简述客户体验的内容及影响因素。
3. 简述客户体验管理的概念及内涵。
4. 简述客户体验管理的内容与作用。
5. 请画出客户体验管理的框架。
6. 举例说明几个客户体验管理的方法。
7. 表述客户关系管理与客户体验管理的关系。

讨论题

1. 请讨论客户体验与客户体验管理的关系及不同。
2. 请以一个实际案例给出客户关系管理与客户体验管理中操作的不同方式。
3. 根据客户关系管理与客户体验管理的不同目的，用一个网络中的实际案例设计不同管理方案。

网络实践题

1. 登录中国银行、工商银行、建设银行等银行的网站，了解并比较它们是如何进行客户关系管理的？（请从三个不同银行的客户关系管理的相同点和不同点来进行比较。）
2. 登录中国移动、中国联通和中国电信的网站，了解并比较它们是如何完成客户体验管理的，其优缺点各是什么？（请从三个不同网站的客户体验管理的相同点和不同点来进行比较，并陈述其优缺点。）
3. 登录联想、戴尔、IBM等公司的主页，比较国内外大型企业客户关系管理有何不同，国内企业应该向国外企业学习哪些经验？（请从三个不同公司的客户关系管理的相同点和不同点来进行比较。）
4. 登录淘宝和唯品会网站，比较分析其客户体验环节安排的异同。

第5章　客户关系管理与企业变革

课前导读

以互联网为代表的现代信息技术及其所带来的新的管理技术和管理思想，正以前所未有的速度在商业竞争中迅速普及，并对企业原有文化带来一次全新的革命。CRM作为一种全新的战略思维和营销方法，成为管理变革的重要推动力量。

虽然CRM形式上是一套软件系统，但却蕴涵着客户观念至上、信息管理为核心的新型管理理念和操作方式。CRM的实施使企业的关注重心从过去的产品、生产，转向构建以客户为中心的核心竞争力。同时，企业结构、业务流程、企业文化都朝着客户中心、信息通畅、反应迅速的目标进行相应的转变。可以说，客户关系管理带来的企业多层面变革才是CRM帮助企业走向现代经营的真正契机。经过变革的企业，也为实施CRM系统铺平了道路，使CRM的实施与应用水到渠成。

学习目标

- 理解企业组织再造的概念与原则
- 理解CRM对企业组织再造的关键性要求
- 了解业务流程的概念和企业当前业务流程存在的问题
- 掌握业务流程再造的原则和内容
- 了解CRM与企业文化之间的互动关系
- 了解CRM在构建企业核心竞争力中的作用

随着全球经济的发展，技术的快速进步，企业间的市场竞争也愈演愈烈。传统的静态企业管理系统在现代的环境背景下逐渐显示出它的缺陷和不足，并且越来越难以胜任对动态客户渠道和关系的管理。因此，一种适应动荡环境的，由互联网和电子商务催生出来的CRM系统应运而生，并在经营管理方式上给企业带来了重大的变革。Internet与电子商务将触发企业内外部流程和核心竞争力的调整。以CRM为代表的先进管理系统在企业的内部资源整合和外部资源整合的过程中，将不仅改变企业的管理和运营模式，也将直接触发企业的各种管理变革。

5.1　客户关系管理与企业组织再造

CRM系统在企业资源配置体系中具有承前启后的作用：向前，它可以构架“动态”的客户前端，朝着企业全面渠道的方向伸展，既可以综合传统的电话中心和客户服务机构，还可以整合企业门户网站、网络销售、网上客户服务等电子商务的内容；向后，它既可以向生产、设计、物流配送和人力资源等部门逐渐渗透，还可以整合企业的 ERP、SCM 等系统，进入网络经济的“e 化商业”模式中，使企业的信息和资源高效顺畅地运行。CRM 系统可以整合企业的全部资源，从而创建成熟的、综合的商业过程，这一点已经为众多具有远见的领先企业实践 CRM 技术方案在自身内部产生的巨大变化所证实。

可以肯定，如果应用得当，CRM 可为企业带来令人激动的收益，主要体现在对企业全部业务环节和资源体系的整合上，企业运营效率的全面提高，以及企业范围内的信息共享，使得业务处理流程的自动化程度和员工的工作能力大大提升，企业的运营更为顺畅，资源配置更为有效。但 CRM 的成功实施，不仅与 CRM 方案供应商的实施经验和技术水平有很大关系，而且还与企业自身有很大关系。特别是企业组织结构与 CRM 理念、思想和流程的适应性将决定 CRM 能在多大程度上提升企业的运营效率，成功地实施与应用 CRM 系统，必须要有与之相适应的组织结构作支撑。

5.1.1　企业组织再造的概念与原则

1．企业组织再造的概念

企业组织再造强调以经营过程为中心和改造对象，以关心和满足客户需求为目的，对现有组织体系和经营过程进行根本性的再思考和彻底的再设计，利用先进的制造技术和信息技术及现代化的管理手段，最大限度地实现技术上的功能集成和管理上的职能集成，打破传统的职能型组织结构，建立起过程型的结构，扩展企业的经营目标和机会，改善服务功能与外界环境的关系，最终实现企业在质量、效率、效益等方面的巨大提高。

2．企业组织再造的基本原则

（1）重新定义组织的工作任务

组织再造必须通过借助信息技术的力量，以摆脱组织运作中陈旧的方式，从跨职能的角度来看待基本的管理过程，重新定义组织的工作任务，系统地寻求根本性的改变以达到经营管理的突破和跨越。组织再造要运用结果导向和团队设置的方法，通过严格的绩效评估来确定工作过程的职能，同时也要求高层管理者的实质性参与和全体员工的投入。

（2）建立一个扁平化的、富有弹性的新型组织

组织再造与以前的渐进式变革理论有着本质的区别。再造是组织的再生策略，它将实现企业由单一决策中心向多决策中心发展，将全面检查并彻底更新原有的工作方式，把被分割得支离破碎的业务流程合理地“组装”起来，建立一个扁平化的、富有弹性的新型组织。这种扁平化和弹（柔）性组织的再造是基于以客户为导向的业务流程的。

（3）让各个职能系统通过竞争实现协调

组织再造将通过创造条件让各个职能系统通过竞争实现协调，使企业可以自动地处理外界环境极不稳定的大量信息，更注重创造的主动性、适应的灵活性，力求克服复杂多变环境下不完全、不对称信息所衍生的“内部人控制”和“道德风险”等弊端，以建立开放式的组织体系为目标。

（4）形成一种新型的经营模式

再造的组织，以知识信息资源的共享和技术优势为依托，具有开放性、实时性、主动性、虚拟性，适于实施与客户交互设计、小批量多样化生产、全程营销的经营模式；强调知识的创造、共享和应用而非知识垄断；强调高层管理者的“设计师”角色，而非“指挥家”角色；强调分权与扁平式组织，而非集权与金字塔形层级制；强调成员自我管理和自我价值实现的需要；强调组织内共同意愿和目标的建立。

总之，我们可以看到再造理论对于渴望更新经营模式的传统企业以及努力实现“在线飞行”的知识型企业的重要意义。企业再造的理论也由此成为企业通过 CRM 系统应用来提高核心竞争力的过程中的指导思想之一。

5.1.2　客户关系管理对企业组织的再造

1．企业组织再造的实施途径

CRM 的系统架构是企业在实施 CRM 项目时必须首先开展的工作。一个适合企业革新的组织体系和整合业务流程的系统架构，对于 CRM 项目实施的全过程具有至关重要的意义。在设计 CRM 的系统架构时，进行企业的结构化系统分析是企业组织再造的第一步。

结构化系统分析是 CRM 项目实施中，在对企业组织各部门、各种业务及其处理过程详细调查了解的基础上，提出 CRM 系统和企业组织的新逻辑方案的工作。在这个方案的实施中，将包括下述工作的汇总：组织结构分析；功能调查与分析；业务流程调查与分析；数据与数据流程调查分析。

结构化系统分析是 CRM 再造组织的工具，通过结构化系统分析工作，可以获得 4 个成果。①划分系统组织和子系统。调查企业的现行组织结构、领导关系、物资与资金的流程、信息的流程、业务分工等情况，进行组织与功能的配比分析，征求多方意见，划分出组织系统图表。②整理系统业务流程。全面细致地了解整个企业基于各个职能部门的业务及其流程，并对各种业务的输入、输出、处理过程，以及处理的速度、数量、现存障碍等进行清楚的调查，用文字和图例作出业务流程图 TFD（Transaction Flow Diagram）。③分析数据及数据流程。了解企业的各类报告、报表、票据及计划、资料等系统数据，查清其来源、去向及处理方法和过程，得到完整的数据结构和数据流程图 DFD（Data Flow Diagram）。④整理业务操作过程的管理模型和方法。在对企业实际的组织体系、业务流程、管理功能和数据流程都做了详细的了解、分析并取得初步的图表等结果后，对 CRM 系统就必须进一步开展结构化、系统化的分析，一方面能检查出原有工作的缺点和不足，另一方面能设计出新系统的方案。

2．CRM 再造组织的层级

CRM 成功地实现组织再造可以提高企业的决策效率，充分调动企业员工的积极性。但在再造过程中势必因触动部分组织的局部利益而产生抵触。因此，再造不仅要合理规划、重新设计组织，还要考虑建立什么样的组织，如何有效地建立这些组织，如何使组织有效发挥作用等问题。在这种情况下，构建的层级组织是否具有可扩展性将成为关键。

CRM 划分组织系统要考虑到企业不同层级的需求。首先，企业与客户有密切联系的主要部门：市场营销、销售和客户服务部，CRM 系统将满足这些部门级的需求，提高市场决策能力，加强统一的销售管理，提高客户服务质量；其次，CRM 必须将企业的市场、销售和服务协同起来，建立市场、销售和服务之间的沟通渠道，也就是满足企业部门协同级的需求；再次，CRM要与企业的相关业务系统紧密结合，以客户为中心优化生产过程，必须满足企业级的管理需求。具体描述如下。

（1）部门级需求

企业中对 CRM 有最强烈需求的是市场营销、销售和客户服务三个部门。要满足部门级的需求，CRM 系统至少应该包含数据仓库、数据挖掘系统、销售（自动化）管理、营销（自动化）管理、客户服务与支持等子系统，从而支持市场营销部门开展市场活动管理、跟踪和反馈、进行活动评价，同时得到对客户的构成、地理分布等信息，分析客户行为、对客户状态进行分类；支持销售部门提出销售任务、分配任务、评价和度量销售；同时使客户服务部门及时得到系统提供的为客户服务的准确信息，保证服务中心一致对待客户等。

（2）协同级需求

协同级需求，主要解决企业在运作过程中遇到的实时传递信息和渠道优化的问题。只有满足了企业的部门协同级的需求，CRM 才能将市场、销售和服务部门紧密地结合在一起。只有将营销数据分析的结果实时传递给销售和服务部门，他们才能更好地理解客户的行为，留住老客户；同时销售和服务部门收集的信息也要及时传递给市场部门，以便对销售、服务和投诉等信息进行及时分析，从而制定出更有效的竞争策略。渠道优化则是指在众多的销售渠道中选取效果最佳、成本最低的销售渠道。总之，通过市场、销售和服务部门的协同工作，可以达到企业实时掌握商机的目标。

（3）企业级需求

CRM 还要满足企业级管理的需求，因为许多企业往往存在比较复杂的管理系统，如果它们相互孤立，就很难充分发挥各系统的功能。CRM 要担负起不同系统之间的相互协调功能，充分提高企业的运作效率、降低 IT 系统的成本。企业管理系统如财务系统、后端支持生产制造的 ERP、支持供应流转的 SCM 等系统，都要通过 CRM 整合形成一个闭合的系统，全面提高企业运作的能力。CRM 与这些系统的结合主要表现在：第一，CRM 要从企业已有的系统中获得客户数据和信息；第二，CRM 系统可以直接集成企业已有的 IT 系统中的一些模块，利用已有系统的功能，降低自身成本；第三，CRM 的分析结果可以被企业内其他 IT 系统所运用。

为满足企业不同层次的需求，CRM 系统必须有良好的可扩展性，企业能在不同时期根据自身的经营规模、系统状况和需求，灵活地扩展 CRM 系统的功能。只有满足以上层级、具备良好扩展性的组织，才是 CRM 再造的目标。

例如，AT&T 公司在近年完成的组织再造中，将企业改组为由 20 个独立的经营单元组成的网络制组织，首次，让每个基层经理全面负责定价、营销及产品开发等工作，依技术、产品和职能选择核心业务，再造经营单位，依分立化、扁平化原则更新组织结构；其次，设计上层组织结构，核心任务是管理各经营单位的资本金投入和资金分配，制定公司的总体发展战略并审定各经营单位的经营战略，广泛宣传公司的目标与价值观念，积极推进知识资本营运；再次，建立健全广域协调机制，促使分散各地的既具独立性又相互依赖的经营单位之间进行直接的网络化联系，以利于知识共享，进行灵活的多样化合作，节约公司内协调、监控等管理费用；最后，用共同的企业文化把员工联结起来，增强其能动性和创造性，同时加强协调功能，实现各经营单位之间的有效竞争，以及公司内部资源配置最优化和功能扩张最大化的目标。

5.2　客户关系管理与企业业务流程重组

“重组（Reengineering）”的管理思想和方法，由美国麻省理工学院教授米歇尔·哈默（Michael Hammer）于 1990 年首先提出。1993 年，米歇尔·哈默和管理咨询专家詹姆斯·钱伯尔（James Champy）合作出版的 *Reengineering the Corporation: a Manifesto for Business Revolution* 一书中，正式提出企业“重组”的定义：从根本上重新思考、彻底改造业务流程，以便在产品和服务质量、客户满意度、成本、员工工作效率等衡量绩效的关键指标上取得显著改善。

5.2.1　企业业务流程重组的概念与原则

1．企业业务流程重组的概念

企业业务流程重组（BPR， Business Process Reengineering）是对企业的业务流程进行根本性的再思考和彻底性的再设计，从而获得在成本、质量、服务和速度等方面业绩的显著改善。业务流程是以客户需求为起点，从企业输入各种资源到企业创造出客户满意的产品或服务、实现价值为终点的一系列活动。在一个企业中，业务流程决定了其运行的效率，是企业的生命线。以客户利益为中心，以员工为中心及以效率和效益为中心是企业整个业务流程的核心，整个业务流程就是围绕这三个目标进行的。业务流程重组的核心是对业务流程进行根本性的再思考和彻底性的再设计，进而显著提高企业效率，提升企业价值。总之，BPR 是以客户为导向的 BPR，不但是一种管理思想，更是企业内部的一场管理变革。

CRM 的实施需要大量的客户化工作，而只有在管理方法、业务流程、岗位设置等方面厘清思路后，才能进行客户化工作。在 CRM 系统实施之前或实施之中进行的 BPR 工作的重要作用，就在于理顺管理方法、业务流程、岗位设置和管理制度等。

2．企业业务流程重组的原则

（1）将信息处理工作纳入产生这些信息的实际工作中

伴随着 IT 的运用和员工素质的提高，信息处理工作可以由低层组织的员工自己完成。例如，福特公司在旧流程中，验收部门虽然产生了关于货物到达的信息，但却无权处理它，而需将验收报告交至应付款部门。在新流程下，由于采用了计算机系统，实现了信息的收集、存储和分享，验收部门能够独立完成产生信息和处理信息的任务，极大地提高了流程效率。

（2）整合分散的资源

通过数据库、远程通信网络以及标准处理系统，企业在保持灵活服务的同时，可以与所有需要的人实现资源共享，还可以获得规模效益。例如，惠普公司以前在采购方面一贯是放权给基层，50 多个制造单位在采购上完全自主，但是对于总公司来说，这样可能损失采购时的数量折扣优惠。现在运用信息技术重建其采购流程，总公司与各制造单位使用一个共同的采购软件系统，各部门依然是订自己的货，但必须使用标准采购系统。总部据此掌握全公司的需求状况，并派出采购部与供应商谈判，签订总合同。在执行合同时，各单位根据数据库，向供应商发出各自的订单。这一流程重建的结果是惊人的：公司的发货及时率提高 150%，交货期缩短 50%，潜在客户丢失率降低 75%，并且由于折扣，使所购产品的成本也大为降低。

（3）协调并行工作

并行有两种形式：一是各独立单位从事相同的工作；二是各独立单位从事不同的工作，而这些工作最终必须组合到一起。并行的好处在于将研究开发工作分割成一个个任务，同时进行，可以缩短开发周期。但是传统的并行流程缺乏各部门间的协作，因此，在组装和测试阶段往往就会暴露出各种问题，从而延误新产品的上市。现在配合各项信息技术，如网络通信、共享数据库和远程会议，企业可以协调并行的各独立团体的活动，而不是在最后才进行简单的组合，这样可以缩短产品开发周期，减少不必要的浪费。

（4）在业务流程中建立控制程序

在大多数企业中，执行者、监控者和决策者是严格分开的，这是基于一种传统的假设，即认为一线工人既没有时间也没有意愿去监控流程，同时他们也没有足够的知识和眼界去做出决策。这种假设就构成了整个金字塔式管理结构的基础。而今，信息技术能够捕捉和处理信息，专家系统又拓展了人们的知识，于是，一线工作者可以自行决策，在流程中建立控制，这就为压缩管理层次和实现扁平组织提供了技术支持。而一旦员工成为自我管理、自我决策者的时候，金字塔式组织结构以及伴随着它的效率低下和官僚主义就会消失。

例如，MBL（Mutual Benefit Life Insurance）是全美国第 18 大人寿保险公司。该公司重建其保单申请程序的情况是：在重建前，从客户填写保单开始，须经过信用评估、承保、开具保单等一系列过程，共 30 个步骤，跨越 5 个部门，经 19 位员工之手。因此，最快也需 24 小时才能完成申请过程，而正常则需 5～25 天。这么漫长的时间中究竟有多少是创造附加价值的呢？经推算，假设整个过程需要 22 天的话，则真正用于创造价值的只有 17 分钟，还不到 0.05%，而 99.95%的时间都在从事不创造价值的无用工作。这种僵化的处理程序将大部分时间都耗费在部门间的信息传递上，使简单的工作变得复杂。面对上述情形，MBL 的总裁提出了将效率提高 60%的目标。唯一的方案是实施 BPR，新做法是设立一个新职位——专案经理（Case Manager），对从接收保单到签发保单的全部过程负有全部责任，也同时具有全部权力。在共享数据库、计算机网络以及专家系统的支持下，专案经理对日常工作处理起来游刃有余，只有当遇到棘手的问题时，才请求专家帮助。这种由“专案经理”处理整个流程的做法，不仅压缩了线形序列的工作，而且消除了中间管理层，这种从两个方面同时进行的压缩，取得了惊人的成效。MBL 在削减 100 个原有职位的同时，每天工作量增加了一倍，但工作效率却提高了很多，处理一份保单只需要 4 小时，即使是较复杂的任务也只需要 2～5 天，节省了客户大量的时间，增加了客户的满意程度。

（5）面向客户和供应商整合企业业务流程

当今时代的竞争不是单一企业与单一企业的竞争，而是一个企业的供应链（供应商、企业制造车间、分销网络、客户组成一个企业紧密的供应链）与另一个企业供应链间的竞争，这要求企业在实施 BPR 时不仅要考虑企业内部的业务处理流程，还要对客户、企业自身与供应商组成的整个供应链业务流程进行重新设计，并尽量实现企业与外部只有一个接触点。

5.2.2　客户关系管理环境下企业业务流程重组的内容

在客户关系管理的应用系统中，主要由 4 个子系统组成：业务操作管理子系统、客户合作管理子系统、数据分析管理子系统和信息技术管理子系统。涉及企业前端业务流程的重组时，按照 CRM 生态系统的结构，基本可以划分为业务操作管理流程的重组和客户合作管理流程的重组两方面。这两个领域的共性是它们以企业外部为工作中心，以改进与客户的交易为目标，这与后台管理集中于企业内部运作的目标是有区别的。CRM 对企业前端业务的重组借助于先进的技术方案将实现业务流程的自动化、提高效率、降低成本，更重要的是，它还将因此引发企业深层次的变化。

1. CRM 环境下业务操作管理流程的重组

企业的业务操作流程主要由销售、营销和客户服务三部分组成，CRM 系统对其进行优化和重组的结果是希望由此建立符合企业需要的全新功能模块，进而形成全面的企业前端业务流程闭合环路。

（1）市场营销

在 CRM 环境下，要求企业的市场营销活动能够实现以下 6 个方面的功能：①针对企业客户定位，制定市场营销战略和目标；②设计针对性强、效率高的市场推广活动；③管理实施活动的各种渠道与方式或对活动的进程进行调整；④评估活动结果，最终找出效果最好的营销活动形式；⑤获得关键客户的互动资料；⑥进行营销活动的市场分析，提出决策参考意见。

为保证市场营销功能的自动化，CRM 在营销功能模块方面需要充分体现数据库的特性，以适应其进行高层决策管理和面向营销的市场分析等需要。这方面可利用集中了各种客户信息的数据库，以实现客户机与服务器之间的交互。这种反应式的通信还要求可靠灵活的基础设施和较高的应用安全性。

（2）销售

销售过程包括报价、订货、折扣、给付差价、售点管理、订单管理等一系列内容。CRM 要求销售中能够提高专业销售人员的大部分活动的自动化程度，包括：①覆盖整个销售过程，从销售信息导入、市场时机的把握、渠道的选择一直到订单管理；②支持各种不同类型的销售方式——直销、间接销售、代理销售、电视销售、网络销售等，支持不同销售方式的工作人员通过多种渠道可以共享客户信息；③实现包括日历和日程安排、联系和账户管理、佣金管理、商业机会和传递渠道管理、销售预测、建议的产生和管理、定价、领域划分、费用报告等功能。从企业角度来讲，可以帮助企业决策者掌握全球范围内的产品销售情况和市场前景。

在实施销售自动化和流程的优化时需要考虑：第一，用户的移动和分散性会极大地影响企业基础设施的开发和网络的规划；第二，迅速变化的环境使网络信息流的负载和模式将发生改变，需要以连贯、可靠和安全的网络为基础；第三，要求提供多服务接入平台来接受移动办公的员工的通信申请，包括对其进行审核、解密和批准等。

（3）客户服务

在客户服务环节，CRM 要求企业提供具有竞争力的售后支持、上门维修和消耗品维护服务，其中，包括维护人员的预约与派遣、备件的管理、后勤保障、服务收费和根据合同提供野外维护服务等项目；还应当支持客户自由选择电话、网络等自己认为最方便的通信方法与企业联系，而且，不论他们采取何种渠道，都能在最短的时间内得到所需的统一专业的服务；企业通过内部与客户打交道的各个环节，最终得到与客户相关的各种资料，真实地、全方位地掌握客户需求，而这些资料反馈给营销和销售部门便可以实现更大的价值。

在 CRM 环境下，企业提供客户服务覆盖了从与客户的初次接触，到最后的服务账单管理的整个服务业务流程，要使用呼叫中心、电子邮件、Web 网站等渠道，所以其网络技术必须支持跨系统的应用集成，比如语音和数据的统一、基于 Web 的呼叫代理、自动化知识引擎以及跨平台质量监督客户交互记录系统等。

2. CRM 环境下客户合作管理流程的重组

客户合作管理划分为业务信息系统、联络中心管理和 Web 集成管理，对企业客户合作流程的优化和重组就是围绕这三个方面开展的。

（1）企业业务信息系统（OIS， Operational Information System）

企业业务信息系统在企业信息系统中处于最基层，实质上就是企业管理信息系统（MIS）的基础子系统。主要作用是针对某项业务处理要求，进行数据处理（包括数据的接收、录入、统计、汇总、更新和检索等），以代替业务人员相关的重复劳动，提高信息处理、传输的效率和准确性，为决策和业务操作应用系统提供支持。独立地讲，业务信息系统结构可分为数据库技术及应用与信息功能两个层面。这里的业务信息系统就特指与其相关的信息功能这一层面，包括：①客户资料管理。记录和存储所有客户信息资料，将来自每个销售人员和不同渠道的客户信息以及所有联系人的完整原始档案资料登入，对各类客户及联系人进行分类、统计、查询和打印地址列表、电话列表、信封标签等。②客户跟踪管理。跟踪每次业务操作中与客户联系的情况，对提交客户的电子文件跟踪记录、对业务人员的重要活动及未来商务约会做提醒设置；业务负责人可以随时将项目及所有信息移交他人继续跟踪；对已成交业务的收款情况及交货情况进行监控；提供多种统计分析功能，对每位业务人员的销售业绩及指标完成情况进行统计等。③业务知识管理。提供业务人员日常工作中需要的信息，包括公司介绍、产品介绍、产品报价、经营知识、标准文档、市场活动、媒体宣传、业界动态、产品趋势以及竞争对手的信息及其产品的相关信息，还能向所有业务人员提供针对不同案例及市场与销售策略进行讨论的功能。

（2）联络中心（Contact Center）

呼叫中心或电话中心是以计算机通信集成技术为依托，可以提供完整的综合信息服务的应用系统。最初是为企业在最外层加上了一个服务层，但在 CRM 系统中，不仅要在外部为用户，而且在内部也要为整个企业的业务操作管理流程起到重要的支持和协调作用。同时还要逐步具备提供 7×24 小时的不间断服务，允许客户在与企业联络时选择语音、IP 电话、电子邮件、传真、文字交谈、视频信息等多种通信方式。对外面向用户，对内与整个业务流程相联系，这种功能的增加使 CRM 系统中的呼叫中心逐渐向联络中心的方向发展。

联络中心的内容和功能都超出了传统呼叫中心的范围，联络中心的功能是与客户进行互动，期望完成客户信息的全面收集与分析，并在一定程度上提出对客户的服务和支持。尽管如此，呼叫中心仍然是联络中心的重要组成部分。

联络中心的目标是成为统一的企业前端，即成为综合联络中心 UCC（Unified Contact Center），把电话呼叫、电子邮件、互联网接触及间断联系等渠道统一起来，负责起企业与客户接触的前端，同时可摆脱过去的成本中心的包袱，转化为企业的利润中心之一。企业的客户服务或销售人员，在 UCC 的架构下，可以用单一的界面同时提供客户电话拨入或由网络上提出服务要求（Web Call），在服务人员与客户以一般电话对谈的同时，也要能够与客户同步浏览客户所在网页或线上立即传送视频文件。这类功能可以保证企业联络中心与客户互动的质量。

（3）Web 集成管理

Web 集成管理是指企业自身在网络上的推广、宣传、客户接触、互动等进行统一全方位的网络商业应用的解决方案。系统可通过支持、销售其产品和服务，并不断扩展销售和服务体系，并可与 ERP 等应用系统结合，改善产品的发布和生产周期。CRM 的 Web 集成管理是指应用 Internet 体系结构，提供一个从选择配置到订货的个人化的电子商务解决方案的新接口，从而全面支持 Internet 交易，使企业能够充分利用 Internet 扩展自己的电子商务，这对于企业实施有针对性和个性化的市场战略具有重要意义。

5.3　客户关系管理与企业文化

企业文化对 CRM 战略的设计、目标制定与实施有着极其重要的作用。可以说，企业文化是 CRM 实施成败的关键。尽管从表面上来看，企业文化对企业全体员工没有太多“明文规定”的约束力。但从文化的内涵来看，企业文化对员工的行为有一种隐形的强大约束力。而 CRM 远不止是一种技术，企业需要转变文化、运作模式和决策支持模型来实时响应客户的需求，建立“以客户为中心”的文化。

5.3.1　企业文化的结构、功能与特征

企业核心竞争力的构成要素之一即是企业文化和企业共同的价值观念。从现代管理的角度上讲，企业管理的对象不仅包括对设备、资金、原料等的“硬”管理，而且还应注重对企业成员思想、意识、精神及其行为关系的“软”管理。企业文化建设是“软”管理的重要内容。企业文化的含义是在一定的社会、经济、文化背景下的企业，在长期的发展过程中逐步形成的，全体员工共同接受、认同与信守的，较为稳定的经营理念、行为规范、企业形象、价值观念和社会责任等具有企业特色的精神财富的总和。

1. 企业文化的结构

从结构上看，企业文化可分为精神层、物质层、行为层和制度层四个层次。

（1）企业文化的精神层

企业文化的精神层又称企业精神文化，是指企业在生产经营过程中，受一定的社会文化背景、意识形态影响而长期形成的一种精神成果和文化观念。它包括企业精神、企业经营哲

学、企业道德、企业价值观念、企业风貌等内容，是企业意识形态的总和。

（2）企业文化的物质层

企业文化的物质层又称企业的物质文化，它是由企业职工创造的产品和各种物质设施等构成的器物文化。企业的生产环境、企业生产经营的成果（生产的产品和提供的服务）、企业广告、产品包装与设计等都是企业物质文化的主要内容。其中，技术的发展对企业文化有很大影响。技术作为物质文明、精神文明的一种体现，对社会起着潜移默化的作用。人们接受了这种技术反映出来的思想，可以冲击传统的思想沉积，破除旧的价值观念，萌生新的价值追求。新技术、新设备、新材料、新工艺、新产品的开发和应用，生产过程的机械化、自动化、电算化都直接关系到企业物质文化发展的水平及其对企业精神文化发展的影响程度。

（3）企业文化的行为层

企业文化的行为层又称企业行为文化，是指企业员工在生产经营、学习娱乐中产生的活动文化。它包括企业经营、教育宣传、人际关系活动、文娱体育活动中产生的文化现象。它是企业经营作风、精神面貌、人际关系的动态体现，也是企业精神、企业价值观的折射。从人员结构上划分，企业行为中又包括企业家的行为、企业模范人物的行为、企业员工的行为等。

（4）企业文化制度层

企业文化的制度层又称企业制度文化，主要包括企业领导体制、企业组织机构和企业管理制度三个方面。企业领导体制的产生、发展、变化，是企业生产发展的必然结果，也是文化进步的产物。企业组织结构是企业文化的载体，包括正式组织结构和非正式组织结构企业管理制度是企业在进行生产经营管理时所制定的、起规范保证作用的各项规定或条例。上述三者构成企业的制度文化。

企业文化各结构层之间的关系如图 5-1 所示。企业精神文化在整个企业文化系统中居于核心地位。它是企业物质文化、行为文化的升华，是企业的上层建筑，是一种更深层次的文化现象。从核心层向表层过渡依次为制度文化、行为文化和物质文化。

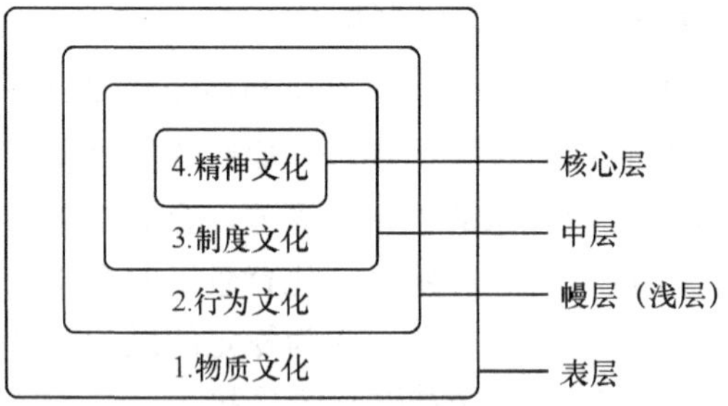

图 5-1　企业文化的 4 个层次

2．企业文化的功能

哈佛大学、斯坦福大学和一批管理咨询公司曾对企业文化的功能进行专项研究，得出的结论认为：企业文化能对员工和企业经营业绩产生巨大的作用，其对企业的影响甚至超过了企业经营策略、管理体制、领导艺术等重要因素。企业文化的功能具体体现在以下方面。

（1）导向功能

企业文化的导向功能主要是以其自身的价值观、行为准则把企业成员凝聚到同一目标上，形成统一观念、统一意志。在引导过程中，始终创造一种适合的文化氛围，让员工在潜移默化中接受共同的价值观，避免强制因素的参与。

（2）凝聚功能

企业文化的凝聚功能能够使企业员工产生共同的语言和集体荣誉感，这种共同语言和集体荣誉感有利于减少内耗，可以促使整个企业和员工形成合力，产生出 1+1>2 的效果。

（3）激励功能

企业文化可以激励员工的思想，形成对企业目标和价值观念的认同、对本职工作的责任感和对企业的归属感，使企业成为一个有力的整体。

（4）约束功能

企业文化以不成文而约定俗成的、无形的、非正式的、非强制性的各种风情规范和人际伦理关系准则，对每个员工的思想和行为起到约束作用。所以说，企业文化作为企业员工群体的行为规范，对全体成员有行为上的号召力和控制力。

（5）辐射作用

企业文化形象向社会展示了自己的管理风格、经营状态、精神风貌、服务态度、产品竞争能力等信息，从而得到社会的承认和肯定，获取自身生存发展的长期环境，进而促进社会文化的进步，这些都构成了企业文化的辐射作用。

（6）稳定作用

企业文化能为企业的长期稳定发展提供相对的保障，文化观念对企业发展的稳定作用甚至高于企业家的管理能力。

企业文化作为推动企业发展的原动力之一，业已成为企业核心竞争力不可缺少的构成要素。一个企业，如果没有形成其独特的企业文化，那么其核心竞争力将大打折扣，即使拥有先进的技术工艺、丰富的经济资源、完善的管理机制和健全的组织机构，其 CRM 的实施也将受阻，使其无法在激烈的市场竞争中保持长久的优势。

3. 新时代的企业文化特征

经济全球化、知识经济和可持续发展成为当今人类社会发展的三大主题。在充分认识时代背景、深入考察以信息化为基础的新经济之后不难发现，无论是基本的价值观念，还是具体的行为准则，新时代企业文化都将在很大程度上不同于工业经济中传统企业文化模式。新时代企业文化至少具有以下几个基本特征。

（1）速度文化

“一个公司的成败取决于其适应变化的能力。”新的竞争越来越表现为基于时间的竞争，培育起一种重视速度的企业文化成为当务之急。首先，企业速度文化的精髓在于发现最终消费者。新时代市场竞争的焦点不再集中于谁的规模更强大，谁的资本最雄厚，而是要看谁最先发现最终消费者，并能最先满足最终消费者的需求。其次，企业速度文化强调的不仅是使用数字化工具改造企业旧有的管理和运行流程，或创造崭新的管理和运行流程，更重要的是要营造出充分发挥知识和智能效率的企业文化氛围，在快速变化的商业环境中提供企业员工最快速的反应机制，让员工充分发挥潜力，主动掌握不断流动的信息所透露出的商机。

（2）创新文化

在信息化背景下，创新的作用得到空前强化，并升华成一种社会主题。在未来似乎充满不确定性的、不可预测的环境下，经济活动主体只有通过本身的创新意识和创新活动才能主动地使用这种环境。一些最新的研究表明，成功的世界级领先企业“更多的是由超越现实的抱负和在低投入产出中表现出的创造性来维系的，而很少是由工业的文化或制度的承袭而维系成一体的”。

（3）虚拟文化

企业经营虚拟化是经济全球化和知识经济时代的典型趋势，它突出体现在与信息紧密挂钩的高智能性知识密集型产品和产业上。企业经营的虚拟化表现在两个方面：其一，利用高信息技术手段，在全球范围内通过软性操作系统整合优势资源，既增加企业运行的效率和活力，又避免工业经济时代常规运行中的硬设施投入，从而降低企业运行成本；其二，只需要保持对市场变化的高度敏感性和研发设计能力，而不必将自己的主要精力耗费在低价值产出和常规的普通工业生产中，后者完全可以通过国际分工体系由订货或合营方式来完成。由此可见，企业虚拟文化的要旨在于具有灵活、柔性、合作、共享、快速反应、高效输出等素质。

（4）学习文化

崇尚知识将成为新时代的基本素质和要求。只有通过培养整个企业组织的学习能力、速度和意愿，在学习中不断实现企业变革、开发新的企业资源和市场，才能应对现代经济挑战。企业应培养一种重视学习、善于学习的文化氛围，建设学习型组织。

（5）融合文化

经济全球化与竞争中的合作，使企业必须不断融合多元文化。自20世纪90年代以来，世界上出现了越来越多的兼并和战略联盟，企业成为跨文化的群体组织，通过全球化把各种稀缺要素集中在自己手中，实现最佳优势互补。企业融合文化应当是多元文化、合作文化和共享文化的集合。多元优于一元，合作大于竞争，共享胜过独占，企业有了包容性的融合文化，就能突破看似有限的市场空间和社会结构，实现优势互补和资源重组，在更为广泛的程度上实现双赢或多赢的商业运作。

5.3.2 企业文化与客户关系管理战略的实施

企业文化与 CRM 战略的实施有着双向的影响和互动关系。首先，企业文化是影响企业能否有效地建立与客户之间良好关系的关键，是 CRM 能否发挥效能的前提条件。同时，CRM 作为支持新型企业文化的有力工具，又给企业文化带来了新的变革。这也是本节所要重点讨论的问题。

1. CRM 战略实施需要的文化背景

很多人认为 CRM 仅是一个技术问题。而实际上，CRM 的实施能否成功，不仅与 CRM 方案供应商的实施经验和技术水平有很大的关系，而且与企业自身的管理体制、企业文化、人员素质等都有很大的关系。成功的 CRM 实施所关注的不仅是 CRM 系统的安装、调试、培训等工作本身，而是把更多的精力放在理念贯彻、思想融合，即企业文化体系的改造及贯彻上。虽然企业文化不像企业制度那样对员工具有强制约束力，但作为企业全体成员共同的思维和行为习惯，对企业的影响力却非常大。要成功实施和应用 CRM 系统，必须要有与之相适应的企业文化作支撑。

实施 CRM 的核心是如何使最高管理人员、一般员工都能从思维和行为习惯上真正聚焦到客户身上。因此，企业要成功应用 CRM，应该从以下几个方面对企业文化进行改造。

（1）形成“让客户 100%满意”的文化

企业在以前的市场竞争中，往往会形成一种以企业本身利益最大化为目标的企业文化，因为这种文化能够有效地使企业各个资源围绕企业如何获取最大利润而展开，在很长一段时间内为企业的发展带来了帮助。于是“以盈利为唯一目标”成为企业的金科玉律，在这一思想指导下，许多企业为了获利而自觉不自觉地损害客户利益，从而导致客户的满意度和忠诚度很低。企业这种以自身利益为唯一目标的做法极有可能导致老客户不断流失，企业的利益也会因此受损。而在 CRM 文化中，企业应当更加重视客户满意、客户忠诚和客户保留，在企业拥有了许多忠诚的客户后，再不断升级相关的服务，使客户得到 100%满意的同时，企业也能获得很大的利润，真正实现客户和企业的双赢。

（2）关注客户个性需求

随着社会财富的不断积累，人们的消费观念已经从最初的追求物美价廉的理性消费时代过渡到感性消费时代。感性消费时代最突出的一个特点就是消费者在消费时更多的是在追求一种心灵的满足及个性的张扬。因此，企业要想赢得更多的客户，必须要能够为客户提供个性化的产品和服务，要实现从传统“大规模”文化向“一对一”文化的转变。“一对一”包括：一对一销售、一对一营销和一对一服务，因此，有人干脆就把企业称为“一对一”企业。信息技术和网络的飞速发展，使得“一对一”在较低的成本下就能得以实现。

（3）将客户资源作为企业最重要的资产

客户是企业发展之本，当客户这种独特的资产与其他资产发生利益冲突时，企业应当尽量保证客户资产，追求客户资产为企业带来长期效应。企业要细分客户，针对不同的客户采用不同的客户策略。客户细分原则包括客户特征、客户偏好和客户价值等。

（4）在客户战略的基础上培育“以客户为中心”的企业文化

客户战略定义为公司如何建立和管理一个客户组合，一个客户战略至少包括 4 个元素：客户理解、客户竞争、客户亲和力和客户管理。一个客户战略必须要能够回答客户是谁？客户想要什么？客户如何被管理？只有制定了长远的企业客户战略，才有在公司形成一种客户导向文化的可能性。从另一方面来看，企业在实施客户战略时，又离不开组织变革和文化转变。

（5）围绕客户资源综合管理“前后台”资源

传统企业在特定的经济环境和管理背景下，企业管理的着眼点在内部资源管理，即企业管理“后台”部分。而对于直接面对以客户为主的外部资源的“前台”部分缺乏相应管理。如图 5-2 所示，CRM 要求企业将市场营销、生产研发、技术支持、财务金融、内部管理 5 个经营要素全部围绕着以客户资源为主的企业外部资源来展开，实现“前台”资源和“后台”资源的综合管理。

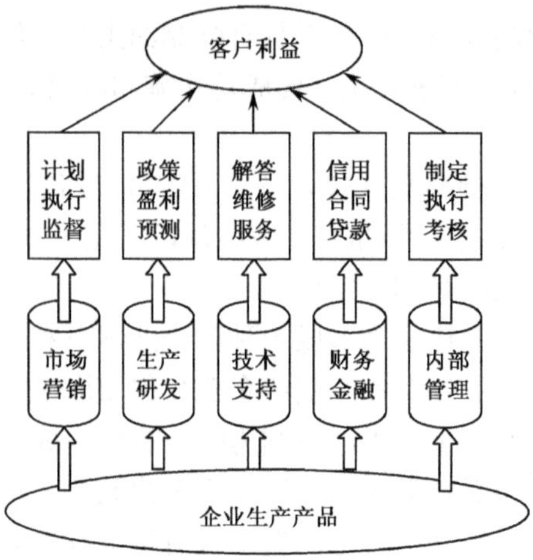

图5-2 实施CRM相匹配的企业文化

2．培养有利于CRM实施的企业文化

企业文化在企业的生产经营中具有重要的作用，企业要想在CRM的实施中取得成功，必须对原有企业文化进行适当的改造，培育有利于CRM实施的企业文化。一些企业在运用信息技术和进行其他各方面的改革时，往往注重企业硬件设施建设，而忽视改革所需的氛围和人员的思想观念、意识及精神方面的建设，致使改革缺乏思想基础和文化支撑。许多成功经验表明，在人、机、技术构成的系统中，仅仅依靠产权和物质利益等方面的约束和激励是不够的，还必须有文化、精神和道德等方面的支撑。因此，在实施CRM的同时，必须注重培育有利于CRM实施的企业文化，具体应从以下几个方面做起。

（1）倡导“以客户为中心”的理念

企业经营理念必须紧密结合市场需求，当市场需求发生改变时，企业经营理念应随之而变革。由于“以客户为中心”的商业模式迅速来临，对许多公司而言，渐进式的改革已不足以适应市场需要，而需要的是对企业的经营理念进行革命式再造，根本改变企业体质，构思一个“从客户利益出发”的企业文化体系。

CRM是“以客户为中心”的新型管理理念和商业模式，在CRM的实施过程中，一定要强调客户的重要性，因而在企业中，应注重培育客户满意型文化。所谓客户满意型文化是指以提高客户的满意指标和客户满意度为核心，从客户角度出发，分析、判断、调整企业生产经营活动的文化。企业若想构建客户满意型文化，必须首先建立起一套完整的客户满意管理机制。这一机制至少包括客户需求的感知系统、客户需求的满足系统和客户满意的反馈系统。

（2）树立不断向上、永不停息的企业精神

企业实施CRM的目的是提升企业的核心竞争力，从而增强企业发展的实力和信心，因此，企业在实施CRM的过程中，要激励员工树立不断向上、永不停息的企业精神。

（3）树立团队合作意识

企业实施CRM，需对企业资源、组织机构、业务流程等进行全面整合与集成，这将要求企业内部从各部门的多头作战转向团队协作，因而要求提高企业的整体团队合作意识。

（4）树立高度的效率观念和整体的效益观念

企业的经营目标是追求企业整体效益的动态最大化。企业在实施 CRM 的过程中，通过优化企业组织体系和业务流程，借助于先进的技术工具和系统设备提高企业的运营效率，达到企业整体效益的动态最大化，这就要求企业全体员工要树立高度的效率观念和效益观念。

（5）树立“以人为本”的管理理念

企业实施 CRM 时，要求突出管理者和员工的能动性、积极性和创造性，并利用先进的科学技术和管理工具及管理机制提高企业的经营管理水平，以人为本，以管理为本，从而实现企业的综合效益。

5.3.3　客户关系管理对企业文化的促进与变革

CRM 作为一个专门管理企业前台的管理思想和管理技术，提供了一个利用各种方式收集和分析客户资源的系统，也提供了一种全新的商业战略思维。它可以帮助企业充分利用以客户为主的外部商业关系资源，扩展新的市场和业务渠道，提高客户的满意度和企业的盈利能力。CRM 作为一种全新的战略思维和工作方法，以其独特的魅力和巨大的冲击力，正在逐渐变革传统企业已经形成的文化机制。大部分企业为适应不断变化的管理潮流和商业环境，自动或被动地接受了这些变革。变革的主要内容是由重视企业内部价值和能力，变革为重视以客户资源为主的企业外部资源的利用能力，以及因此而带来的由重视企业与员工、员工与员工之间的关系变革为重视企业与客户、员工与客户的关系；由重视企业利润变革为重视客户利益；由关注客户群体需求变革为关注客户个性需求；由面向理性消费的经营思路变革为面向情感消费的经营思路等诸多文化因素的变革。

1. 客户关系管理促进了企业文化与消费文化的融合

客户关系管理是“以客户为中心”的新的企业文化的具体体现。当今的消费已从量的消费时代发展到质的消费时代，如今又开始进入到个性化消费的时代。消费者已不再安于被动的消费，他们甚至要求作为设计和生产的参与者与企业一起按照自己的要求和创意去生产满足自身个性化需要的产品，同时体现了自身的价值及其创作欲的满足。这种个性化消费已成为消费文化的主要特征。

面对新的消费需求和消费文化，企业唯有满足市场和消费者的需要，才能立于不败之地。传统的生产性企业要改变为“以客户个性化消费”为导向的生产经营模式，企业文化要与消费文化相吻合，保证价值取向一致。必须真正找到了解客户、与客户沟通的渠道来实现企业新的生产经营模式。客户关系管理的实施客观地适应了市场的变化和消费文化的改变，成为企业解决客户问题的最好渠道，成为企业文化与消费文化相吻合的结合点，使企业主动地完成了企业文化向消费文化的自然扩展。从生产与消费的同一性上来说，使企业文化得到了完善；从市场的实际意义上来说，增强了企业文化的竞争力。

2. 客户关系管理是企业管理中“人本思想”的体现

企业是人类的生产组织，企业的生产过程是由人来完成的；同样，产品的消费也是由人来完成的，生产就是为了满足消费的不断增长的需要。只有在满足消费者需要的过程中，企业才能实现利润。所以人是生产的主体也是消费的主体，尊重人、关心人，调动人的积极性是每个企业生产经营管理中成败的关键。

企业为应对市场变化而逐渐产生的客户关系管理系统就是基于对客户人性的尊重，以价值观的认同作为基础而发展起来的一个企业主动的经营管理系统。这个管理系统的建立体现了企业文化中人本主义的特性，它可成为生产者与消费者之间一对一沟通的桥梁，可以保证创建企业文化与消费文化相融合的渠道，成为企业价值键与客户价值键相连接的关键环节。它是企业管理中人本主义的最成功的体现。

3. 客户关系管理巩固企业对外部资源的控制力

从管理学来说，传统企业实体的界限，应该只是包括从原材料购进开始，经过生产过程，到向市场销售产品为止的经济上统一核算的整体。但是，现代企业除了企业本身的实体外，还有一个属于企业实力的企业文化对外部市场的影响范围。这种企业文化所达到的边界也可视作企业的一种虚边界，以企业本身的实力作基础与企业文化的强弱决定了这个边界的范围。

客户关系管理把原来存在于企业之外的分散、松散、不确定的客户资源进行整理、挖掘和发展，建立起经常、稳定的资源库，并且以计算机信息技术实行管理，通过这个系统，企业与客户沟通信息，同时进行了感情上的联系和培育，使得在企业外围形成了一个相对稳定的、忠诚度不一的客户群，在企业的氛围下形成“宾至如归”的感觉。使得企业文化的“场效应”变得实在，成为相对紧密的实体。再通过这一实体的辐射和传播，又可感染客户周边的人，使得企业文化的影响范围更大，形成一个良性的、动态的企业边界外围的保护层。

4. 客户关系管理促进了企业文化体系的协调

企业文化体系在企业中最根本的协调作用表现在它能统一所有企业员工的价值观念和思想作风，形成一种凝聚的合力去努力实现企业的目标。由于文化是属于人类所特有的精神产物，文化的协调是一种深层次的协调，它关系到企业的全局，是对企业内部的生产经营活动以及市场、社会活动的统一，它对企业协调发展起到重要的作用。

客户关系管理是企业作为建立“以客户为中心”的新的经营理念、新的企业文化的具体体现。在企业内部，通过客户关系管理系统可以将原有的企业文化进行协调，整合到新的价值理念上来，从而主动地与市场接轨，达到与各种消费文化的协调、适应和融合。反过来，消费文化又可通过客户关系管理系统与企业文化沟通，表达消费意向、消费个性，并获得企业的回复。在这个渠道上反复“一对一”地交流，从而达到两种文化的协调一致，实现双赢互利的局面。

客户关系管理系统是一个贯穿于企业整个业务流程的信息管理系统，它既是企业的眼睛，又是企业的耳朵，使企业整体与外界市场、客户保持着密切的联系。一旦在企业内部出现不一致和冲突时，只要涉及客户信息、市场动向等重大原则问题，大家都可以从客户关系管理系统中得到帮助和确认，从而在以客户为中心的原则下协调起来。而通过企业文化传播出去的企业信息在市场中产生的影响，其绩效如何都会通过客户关系管理系统及时反馈回来。这些宝贵的反馈信息正是企业协调企业文化中的矛盾和不一致性的依据。这种对企业文化系统的及时协调，有力地保证了与企业宗旨、企业价值观一致的企业文化的构建，并对企业内部产生更大的协调作用；同时，在企业外部影响消费文化，与消费文化协调一致，内外同时产生巨大的合力，保证企业目标的实现。

5.4　客户关系管理与企业核心竞争力

随着经济全球化进程的加快和信息通信技术的飞速发展，如何培育和提高企业的核心竞争力将成为企业发展的最关键问题。提高生产效率、削减运营成本、降低产品销售价格等传统的竞争手段很容易被竞争对手模仿，并不能成为企业核心竞争力的来源。而客户资源是市场竞争至关重要的资源，建立在质量、沟通、创新和学习基础上的客户关系被认为是竞争对手最难以模仿、最具可持续性的竞争优势。因此，现代市场竞争其实质是基于客户关系的竞争，如何留住客户、升级客户就成为市场竞争制胜的有力武器。在这场竞争中，谁能与客户保持沟通，把握住客户的需求，并与客户建立牢固的关系，维持客户的忠诚度，谁就能获得竞争优势，立于不败之地。

利用客户关系管理，企业可以在提高效率、降低成本、拓展市场、保留客户和争取客户等方面得以改进，从而提升企业的竞争优势。CRM 理论与应用系统在企业中的实施效果将最直接地体现在企业核心竞争力的建设方面，使企业从对短期性资源优化配置能力的关注，延伸到对长期性资源优化配置能力的努力上。

5.4.1　企业核心竞争力的概念与内涵

1. 企业核心竞争力的概念

企业核心竞争力（Core Competence）理论在 20 世纪 90 年代企业理论和战略管理领域异军突起。当时美国一批企业战略研究人员提出，必须重新认识和分析企业的竞争能力，他们通过对许多大公司的研究分析得出结论：企业成败关键在于是否拥有核心竞争力。

“核心竞争力”的概念最早是由美国密执安大学商学院的普拉哈拉（C. K. Prahalad）教授和伦敦商学院的哈姆尔（Gary Hamel）教授于 1990 年在《哈佛商业评论》发表的论文《公司的核心竞争力》中提出的。所谓企业核心竞争力是指支撑企业可持续性竞争优势的开发独特产品、发展特有技术和创造独特营销手段的能力，是企业在特定经营环境中的竞争能力和竞争优势的合力，是企业多方面技能和企业运行机制（如技术系统、管理系统）的有机融合。

进一步讲，核心竞争力是企业长期形成的、蕴涵于企业内质中的、独具的、支撑企业过去、现在和未来竞争优势，并使企业长时间内在竞争环境中能取得主动的核心能力。它不仅仅表现为企业拥有的关键技术、产品、设备或者企业的特有运行机制，更为重要的是体现为上述技能与机制之间的有机融合。

2. 企业核心竞争力要素

企业核心竞争力是处在核心地位的、影响全局的竞争力，是一般竞争力如产品竞争力、营销竞争力、研发竞争力、财务竞争力等的统领。从企业核心竞争力不同表现形式的角度可将企业核心竞争力分为三类：核心产品、核心技术和核心能力。它们之间关系密切，产品来自技术，技术来自能力。为了提高核心竞争力，一些公司最大限度地扩展其核心产品在世界市场上的份额，为各种客户生产核心产品，使公司获得加强核心竞争力和扩展步伐需要的收益。

具体来说，企业核心竞争力的要素包括核心技术能力、核心生产能力、战略决策能力、营销能力、组织协调能力、管理机制、管理思想或理念以及企业文化和价值观等。这些企业赖以生存和发展的关键要素，有无形的，也有有形的，既包含某些“软”能力，也包含某些可以测度的“硬”能力。主要体现在以下方面。

（1）核心技术能力包含企业的研发（R&D）能力、产品和工艺的创新能力等，是构成企业核心竞争能力的中心，决定了企业能否最快最优地将技术资源向技术优势转化。

（2）核心生产能力是企业核心竞争能力赖以形成的基础。

（3）战略决策能力是企业对复杂多变的环境中的重要事件、机会或危机、威胁等做出正确的反应以及规划未来的能力，它决定着企业核心资源的配置状况，关系到企业未来的兴盛衰亡。

（4）企业的营销能力和组织协调能力是企业核心竞争能力实现的重要保证。

（5）企业文化和价值观是企业核心竞争能力形成和发展的重要条件。

企业核心竞争能力的大小不仅取决于上述各项能力的强弱，而且还取决于它们彼此的匹配程度，任何一方能力过于弱小，都会在很大程度上影响企业核心竞争能力。

5.4.2 客户关系管理对企业核心竞争力的影响

CRM 将不仅帮助企业在管理客户关系方面表现更佳，而且将帮助企业更快更好地打造核心竞争力。因为在新经济时代，以往代表企业竞争优势的企业规模、固定资本、销售渠道和人员队伍已不再是企业在竞争中处于领先地位的决定因素。由于新竞争对手和新机遇不断涌现，企业必须创造出新的结构以适应变化的需要。依赖于客户生存的企业必须学会如何对待具有不同背景的客户，并借助相关系统满足客户的需求，加强对客户的吸引力。企业的核心竞争力成为企业竞争制胜的唯一特有优势。

1．对企业运营和管理模式的影响

企业运营模式从以产品为中心的模式向以客户为中心的模式转移，这种模式的改变是有着深刻的时代背景的，那就是随着各种现代生产管理和现代生产技术的发展，产品的差别越来越小，产品同质化的趋势越来越明显，因此，通过产品差别来细分市场从而创造企业的竞争优势也就变得越来越困难。而企业全面掌握的客户信息、对客户需求的了解以及良好的客户关系本身，在核心竞争力体系中的地位就更加突出。

在 Internet 的发展和经济全球化、国际化的趋势下，企业之间几乎变成了面对面的竞争，企业仅依靠“内视型”的管理模式已难以适应激烈的竞争，因此，必须转换自己的视角，“外向型”地整合自己的资源，通过资源整合能力构建自己的竞争优势。CRM 系统的应用促进了这种外向管理模式的变化。

2．对客户服务能力的提升

企业通过实施 CRM 系统形成了统一的客户联系渠道和全面的客户服务能力。企业全面

了解客户的需求，专注于建立长期的客户关系，并通过在全企业内实施“以客户为中心”的战略来强化这一关系，通过统一的客户联系渠道为客户提供比竞争对手更好的客户服务。这种基于客户关系和客户服务的核心竞争力因素，都将在市场和绩效中得到充分体现。优质的服务可以促使客户重复购买更多的产品或服务，企业整个业务也将从每位客户未来不断的采购中获益。

3．保证企业核心竞争力的持续提升

CRM 在功能方面实现了销售、营销、服务、电子商务和呼叫中心等的集成，其目标是持续提高企业运营和管理的自动化水平。CRM 系统自身具有能动的持续进步能力，将保证企业不断根据其资源状况和市场竞争情况，调整竞争战略，突出产品或技术优势，在拥有良好而稳定的长期客户关系的基础上获得不断的市场成功。这些能力对于企业核心竞争力中的相关构成要素将起到持续的推动和促进作用。

5.4.3　客户关系管理在企业核心竞争力构建中的作用

CRM 可以通过作用于企业核心竞争力的各要素来打造企业的核心竞争力，具体表现在如下几个方面。

1．CRM 打造企业核心竞争力中的管理理念

以前企业只注重运营效率的提高，但随着网络经济和电子商务的发展，人们在大量的探索和实践中逐渐认识到，建立并维持良好的客户关系已经成为获取独特竞争优势的最重要的基础。而 CRM 正是遵循客户导向的策略，通过对客户进行系统化的研究，来改进对客户的服务水平，提高客户的忠诚度，不断争取新客户和商机，以便为企业带来长期稳定的利润。这一管理思想的出现为打造企业的核心竞争力提供了先进的管理理念。

2．CRM 通过改变企业的管理机制（模式），直接影响企业的竞争力

CRM 作为一种改善企业与客户之间关系的新型管理机制，主要体现在市场营销、销售管理、客户服务和决策分析 4 个方面。在市场营销方面，新的营销机制包括对传统市场营销行为和流程的优化及自动化、一对一营销与实时营销；在销售管理方面，CRM 扩展了销售的概念，从销售人员的不连续活动到涉及公司各职能部门和员工的连续进程都纳入了销售实现中；在客户服务方面，与传统商务模式相比，CRM 把客户服务视作最关键的业务内容，视同企业的盈利而非成本来源；在决策分析方面，CRM 创造和具备了使客户价值最大化的决策分析能力。通过 CRM 可使企业在上述 4 个方面形成彼此协调的全新管理机制，有利于企业形成持久的竞争优势。

3．CRM 打造“核心竞争力”中的市场竞争力和企业收益能力

企业通过实施 CRM，形成统一的客户联系渠道和全面的客户服务能力，将同样成为企业核心竞争力的重要组成部分。企业细心地了解客户的需求，专注于建立长期的客户关系，并通过在全机构范围内实施“以客户为中心的战略”来强化这一关系，通过统一的客户联系渠道为客户提供比竞争对手更好的客户服务。

4. CRM打造“核心竞争力”中的战略决策能力和总体规划能力

CRM系统将为企业创造出先进的客户智能和决策支持能力，这为打造“核心竞争力”中的战略决策能力和总体规划能力都将起到重要的保障和促进作用。CRM能够使企业跨越系统功能和不同的业务范围，把营销、销售、服务活动的执行、评估、调整等与相关的客户满意度、忠诚度、客户收益等密切联系起来，提高了企业整体的营销、销售、服务活动的有效性。同时对客户信息和数据进行有效的分析，为企业商业决策提供分析和支持，这将从根本上保障企业的核心竞争力。

5. 实施CRM系统，打造“核心竞争力”中的管理技术

CRM是可用于帮助企业管理客户关系的一系列技术或手段，涉及销售、市场营销、客户服务以及支持等应用软件。企业通过实施CRM系统可以使以客户为中心的商业运作实现自动化，并通过先进的技术平台和改进的业务流程，体现出传统资源与先进技术结合、发挥整体优势的能力。

6. CRM保证企业核心竞争力的持续提高

由于CRM系统在功能方面实现了销售、营销、服务、电子商务和呼叫中心等应用的集成，其目标是持续提高企业的运营和管理的先进化和自动化水平。CRM系统自身具有能动的、持续进步的能力，将保证企业不断根据其资源状况和市场竞争情况，调整竞争战略、突出产品或技术优势，在拥有良好而稳定的长期客户关系的基础上获得不断的市场成功。这些能力对于企业核心竞争力中的相关构成要素将起到持续的推动和促进作用。

7. CRM创建基于互联网的管理应用框架

CRM将创建基于互联网的管理应用框架，使企业完全适应在电子商务时代的生存和发展，那么它也将推动企业在互联网环境下打造自身的核心竞争力。企业只有通过全面的改革和CRM实施应用，才能具备在互联网环境下适应变化、不断创新、不断超越的能力，这也是互联网和网络经济赋予企业核心竞争力的新的含义。

案例分析：CRM在思科系统公司核心竞争力构建中的作用

美国思科系统公司（Cisco System）的成功是世人所有目共睹的，Cisco也无疑被视为美国新经济的代表者之一。事实上，Cisco就是一个实施CRM，打造出自己的核心竞争力，从而获得巨大成功的企业。在Cisco公司的CRM方案中，全面采用了如Oracle数据库、Internet技术平台及前端应用程序，建设了面向全球的交易系统，并已将市场及服务扩展到了全世界的115个国家，在客户服务领域也全面实施了CRM。这不仅帮助Cisco顺利地将客户服务业务搬到Internet上，使通过Internet的在线支持服务占了全部支持服务的70%，还使Cisco能够及时和妥善地回应、处理、分析每一个通过Web、电话或其他方式来访的客户要求。实施CRM使Cisco创造了两个奇迹：一是公司每年节省了3.6亿美元的客户服务费用；二是公司的客户满意度由原先的3.4分提高到现在的4.17分。在这项满分为5分的调查中，其他IT企

业的满意度几乎没有能达到 4 分的。先进的 CRM 系统为 Cisco 创造了极大的商业价值：在 Internet 上的销售额达到了每天 2700 万美元，占到了全美国 Internet 销售额的一半以上；发货时间由 3 周减少到了 3 天；在新增员工不到 1%的情况下，利润增长了 500%。

Cisco 在实施 CRM 和打造核心竞争力方面可谓是煞费苦心和别出心裁。比如，在设计企业组织体系时，一方面，Cisco 将配货商、制造商和装配商密切联系起来，每个成员享有平等的地位——CRM 实现了利用先进的网络技术使各企业间的技能和知识充分交流，让业务流程衔接得既便捷又紧密、经济，从而使各成员都获得了传统组织中为分工协作所付出的计划、指挥、协调及监控等成本费用的大幅削减所带来的好处；另一方面，Cisco 又通过系统化结构分析，将软件与网络开发部门列为企业最主要的职能部门之一，把企业的战略资源尽量集中到这一核心能力的开发上，而将非核心的业务以外包的方式承包给企业松散的合作伙伴或其他企业，降低了外部交易成本和核心能力丧失的风险，使自己的生产能力提高了 4 倍。再比如，CRM 环境下由于信息提交方式和速度的改进，要求企业简化其客户服务过程。Cisco 就大力推行客户“自助式服务”，认为没有人比客户自己更愿意帮助客户；同时，只要客户能够得到适当的工具，他们非常愿意自己帮助自己。Cisco 建立的自动化客户服务体系大受成功，既提高了客户满意度，降低了成本，同时客户对这一自我服务模式做出的积极回应为 Cisco 节省了大笔其他的开支和费用。

因此，可以这样说，Cisco 的持续竞争优势和核心竞争力的获得，应归功于其在 CRM 管理环境下成功实施了以分立化、扁平化为特征的组织再造和业务流程重组，也与 CRM 系统为公司带来的客户价值、创新性和延展性是分不开的。在 CRM 体系下，企业核心竞争力将更为企业独自拥有，成为企业在发展过程中长期培育和积淀而成的，孕育于企业文化，深深融合于企业内质之中，难以被其他企业所模仿和替代的能力。拥有强大的核心竞争力，意味着 Cisco 公司在参与依赖核心竞争力的相关产品市场上获取了领先地位，拥有了选择权，就能够支持 Cisco 向更有生命力的新事业领域延伸和扩展，开拓进一步的市场和商机。

案例分析题

1. Cisco 公司的 CRM 方案中采用了哪些有效措施？取得了哪些成效？
2. 通过本案例可获得哪些启示？

关键词汇

组织再造，业务流程重组（BPR），企业文化，核心竞争力

本章小结

全球化时代企业竞争基础和竞争优势的变化，特别是企业从以产品为中心的模式向以客户为中心的模式的转移，是客户关系管理在企业中作用突显的时代背景。

CRM 在打造企业核心竞争力方面的作用重点体现在：CRM 的实施将帮助企业全面导入

“以客户为中心”战略，帮助企业形成统一的客户联系渠道和全面的客户服务能力，使企业能够有效挖掘客户资源，并通过先进的客户智能为企业提供决策支持。同时，CRM 的实施还有利于企业知识、专长的交流、积累和创新，有利于使企业适应在电子商务时代的生存和发展。

企业组织再造强调以经营过程为中心和改造对象，以关心和满足客户需求为目的，对现有组织体系和经营过程进行根本性的再思考和彻底的再设计，利用先进的制造技术和信息技术及现代化的管理手段，最大限度地实现技术上的功能集成和管理上的职能集成，打破传统的职能型组织结构，建立起过程型的结构，扩展企业的经营目标和机会；改善服务功能与外界环境的关系，最终实现企业在质量、效率、效益等方面的巨大提高。进行企业的结构化系统分析，是企业组织再造的第一步。

业务流程重组（BPR）的核心是对业务流程进行根本性的再思考和彻底性的再设计，进而显著提高企业效率，提升企业价值。总之，BPR 是一种管理思想，更是企业内部的一场管理变革。企业目前工作流程存在一些问题需采取措施解决。业务流程重组的内容基本可以划分为由市场销售、营销和客户服务三部分组成的业务操作管理流程的重组和由业务信息系统、联络中心管理和 Web 集成管理三部分组成的客户合作管理流程的重组两方面。

企业文化虽然不像企业制度那样对员工具有强制约束力，但作为企业全体成员共同的思维和行为习惯，对企业的影响力是勿庸置疑的。成功地实施及应用 CRM 系统，必须要有与之相适应的企业文化作支撑。文化改造是企业成功实施及应用 CRM 的前提，同时 CRM 的应用突出地强化了企业对于以客户关系为主的外部社会关系的重视程度，并为企业注入了新的文化。

复习思考题

1．企业组织再造的目的是什么？
2．说明企业组织再造的含义及 CRM 的结构化系统分析的主要内容。
3．实施 CRM 再造组织的层级有哪些？
4．流程重组和企业组织再造有何联系？
5．如何进行业务流程重组？CRM 在这个过程中有何作用？
6．企业文化有哪些功能？CRM 是怎样强化这些功能的？
7．为什么在实施 CRM 的同时需要变革企业文化？
8．企业为何要提升核心竞争力？
9．为什么说企业核心竞争力来源于客户关系？
10．结合实际案例，分析实施 CRM 对构建企业核心竞争力的作用。

讨论题

1．在实施 CRM 的过程中，组织再造和流程重组是必要的吗？

2．企业实施 CRM 需要哪些人员的支持和配合？

3．企业用于实施 CRM 的资金和资源主要是用于软硬件系统的购置，还是用于相关的人员培训、组织再造、流程重组？

4．成功实施 CRM 的关键因素有哪些与本章阐述的内容相关？

5．要实现 CRM 的战略目标，管理方面需要如何配合？

6．如何才能提高企业实施 CRM 的成功率？

网络实践题

1．根据 CRM 软件厂商网站介绍、成功案例及客户评价，分析其产品的核心竞争力。

2. 通过网络了解主流的 CRM 产品，分析一下它们是如何帮助企业提升其核心竞争力的。

3．根据网络资料归纳总结流程重组与企业再造之间的逻辑关系。

4. 通过 CRM 供应商网站，了解和试用多个 CRM 产品，说明实施 CRM 之前企业在流程重组、组织变革、文化建设等方面需要做的准备工作。

第 6 章　客户关系管理战略

课前导读

拥有客户就意味着企业拥有了在市场中继续生存的理由，而拥有并保留住客户是企业获得可持续发展的动力源泉。这就要求企业在广泛关注所有的竞争环境的同时，必须加大关注客户的力度。客户关系管理（CRM）的指导思想就是对客户进行系统化的研究，以便改进对客户的服务水平，提高客户的忠诚度，并因此为企业带来更多的利润。在 e 时代越来越多的企业已经认识到客户关系管理的战略地位，如何理解客户关系管理战略，客户关系管理战略包含哪些内容，如何制定、实施和评价企业客户关系管理战略等问题成为企业密切关注并需要解决的问题。本章的内容就从客户关系管理战略的概念、内容及重要性出发，探讨客户关系管理面临的内外部外境，并针对客户关系中客户细分及关系战略进行详细阐述，最后对 CRM 战略目标制定、实施和评价进行介绍。

学习目标

- 通过本章的学习，了解 CRM 战略的内容
- 学习并了解 CRM 战略环境
- 掌握客户关系的客户细分的方法与关系战略
- 掌握 CRM 战略目标制定、实施和评价

随着市场经济的深入发展，企业对市场和客户的依赖已经逐步提高到关系企业生存的高度，谁能把握住市场的脉搏、满足客户对产品的需求，谁就能赢得市场，赢得客户。只有赢得市场和客户，企业才能生存、发展、壮大。一个企业如果丧失了客户，就意味着丧失了一切。更重要的是，企业必须拥有长期的客户，唯有与客户保持长期良好的关系，一个企业才能够在市场竞争中不断提高市场份额并增强竞争力。因此，企业以客户为本，实质上是以客户关系为本，客户关系的竞争成为市场竞争的焦点，市场营销的实质也就是市场客户关系的博弈。如果企业不能认识到这一市场营销的本质，就无法长期有效地赢得客户并最终赢得市场。

6.1　客户关系管理战略的内容

CRM 问题已经逐步发展成为关系到企业生死存亡的战略性问题。面对现代信息技术的蓬

勃发展以及越来越激烈的市场竞争，CRM 营销实践得到不断的发展，越来越多的人意识到建立密切的客户关系对企业在市场竞争中建立持久的竞争优势并保持持久的利润收益至关重要。因此，无论任何企业，都应把 CRM 作为一个中心任务和战略问题来看待。

6.1.1　企业战略管理

美国通用电气公司董事长威尔逊先生曾说："我整天没有做几件事，但有一件做不完的工作，那就是规划未来。"有资料统计表明：美国、日本在 20 世纪 50 年代末到 70 年代初，几乎 100%的企业都制定有详细的企业战略。20 世纪 60 年代初战略开始用于企业，战略管理要求企业在环境分析的基础上制定战略目标，选择战略重点，制定实现战略目标的方针及实施方案，指导企业在激烈的竞争环境中取得长期稳定的发展。实践证明，当今企业要在瞬息万变的市场环境中生存与发展，必须实施战略管理。现代企业正面临国内和国际两个市场的竞争挑战，尤其是在信息时代和管理现代化的今天，企业管理者的行为时时刻刻都会涉及战略问题。我国在实施现代企业制度和经济可持续发展的过程中应充分运用战略管理思想。

什么是企业战略？企业战略就是指企业在市场经济体制下，根据企业内外环境及可取得资源的情况，为求得企业生存和长期稳定的发展，对企业发展目标、达成目标的途径和手段进行的总体谋划。

企业的战略管理包括三个阶段：战略制定、战略实施、战略评价。在分析战略管理对企业管理的重要作用以及应用方法时，有以下几个关键的问题需要特别注意：

（1）资源的有限性决定了战略管理的重要程度，由于没有任何企业拥有无限的资源，战略制定决策将使公司在相当长的时期内与特定的产品、市场、资源和技术相联系；

（2）战略管理在实施阶段与企业的人际关系技能十分密切，战略实施活动会影响到企业中的所有雇员及管理者；

（3）战略管理在企业发展的不同阶段应有不同的内部或自我方法，即企业要在不同阶段制定并执行或开展不同的战略管理方法、规则及活动；

（4）战略管理在任何时候都是管理者"直觉"的投影或反映。直觉的正确程度应被方法所规定，应避免风险。

战略管理具有积极的现实意义：战略管理可以为企业提出明确的发展方向和目标；战略管理为企业迎接一切机遇和挑战创造良好的条件；战略管理可以将企业的决策过程和外部环境联系起来，使决策更加科学化和规律化。

6.1.2　客户关系管理的战略高度

处于激烈竞争中的企业，机会稍纵即逝。因此，企业应当树立一种意识，即"客户就是财富，客户就是资产，客户就是价值"。那么对于企业来说究竟应对 CRM 持什么样的态度呢？

CRM 并非等同于单纯的信息技术或管理技术[①]，CRM 是一种新的企业管理思想和管理模式，而管理方法的实现需要 CRM 应用系统的支撑。Kale（2004）[②]提出 CRM 执行失败的一

① Reinartz W, Krafft M, Hoyer W D. *The customer relationship management process: Its measurement and impact on performance*[J]. Journal of marketing research, 2004, 41(3): 293-305.

② Kale S H. *CRM failure and the seven deadly sins*[J]. Marketing Management, 2004, 13(5): 42-46.

个关键因素就是把CRM仅作为一种技术创新。CRM是一种企业战略，目的是使企业根据客户分段进行重组，强化使客户满意的行为，并联结客户与供应商之间的过程，从而优化企业的可盈利性，提高利润并改善客户的满意程度。

从企业的长远发展来考虑，对企业的整个运作模式进行设计，优化企业的盈利能力。可以说，建立和管理客户关系是首先和最重要的战略行为，技术不是首先考虑的因素。CRM本身就是一种战略行为，为了真正做到以客户为中心，企业就不能将销售、营销、客户服务和质检等部门的系统分开来做，CRM应该是一个完整的系统，需要整个企业从上到下及各平行部门之间密切配合，高度协调以及使信息融会贯通。

CRM必须从企业战略开始，通过相应的信息技术的帮助，改善组织和相应的工作流程。强调CRM的战略意义，是因为CRM不仅是一个系统、一个技术解决方案，而更是一种管理思想，它将影响CRM实施的全过程。据美国研究机构Frost & Sumvan的报告显示，由于CRM的实施缺乏企业级的战略设计，从而造成技术未能很好地与企业战略相结合，导致CRM实施的成功率大大降低。因此，企业应当把CRM上升到战略高度，因为CRM将会带来新一轮的管理变革，会对企业长期战略目标的实现产生积极的推动作用。

因此，CRM不再是某一个部门（如营销部门或服务中心）的事，而应受到整个企业的关注和重视，企业的高层领导要在战略的高度重视CRM管理层面和技术层面的实施。在管理层面，企业领导应当始终坚持“以客户为中心”的理念，争取在企业中形成一种共同的价值观，真正将该管理理念灌输给企业的每一个职工。该理念的灌输需要一个循序渐进的过程，首先要让企业各个流程上的负责人坚持该思想，然后再让具体工作岗位上的职工逐渐形成一种意识：客户永远是第一位的。这样就会在公司上上下下形成一种氛围，从而慢慢会形成一种文化，让所有人都知道，公司的发展离不开客户，只有不断改进企业与客户的关系，提升客户忠诚度，扩大忠诚客户的数量，企业才能在激烈的市场竞争中取得竞争优势，企业才会永葆青春活力。一句话：客户资源是企业发展的动脉。

在技术层面，企业领导必须认识到在CRM理念中，技术并非居于至高无上的地位，技术的实施及应用应在战略思想指导下进行。对于获得成功的很多小企业，企业主和员工在明确的目标定位和战略规划指导下，努力为客户提供个性化的、高质量的服务，从而也可形成忠诚客户。然而，当今网络和IT技术发挥着日益重要的作用，CRM以先进的技术形式呈现于人们面前，其价值如何才能有效地真正发挥呢？显然离不开战略思想的指导，否则它将是没有灵魂的静止平台。

成功的CRM不仅仅是软件平台或硬件平台，主要还是人的思想在工具帮助下围绕企业的目的做出反应。因而，企业在上CRM系统时，必须首先明确企业战略，进而对业务流程进行分析、整合，最后形成CRM的操作平台。正如Front Line Solutions公司的总裁罗伯特•汤普森先生提出的，CRM必须从企业战略开始，通过相应的信息技术的帮助，改善组织和相应的工作流程。尽管技术在CRM发展中起着很重要的驱动作用，但企业战略本身不能靠自动化来解决。许多企业尽管实施了CRM系统，却往往将重点放在技术本身，由于缺乏战略思想的指导，没有将重点放在如何保证实现商业目标上，大量的投资除了换回来一套昂贵的摆设和空洞的概念之外，几乎对业务改善和业绩提升毫无益处，CRM系统成了单纯收集信息的数据库工具。这正是国内许多企业在CRM实践中所表现出来的共同问题，应当引起企业家的战略思考。

6.1.3　客户关系管理战略

企业必须意识到作为企业战略，CRM 将要进行“管理变革”而不是“变革管理”。所谓客户关系管理战略（CRM Strategy）即从管理和战略上明确客户关系管理的发展目标，确定对于组织、技术、流程和业务模式等的要求，从而为客户关系管理的实施制定规划和战略方向。客户关系管理战略目标的实现需要全体员工和高层管理者的参与和支持，各个部门领导的参与对于整体实施的成功非常关键，这是实施 CRM 的一个基本原则。

客户关系管理战略包括：价值前提、客户战略、全方位变革的支撑。

（1）价值前提

企业价值前提是指作为一个企业应当完成什么使命以及企业价值观是什么。它是区别于其他企业的根本所在，是企业的核心。针对 CRM 的价值前提必须被应用到两个方面：一方面，客户价值是什么，即“以客户为中心”；另一方面，能为客户提供什么，即企业的品牌价值。如果与价值前提密切相关的这两个方面都没有得到很好的界定，企业的客户价值交付必然会存在问题，企业将难以赢得客户满意。

（2）客户战略

客户战略定义为公司如何建立和管理一个客户组合，其至少包括 4 个元素：

① 客户理解。客户战略的中心在于把客户群分解为可以有效管理的细分客户群体，进而形成合理的客户关系组合结构。对于每一种客户细分，企业都应该考虑客户对产品和服务需求的共性，再细分为对于每一种产品和服务的需求，即是“推式需求”还是“拉式需求”。

② 客户竞争。在一个竞争激烈的市场环境中，有效的客户战略必须能够服务于竞争。企业竞争力应该体现在：既能保持原有的客户份额，又可以获得一些新客户，同时能够对客户的结构构成进行优化，淘汰不合格的劣质客户群，赢得和挽留优质客户群。

③ 客户亲和力。培育客户忠诚和建立牢固的情感纽带，形成直接吸引力。同时形成口碑式的间接吸引力也是非常关键的，因为这将是企业能够通过交叉销售和升级销售来保持和提取更大客户价值的重要因素之一，也是尽可能发掘优质客户和吸引有利可图的其他企业的优质客户的重要因素。

④ 客户管理能力。企业的每一位员工都应该积极地为客户提供服务，而不是仅仅将其归为客户服务部门的责任对象，企业作为一个有机的整体，必须构建强大而全面的客户服务和管理体系。

一个客户战略必须要能够回答：客户是谁？客户想要什么？客户如何被管理？这种理解将能够确保客户群被作为一种客户组合来管理，而不是简单作为营销活动的对象。

（3）全方位变革的支撑

一个客户战略并不是一种简单的规划图，客户战略的实施需要多方面变革的支撑。

① 业务流程。所有主要的流程都必须从客户战略的角度来重新定位，流程要能够确定“是否”以及“如何”满足客户的需求。

② 组织。组织变革，包括文化转变，是绝大多数建立客户战略的企业所不可避免的。客户对企业评价好坏的主要因素依然是人际交互，而并不是技术能力。

③ 位置和设施。企业的实物资产也要受到战略的影响，尤其是客户所访问部门（如分店）的位置对“客户感知企业”有着深远的影响。甚至通过职员的作用，接触中心设施和网站也会对客户有间接的影响。

④ 数据流。对于绝大多数CRM战略而言，必须要收集大量的数据，并对数据进行加工、处理，然后让企业员工和客户得到不同程度的共享。一个不包括数据战略的CRM战略就像一辆没有汽油的汽车。

⑤ 技术设计。在一个CRM项目中，新的硬件、新的操作系统以及操作员的培训等是CRM实施过程中涉及的重要成本因素。因此，在具体实施CRM战略时，企业必须要考虑技术设计，包括硬件、软件和人。

6.2 客户关系管理的战略环境分析

战略环境分析是指对企业所处的内外部竞争环境进行分析，以发现企业的核心竞争力，明确企业的发展方向、途径和手段。战略是根据环境制定的，是为了使企业的发展目标与环境变化和企业能力实现动态的平衡。企业要进行战略管理，首先必须全面、客观地分析和掌握内外环境的变化，并以此为出发点来制定企业的战略目标以及战略目标实现的具体步骤。战略环境分析主要分为外部环境分析和内部环境分析。

6.2.1 客户关系管理战略的外部环境分析

企业与其外部客观的经营条件、经济组织以及其他外部经营因素之间处于一个相互作用、相互联系、不断变化的动态过程之中。企业的外部环境影响企业的决策，同时，企业为了获取新的竞争优势，必须能够快速响应环境的变化，建立一种学习型组织还需要企业内部环境的支持。以下将着重对企业的营销、销售和服务环境进行分析。

（1）营销新环境

从1937年美国市场营销协会的创立到20世纪90年代计算机技术、通信技术的发展与融合，特别是Internet在一系列技术突破支持下的广泛应用和日益完善，信息技术革命的影响已由纯科技领域向市场竞争和企业管理各领域全面转变。信息技术的广泛运用有利于企业实现市场网络建设的低成本扩张；信息技术的运用使企业产品的开发与设计水平迈上了一个新台阶；信息技术的广泛运用改变了传统的配销理念；信息技术的运用为广告创造了新的发展空间；信息技术的广泛运用必然导致企业营销管理组织模式的变革；信息技术的广泛运用有效提高了企业市场营销的信息处理速度和决策能力。

当今世界经济正以势不可挡的趋势朝着全球市场一体化、企业生存数字化、商业竞争国际化的方向发展，以互联网、知识经济、高新技术为代表，以满足消费者的需求为核心的新经济迅速发展，企业越来越注重将价值从有形资产转移到无形资产、从仅提供产品转移到既提供产品又提供低价且高度个性化的产品，通过数据管理来降低成本等，新经济的特点就在于其是建立在信息技术基础上，追求的是差异化、个性化、网络化和速度化。

菲利普·科特勒认为，新经济环境就会产生新的营销。在信息经济时代，这种新营销主要表现在以 CRM 为中心的各种新营销法则。各种营销手段必须要满足以客户需求为核心的新时代市场经济的要求。

新经济本身就是凭借强大的客户群体来支持和发展的，它更加重视客户的终身价值以及股东利益，在营销上注重以人为本，通过实际行动来创立品牌，努力保持和开拓客户资源。利用信息技术建立和管理客户数据，注重客户终身价值、客户价值管理以及客户利益。在新的营销环境下出现了一些新的营销理念和方法。

① 多元化市场营销。企业、企业所提供的产品及服务以及顾客三者之间存在着功能利益、流程利益和关系利益，对这三种利益关系进行创造性组合，并针对不同性质的顾客群体采取个性化的多元化组合式市场营销模式。功能利益是指企业所提供的产品与服务中所包含的基本功能；流程利益是指各种使买卖双方的交易变得更为简单、快捷、便利、经济的交易流程和交易措施，它蕴涵在交易过程中；关系利益是指对那些愿意透露自身情况、显示他们购买行为的顾客给予回报，加强企业与顾客的关系，使他们成为一个紧密的利益共同体。

② 整合营销指一种对各种营销工具和手段的系统化结合，根据环境进行即时性的动态修正，以使交换双方在交互中实现价值增值的营销理念与方法。它以消费者为核心重组企业行为和市场行为，综合协调地使用各种形式的传播方式，以统一的目标和统一的传播形象传递一致的产品信息，实现与消费者的双向沟通，迅速树立产品品牌在消费者心目中的地位，建立产品品牌与消费者长期密切的关系，更有效地达到广告传播和产品营销的目的。

③ 伙伴营销。伙伴营销是一种完全利用互联网技术的新型商业模式。这种模式在营销人员与顾客进行促销交谈时，把消费者作为平等的合作伙伴来看待，它改变了传统营销管理中“目标市场定位”的原理。

④ 网络营销。网络营销不同于传统的营销方式，不是简单的营销网络化，其是基于互联网平台，利用信息技术与工具满足公司与客户之间交换概念、产品、服务的过程，通过在线活动创造、宣传、传递客户价值，并且对客户关系进行管理，以达到一定营销目的的新型营销活动。

⑤ 全员营销。为了创造更多的客户价值，近年来有些企业提倡全员营销。全员营销是指企业所有员工对企业的产品、价格、渠道、促销（4P）和需求、成本、便利、服务（4C）等可控因素进行互相配合、实现最佳组合以满足顾客的各项需求（指营销手段的整合性）。全员营销包括营销手段的整体性和营销主体的整体性，营销手段的整体性是指企业对产品、价格、渠道、促销等可控因素进行相互配合，实现最佳组合，以满足客户的各项需求；营销主体的整体性是指公司应以营销部门为核心，而采购、生产作业、人力资源、研究开发、财务、物流、管理等各个部门统一以市场为中心、以客户为导向，进行营销管理，参加企业的整个营销活动的分析、规划、执行和控制，尽量让客户百分百满意，同时使得公司从中获得长远发展和长期利润，从而实现客户与企业的“双赢”。这种营销模式更加重视市场和客户，但真正实现时却存在一定难度，因此，先进的信息技术和领先的管理软件为这种营销模式的实现起着支撑作用。CRM 的建立，可以建立统一的客户信息库，并基于一定的平台让全体员工来共享客户信息，这样就可以让企业中跨部门、跨地区的员工都能及时了解和把握客户的需求，并尽量让自己所负责的工作“以客户需求为中心”，从而使得全员营销成为可能。

（2）销售新环境

进入 21 世纪后，在销售管理领域，随着经济全球化和信息技术的飞速发展，新市场的不断开拓、销售行为的变化、信息传输的高速度以及可获得的信息量巨大等特性，改变了企业竞争的格局，也彻底改变了销售工作的性质。现在销售人员必须对客户的需求和问题做出快速反应，除了需要培养和提高销售人员的个人能力、熟练使用各种技术外，更需要具有一种团队协作的意识。

由于市场竞争焦点的变化，企业需要更加注重市场细化，客户需求的服务水平越来越高、运输费用的增加等都使得企业的销售成本不断增加。迫于销售成本增加的压力，许多企业不得不寻找满足客户需求的新方法，“战略始于客户，客户决定产品”，CRM 成为企业满足客户需求的有效方法，CRM 的应用引起了销售管理模式的变化，如表 6-1 所示。

表 6-1　CRM 使用前后销售模式的变化

比较项目	20 世纪 50 ~70 年代（CRM 使用前）	20 世纪 90 年代以后（CRM 使用后）
实现销售量的途径	直销人员	直销 电话销售 网上销售 批发商或代销商销售 销售代理 追加销售和向上销售 团队协作销售
销售工作的类型	推销区销售代表 地区经理	推销区销售代表 大客户销售代表 各区客户经理 销售支持人员 电话营销人员 行政人员 销售培训人员 行业销售专家
营销手段	以一类客户为目标 使用同一种营销技巧	以若干个细客户为目标 分别使用针对性的营销技巧 “一对一”营销 全员营销
执行目标	销售量的全面增长 最低限度的支出	提高客户满意度 提高客户忠诚度 提高产品的销售量 提高边际收入 降低销售成本

① 销售自动化（SFA）。CRM 中的销售自动化（SFA）直接加速了这种变革的产生，SFA 的实施可以让企业借助于一些通信设备、网络设施和相应管理软件来充分利用信息资源，从而获取信息共享和信息实时更新所带来的高价值。

② CRM 全面提升团队销售能力。CRM 可以对不同接触渠道（直接销售、E-mail、呼叫中心、网站等）上所收集的客户信息进行统一管理，来建立一个跨部门、跨业务、跨地区的统一的客户资料档案（客户信息）。这样可以让不同层次的销售主管共享客户信息，并对客户

及销售机会等进行分配、调整，从而实现团队间的优势互补、相互协作，提高了销售团队的工作效率。

③ 销售趋向多样化、自动化和知识化。销售渠道呈现一种多样化的局面，包括电话销售、经销商销售、电视直销、网上销售等。因为不同的渠道具有不同的客户接触点，因此我们需要根据不同的渠道采取不同的客户管理策略；销售趋于自动化，企业将借助于一些通信设备（如 PDA、掌上电脑、手机）、网络（如 Internet、Intranet 等）和管理软件（如 SFA 等），来实现销售的统一协调管理，这种自动化比较注重于销售团队间的相互协调、相互沟通、相互合作；然后在团队协作的基础上，进行客户线索管理、现场管理、产品配置支持、知识管理等；销售趋向于知识化，企业可以通过知识库，创建、编辑、管理包括产品、竞争厂商、样板客户、应用方案等与销售相关的业务经验和知识，并供销售人员查询和引用。这样可以让销售人员在成功销售模块和知识共享的基础上进行不断调整，改进销售流程，提高销售运作效率。这些销售趋势的发展与 CRM 的出现密不可分，相辅相成。

（3）服务新环境

在当今的经济环境下，企业对服务的重视随处可以体验到。例如，售前的免费咨询服务、售中的操作指导和操作培训服务、售后的产品维修服务等。现在企业提倡的是一种“大服务”，不仅局限在售后服务，而是为客户提供售前、售中和售后的全方位服务。之所以有些企业要在服务上投入这么大的精力，与企业间的竞争焦点发生转移密切相关。现在很多成熟行业中的企业间竞争不再局限在产品本身上，而是转移到产品的“外在形式”上。因为产品的质量已经趋于相近，差距就在于是否具有个性化的设计、个性化的服务。例如，中国的家电行业，普通彩电的质量基本都能保证，家电厂商竞争的很大一部分是服务的竞争。海尔电器为什么在价格比同行贵出一些的情况下，销量却比竞争对手多呢？差异产生于服务的差距。而服务的本质是创造和实现用户效用和价值的手段，因此服务对于客户实现价值而言是十分关键的。

①“大服务”创造全新服务理念。“大服务”理念是一种为客户提供全方位服务的理念，包括所提供的服务应贯穿于产品全生命周期以及技术与管理能力是提供服务的基础。“大服务”是以客户为导向的服务理念延伸化和具体化的关键步骤，其核心思想即是使服务与营销、服务与管理、服务与支撑之间产生有机的结合，从一种接触点或者是市场性的行为提升至企业化的行为，推动整个企业在服务方面的实施、改进和完善。

② 服务利润链。1994 年由五位哈佛商学院教授组成的服务管理课题组提出了“服务价值链”模型，这项历经 20 多年、追踪考察了上千家服务企业的研究，试图从理论上揭示服务企业的利润是由什么决定的。最后得出利润是由客户的忠诚度决定的，忠诚的客户（也是老客户）给企业带来超常的利润空间；客户忠诚度是靠客户满意度取得的，企业提供的服务价值（服务内容加过程）决定了客户满意度；企业内部员工的满意度和忠诚度决定了服务价值。简言之，客户的满意度最终是由员工的满意度决定的。而员工的满意度可以由多方面决定：岗位设计、工作环境、员工选拔培养、激励机制以及服务工具和技术支持等。

根据服务本身的特性、服务利润链的理论，以及“大服务”的思想，可以看出服务的实现不仅需要“以客户为中心”思想的灌输，还需要相应的软件工具的支撑。而在这种新服务环境下，CRM 应用系统中的服务功能正是实现全方位、全天候服务的最佳保证。

6.2.2 客户关系管理战略的内部环境分析

CRM战略目标的制定及战略选择不仅要知彼，即客观地分析企业外部环境，而且要知己，即对企业自身的内部条件和能力加以正确的估计。

所谓企业的内部环境是指企业能够加以控制的内部因素，具体如下：

① 在企业战略方面，CRM战略必须同企业战略协调一致，为了CRM战略的成功实施，企业应该在内部有效地沟通各种战略意图，确保大多数员工理解和认同企业战略。

② 在组织文化方面，对CRM战略实施有影响的文化因素主要表现在三个方面，即“以客户为中心”的企业文化，企业需要有实施重大变革的勇气和能力，以及企业内部各部门间的协作意识。

③ 在组织结构方面，一是现有的业务流程和组织结构是否支持从“交易管理”到“关系管理”的转变；二是如何处理集权与分权之间的平衡。

④ 在人力资源方面，对市场营销人员的能力提出了更高的要求。现如今客户的需求不仅仅是产品本身，还包含企业为其提供“产品+服务”的个性化整体解决方案，这就对营销人员的能力提出了更高的要求；同时，企业内部员工的满意度和忠诚度也是影响CRM战略成败的关键。

⑤ 在信息环境方面，CRM战略的实施需要信息技术的支撑，CRM对客户的管理是一种基于数据的管理，如果没有完整的客户数据信息和集成化的信息环境，CRM就不能实现其真正的效用。

6.3 基于客户关系的客户细分与关系战略

CRM的核心是以客户为中心，通过满足客户个性化的需要及提高客户忠诚度，实现缩短销售周期、降低销售成本、增加收入、拓展市场、全面提升企业盈利能力和竞争能力的目的。任何企业实施CRM的初衷都是想为顾客创造更多的价值，即实现顾客与企业的“双赢”。因此，在CRM中可实现精细区分客户，挖掘客户价值，对不同类别的客户进行差异化管理，提供不同的价值承诺，引导客户对企业产品的有效关注，并超越产品本身扩大至客户可感知的价值创造过程。深入理解如何为客户创造价值需求并承诺服务，适时地为客户提出技术创新、生活方式（消费方式）等新理念，引领客户需求，充分挖掘客户潜力，实现客户与企业的关系，并最终共同创造价值。

6.3.1 客户细分的概念和作用

客户有狭义和广义之分。狭义的客户是指产品和服务的最终使用者或接受者。广义的客户要结合过程模型来理解，任何一个过程输出的接受者都是客户。从系统的观点看，企业可以看作是由许多过程构成的网络，其中某个过程既是它前面过程的客户，又是它后面过程的供方。如果我们划定了系统的边界，在企业内部存在着内部供方和内部客户，在企业外部存在着外部供方和外部客户。因此，我们经常说下一道工序是上一道工序的客户，这里的客户就是广义上的概念。在不同的情况下，企业的客户可以是一个人、一个目标群体、一个组织。客户可按性别、年龄、文化程度、职业、收入、居住地区等分类，也可按专业与非专业、消费时间长短、目标与非目标客户等分类。所谓客户细分就是指在明确的战略业务模式和专注市场中，根据客户的价值、需求和偏好等综合因素对客户进行分类，并提供有针对性的产品服务和营销模式。

客户细分的主要作用在于客户价值的有效发挥和企业资源的优化。从客户价值的方面来看，不同的客户能够为企业提供不同的价值，很多企业已意识到这一问题，不再简单地追求客户数量，而是更多地寻求客户的“质量”。要知道哪些是企业最有价值的客户？哪些是企业的忠诚客户？哪些是企业的潜在客户？哪些客户的成长性最好？哪些客户最容易流失？企业就必须对自己的客户进行细分。

企业的资源和能力都是有限的，如何针对不同的客户进行有限资源的优化应用是每个企业都必须考虑的问题。所以在发展客户管理时非常有必要对客户进行统计、分析、细分。只有这样，企业才能根据客户的不同特点进行有针对性的营销，赢得、扩大和保持高价值的客户群，吸引和培养潜力较大的客户群。

另外，客户细分使企业所拥有的高价值的客户资源显性化，并能够就相应的客户关系对企业未来盈利的影响进行量化分析，为企业决策提供决策依据。

6.3.2　客户细分的方法和类型

客户是企业最重要的资产，关系范式下的市场细分首先以价值作为细分的关键变量。企业根据不同类型客户的价值制定相应的资源配置和客户保持策略，使其对客户的投资量和注意力的分配能够达到最佳，从而保留最有价值的客户。

（1）基于客户价值的细分

① 依据客户当前盈利能力和客户未来盈利能力的细分。在以价值为基础的细分方法上，根据客户当前盈利能力和未来盈利能力，可将市场细分为如图 6-1 和图 6-2 所示的不同细分市场。

从图 6-1 中可以看出，企业应该花费更多的时间和精力去接触和服务那些价值较高的潜在客户。假设：企业花费 3 美元在各个时间价值较高的潜在客户身上，并且这种潜在客户有 20 位，那么花费在时间价值较高的潜在客户身上的成本是 60 美元；另外花费 1 美元在各个时间价值较低的潜在客户身上，且这种潜在客户有 500 位，则花费在时间价值较低的潜在客户身上的成本是 500 美元。显然，目标明确的营销方式会产生更佳的效果。

② 依据关系价值的细分。根据 80/20 原则，能够为企业带来 80%利润的 20%的客户被称为企业的“黄金客户”，他们是企业盈利能力最强的客户；其余 80%的客户是“钢铁层级”的客户，他们的盈利能力与黄金层级的客户的盈利能力有很大差距，如图 6-3 所示。

实际上，把客户只划分为两个层级显然是不够准确的，为了更准确地把握细分市场，两个层级以上的划分更能说明问题，如图 6-4 所示。

	目前的盈利能力高	目前的盈利能力低
服务的成本低	最具获利性的客户	具获利性的客户
服务的成本高	具获利性的客户	最不具获利性的客户

图 6-1　根据当前盈利能力细分市场

资料来源：菲利普·科特勒等. 科特勒营销新论. 北京：中信出版社，2002.

	目前的盈利能力高	目前的盈利能力低
未来的盈利能力高	最佳客户	必须投资的客户
未来的盈利能力低	保留客户	最糟糕的客户

图 6-2　根据未来盈利能力细分市场

资料来源：菲利普·科特勒等. 科特勒营销新论. 北京：中信出版社，2002.

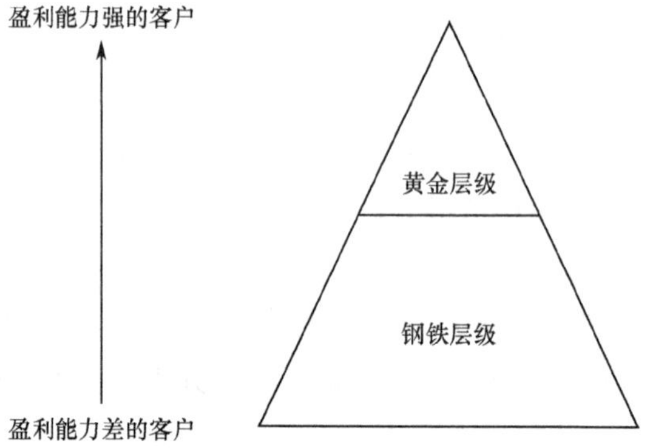

图 6-3　80/20 分布的客户金字塔模型

资料来源：罗兰·T. 拉斯特等. 如何利用客户终身价值重塑企业战略. 张平淡译. 北京：企业管理出版社，2001：249.

在不同的层级中，客户的盈利性不同，为企业带来的价值大小也不同，他们的属性和特征、对服务质量的看法、重复购买发生的概率和推动要素也存在差异。

第一层：铂金层。代表盈利能力最强的客户，是企业产品的重度用户，他们对价格不敏感，愿意花钱购买，愿意试用新产品，对企业比较忠诚。

第二层：黄金层。与铂金层不同，这个层级的客户希望价格折扣，没有铂金层客户那么忠诚，他们的盈利能力没有铂金层级客户那么高。他们往往与多家企业做生意，以降低风险。

第三层：铜铁层。这个层级包含的客户数量很大，能消化企业的产能。但他们的消费支出、忠诚度和盈利能力不值得企业特殊对待。

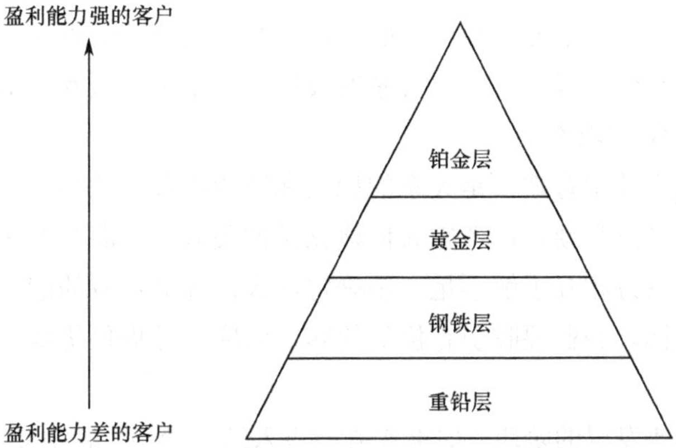

图 6-4　扩大的客户金字塔模型

资料来源：罗兰・T. 拉斯特等著.如何利用客户终身价值重塑企业战略. 张平淡译.北京：企业管理出版社，2001：250.

第四层：重铅层。该层级的客户不能给企业带来盈利。他们的要求很多，超过了其消费水平和盈利能力对应的要求，有时是问题客户，消耗企业的资源。

具有不同关系价值的客户群是客观存在的，因此，以关系价值作为细分客户的依据既便于操作又有很高的有效性。

③ 依据客户终身价值的细分。客户的价值并非借助单次购买显现出来，而是在于企业预计该客户终其一生的全部购买。基于客户终身价值的客户细分，更能够使企业把目标客户锁定在那些能够为企业带来更多时间价值的客户身上。

如图 6-5 所示，依据客户终身价值细分是由客户当前价值和客户增值潜力两个具体维度构成的，每个维度分为高低两格，由此将整个客户群分成四组，细分的结果用一个矩阵表示，称为客户价值矩阵。当前价值不高而具有高增值潜力的Ⅱ类客户和当前价值和增值潜力都高的Ⅳ类客户，应成为企业锁定的目标群。对当前价值高而增值潜力低的Ⅲ类客户应采取维持策略，而对当前价值和增值潜力都很低的Ⅰ类客户则应尽快放弃。

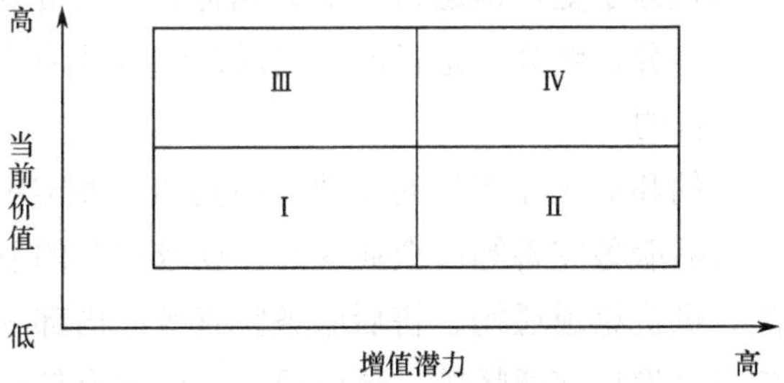

图 6-5　客户价值矩阵

④ 依据客户关系生命周期的细分。生命周期较长的关系通常具有比较牢固的关系基础和稳固的关系联结，而且为企业提供了更多的机会来进一步发展和巩固这种关系，关系生命周期反映了关系价值的时间维度。客户关系发展分为不同的阶段，不同阶段的客户行为特征及他们对企业创造的利润也不同，因而识别和确认企业与客户所处的生命周期阶段也是价值细分的依据。

客户关系的生命周期可分为考察期、形成期、稳定期和退化期 4 个阶段，其中，稳定期是供应商期望达到的理想阶段，且客户关系的发展具有不可跳跃性。不同阶段具有不同的特征，从而形成不同的客户策略。

考察期是客户关系的孕育期，是关系的探索和试验阶段。关系双方在这一阶段相互考察对方的目标相容性、诚意和绩效，考虑如何建立长期关系双方潜在的职责、权利和义务。这个阶段的基本特征是双方相互了解不足，不确定性大，评估对方的潜在价值和降低不确定性是这一阶段的中心目标。企业要吸引有价值的客户就应为其提供优良的产品和服务，使客户首先获得满意感。

形成期是关系快速发展的阶段。如果双方能进入这一阶段，表明双方在考察期相互满意，并建立起一定的相互信任和相互依赖。在形成期阶段，双方从关系中获得了更多的回报，相互依赖的范围和程度日益加深，逐渐认识到对方有能力为自己提供满意的价值和履行其在关系中担负的责任，愿意承诺一种长期关系。这个时期的客户是企业未来现金流的来源，企业应大力投入，不遗余力地发展有价值的客户关系。

稳定期是关系发展的最高阶段。在这一阶段，双方对对方提供的价值高度满意，为维持长期稳定的关系，双方都应做大量有形和无形的投入，并有大量的交易，双方关系处于相对稳定状态。这个时期的客户是企业利润的主要来源，企业必须加大客户关系保持的投入。

退化期是关系发展中关系水平逆转的阶段。这个时期企业需要评估自身的产品或服务是否满足客户的需求和客户的未来价值，企业应尽力保持有价值的客户，对没有价值的客户，可以任其流失，甚至鼓励其转向竞争者。

依据客户生命周期的细分方法可以使企业针对客户所处阶段制定有针对性的营销策略，促使客户向稳定期发展，或延长稳定期。

（2）基于企业产品服务的客户细分

对客户进行细分的目的是为了更好地运营，更好地将有限的资源加以优化应用，而不是为了细分客户才进行客户的细分。细分不是目的，而通过细分认清客户类型，找到最有价值的客户才是客户细分的真正目的。

不同类型客户的购买目的和对企业产品的要求是不同的。如零售消费者，其要求产品质量好、价格低、外形好、售后服务完善等；企业客户，要求产品的兼容性高、质量好等；代理商，要求产品性价比高、供货渠道通畅、售后服务完善等；内部客户，要求良好的企业关怀、光明的企业前景，信息交换迅速通畅等。这就要求企业要有针对性地开展生产和营销，以便取悦于重要的客户，锁定最有价值的客户群。

依据企业对客户提供的不同服务，可以将客户分为以下几种类型。

① 屈从型。企业应当屈从于最有价值的客户，比如 VIP 客户，了解甚至是预测他们的需求，满足他们的需求，培养他们的兴趣，赢得他们的信任，努力地与他们建立一种稳定的信任关系。企业的产品应当向这些客户倾斜，尽可能地取悦于他们，锁定他们，赢得他们的忠诚，因为只有这样才能获得稳定而高额的利润。

② 关怀型。对于主要客户，企业应从“屈从”转变成“关怀”，企业跟踪调查这类客户的需求，随时与他们保持联系，在企业的产品中反映出这类客户的需求，以赢得他们的满意，并进一步强化与他们的关系，获取他们的忠诚。

③ 适应型。企业不需要为这类客户的特殊要求而兴师动众，只需要使自身的产品适应他们的需要，能够引起其兴趣即可。

④ 冷漠型。对于不能为企业带来利润，甚至让企业亏本的这类客户，企业应视这类客户为被淘汰的客户，对其可采取冷漠的态度。

（3）基于行为的客户细分

由于关系范式是以客户反应为驱动力的，因此，行为变量的重要性进一步凸显出来。行为变量中，场合、利益、用户地位、使用率、忠诚状况、购买准备阶段和态度，都能构成细分市场的最佳依据。不同的客户和市场，对满意度和忠诚度的不同促进因素会做出不同的反应。通过对这些因素的测量，确定出需改进的因素，而不是对细分市场平均化，突破了传统市场细分依据的局限性和模糊性。

其中，在以行为为基础的细分中，可以根据不同行为强度的高低组合划分不同的忠诚和满意度。如购买态度取向与重复购买行为，在态度取向的强、弱和重复购买行为的高低上，可以把忠诚分为四类，即虚假忠诚、不忠诚、忠诚和潜在忠诚，如图 6-6 所示。

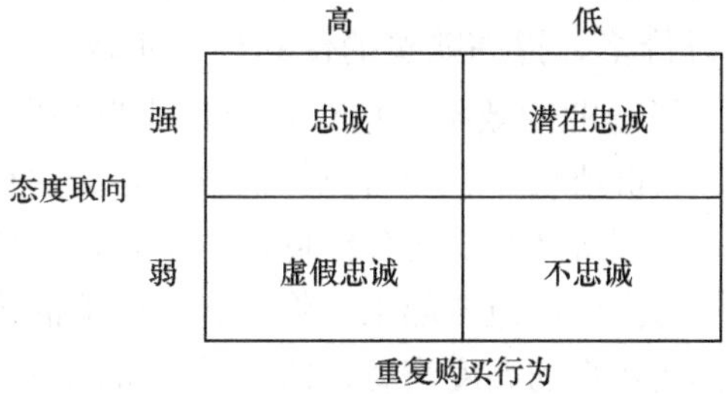

图 6-6 忠诚客户分类

资料来源：Dick Alan S. Kunai Basu. *Customer Loyalty: Toward an Integrated Conceptual Framework.* Journal of the Academy of Marketing Science, 1994, 22(2):102.

6.3.3 基于客户关系的关系战略

基于客户关系的关系战略主要包括客户权益的增加、客户价值的创造与交付和关系质量的提升。

（1）客户权益的增加

客户权益是企业全部客户资产的有形价值与无形价值之和，即企业所有客户的终身价值之和（王永贵，2004）。它同时强调客户当前的盈利能力和未来的盈利潜力，有助于企业理解关系双方的资源投入和企业用来管理客户投资的不同社会化形式。客户不仅是企业收入的源泉，更是企业的资产，客户关系以企业与客户的双向资源投入为特征，是旨在影响和决定客户对企业的资源投入类型与数量的一种努力。只有围绕“客户权益”，CRM 的最终目的（通过密切的关系来实现更高的盈利性和企业价值）才能实现。

客户权益的增加是通过各种客户行为来具体体现的[①]，包括客户的购买行为和非购买行为。从这个意义上讲，只要企业的经营活动能够促进有利的客户购买行为，如再购买行为或交叉购买与追加购买行为等，就意味着企业的CRM效果的提高（杨永恒和王永贵，2002）。除了基于经济效应的购买行为外，还存在基于社会效应的非购买行为，如有利的口碑或向亲朋好友推荐特定企业的产品与服务，也是驱动客户权益得以增加的关键要素。客户非购买行为对于企业吸引和获取新客户、促使客户实现购买行为升级会产生重要影响[②]。在实践中，正是这些具体的客户行为构成了客户权益的重要源泉，进而帮助企业实现构建和维持有利可图的客户关系的根本目标——为企业提供源源不断的收入。

（2）客户价值的创造与交付

在CRM中，客户价值的创造与交付处于举足轻重的地位，是用来构建、维持、更新和充分运用与客户的密切关系的战略武器，是构建可持续竞争优势的基石。“客户价值创造主要有两个基本途径：减少客户的成本或增加客户的绩效。”[③]因此，客户价值创造可以通过提高客户感知收益和降低客户感知付出来实现。针对客户的需求设计产品或服务是增加客户感知收益的基本方法。通过对客户需求和偏好的分析，针对个性化的客户需求来设计和提供个性化的产品或服务，以期实现企业的提供物与客户需求之间的完全吻合，甚至实现客户可能渴求但从来没有意识到的、超越客户期望的收益。降低客户的感知付出可以通过降低产品或服务的实际获得价格、提高购买的便利性来实现，同时，网络技术在管理流程中的有效运用，极大地提高了企业的效率，也有利于企业为客户降低感知付出。

企业为顾客生产和创造的价值仅靠企业自己的价值链是无法传送出去的，企业需要从供应商那里得到需要的价值，需要将产品交给分销商，并由自己或依靠代理服务商提供客户需要的服务，将这些不同机构的价值链组合起来，将为客户创造的价值最终传送到客户那里，就是客户价值让渡系统。创造客户的高度满意，需要供销链成员的共同努力。因此，设计并执行一个有竞争力的客户价值让渡系统，能更有效地提高企业创造与交付客户的价值，提高企业的营销效率。

现代客户价值让渡系统（如图6-7所示），其思维起点是客户，营销过程始于产品以前，行于产品开发之中，在产品销售之后还应延续。客户价值让渡系统包括三个阶段：选择价值、提供价值和宣传价值。选择价值是指企业在生产任何产品之前，应该认真调查和了解消费者不同的需求和欲望，从中选择那些本企业可以最大限度满足的需求和欲望，并以此作为企业的目标市场；提供价值是指企业必须对其拟向市场提供之物做出清晰的描述和限定。宣传价值是企业充分利用和全面协调其所拥有的广告、销售促进、人员推销、直接营销和公共关系5种沟通工具的力量，以便向潜在和现有的消费者传递明确一致的、打动人心的关于其产

① Grant AW H, Schlesinger L A. *Realign your customer's full profit*[J].Harvard, Profits, and Lasting Value[M].Boston: Harvard Business Review,1995,73(5):59-62.

② Reich held F F, Teal T. *The loyalty Effect: The Hidden Force Behind Growth, Profit, and Lasting Value* [M].Boston: Harvard Business School Press, 1996.

③ Porter, M (1995), Competitive Advantage-Creating and Superior Performance, New York: Free Press, p. 142.

品和服务的信息。价值让渡过程的第二阶段和第三阶段，是将第一阶段拟订的大政方针予以付诸实施。

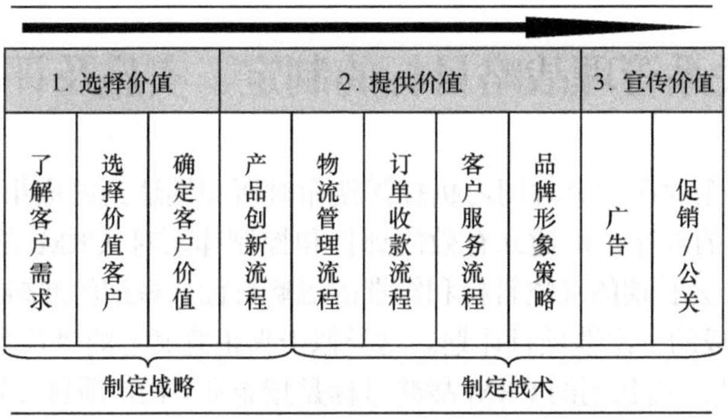

图 6-7　现代顾客价值让渡系统

资料来源：王成. 全面客户体验——持续盈利的增长引擎. 广州：广东经济出版社，2003.

从价值营销实践的角度看，企业必须基于价值客户完成三个过程，即确立与客户关联和富有竞争力的价值组合；将该价值组合始终如一地交付予客户；清晰地向客户宣传这一价值。这样，才能确保价值让渡系统真正有效，如图 6-8 所示。

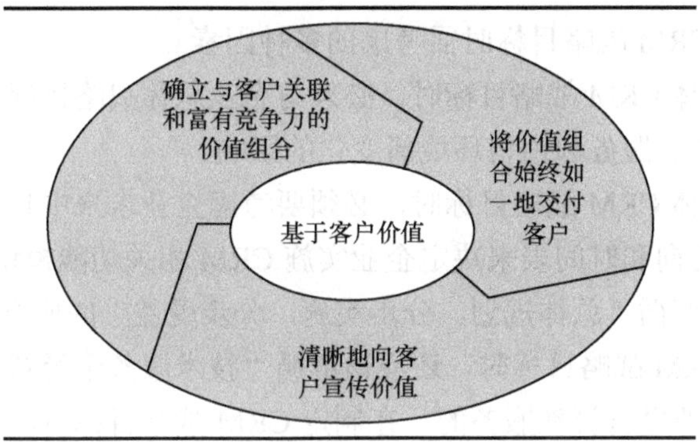

图 6-8　价值营销的最佳实践

资料来源：同图 6-7。

（3）关系质量的提升

关系质量是企业与客户交往过程中形成的客户关系的质量，是客户关系的强度、深度和持久性等关系发展水平的体现和反映。竞争的激烈化、产品的同质化、客户需求对服务的挑战，以及全球化和众多产品市场的成熟等原因，使得交易营销已转变为关系营销。因此，关系质量成为关系营销的核心。高水平的关系质量有助于企业和客户双方价值的实现。高质量的关系以企业为客户创造价值并传递更大的价值为基础，而客户也会表现出更大、更持久的合作意愿，对企业的信赖感更强。

有研究表明，关系满意度的增长与购买水平的提高和更好的客户挽留紧密相关。较高的关系质量可为客户和企业同时带来利益。其中，对企业的好处表现在：它能保护其客户资源基础，产生积极的口碑效应，降低客户转换的倾向和可能性，提高可信赖感，增强预测和计划的能力和空间，提高新产品的普及性以及经济效益等。

6.4 客户关系管理战略目标的制定、实施及评价

所谓战略目标是企业在一定时期内执行其使命时所预期达到的成果。CRM 战略目标的制定与实施可遵循一定的规律，而建立有效的评价和控制体系对 CRM 战略的成功实施意义重大。CRM 战略目标分为长期的战略目标和短期的战略目标。短期的战略目标是指在某一阶段、投入一定的资金去完成的一次性项目计划。这类似于真正意义上的“项目”的定义。例如，企业实施销售自动化项目。而长期的 CRM 战略目标是指企业 CRM 项目开发的长期部署计划，长期目标的实现可以看成是几个短期目标的集合，例如，服务中心、销售自动化、营销自动化的分布部署。

6.4.1 客户关系管理战略目标的制定

企业在制定 CRM 战略目标时需要综合考虑多种因素，同时还需要考虑企业对 CRM 的需求度。

（1）企业在制定 CRM 战略目标时需考虑的多种因素

① 企业在制定具体 CRM 战略目标时，必须与企业总体战略目标在方向上保持一致，认真分析企业面临的营销、服务和销售环境新变化的影响。

② 企业在制定具体 CRM 战略目标时，必须要考虑企业未来中长期的发展战略与规划。根据企业未来发展的方向和时间表来决定企业实施 CRM 相关功能模块的优先次序，企业实施 CRM 战略时，也必须遵循“总体规划，分步实施，分步受益”的原则。

③ 企业在制定 CRM 战略目标时，还应该遵循“技术服务于经营管理”的宗旨。未来的 CRM 系统实施是为企业经营管理服务的，在制定 CRM 战略目标时，必须要考虑企业未来业务发展的战略部署，做到管理软件能够与企业发展趋势相适应，具备一定的可扩展性和灵活性，应该清楚认识到技术只是促进因素，而不是解决方案。

企业在制定 CRM 战略目标以及有效实施 CRM 战略上，一般需要考虑以下几个方面的战略影响：市场定位、渠道选择、价格制定、市场推广、品牌和广告。市场定位将最终决定客户的来源及市场部门的组织机构；价格是在消费市场中最敏感的因素，它将影响和反映公司所提供的产品和服务的价值；渠道的选择直接影响公司如何有效地将他们的服务和产品传递到客户手里。

（2）CRM 目标具有的三个层次

① 高层：在优化客户体验、客户满意的同时企业获取最大化利润。

② 中层：在成本控制的基础上，提高客户满意度、客户忠诚度和客户保留率，不断挖掘具有价值潜力的新客户。

③ 低层：实现销售、营销和服务的自动化，并能够统一管理客户信息。

CRM 战略目标的具体制定过程主要包括以下几个步骤，如图 6-9 所示。

图 6-9　企业 CRM 目标的制定过程

通过以上步骤制定的 CRM 目标是企业内部对 CRM 的期望目标。在项目具体实施过程中，需要以现在制定的目标作为指导方向，在项目小组的配合下制定 CRM 项目实施的目标。

6.4.2　客户关系管理战略的实施

企业在推进 CRM 战略实施时涉及 5 个基本过程，即战略发展过程、价值创造过程、多渠道整合过程、信息管理过程和绩效评估过程①，如图 6-10 所示。

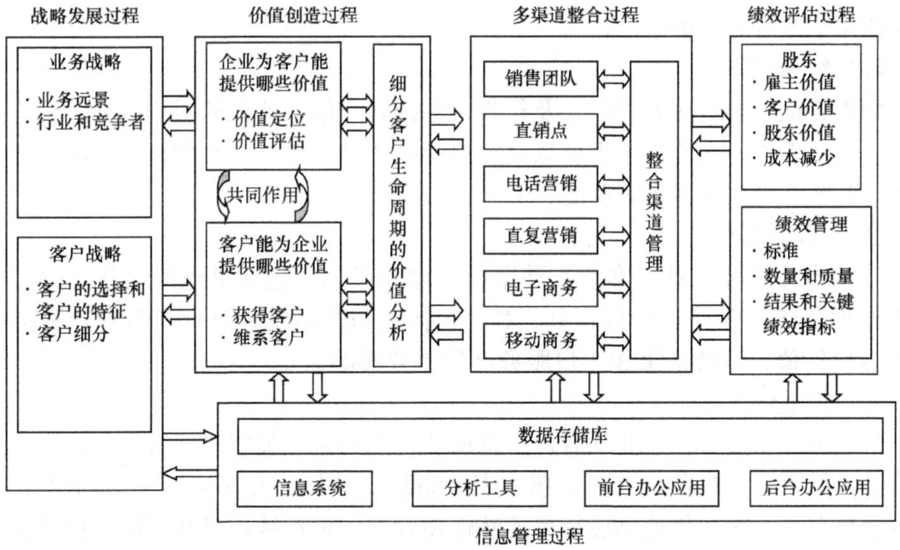

图 6-10　CRM 战略实施过程

① Payne A, Frow P. *A strategic framework for customer relationship management*[J]. Journal of Marketing, 2005, 69(4): 167-176.

（1）战略发展过程。这个过程包含两个核心的战略，即业务战略和客户战略，它们相互作用影响着 CRM 战略实施的成功。业务战略决定了客户战略的制定，业务战略发展过程从企业远景开始，尤其是与 CRM 相关的远景，还有就是行业和竞争环境。客户战略包括检验已在和潜在的客户基础，对客户进行恰当的细分。

（2）价值创造过程。价值创造过程就是将战略发展过程的结果转化为价值，它包括 3 个关键元素，即企业为客户能提供哪些价值、企业能从客户那里得到哪些价值以及通过价值共同创造最大化客户生命周期性的价值。

（3）多渠道整合过程。这个过程将前面的业务战略和价值创造性过程的结果转化成为客户提供的增值活动。多渠道整合过程主要决定使用哪些渠道，怎样确保客户良好体验，当客户与多个渠道打交道时如何保证不同渠道的统一性。①

（4）信息管理过程。信息管理过程主要就是客户数据信息的收集、整理和使用，对客户进行洞察并对市场做出及时的反应。其最主要的元素是数据存储库，数据存储库是提供客户信息的企业记忆库，它包括 IT 系统、分析工具以及前后台办公应用程序等。

（5）绩效评估过程。这个过程是判断 CRM 战略目标是否实现的关键过程，也是将来改善的基础。绩效评估包含两个组成部分，一部分是为股东创造的价值，另一部分是绩效的评价。

6.4.3 客户关系管理战略的评价

评价是 CRM 战略实施流程中不可或缺的重要环节和实施保证，建立有效的评价和控制体系对 CRM 战略的成功实施意义重大，有助于把握 CRM 战略实施的方向，保证战略实施的持续改进和战略目标的最终实现。

CRM 战略实施的评价体系应该是多方位的，其主要包括客户知识、客户互动、客户价值和客户满意 4 个维度的评价指标。

（1）客户知识维度

客户知识方面主要针对客户特征及行为，包括客户细分群体的层次以及对客户数据的管理。它关注技术改进、客户需求理解以及客户特征数据库等，这些指标会影响与客户的互动过程，进而对客户价值和客户满意度产生重要影响。

（2）客户互动维度

客户互动方面主要是针对客户互动渠道管理和优化，包括卓越的运营能力、客户服务互动渠道管理和流程管理。在实际中，对客户接触与互动过程进行有效管理和持续改进，会直接对客户价值、运营效果和客户服务产生重要影响。

（3）客户价值维度

客户价值方面主要关注企业从客户那里所获得的利益，如客户终身价值、客户忠诚度或客户资产等。如果客户对企业的产品/服务表示满意，那么企业基本上不必担心客户流失。为保证这种互惠关系，客户价值维度指标能够促使管理人员持续地寻找方法，以便赢得客户承

---

① Reinartz W, Krafft M，Hoyer W D. *The customer relationship management process: its measurement and impact on performance*[J]. Journal of Marketing Research, 2004, 41(3): 293-305.

诺和客户忠诚。

（4）客户满意维度

客户满意方面主要关注客户挽留和客户获取。客户满意维度指标表明客户对企业所提供产品/服务的满意水平，是一种产品/服务能够符合客户期望，从而带给客户的心理或非心理满足，它在很大程度上决定了购买者将来是否能够成为企业的长期客户。

从 CRM 对企业的总体绩效的角度，其评价体系包括财务和非财务两类。财务指标反映 CRM 实施对企业收入、费用和利润最直接的影响，而非财务指标包括关系管理指标、内部业务效率以及企业市场反应和创新能力 3 个方面。

（1）财务指标

获取利润是企业存在和发展的基础，获利能力是衡量企业价值的重要依据。实施 CRM 的最终目的仍然是实现企业价值，其更注重长期价值，财务指标显示了企业总体战略计划以及企业实施与执行是否达到预期目标，是否增加企业利润直到最终是否实现企业价值最大化。财务指标很多，其又可以分为成本指标、费用指标、利润率指标以及财务比率指标等。

（2）关系管理指标

关系管理指标反映的是企业争取顾客、保持顾客的能力，如新增客户量（率）、流失客户量（率）以及不同客户盈利能力等。

（3）内部业务效率指标

内部业务构成了 CRM 系统运作的后台支持，是企业价值链的重要一环。在企业创新过程中，企业首先要确立和培育新市场、新客户和原有客户所显现或潜在的需要，创新过程表现为价值创造的“长波”，然后是经营过程，在这个过程中企业交付现有产品或提供服务给现有客户，经营过程表现为价值创造的“短波”。因此，CRM 战略实施的成功还表现出企业内部业务过程，如办公自动化程度、人力资源利用效率、内部客户满意度以及部门间信息整合状况等。

（4）市场反应和创新能力指标

创新能力是指企业在生产和改进现有产品时，开发和创造适应需要的新产品的能力，企业只有通过获取客户的反馈信息，不断地挖掘客户的潜在需求，满足客户日益变化的需要，适时生产出市场所需的新产品，才能巩固现有的市场占有率并扩大销售规模以提高营业利润。因此，创新能力是企业适应市场，在市场中生存、发展、获利的关键要素。为企业创造长期价值是 CRM 的战略目标，引入市场反应速度和创新能力作为 CRM 战略实施的评价指标是必要的。

案例分析：A 建材超市 CRM 案例

一、A 建材超市背景简介

A 建材超市主要经营建筑与装饰用的设备、工具及材料等，并提供相关的施工服务，属于“专业卖场”类的零售企业。A 建材超市创立于 2000 年 1 月，注册资金 1000 万元，拥有员工近 200 名。A 建材超市在创立时就应用了电子商务、前台的电子收银系统、800 客户服务系统与后台的财务管理系统、库存管理系统及综合办公自动化系统，组成了公司内部的局域网，建立了公司自己的网站，开通了商品信息查询和网上订货的功能，但订货结算还是采用传统方式。

二、A建材超市的客户分析

A 建材超市的客户可以分为外延客户和内涵客户两类，两类客户对公司均十分重要。其外延客户主要有：①大客户：房地产公司、装饰公司、企事业单位、建筑设计院、市政公司、园林公司、小型施工队；②小客户：个人装修者、零星购买者。其内涵客户主要是指供应商，分为厂家和批发商两类。

在A建材超市的外延客户中，大客户数量少，但占据了很大的业务比重，小客户数量很多，但业务量小，基本上吻合 80/20 规则。另外，外延客户中满意度高的客户多，但是忠诚度高的客户少。这是因为其给客户提供了一个商品齐全、购物环境优良、售后服务良好的购物场所，使客户在采购商品时感觉到舒适与放心，但对于大宗业务，尤其是特大金额的业务，A 建材超市同样陷入了与建材市场的其他零售商的价格竞争中，客户比价的意愿很强，销售人员的任何一点疏忽都可能导致客户的流失，这也是零售企业普遍面临的问题。在竞争激烈的市场环境下，不可能过分追求客户的忠诚度，同时客户出于自身利益也不可能对某零售企业无条件地忠诚，通过一定的、有效的 CRM 来提高客户的满意度是零售企业量力而行的途径，A 建材超市的客户现状也证实了这一点。

对于内涵客户，为了降低采购成本，A 建材超市一般从厂家进货，只有当备货量不足或批发商处有新、奇、特的产品时，才从批发商处调货。在 A 建材超市内，由于同类产品陈列在一起，导致各供应商之间的竞争十分激烈，为了将自己的产品陈列在有利的位置而与 A 建材超市经常讨价还价。常见的是供应商愿出更高的进场费或赞助费而使得其产品的陈列和店堂 POP 广告宣传相对于其他同质产品供应商处于更有利的位置。这种现象的出现正是 A 建材超市对外延客户的有效管理带来的，因为只有当外延客户的数量达到一定程度、卖场的服务品牌达到一定的知名度时内涵客户才愿意在卖场进行除产品以外的投入。

三、A建材超市的CRM实施

1．A建材超市的CRM策略

A 建材超市将其客户分为大客户与小客户两类，其中大客户是明确的个体，而小客户是一个数量庞大的群体，群体中的个体不明确。故 A 建材超市采用的是典型的“专业卖场”的 CRM 模式，对大客户选择主动型的 CRM，开展“一对一”的营销活动；对小客户选择基本型的 CRM，以服务品牌的号召力、专业的商品提供与优良的客户服务吸引其前来消费。

这种有区别的选择是符合 A 建材超市的利益的。由于市场竞争的激烈性，大客户一般更关注产品的价格、施工质量等。在获取大客户的业务时有许多不确定的因素，如人际关系、以前服务的好坏等，这就要求 A 建材超市在平时就对大客户及潜在的大客户进行主动的营销公关，以获取其认可。大客户部在从事这项工作时从多方面开展了工作，对客户的背景、资信等进行了调查，主管人员的个人背景及特点也在调查之列，以便沟通的顺畅。客户的既往交易数据被分类研究，通过有目的的上门访问，了解客户对 A 建材超市的满意程度，做出针对具体的大客户的公关计划及费用支出计划。这种 CRM 的成本是其可以接受的。而小客户对于 A 建材超市而言由于消费金额不大，为企业创造的效益有限，将其视为一个群体或综合成一个大客户分析这个群体大致的消费偏好，以提供多种多样可供选择的商品及有效的售后支持服务来使其获得一定的满意度。

2. A 建材超市 CRM 系统要达到的目标

A 建材超市现有的电子商务可以满足中心库的日常基本管理工作，如库存管理、订单处理和财务处理等，但缺乏客户信息收集、处理、市场预测等功能，无法帮助企业制订有效的销售计划，无法满足日益激烈的建材市场的竞争。而 CRM 所提供的销售、营销、分析等功能正好能弥补这些不足。A 建材超市一些基本情况，如较好的网络基础设施、企业领导对销售以及企业信息化的高度重视等，都为实施 CRM 提供了坚实的基础。

根据对 A 建材超市的客户分析，A 建材超市 CRM 的实施应当达到以下目标：

（1）对用户进行有效的科学管理，降低运营成本；

（2）结合建材行业特征，提供相应的销售业务与服务业务自动化解决方案。提高 800 服务热线的服务质量，为热线服务人员提供客户识别、记录的系统，开展多种与客户交流的渠道。为热线服务提供知识管理的工具，并建立一套相应的制度，提高咨询服务的准确性和规范性；

（3）加强订单处理功能，使销售中心可以对订单进行整理、登记、查询、统计并及时上报总公司，成为企业进行市场分析的基础数据之一；

（4）具有强大的库存管理功能。可以方便地对产品出库、入库、日常盘点等数据进行统计，结合市场预测和现有库存确定合理的库存量，协调各中心库之间的库存；

（5）具备开放的体系结构，保证系统能够与其他管理系统（办公自动化、财务等）的信息交换，保护用户的原有投资，有利于企业的长远发展；

（6）有操作便捷、易学易用的特点，客户端采用浏览器操作界面，结合实时的在线帮助，以便热线服务人员、销售人员、企业领导等这些以往对计算机接触较少的人员都很快熟悉并掌握。

3. CRM 系统的结构

对于 A 建材超市 CRM 的设计最主要的是体现 CRM 思想，解决目前销售服务中存在的主要问题。结合新系统目标和企业的实际情况，可以得到适合 A 建材超市的 CRM 解决方案。

（1）现有的 800 服务热线已成为进行客户服务、与客户沟通的主渠道，具备了企业呼叫中心的雏形，并且在运行中取得了不错的效果。因此不再购买专门的呼叫中心，而是在系统中增加知识库管理、电话呼叫分类等功能，以提高 800 的客户服务质量。另外，还专门将网页功能独立出来，拓宽沟通渠道。

（2）该系统将一些数据的分析报表功能分散设立在客户信息、销售等模块之下，没有设立专门的数据挖掘、商务智能分析，原因是这些功能需要大量的数据积累，而 A 建材超市目前正处于 CRM 应用的初级阶段，因此还缺乏这些数据。A 建材超市现在的首要任务是通过 CRM 的实施，收集基础的客户数据，协调销售部门之间的工作。通过一段时间的使用，使企业在对 CRM 有了比较深刻的认识之后再根据应用中的问题和企业的进一步需求添加相应的更为强大的分析功能。

（3）没有完全将模型中的销售、营销等模块的全部功能应用在 A 建材超市的 CRM 系统中，而只抽取了其中的竞争对手管理、商机管理、客户反馈管理等功能独立使用。这些功能都是能够立即使用的 CRM 中的基础功能，并且可以使企业在应用后的较短时间内看到销售增长、客户满意度提高等效果，为企业进一步推动 CRM 开展电子商务创造了有利条件。

根据以上分析，A 建材超市 CRM 的基本结构为：①客户信息管理：可以对潜在客户、正式客户进行管理；②竞争对手管理；③服务管理；④客户反馈处理；⑤知识库管理：建立一个为 800 热线服务人员提供学习、交流、发布经验的知识库；⑥电话呼叫分类：主要为 800 客户服务热线提供客户自动识别、记录、分类；⑦网页功能。

案例分析题

1. 如何理解客户满意度与客户忠诚的关系？
2. A 建材超市如何进行有区别的 CRM？为什么这样做？
3. 结合 A 建材超市 CRM 系统的结构谈谈 CRM 的实施策略。

本章小结

一个企业要建立起以客户为中心的企业文化是需要一个过程的，它不仅仅要求企业的经营战略围绕它来规划，还要求企业的宏观流程、微观流程要围绕它来执行，而且要求企业的每一位员工都围绕它来运作。在这个过程中需要更多的引导，甚至需要组织变革、流程变革。

现代企业应把 CRM 作为战略问题来看待，其是企业为了优化管理客户资源、最大化客户价值而制定的、受到管理的和信息技术支撑的长远规划和长远目标。战略是根据环境制定的，是为了使企业的发展目标与环境变化和企业能力实现动态的平衡。CRM 的战略环境主要分为外部环境和内部环境，其中，外部环境包括营销、销售和服务环境，内部环境则是企业能够加以控制的内部因素，如企业战略、组织文化、组织结构、人力资源及信息环境等，而 CRM 则是在这些因素基础上构建企业的核心竞争力。

CRM 的核心是以客户为中心，建立和维持与客户之间的关系，但并非将企业的资源平均投入到每一位客户身上，对不同类别的客户进行差异化管理，提供不同的价值承诺，引导客户对企业产品的有效关注，并超越产品本身扩大至客户可感知的价值创造过程。企业客户细分就在于能更精确地回答谁是我们的客户，客户到底有哪些实际需要，企业应该去吸引哪些客户，应该重点保持哪些客户，应该如何迎合重点客户的需求等。因此，准确的客户分类是企业有效实施 CRM 战略的基础。

CRM 战略实施首先需要制定战略目标，CRM 的战略目标应与企业的战略目标相一致，可逐层分解为高层、中层及低层三个层次的目标，并需要遵循一定的原则来实施 CRM 战略目标，CRM 战略实施的效果需要有科学合理的评价和控制体系来加以评价，其有助于把握 CRM 战略实施的方向，并保证战略实施的持续改进和战略目标的最终实现。

复习思考题

1. 试述 CRM 战略的内容。
2. 为什么要从战略角度来考虑 CRM？

3．CRM 战略环境因素包含哪些？
4．试比较 CRM 使用前后销售模式的不同。
5．试述 CRM 如何为企业带来新的核心竞争力。
6．试述客户细分的概念和目标。
7．试述客户细分的类型及如何进行客户细分。
8．基于客户关系的关系战略包含哪些内容？
9．试分析 CRM 战略实施过程有哪些？
10．CRM 对企业战略产生怎样的影响？

讨论题

1．客户关系管理与 CRM 软件有什么差异？
2．有关项目型的公司（如 IT 公司）应如何进行 CRM？
3．快速消费品，比如说报纸，如何进行 CRM 管理？
4．客户层次不同，对企业的服务感知度也不一样，应如何衡量这个满意度呢？
5．在过去的一年里，我们看到了各个厂家、经销商轮番的“跳水秀”，以及积压在厂家和渠道中的数以十万计的车辆库存。在所有的暴利都面临终结、在所有的噱头都遭到冷遇的时刻，应如何取得差异化竞争优势以求生存就成了摆在各个汽车生产厂家面前最紧迫的任务。试讨论如何利用 CRM 来实现差异化竞争。
6．成功实施 CRM 战略的关键因素是什么？

网络实践题

1．通过互联网搜索相关资料，分析海尔、联想等企业 CRM 战略的实施过程及内容。
2．搜索上海大众的相关资料，分析上海大众 CRM 战略实施的背景、过程及效果。
3．登录我国四大银行网站，比较各大银行实施的 CRM 战略中客户细分的方法和类型。
4．通过互联网搜索，至少查找 CRM 战略实施成功和失败的两个案例，并对它们进行比较和分析。

第7章　客户关系管理的营销策略

课前导读

随着互联网的迅速普及和应用，世界经济进入了电子商务时代。电子商务给企业带来了经营模式的变化，这种变化不仅体现在企业与客户、供应商、服务商之间关系的改变，也使企业间的竞争更加激烈。这就要求企业尽快实现“以产品为中心”向“以客户为中心”的战略转变。企业必须要重视客户关系管理的营销策略，将营销的重点转移到客户的开发和维系上来。在不断提高客户满意度从而形成忠诚度的基础上，与客户建立长期稳定的合作关系。同时，客户关系管理实践的不断发展也使客户关系管理的营销策略不断发展和丰富，关系营销、整合营销、数据库营销、网络营销等策略被越来越多地推广和应用。

学习目标

- 掌握CRM营销的目标、功能和特点
- 掌握关系营销、数据库营销、网络营销、整合营销的基本知识
- 增强对新环境下客户关系管理的各种营销模式、理念、策略的认识，加深对CRM的理解

7.1　客户关系管理的营销策略概述

市场竞争的不断升级推动了营销观念和营销方式的变革。企业对市场和客户的依赖已经逐步提高到了影响企业生存的高度。市场的脉搏与客户的需求是连接在一起的，满足客户对产品的需求，就能赢得市场，赢得客户，企业才能得以生存并发展壮大。企业必须以客户为本，一个企业如果丧失了客户，也就丧失了一切。更重要的是，企业必须拥有长期的客户。只有与客户保持长期良好的关系，企业才能够在市场竞争中不断提高市场份额并增强竞争力。

7.1.1　客户关系管理的营销目标

由于社会经济的发展，产品日益丰富，市场格局发生了变化，由卖方市场过渡到买方市场，市场竞争逐步升级，这就推动了营销观念和营销方式的变革。企业必须对市场变化迅速做出反应，而市场的变化源于客户行为的变化，所以企业必须把注意力集中于客户的需求，不断提高客户忠诚度，关注有价值客户，不断挖掘其潜在价值。

把客户作为一种宝贵的资源纳入到企业的经营发展中，而且客户关系管理的营销要有比较明确的目标。

1．了解和提炼客户真正的需求

客户的需求不是一成不变的。当企业在某些方面狠下工夫，极力满足了客户的某些需求时，客户的需求也许又发生了变化，对企业提出了更高的需求。如何实时把握客户的需求，真正提高客户的满意度，增强企业的竞争力，这就是客户关系管理的一个重要目标。

2．寻找有价值的关键客户

所谓有价值的关键客户是指那些占客户总数比例较低，但却能为企业带来大部分利润的客户群。曾经有调查结论：占客户群 20%的关键客户实现的利润往往占利润总额的 80%以上。但是，很多企业不能判断哪些是有价值的客户，哪些不是。也不知道哪些客户可能会离开，哪些客户会受到企业新产品和计划的影响。实际上这是一个市场细分的问题，CRM 所做的就是根据对不同客户的成本/利润分析来寻找这些关键客户，并为企业对待这些不同的客户提出不同的策略。

3．挖掘客户的潜在价值

客户的情况不是一成不变的，如果能够通过研究各类客户的情况，并对客户的发展状况和潜力进行跟踪，企业就一定能够寻找出许多潜在的关键客户。

由于社会经济的发展，产品日益丰富，市场格局发生了变化，由卖方市场过渡到买方市场，市场竞争逐步升级，这就推动了营销观念和营销方式的变革。企业必须对市场变化迅速做出反应，而市场的变化源于客户行为的变化。因此，客户关系管理的营销就要有比较确定的目标。所以，企业必须把注意力集中于客户的需求，把客户作为一种宝贵的资源纳入到企业的经营发展中。

4．提高客户忠诚度

企业若要留住自己的客户，保证他们不被竞争对手所吸引，就必须弄清楚自己的客户都有哪些特征，他们的行为习惯和偏好是什么，为什么会导致老客户的离开，如何才能留住自己的客户。如果企业能够建立一套完整的 CRM 体系，能够为每个客户提供个性化的服务，当客户已经习惯了这些服务，在改变服务商时就会考虑相应的变化所带来的精神和心理成本，这就提高了客户忠诚度。

7.1.2　客户关系管理的营销特点

纵观客户关系管理的产生和发展历程，可以发现客户关系管理在营销方面具有以下特点。

1．CRM 是营销观念指导下的营销创新

营销观念认为，实现企业目标的关键在于正确确定目标市场的需求和欲望，并且比竞争对手更有效、更有利地传送目标市场所期望满足的东西。其出发点是企业目标客户的需求和欲望，经营目标是通过客户的满意来获得利润。从本质上讲，营销观念是一种客户的需求和欲望的导向。由于市场竞争的加剧，消费者需求的变化加快，企业的产品今天是适应消费者需求的，明天也许就难以适应变化了的消费需求，这就要求企业不断地进行创新，不但在产品上进行创新，还必须在市场开发、营销组织、营销手段（如分销渠道、促销方式、定价策略等方面）上进行创新。CRM 的产生就是企业在营销组织和营销手段上的创新。从本质上讲，CRM 是营销观念指导下的营销创新。

2．“以客户为中心”是CRM营销的核心

进入21世纪以后，科技发展、全球经济一体化使得企业竞争的焦点转向对客户资源的争夺。因为互联网的广泛应用和信息爆炸改变了消费者传统的购买行为，客户由以往购买信息的被动接受者变为主动积极的信息搜寻者。现代高科技赋予消费者前所未有的权利，他们决定着信息的价值。同时，消费者行为的个性化、多元化以及客户身份的国际化，也促使企业必须随时随地将市场营销的重点转移至客户的开发和维系上来。可以说，没有同客户的信息交流与互动，就没有企业的存在，客户满意度已成为企业所关注的主要问题。从CRM的实施过程中可以发现，CRM是以客户为中心，注重对客户满意度的研究。如果企业实施CRM系统，客户就会对企业更加满意，也就会更忠诚于企业。从这一点上看，CRM是一种增加客户满意度的方法。

3．数据库应用是CRM营销的关键

CRM是判断、选择、争取、发展和保持客户所需要实施的全部商业过程。CRM不仅仅是呼叫中心或网站，其实施还需要数据库的支持。企业要构建CRM系统，必须做好销售和服务的一些基础管理信息系统，包括以下几个方面：①基础资料的管理，包括客户信息、销售员信息、商品信息等。②基本的销售和服务流程的管理和优化。③销售和服务人员的行为规范。在信息系统的创建过程中，客户信息数据库、销售人员数据库、商品信息数据库等扮演着至关重要的角色。

4．CRM营销具有集成化特征

企业有许多与客户沟通的方法，如面对面的接触、电话、呼叫中心、电子邮件、互联网、通过合作伙伴进行的间接联系等。CRM应用有必要为上述多渠道的客户沟通提供一致的数据和客户信息，集成多种客户沟通渠道。我们知道，客户经常根据自己的偏好和沟通渠道的方便与否，掌握沟通渠道的最终选择权。例如，有的客户或潜在的客户不喜欢那些不请自来的电子邮件，但对企业偶尔打来电话却不介意。因此，对这样的客户，企业应避免向其主动发送电子邮件，而应多利用电话这种沟通方式。CRM的客户沟通渠道集成就有助于企业有针对性地与客户进行联系，避免采取一些客户不喜欢的方式进行沟通。

同时，CRM的集成还体现在CRM与ERP的事例上。企业实施CRM的目标之一就是实现“前端办公自动化”，需要重组业务流程和融合内部应用软件，实现互联网功能与企业内部网功能的交互。其中最需要变化的通常是订单管理模块、供应链模块、财务管理模块和客户服务模块。重整有两种实现方式，一种是从“前端办公软件”开始，向“后端”推进，即首先建立销售人员可以迅速学习和掌握的机会管理、订单输入和服务要求输入的界面，然后将收集到的数据向后台ERP传送，或者实现这两个数据库的同步更新；另一种方式是从“后端”的企业资源数据库（ERP）向“前端”推进，保持ERP的服务器/客户端的基本架构，而且“客户端”可以采用以浏览器为主的“瘦客户端”。也就是说，后台数据库可以直接接受网络上传入的数据，用户从浏览器上输入用户名和密码后，立刻就可以查询、更新后端数据库里的信息。

7.1.3　客户关系管理的营销功能

CRM 是一种以客户为中心的经营策略，它以信息技术为手段，对相关业务功能进行重新设计，并对相关工作流程进行重组，以达到留住老客户、吸引新客户、提高客户利润贡献度的目的。从管理科学的角度来考察，CRM 源于市场营销理论；从解决方案的角度来考察，CRM 是将市场营销的科学管理理念通过信息技术的手段集成在软件上，得以在全球大规模地普及和应用。近几十年来，市场营销的理论和方法极大地推动了西方国家工商业的发展，深刻地影响着企业的经营观念以及人们的生活方式。近年来，信息技术的长足发展为市场营销管理理念的普及和应用开辟了广阔的空间。

CRM 在市场营销中的功能按其本质可以分为两大类：决策支持和服务支持。

1. 决策支持

这类应用主要在于累计客户信息，分析客户行为，将分析结果，如利润、生命周期、潜力、忠诚度等量化指标以图表的形式提供给特定行业的决策人，以便预测行业的未来发展，并做出决策。

（1）商业行为分析

商业行为分析通过客户的资金分布情况、流量情况、历史记录等方面的数据来分析客户的综合利用状况，主要包括以下几个方面。

① 产品分布状况分析。分析客户在不同的地区、不同的时段所购买的不同类型产品的数量，可以获取当前营销系统的状态、各个地区市场状况以及客户的运转情况。

② 消费者保持力分析。通过分析详细的交易数据，细分那些企业希望保持的客户，并将这些客户名单发布到各个分支机构以确保这些客户能够享受到最好的服务和优惠的措施。细分标准可以是单位时间交易次数、交易金额、结账周期等指标。

③ 消费者损失率分析。通过分析详细的交易数据来判断客户是否准备结束商业关系，或正在转向另外一个竞争者。其目的在于对那些已经被识别为结束了交易历史的客户进行评价，寻找他们结束交易过程的原因。

④ 升级销售/交叉销售分析。对那些即将结束交易周期或有良好货款信用的客户，或者有其他需求的客户进行分类，便于企业识别不同的目标对象，进行下一步营销活动。

（2）客户特征分析

① 客户行为习惯分析。根据客户购买记录来识别客户的价值，主要用于根据价值来对客户进行分类。

② 客户产品意见分析。根据不同的客户对各种产品所提出的各种意见，以及当各种新产品或服务推出时的不同态度来确定客户对新事物的接受程度。

（3）客户忠诚度分析

客户忠诚是基于对企业的信任度、往来频率、服务效果、满意程度以及继续接受同一企业服务的可能性的综合评估。

保持老客户要比寻求新客户更加经济，保持与客户之间的不断沟通、长期联系、维持和增强消费者的感情纽带，是企业间新的竞争手段。而这种客户忠诚度巩固的竞争具有隐蔽性，竞争者看不到任何策略变化。

（4）客户注意力分析

① 客户意见分析。根据客户所提出的意见类型、有意见产品、日期、发生和解决问题时间、销售代表和区域等指标来识别与分析一定时期内的客户意见，并指出哪些问题能够成功解决，哪些问题不能解决并分析原因。

② 客户咨询分析。根据客户咨询的产品、服务和受理咨询的部门以及发生和解决咨询的时间来分析一定时期内的客户咨询活动，并且区分成功解决和未解决的咨询。

③ 客户建议分析。根据产品、组织单位和区域来分析一定时期内客户提出的建议，并识别客户的建议是否被执行，同时跟踪这些建议的执行情况。

④ 客户接触评价。根据企业部门、产品、时间区段来评价一定时期内各个部门主动接触客户的数量，并获取客户是否在每星期都收到多个组织单位的多种信息。

⑤ 客户满意度分析与评价。根据产品、区域来识别一定时期内感到最满意的 20%的客户和感到最不满意的 20%的客户，并描述这些客户的特征。

（5）客户行销分析

为了对潜在的趋势和销售数据模型有比较清晰的理解，需要对整个行销过程有一个全面的观察。

（6）客户收益率分析

对每一个客户的成本和收益进行分析，以判断哪些客户是可能为企业带来利润的。

2．服务支持

CRM 的服务支持为客户服务人员提供了易于使用的工具和有用信息，以提高客户服务人员的服务效率，增强服务能力。以创造客户、服务客户、增大客户价值为目标，选择适当的客户群，进行客户关系管理，以实现有针对性的服务，如表 7-1 所示。

表 7-1　CRM 的服务支持

来话管理	记录或跟踪处理来自外部的呼叫请求，某些业务转移到其他功能模块处理，比如客户投诉转移给投诉模块
基于 Internet 的服务支持	Internet 成为为客户提供服务的重要途径，所提供的服务手段有客户自助服务、客户通过 E-mail 提出服务请求、在线的服务支持
联系中心	是企业和外部的联系通道，包括各种各样的联系手段，比如呼叫中心、传真、E-mail、网页等
现场服务支持	现场服务支持任务分派，以及为现场服务人员的服务提供支持，比如提供产品、客户信息等

7.2　关系营销

关系营销是 20 世纪 80 年代末 90 年代初在西方企业界兴起的一种新型营销理论。它是由西方的营销学者对大量企业的营销思想、营销策略、营销行动进行分析总结之后提出的一种新营销理论。它契合了现代企业的营销实践活动，一产生就获得了企业界广泛的响应，并得到迅猛发展。

7.2.1　关系营销的定义

1983 年，美国学者贝利（Berry）在服务营销研究中正式引入了关系营销的概念，并将其定义为“吸引、保持和增进客户关系”。早期的关系营销主要集中于工业市场和服务市场，以后逐步扩展并被“期望”发展成一个具有普遍意义且系统的“营销理论”——一个营销的新范式。

1．关系营销的概念

关系营销是企业为实现其自身目标和增进社会福利而与相关市场建立和维持互利合作关系的过程。关系营销把营销活动看成是一个企业与消费者、供应商、分销商、竞争者、政府机构及其他公众发生互动作用的过程，正确处理企业与这些组织及个人的关系是企业营销的核心，是企业经营成败的关键。它从根本上改变了传统营销将交易视作营销活动关键和终结的狭隘认识。企业应在主动沟通、互惠互利、承诺信任的关系营销原则的指导下，利用亲缘关系、地缘关系、业缘关系、文化习惯关系、偶发性关系等与客户、分销商及其他组织和个人建立、保持并加强关系，通过互利交换及共同履行诺言，使有关各方实现各自的目的。

对这个概念可以做如下理解：首先，这个定义提出了关系营销的目的是双重的，包括社会宏观目标与企业微观目标。企业作为社会的一部分，除了其自身的目标外，还应该关注社会总体利益与目的。其次，关系营销的对象是相关市场。相关市场可以包括企业所有利益相关者，如客户、供应商、员工、媒体、政府部门等。再次，关系营销的手段是互利合作关系。互利是合作的前提，没有互利，很难有进一步的合作，缺乏合作的营销也不能成为关系营销。最后，关系营销是动态的过程，不是静态的状态。

2．关系营销中的关系

关系营销是以建立、维护、促进、改善、调整“关系”为核心，对传统营销观念进行革新的理论。这里的“关系”，主要是指企业与客户、供应商、分销商、竞争者、内部员工及其他相关人员等之间的关系。

（1）与客户的关系

企业要实现盈利目标，必须依赖客户，企业需要通过收集和积累大量的市场信息，预测目标市场购买潜力，采取适当方式与消费者沟通，变潜在客户为现实客户。同时，要致力于建立数据库或其他方式，密切与消费者的关系。对老客户，要更多地提供产品信息，定期举行联谊活动，加深情感信任，争取成为长期客户，其花费的成本肯定比寻找新客户更为经济。

（2）与供应商、分销商的关系

在信息经济的条件下，竞争不仅是公司之间的竞争，更是网络间的竞争。借助于先进的信息系统，供应链中所有参与者成为信息伙伴，他们实现了信息共享和利益共享。这样形成的供应商—企业—分销商之间的关系，不仅有竞争，更有合作。明智的市场营销者会与供应商和分销商建立起长期的、彼此信任的互利关系。最佳状态是交易不需要每次都进行磋商，而是成为一种惯例。现代信息技术的应用为这种惯例的形成创造了条件，不少成功的跨国公司就是这种惯例的受益者。

（3）与竞争者的关系

同行竞争者之间通常把商场比作战场。事实上，竞争者之间可以建立一种“双赢”的关系，而不一定都是赢输关系。曾有人做过形象的比喻，市场是一块蛋糕，吃的人越多，每个人分到的就越少。但换个角度，如果吃蛋糕的人合作起来，共同把蛋糕做大，则可以使每个人分到更多的蛋糕。事实上，竞争者合作可使合作各方获得更多的利益。如两个或几个企业联合开发某一新产品，可以通过签订协议，实行特许经营，也可以通过组建企业集团来实现。通过合作，各方或者可以获得强强联合的优势，或者可以将优势互补，最终使合作各方获得比合作前更多的竞争优势和利益。

（4）与内部员工的关系

员工不仅是企业的雇员，更是企业的伙伴。企业要搞好与内部员工的关系，首先，应该给员工提供满意的物质上的利益；其次，要给员工提供内部营销服务，把员工当作消费者一样关心。

（5）与其他相关人员的关系

各种金融机构、新闻媒体、公共事业团体以及政府机构等对企业营销活动都会产生重要的影响，企业必须以公共关系为主要手段争取他们的理解和支持。例如，以地缘为纽带而连接和聚集的若干社会群体或组织构成的社区是企业关系营销中不可忽视的一环。企业需要社区提供完善的基础设施和有效率的工作，社区也希望企业为社区建设提供人、财、物的支持。关系营销市场的影响者由独立的实体、组织和个人构成，他们能够积极或消极地影响公司参与竞争的市场的营销环境。因此，公共关系或者公共事务管理应该成为关系营销过程中的一个有机成分。

3．关系营销与交易营销的比较

交易营销（Trade Marketing）是指为达成交易而开展的营销活动，是交付功能、基本产品的价值传递过程。

关系营销与传统的交易营销相比，在对待客户方面有不同之处，如表7-2所示。

表7-2　关系营销与交易营销的比较

交 易 营 销	关 系 营 销
关注一次性交易	关注客户保持
较少强调客户服务	高度重视客户服务
有限的客户承诺	高度的客户承诺
适度的客户联系	高度的客户联系
质量是生产部门所关心的	质量是所有部门所关心的

（1）交易营销关注的是一次性交易，关系营销关注的是如何保持客户。

（2）交易营销较少强调客户服务，而关系营销则高度重视客户服务，并通过客户服务来提高客户满意度，培育客户忠诚。

（3）交易营销往往只有少量的承诺，关系营销则有充分的客户承诺。

（4）交易营销认为产品质量应是生产部门所关心的，关系营销则认为所有部门都应关心质量问题。

（5）交易营销不注重与客户的长期联系，关系营销的核心就在于发展与客户的长期而稳定的关系。关系营销不仅将注意力集中于发展和维持与客户的关系，更是扩大了营销的视野，它涉及的关系包含企业与其所有利益相关者间所发生的所有关系。

7.2.2 关系营销的特征

关系营销把企业的市场营销活动置于整个社会经济的大循环之中，而不是仅仅局限于产品交易市场，使公共关系成为企业市场营销成败的关键。企业市场营销的实质是交换。企业只有让客户切实体会到交换的互利性，即产生良好的情感、印象，并产生互需互赖感，才能真正顺利地实现交换目的。

1．信息沟通的双向性

社会学认为关系是信息和情感交流的有机渠道，良好的关系即是渠道畅通，恶化的关系是渠道阻滞，中断的关系则是渠道堵塞。交流应该是双向的，既可以由企业开始，也可以由营销对象开始。广泛的信息交流和信息共享，可以使企业赢得支持与合作。

2．战略过程的协同性

在竞争性的市场上，明智的营销管理者应强调与利益相关者建立长期的、彼此信任的、互利的关系。这可以是关系一方自愿或主动地调整自己的行为，即按照对方要求的行为，也可以是关系双方都调整自己的行为，以实现相互适应。各具优势的关系双方互相取长补短，联合行动，协同动作以实现对各方都有益的共同目标，可以说是协调关系的最高形态。

3．营销活动的互利性

关系营销的基础在于交易双方相互之间有利益上的互补。如果没有各自利益的实现和满足，双方就不会建立良好的关系。关系建立在互利的基础上，要求互相了解对方的利益要求，寻求双方利益的共同点，并努力使双方的共同利益得到实现。真正的关系营销是达到关系双方互利互惠的境界。

4．信息反馈的及时性

关系营销要求建立专门的部门，用以追踪各利益相关者的态度。关系营销应具备一个反馈的循环，连接关系双方，企业由此了解到环境的动态变化。根据合作方提供的信息，以改进产品和技术。信息的及时反馈使关系营销具有动态的应变性，有利于挖掘新的市场机会。

7.2.3 关系营销对传统营销理论的变革

与传统营销观念相比，关系营销是现代营销观念发展史上的一次历史性变革，它与传统营销观念无论从内容、实质、范围方面，还是从实现手段等方面都有很大不同。

1．经营哲学的变革

传统营销学的经营哲学经历了长时间的实践检验，共产生了 5 种经营哲学：生产导向、产品导向、推销导向、营销导向和社会营销导向。这 5 种经营哲学都是从企业的立场出发，实现单个企业的经营目标，其核心是达成交易。只是到了社会营销导向时才对原有的经营思想有了一点突破，达成交易的同时兼顾社会利益。而关系营销完全突破了传统的经营哲学，其核心是与相关利益者建立良好的关系，所以关系营销思想是企业经营管理领域中新的指导思想，也是一种新的经营哲学。关系营销理论的出现使得企业的经营哲学由传统的目标市场选择的 4PS 理论发展到以关系营销的 6IS 战略。其中，6IS 战略指的是建立独特关系的意愿（Intention）、与客户进行交流（Interaction）、与客户进行关系的整合（Integration）、收集关于客户的信息（Information）、对客户的投资（Investments）、关注客户的个性化特征（Individuality）。

2．对营销实质的变革

传统的营销实际上是以生产者为导向，企业进行营销的目的是达成交易，提高企业销售额，实现企业的经营目标。营销活动本身并不创造价值，且消费者在营销过程中处于被动地位。采用关系营销策略使营销目标从达成交易转化到与客户建立良好关系，在营销过程中始终以消费者为中心。通过营销为企业赢得了宝贵的资产——稳定的客户群，与相关利益者建立稳定关系，大大扩大了企业的可支配资源，增强了企业对市场的反应能力，这又在一定程度上增加了企业资产。如美国的戴尔公司通过与供应商和合作伙伴建立良好的关系，使其能够在接到订单后迅速地组织产品生产，并快速送达世界各地。通过满足这种个性化需求，赢得企业的竞争优势。可以想象，如果没有合作伙伴的密切配合，戴尔不可能单独完成从产品生产到运送的全过程。

3．组织结构的变革

以传统营销理论为导向的企业大都设立营销部门，明确规定其职责，关系营销的出现使传统营销部门的职责发生了根本性的变化。传统的营销部门的职责就是完成企业的营销任务，其他的部门各司其职，很少直接参与企业营销活动。现在奉行关系营销思想的企业，其营销任务不仅只由营销部门来完成，许多部门都要积极参与，参与各方应建立良好的关系，营销部门是各个部门的协调中心。

4．市场范围的变革

传统的营销把其视野局限在目标市场上，也就是通过市场细分所确定的客户群，而关系营销的市场范围比传统的市场扩展了很多，它不仅包括客户市场，还包括供货商市场、中间商市场、劳动力市场、影响者市场和内部市场。

客户是企业生存和发展的基础，建立和维持与客户的良好关系是企业营销成功的保证。因此，关系营销仍然把客户关系作为关注的焦点，并把它放在建立各种关系的首要位置。但同时也非常重视与扩大市场的良好关系，企业与供货商市场、人力资源市场、金融市场、内部市场都建立了良好的关系。

5．营销组合的变革

对营销组合的变革也是关系营销对传统营销理论的又一突破。传统营销理论认为，企业营销的实质是利用内部因素（如产品、价格、渠道、促销等），对外部市场产生作用，使外部市场做出积极的动态反应，实现销售目标的过程。这样的营销思想充分发挥了资本和物资等生产要素的作用，但却忽视了人的作用，而关系营销思想认为，要提高营销组合的应用价值和效率必须增加人力资源的作用，所以扩大了营销组合的概念，又增加 3 个要素：客户服务、人员和管理进程。

7.2.4 关系营销中的客户关系营销策略

关系营销中一个非常重要的关系就是与客户建立良好的关系，良好的客户关系是企业营销活动成功的基本保证。通过良好的关系才可能形成客户满意度和忠诚度，进而给企业带来巨大的好处。这与客户关系管理的基本理念非常吻合。

客户关系营销策略是指企业在以客户为中心的战略思想指导下，了解并满足客户需求，提升客户满意，提高客户忠诚度，与客户建立良好关系，以便更好地达到企业利润最大化的一种营销策略与思想。

客户关系营销的核心是建立长期稳定的客户关系，而其前提是客户满意。愉快并满意的客户总会有积极表现，他们会向企业购买大量产品并占据很大份额。

1．客户关系营销的中心——客户忠诚的培养

在关系营销中，怎样才能获得客户忠诚呢？发现正当需求——满足需求并保证客户满意——营造客户忠诚，构成了客户关系营销中的三部曲。

（1）客户满意模型

客户需求满足与否的衡量标准是客户满意程度。满意的客户会给企业带来有形价值（如重复购买该企业产品）和无形价值（如宣传企业形象）。美国学者 R. A. 斯普林格（R. A. Spreng）、S. B. 麦肯齐（Scott B. Mackenzie）和 R. W. 奥尔沙夫斯基（Richard W. Olshavsky）的研究成果表明，客户的全面满意来源于属性与信息的结合。在此基础上 3 位学者提出了一个客户满意的七要素模型，如图 7-1 所示。

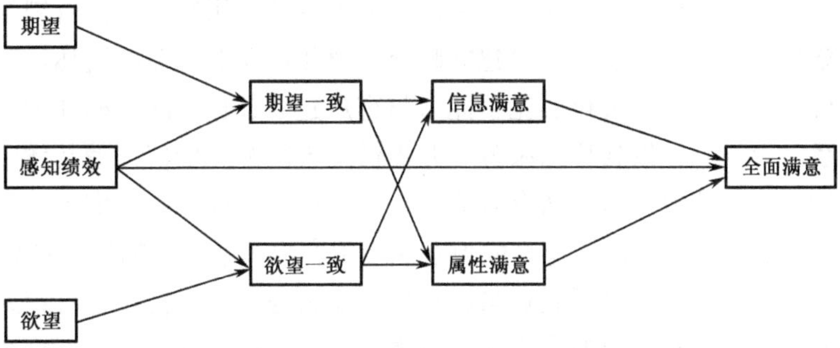

图 7-1　客户全面满意七要素模型

（2）获得客户满意的途径

从客户满意模型可以看出，期望和欲望与感知绩效的差异程度，即期望一致性和欲望一致性是产生满意感的来源。所以，企业可采取下面的方法来取得客户满意：提供满意的产品和服务；提供附加利益；提供信息通道。

（3）客户忠诚度维系

高度的满意能对品牌忠诚乃至企业产生情感吸引，从而使客户满意上升为客户忠诚。忠诚的客户能给企业带来诸多的利益。市场竞争的实质是争夺客户资源，维系原有客户、减少客户的叛离要比争取新客户更为有效。维系客户不仅仅需要维持客户的满意程度，还必须分析客户产生满意感的原因，从而有针对性地采取措施来维系客户。

2．客户关系的构成

（1）客户关系层次

企业与客户的关系可以分为 5 种不同的水平。①基本关系。这种关系是指企业销售人员在产品销售后不再与客户接触。②被动关系。企业的销售人员在销售产品的同时，还鼓励消费者在购买产品后，如果发现产品有问题或不满时及时向企业反映，如打电话联系等。③负责式的关系。企业的销售人员在产品售后不久，就应通过各种方式了解产品是否能达到消费者的预期，并且收集客户有关改进产品的建议，以及对产品的特殊要求，并把得到的信息及时反馈给企业，以便不断地改进产品。④主动式的关系。企业的销售人员经常与客户沟通，时常打电话与消费者联系，向他们提出改进产品使用中的建议，或者提出有关新产品的信息，促进新产品的销售。⑤伙伴式的关系。企业与客户持续合作，使客户能更有效地使用其资金或帮助客户更好地使用产品，并按照客户的要求设计新的产品。

在实践中，企业因产品和市场等不同，可以分别建立不同水平的关系营销，如表 7-3 所示。

表 7-3　九种客户关系营销水平

顾 客 数 目	高边际利润	中边际利润	低边际利润
大量	负责式关系	被动式关系	基本或被动式关系
适量	主动式关系	负责式关系	被动式关系
少量	伙伴式关系	主动式关系	负责式关系

企业与客户建立战略性的合作伙伴关系，将成为企业应用客户关系营销的最高层次。为实现统一的战略目标，企业可以与客户建立起合作伙伴性质的利益共同体，其主要形式有技术关联、营销合作等。企业通过核心竞争能力与客户建立起良好的结构性关系，定期或不定期地与客户联系，为他们提供独特的服务，并提供最大的消费价值，使其体验到本企业最关心、最尊重他们，从而使他们乐于从众多的企业中选择本企业作为他们忠诚的关系伙伴，并与企业在发展战略上保持一致，这也将成为企业应用客户关系营销的发展趋势。

由于应用客户关系营销增进了企业与客户间的友谊与交流，拉近了营销人员与客户的心理距离，使其能从中了解到客户的真实需求及需求变化，把信息及时反馈给企业，从而为客户提供适时的服务，更好地满足客户需求，与客户建立长期稳定的良好关系，提高企业的效益和竞争优势。

（2）建立客户价值

贝瑞（Berry）和帕拉苏拉曼（Parasuraman）归纳了 3 种建立客户价值的方法。

① 一级关系营销。在客户市场中，一级关系营销经常被称作频繁市场营销或频率市场营销。这是最低层次的关系营销，是指企业通过财务上的价值让渡吸引客户，以此建立长期交易关系，维持关系的重要手段是对目标公众使用价格刺激，以增加财务上的收益。

② 二级关系营销。二级关系营销是指企业不仅用财务上的价值让渡吸引客户，而且尽量

了解各个客户的需要和愿望，并使服务个性化和人格化，以此来增加企业和客户的社会联系。二级关系营销在建立关系方面优于价格刺激，增加社会利益，同时也附加财务利益，主要形式是建立客户组织，包括客户档案和正式的、非正式的俱乐部以及客户协会等。

③ 三级关系营销。三级关系营销是指企业和客户互相依赖对方的结构发生变化，双方成为合作伙伴关系。三级营销关系的建立，在存在专用性资产和重复交易的条件下，如果一方放弃关系将会付出转移成本，关系的维持具有价值，从而形成“双边锁定”。这种良好的结构性关系将会带来长期价值，还可以获得持久的竞争优势。

3．提升客户关系的营销策略

（1）与客户进行有效的沟通

使客户满意的前提是真正了解客户的需求，而与客户进行有效的沟通是真正了解市场及客户需求的唯一途径。沟通的方式有设立客户服务电话、向客户寄发产品和服务信息、主动了解产品或服务使用状况、企业人员亲自登门访问、进行问卷调查等。在与客户的沟通中，重点是要学会聆听，准确把握客户的真实想法。

（2）提供高质量的产品和服务

企业的产品和服务是企业和客户最为关键的接触点。客户对企业的认知，很大程度上源自于对其所消费的产品和服务的认知。这对于新成立的公司或公司的新客户尤为重要。高质量的产品本身就是优秀的推销员和维系客户的强力凝固剂。这里的质量不仅是指产品符合标准的程度，更应该强调的是企业要不断地根据客户的意见和建议开发真正满足客户需要的产品，或根据客户的特殊要求提供定制化产品，如海尔的按单生产、戴尔的销售模式等。提供高质量的产品和服务是树立企业品牌、建立客户对企业良好印象进而确立企业—客户关系的第一步。

（3）对忠诚客户进行奖励

企业对忠诚客户进行奖励回报，首先，体现在价格优惠上。其次，能向老客户提供他们所认同的价值，如增加产品的知识含量、改善品质、增强功能，提供灵活的付款方式、资金融通方式、各种信用保险，降低客户购买的风险，使客户与企业形成长期稳定的合作关系，使客户感觉到自己受到企业的重视和关怀，自己享有某些特权，从而提高客户的满意度。会员制就属于这一种。

（4）对客户进行情感投资

一旦与客户建立了业务关系，就要积极找寻商品之外的关系，并用这种关系来强化商品交易关系。特别是在细节方面关心客户，越是不易察觉的细节方面越能使客户感动，也越能体现企业对客户的重视度。如记住客户的生日、结婚纪念日，并在当天为客户寄送一份祝福。

（5）向基层员工授权

企业每个工作岗位都有其相应的工作内容和责任，每位员工都有与其工作岗位相适应的工作权利。这种传统的岗位责任制严重束缚了企业的服务能力，使得处理客户问题往往需要经过汇报、请示、申请、批准等程序。这既浪费企业的人力、物力成本，又容易引起客户的不满，严重时还会给企业造成巨大损失。因此，企业领导应向基层员工授予一定的权利，使其能够及时、快速、合理地解决客户问题，提高服务质量，提升客户的满意度。同时又可以充分发挥基层员工的专长，激发其工作热情，增强责任心，并增进效率，提升服务水平，形成良性循环。

（6）协调各职能部门

企业各个部门若缺乏整体意识，会导致各自为政，缺乏沟通，缺少相互间的合作，使信息不对称，进而导致资源的浪费和矛盾的产生。这种职能部门分裂的情况对维系客户关系会产生巨大的副作用。企业应鼓励不同部门之间相互合作、直接沟通，或设立特定的任务委员会组织协调各个部门更好地合作。

（7）创造并传播以客户为中心的价值观

企业应首先根据客户关系营销的有关理念，组织专门人员对原有的价值观进行评价分析，确定需要变革的因素，强调客户资源的价值性，逐步消除因企业利益而损害客户利益的短视行为。然后再根据行业及本企业特点，在企业价值观体系中注入相应的新元素，形成新的以客户为中心的价值观体系。通过改变企业文化要素，使得这种以客户为中心的价值观在组织成员中传播并逐渐被接受。

（8）引进信息技术

在激烈竞争的市场上，企业之间无时不在争夺着客户，同时客户也在不断地选择企业。引入实施 CRM 软件系统，能更好地实现客户关系管理的思想。CRM 软件系统能够帮助企业充分挖掘客户的真实需求，使企业能够详细了解并掌握客户的类型和需求变化情况，经常保持与客户的沟通和交流，接收客户的各种信息反馈，以便及时调整营销方案，防止客户流失。客户档案资料中要详细记录客户的基本情况、需求爱好、购买习惯、购买时间、购买频率及购买数量、意见要求等，据此掌握客户的购买规律以及对企业的忠诚度。同时，通过 CRM 软件系统数据库资料及时捕捉和掌握客户往来的信息，并采取针对性的营销策略来吸引新客户，不断开拓新的目标市场，提升客户关系管理水平，提高企业销售业绩，降低交易成本，提高工作效率。

7.3 整合营销

随着营销环境的改变，企业为了赢得消费者，建立企业与消费者的双赢局面，企业必须重整营销资源，重建营销模式，这就形成了一种新的营销理念——整合营销。

可以说，整合营销理论是企业组织为适应已经变化了的和正在变化着的市场环境，而在动态复杂的市场环境中总结成功企业的营销实践而升华的现代营销理论与方法。

7.3.1 整合营销的概念

整合营销又称整合营销传播（IMC，Integrated Marketing Communication），是美国西北大学教授舒尔兹于 20 世纪 80 年代首次提出的。整合营销传播的中心思想是，通过企业与消费者的沟通，以满足消费者需要的价值为取向，确定企业统一的促销策略，协调使用各种不同的传播手段，发挥不同传播工具的优势，从而使企业的促销宣传实现低成本策略化与高强冲击力的要求，形成促销高潮。这种早期的整合营销，以促销与传播的整合为重点，即通过各种传播活动为企业形象及其品牌实现“一种形象和一个声音”的目标。

随着整合营销理论与实践的发展，企业认识到整合传播已经涉及与企业营运相关的更为广泛的领域，它已经从一种协调和联合各种传播要素的战术性传播管理方法发展成为一种企业战略管理工具，即企业组织能够按整合营销模式制定战略计划并执行所有的市场传播活动。

因此，本书给整合营销下的定义为：整合营销是一种通过对各种营销工具和手段的系统化结合，根据环境进行即时性动态修正，以使交换双方在交互过程中实现价值增值的营销理论与营销方法。

7.3.2　整合营销的特点

整合营销实际上是一个对现有客户和潜在客户的发展实施各种形式的说服性沟通计划的长期过程，它是以消费者为导向的营销理念在传播领域的具体应用。整合营销的特点体现在以下几个方面。

1. 强调对营销变量的整合

1950 年，尼尔·鲍顿提出了具有营销学发展里程碑意义的“市场营销组合”的概念，强调将各种营销要素组合起来的重要性。1960 年，密西根大学教授杰罗姆·麦卡锡提出了 4P 理论。4P 理论简化了营销组合要素并使之便于记忆和传播，从 4P 理论开始，营销要素组合及其实践成为营销方法研究的重点。

随着营销理论和营销实践的发展，人们逐渐认识到对营销策略性工具进行组合运用的实效性，但策略性工具的组合运用终究是战术性的而不是战略性的，企业很难通过策略性变量运用的结果看出决定企业营销成败的关键变量。20 世纪 70 年代中后期，为解决企业战略性营销问题，科特勒提出了“大营销”概念并将公共关系和政治作为两个中观变量。之后，科特勒提出战略性营销管理构架并将探察（Probing）、细分（Patitioning）、择优化（Prioriting）、定位（Positioning）作为战略性 4P。

在营销策略性变量和营销战略性变量的演进和实践运用过程中，营销规划和营销传播将战略性 4P 与策略性 4P 及其他营销变量按照有效合理的方式组合起来。而这种对各种营销要素的组合运用，在改变企业与市场对话的路径和方式的同时带来了更高的营销效率。因此，可以将营销变量的组合运用看成是整合营销传播理论对各种营销可控变量进行整合的思想萌芽，也就是说，营销要素组合理论及其发展是形成整合营销传播理论最为显著的特点。

2. 消费者接触管理

传统营销理论以企业为中心，把消费者视为被动的接受者。消费者的许多购买决策是由于受选择性接触和选择性扭曲的影响而决定的。然而，随着社会经济的发展和市场环境的不断变化，消费者的购买行为变得更为成熟和理智，这就要求企业必须重新建立与消费者的关系。

整合营销传播理论为企业提供了许多思路，它引导企业重新认识消费者心理，重视信息加工过程，对消费者实行接触管理。它强调在信息传递过程中加强与消费者的沟通，同时要准确、适当地整合所有的营销信息，使信息沟通与消费者的认知相吻合，强化消费者对品牌的感觉、态度和行为。这种接触管理从传统的诉求宣传上升为对消费者的心理进行管理，从企业的一般产品宣传转向对消费者的态度与印象的管理。它实现了由手段管理到目标管理的升华。

3．强调营销的主要任务是发展品牌关系资产

整合营销观念主张：经营者应将客户从营销目标变为企业发展链上的一个组成部分，这样客户就从局外人变成了局内人。也就是说，客户与企业之间存在于一个大的合作范畴之内，共同谋求各自的利益，共同发展，相互依存。这一“双赢”式营销理念，意味着未来的营销将不再是如何推销产品或提供服务，而是如何影响品牌利益者之间的关系，加强品牌与各类消费者之间的关系。

7.3.3 整合营销的核心——一致性

一致性被许多营销工作者认为是整合营销最为重要的一环。随着对于整合营销研究的不断深入，市场和消费者的变化为整合营销注入了新的内涵。

1．以消费者为中心的一致性

一致性定义需要一个约定成俗的目标或者方向。对于大多数公司而言，以消费者为中心是一个必需的一致性目标。但是，以消费者为中心成为整合营销一致性目标的必要条件是公司企业文化和价值观念的整体转变——将公司变成以消费者为导向的营销型企业。公司的组织架构以及管理流程必然发生改变，消费者中心的理念将成为公司各阶层各部门战略决策的第一影响因素。CRM 的使用就是以消费者为中心的企业或向此方向努力的企业，决策层帮助各阶层的员工了解并且熟悉以消费者为中心的管理软件。

整合营销需要整合整个公司的所有部门和人员，将内部沟通与外部沟通相结合，对内与对外同时将以消费者为中心的理念传递给目标受众。将每一个员工都变成整合营销中的重要环节是越来越多的公司营销战略的重要组成部分，内部营销的价值和作用也被更多的企业所认识并重视。只有得到公司内部所有员工和职能部门的认可，整合营销才可以真正发挥其最大功用。以消费者为中心的理念都是从内部营销开始，结合外部的传播手段，将信息整合地进行组织内部和外部的双循环。

从内而外的整合营销是一个系统的工程。当内部以客户为中心的理念开始传播后，一些阶段性的成果将成为外部营销的基础和依据，而消费者也不断地会反馈一些受到不同对待的信息，结合公司的营销组合，自内而外的整合营销很容易被内部的员工和外部消费者支持，成功的可能性也大大提高。

2．信息共享的一致性

公司对于信息的披露以及各种信息传播的重视程度，可以视为公司是否愿意与其利益相关者（包括消费者）进行整合营销的重要标准。通常而言，有意于或已经开始整合营销的公司更愿意采用一种互动的传播模式，而一般的企业和公司往往多采用一些单向的沟通方式。整合营销强调的不仅仅是一种互动的传播模式，更多的是一种完全敞开式的信息共享，企业完全了解消费者的需求，并愿意为此而努力，而消费者也完全了解企业的状况，并达成长期的合作关系而不仅仅是买卖关系。

信息共享其实更多反映的是一个企业的企业文化。很难想象长期与消费者进行双向或多向的互动行为且完全展现自己是一种企业短期的作秀行为。更长远来看，这种开放式的营销行为是植根于企业文化的一种长期的、一致性的企业传统。企业只有更好地了解消费者的需求，才能更好地将自己介绍给消费者，整合营销也才可能发挥其特定作用。整合营销正是建立在这种共享基础上的一种深度的营销理念。

3. 企业架构的一致性

传统企业的架构是将公司分成一个一个的部门，各司其职，各职能部门之间职责分明，权限也比较明晰。这种架构有其明显的优点，但是从整合营销的角度看，它更像一件紧身衣，束缚了人们的创造力和自由度。公司的营销行为也会因为营销职能功能性的不同，被分割为促销降价行为、公关营销行为、直接销售行为等。而企业内部的一些自发性的营销整合行为，也因为各自功能性的区分，被分割为零散的独立市场行为。特别是最近 20 年，越来越多的企业开始进行全球化扩张，营销管理的物理距离成倍地扩大，使得原来的隔阂和协调不利的局面也无限放大。跨国企业忽然间发现，内部营销的重要性更甚于外部沟通，企业的员工和代理商已经成为无数为企业形象进行营销宣传的第一阵线。他们不得不更多地借用整合营销帮助企业重整架构，使得每个员工或代理商都更加了解企业的文化和目标，深刻理解品牌内涵，将企业视为一个整体而不是单独以职能分开的部门。从架构上而言，整合营销的过程就是企业架构重整的一体化过程。

文化的改变是整合营销架构改变中非常重要的一个环节，关系营销以及针对合作伙伴的双向营销在整合营销中起着非常重要的作用。整个组织的文化导向扮演着异乎寻常的作用，它使所有参与部门和参与公司都愿意并且积极配合与所有消费者和利益相关者的双向和多向沟通，并主动调整架构，使这种沟通更加流畅与高效。

另外，Internet 和其他数字技术的使用也使得公司的文化和架构向更加整合的方向发展。信息的交换更加便捷，管理更加扁平化使得整合营销的信息交互过程得以在企业和组织内部更加高效地进行。而信息化使得公司的各个部门或者产业链上的各个公司也更容易相互接触，相同的内部局域系统，辅助于配套的管理软件，企业和组织的架构在整合营销一致性的促进下变得更加整合和更加高效。

当然，无论是公司内部架构的营销整合化，还是产业链架构的营销整合化，都有一点是必须注意的，就是各部门以及各公司之间的差异。虽然一致性一直被着重强调，但差异性也需要特别关注。各部门毕竟专业分工不同，产业链上的各公司也由于专注方向不同，在一致性理念的前提下，整合营销的体现方式也有较大差异。求大同而存小异，理念的统一才是整合营销的精髓所在。

7.3.4　整合营销的发展层次

整合营销在不同的发展阶段有不同的形式表现，主要有以下几个层次。

1. 认知的整合

这是实现整合营销传播的第一个层次，这里只要求营销人员认识或明了营销传播的需要。

例如，某个媒体策划人员在替某企业购买媒体和投放广告时应认识到，不同媒体类别和相同媒体的不同表达方式都应有所考虑，以反映企业的一致形象。

2. 形象的整合

第二个层次涉及到确保信息与媒体一致性的决策。信息与媒体一致性，一是指广告文字与其他视觉要素之间要达到的一致性，二是指在不同媒体上投放广告的一致性。

3. 功能的整合

功能的整合是把不同的营销传播方案编制出来，作为服务于营销目标（如销售额与市场份额）的直接功能，也就是说，每个营销传播要素的优势、劣势都经过详尽的分析，并与特定的营销目标紧密结合起来。

4. 协调的整合

这个层次是人员推销功能与其他营销传播要素（广告公关促销和直销）等。这意味着各种手段都用来确保人际营销传播与非人际形式的营销传播的高度一致，即推销人员所说的内容也必须与其他媒体上广告的内容协调一致。

5. 基于消费者的整合

营销策略必须在了解消费者的需求和欲求的基础上锁定目标消费者，在给产品以明确的定位后才能开始营销策划。换句话说，营销策略的整合使得战略定位的信息直接到达目标消费者的心中。

6. 基于风险共担者的整合

这是营销人员认识到目标消费者不是本机构应该传播的唯一群体，其他共担风险的经营者也应该包含在整体的整合营销传播战术之内，如本机构的员工、供应商、配销商以及股东等。

7. 关系管理的整合

这一层次被认为是整合营销的最高阶段。关系管理的整合就是要向不同的关系单位做出有效的传播，公司必须发展有效的战略。这些战略不只是营销战略，还有制造战略、工程战略、财务战略、人力资源战略以及会计战略等。也就是说，公司必须在每个功能环节内（如制造、工程、研发、营销等环节）发展出营销战略以达成不同功能部门的协调，同时对社会资源也要做出战略整合。

7.3.5 客户关系管理整合

整合营销的理念体现在客户关系管理上就形成了客户关系管理整合的营销战略。“客户关系管理整合（Customer Relationship Management Integrated）”的市场营销战略是HERO咨询公司在多年积累的市场营销战略咨询经验的基础上提出的。

客户关系管理整合战略是一种提供给企业的以客户关系为基础的市场营销战略。运用客户关系管理整合导向下的市场营销理论，帮助客户确认在其营销过程中决定其客户关系的关键因素，并运用市场战略分析手段来制定有效的市场营销战略，以改进客户的竞争客户关系，并最终提高企业的经营绩效。

1. 客户关系管理整合的作用

（1）整合客户的数据

客户关系整合有别于传统的客户关系管理解决方案，它允许一个公司自动地将所有客户的数据都整合到一个数据库中，同时确保数据发送到中央存储区进行维护之前的质量和准确性。一个孤立的客户关系管理系统不能做到这些，因为它不能与账单处理过程、市场营销、企业资源规划（ERP）以及存有客户数据的供应系统整合起来，也没有办法来处理各个平台上不一致的数据。

（2）整合企业的营销功能

在客户关系管理整合的营销战略中，所有的市场营销功能都被统一到企业的市场营销活动中，不能忽视任何一项市场营销功能。例如，不能单纯地帮助企业进行市场细分。应在市场细分的基础上进行目标客户的确定以及品牌定位。通过“放大”及“缩小”的整合分析过程来制定市场营销战略，以达到增强客户关系的目的。“放大”过程（从市场到数据库）首先分析市场上的竞争的客户关系，然后将这种竞争的客户关系结构投射到企业的数据库中。“缩小”过程（从数据库到市场）根据市场竞争客户关系结构来分析企业数据库中的数据，然后根据分析的结果来制定市场竞争中客户关系管理战略。

2. 客户关系管理整合的过程

客户关系管理整合为有效的客户关系管理提供了标准的实践过程。这一过程称为 IMIM 过程，即确定客户关系（Identify Customer Relationship）、测量客户关系（Measure Customer Relationship）、改进客户关系（Improve Customer Relationship）和监测客户关系（Monitor Customer Relationship），如图 7-2 所示。

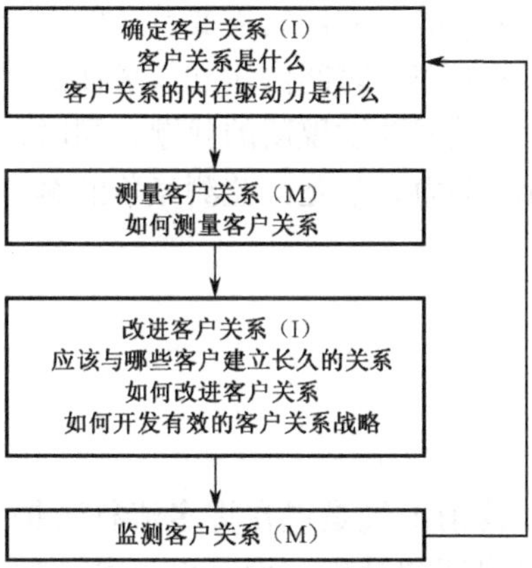

图 7-2　客户关系管理整合过程

（1）确定客户关系

在结构化的整合客户关系管理的实践中，最关键的过程就是在市场竞争中确定客户关系。客户关系管理整合就是根据一个客户怎样衡量企业所提供的价值来确定客户关系，并根据客户的基本需求来构造客户关系。人们通常把价值定义为质量与价格的比例，但我们很难根据这一定义来管理客户关系。因为不同的客户将根据其不同的需求来构造其感受的价值。客户关系管理整合根据客户的基本需求并以其感受价值的方法来构造价值。通过这样的价值构造，能容易地测量客户关系并找到改进客户关系的方向。

（2）测量客户关系

客户关系管理整合可通过客户关系战略沙盘等工具来描述所测量的竞争客户关系。它通过对竞争客户关系的精确计算，把各个客户细分市场与竞争企业的客户关系描绘在一个二维平面上，让即使是对竞争客户关系一无所知的企业高级主管也能一目了然。战略沙盘的简单规则是：①在企业和客户细分市场之间的相对距离（或位置）代表了客户关系的相对强弱。②如果要了解一个企业（或各竞争企业）与某个客户细分市场之间的客户关系，必须集中观察该企业（或各竞争企业）在战略沙盘中与客户细分市场之间的相对距离（或位置），距离越短，客户关系就越强。

为了进一步了解客户细分市场上的竞争客户关系，我们把该细分市场上的客户进一步根据他们对各企业的熟悉程度分成不同的客户群，以观察该细分市场上不同的客户群与企业间的竞争客户关系。一旦企业确定了重点突破的细分市场，下一步要做的就是改进该细分市场上的客户关系，制定有效的市场战略。

（3）改进客户关系

在客户关系管理整合实践中，有两个改进竞争客户关系的重要步骤。其一是确认市场上最有价值的客户细分市场。客户关系管理整合帮助企业发现其市场上最有价值的客户，进而改善与该客户的关系。其二是确定决定客户关系的关键因素。同时这两个方面必须贯穿于整合客户关系管理的全过程，它可以保证客户关系管理实践始终在投资效益最大化的正确轨道上。

（4）监测客户关系

客户关系管理整合不是一次性的活动，它需要持久的市场营销实践来帮助企业在长时间内取得成功。这是因为企业不可能在短时间内建立其最佳的客户关系，它需要不断地监测其客户关系管理过程以检查其进展过程及发现新的问题。同时，市场竞争及客户需求在改变，客户关系的改进需要长期不断的努力。于是，监测竞争的客户关系应该是企业客户关系管理过程中的一个重要组成部分。

7.4 数据库营销

在网络经济时代，数据库营销不仅是现在许多流行营销策略如直复响应、电话营销、直复营销、邮购等的有效前提保证和基础，而且以一种新的方法开展业务，以新的概念进行营销管理，并产生新型的公司和客户关系。

7.4.1 数据库营销的作用

数据库（Database）是数据库营销的基础。数据库营销（Database Marketing）就是企业通过收集和积累现有和潜在消费者的大量信息。从而建立一个数据库，该数据库是动态的，可以随时增加和更新消费者的相关信息。基于该数据库，能帮助企业确认目标消费者，更迅速、更准确地抓住他们的需求，利用这些信息给产品以精确定位，有针对性地制作营销信息，然后用更有效的方式把产品和服务信息传达给消费者。在为消费者服务的同时，与他们建立互信“共赢”的良好关系。

1．营销数据库的作用

营销数据库最初是为实施直复营销而收集的客户和潜在客户的姓名和地址，后来发展成为市场研究的工具，如收集市场资料、人口统计资料、销售趋势资料以及竞争资料等。配合适当的软件，对数据做出相应的分析，目前它已经作为整个管理信息系统的一部分发挥着重要作用。它可以收集和管理大量的信息，以便给企业呈现出客户的“基本状态”，方便企业进行消费者分析、确定目标市场、跟踪市场领导者以及进行销售管理等，是协助规划整体营销计划，以及计划、控制与衡量传播活动的有力工具。营销数据库可以把有关的资源整合在一起（邮件、电话、销售、第三方和其他渠道），统一协调调度，有针对性地进行直接调度。例如，对关键客户需要进行人员直接访问，而不是邮件和电话访问；另外，在与客户的沟通中采用哪种方式还要看其经济性。营销数据库为企业合理分配资源提供了有力的工具。

简单归纳起来，营销数据库具有以下作用。

第一，选择和编辑客户数据。收集和整理客户的数据资料，构建客户数据库。客户的数据应包括客户个人资料和交易记录等信息。

第二，选择适当的消费者。有针对性地进行沟通，提高反馈率，增加销量，从而降低营销成本。

第三，为使用营销数据库的公司提供消费者的状况，应用于邮件、电话、销售、服务、客户忠诚计划和其他营销工具。

第四，反击竞争者的武器。数据库可以反映出与竞争者有联系的客户特征，进而分析竞争者的优势和劣势，改进营销策略，提供比竞争者更好的产品和服务，增近与客户的关系。

第五，及时的营销效果反馈。可以分析市场活动的短期和长期效果，并提出改进方法。

2．数据库的网络营销功能

在 Internet 基础上发展起来的网络营销日渐突现。网络营销通过利用 Internet 的交互特性直接与客户进行沟通。客户通过网络访问企业站点，企业可以直接了解和掌握客户的数据。因此，网络营销与营销数据库的结合将可以充分发挥两者营销的功效，通过网络营销企业可以直接与客户进行沟通，同时可以简单快捷地收集营销数据，此外网络营销还可以在数据库的基础上更好地了解客户和服务客户。而数据库营销可以通过网络营销迅速建立好营销数据库，同时可以收集到有关客户的一些在平时难以收集到的涉及购买过程的信息。网络营销与营销数据库的结合将是两个基于信息技术的发展而形成的营销策略发展的必然趋势。

与传统营销中的数据库相比，网络营销中数据库的独特价值主要表现在以下三个方面。

（1）动态更新

在传统的数据库营销中，无论是获取新的客户资料，还是对客户反应的跟踪都需要较长的时间，而且反馈率通常较低，收集到的反馈信息也需要烦琐的人工录入，因而数据库的更新效率很低，更新周期比较长，同时也导致过期、无效数据记录比例较高，数据库维护成本相应也比较大。数据库营销具有数据量大、易于修改、能实现动态数据更新、便于远程维护等多种优点，还可以实现客户资料的自我更新。数据库的动态更新功能不仅节约了大量的时间和资金，同时也更加精确地实现了营销定位，从而有助于改善营销效果。

（2）客户主动加入

仅靠现有客户资料的数据库是不够的，除了对现有资料不断更新维护之外，还需要不断挖掘潜在客户的资料，这项工作也是数据库营销策略的重要内容。在没有借助互联网的情况下，寻找潜在客户的信息一般比较难，要付出很大的代价。比如，利用有奖销售或者免费使用等机会要求客户填写某种包含有用信息的表格，不仅需要投入大量资金和人力，而且又受地理区域的限制，覆盖的范围非常有限。

在网络营销环境中，客户数据添加要方便得多，而且往往是客户自愿加入网站的数据库。最新的调查表明，为了获得个性化服务或获得有价值的信息，有超过 50%的客户愿意提供自己的部分个人信息，这对于网络营销人员来说无疑是一个好消息。请求客户加入数据库的通常做法是在网站设置一些表格，在要求客户注册为会员时填写。但是，网上的信息很丰富，对客户资源的争夺也很激烈，客户的要求是很挑剔的，并非什么样的表单都能引起客户的注意和兴趣，客户希望得到真正的价值，但肯定不希望对个人利益造成损害，因此，需要从客户的实际利益出发，合理地利用客户的主动性来丰富和扩大客户数据库。在某种意义上，邮件列表可以认为是一种简单的数据库营销，数据库营销同样要遵循自愿加入、自由退出的原则。

（3）改善客户关系

客户服务是一个企业能留住客户的重要手段，在电子商务领域，客户服务同样是取得成功的最重要因素。一个优秀的客户数据库是网络营销取得成功的重要保证。在互联网上，客户希望得到更多个性化的服务。比如，客户定制的信息接收方式和接收时间、客户的兴趣爱好和购物习惯等都是数据库的重要内容，根据客户个人需求提供具有针对性的服务是数据库营销的基本职能，因此数据库营销是改善客户关系最有效的工具。

数据库由于其种种独特功能而在网络营销中占据重要地位。数据库营销通常不是孤立的，应当从网站规划阶段开始考虑，列为网络营销的重要内容。另外，数据库营销与个性化营销和一对一营销有着密切的关系，客户数据库资料是客户服务和客户关系管理的重要基础。

7.4.2 数据库营销的优势

互联网应用的推广与数据库技术的成熟，使数据库营销成为在信息技术时代公司必须重视的新型营销策略。数据库营销以大容量的客户信息和相关市场信息作为分析市场和制订计划的基础，使得制订的计划具有准确性、预测性、针对性和有效性。它在客户关系方面、供应商选择方面、开拓市场和保护市场以及产品开发研制方面都可帮助公司确立竞争优势，巩固公司核心竞争能力，以占有较大市场份额和获取较高的市场利润。

1. 巩固公司现有竞争优势

市场经济要求公司的发展必须是市场导向，公司制定的策略、计划都是为满足市场需求服务，这就要求公司对市场现在和未来的需求有较多信息和数据作为决策依据和基础，避免公司的营销决策过多依赖决策者的主观意愿，使公司丧失发展机会和处于竞争劣势。利用客户数据库，公司可以对现在客户的要求和潜在需求有较深的了解，对公司的潜在客户的需求也有一定了解，制定的营销策略和营销计划具有一定的针对性和科学性，便于实施和控制，顺利完成营销目标。

2．加强与客户的沟通

根据 80/20 法则，公司与新客户的交易费用是与老客户交易费用的 5 倍，因此，培养忠诚的老客户是公司营销中的关键。数据库营销是以客户为中心，数据库中存储了大量现在消费者和潜在消费者的相关数据资料，公司可以根据客户需求提供特定的产品和服务，具有很强的针对性和时效性，可极大满足客户需求。同时，借助数据库可以对目前销售的产品满意度和购买情况进行分析调查，及时发现问题、解决问题，确保客户满意，建立客户的忠诚度。公司在改善客户关系的同时，通过合理配置销售资源降低销售费用，增加公司收入，如对高价值的客户可以配置高成本销售渠道，对低价值客户采用低成本渠道销售。数据库营销是现在流行的关系营销的坚实基础，因为关系营销就是建立客户忠诚和品牌忠诚，确保一对一营销，满足客户的特定需求和高质量的服务要求。通过互联网和大型数据库，客户可以对产品的设计和生产进行参与，从而最大限度地满足自己的需求，使公司以低廉的成本为客户提供个性化服务。

3．为入侵者设置障碍

虽然信息技术使用成本日渐下降，但设计和建立一个有效和完善的营销数据库仍是一项长期的系统性工程，需要投入大量人力、物力和财力，信息收集和信息开发使用需要长期的积累和改进。因此，一旦某个公司已经实行了有效的数据库营销，竞争者很难进入公司的目标市场，因为竞争者要用相当多的成本建立一个类似的数据库，这几乎是不可能的。从某种意义上说，营销数据库成为公司是难以模仿的核心竞争力和可以获取收益的无形资产。如果拥有数据库营销的能力，就有助于公司进入其他新的市场。

4．提高新产品开发和服务能力

公司拥有营销数据库，可以确定客户要求的特征、功能、应用、特点和收益。在许多工业品市场中，最成功的新产品开发往往是由那些与公司相联系的潜在客户提出的，因此，通过数据库营销更容易直接与客户进行交互式沟通，更容易产生新产品概念，克服了传统市场调研中的滞后性、被动性和片面性，难以识别市场需求且成本高等缺陷。对于现有产品，通过数据库营销，容易获取客户对产品的评价和意见，能够决定对产品的改进和换代产品的主要特征。目前，有很多大公司开始实行数据库营销，数据库产品的开发研制和服务市场规模也越来越大。

5．稳定与供应商的关系

供应商是向公司及其竞争者提供产品和服务的公司或个人。公司在选择供应商时，一方面要考虑生产的需要；另一方面要考虑时间上的需要，即计划供应量要能依据市场需求，将满足要求的供应品在恰当时机送到指定地点进行生产，以最大限度地节约成本和控制质量。公司如果实行数据库营销，就可以对市场销售进行预测，确定合理的计划供应量，确保满足公司的目标市场需求。另一方面，可以了解竞争者的供应量，制订合理的采购计划，在供应紧缺时能预先订购，确保竞争优势。

7.4.3 数据库营销的实施

1. 数据库营销实施的技术基础

（1）实施数据库营销的技术基础是设计和建立数据库营销信息系统，该系统应包括以下几个组成部分。

- 计算机及互联网（包括 Internet 和 Intranet），可以与数据库相连。
- 数据库系统软件。
- 大型数据库（数据仓库）。数据库营销要将每个客户的有关信息资料存放在大型数据仓库中。
- 营销信息数据统计、分析等处理软件包。这个软件包包括神经网络技术，使数据采掘更具智能化。
- 用户。包括专业信息处理员、企业内部员工、企业的客户以及企业的供应商等。

（2）数据库营销信息系统最重要的是建立网络营销数据库，一般有以下基本要求。

- 每个现在或潜在客户都要作为一个单独记录存储起来。了解每个个体的信息是细分市场的重要依据，并通过总体数据的挖掘发现市场总体特征。
- 除了客户的一般信息，如姓名、地址、电话等外，还包含一定范围的市场营销信息，即客户需求和需求特点以及有关的人口统计和心理测试统计信息，以及客户与企业或竞争对手的交易信息。
- 客户能够接触到针对特定市场开展的营销活动信息。
- 数据库中应包含客户对企业所采取的营销沟通或销售活动做出反应的信息。
- 存储的信息是针对营销策略制定者用于制定营销政策的，如针对目标市场或细分市场提供何种合适的产品或服务，针对每个产品在目标市场中采用何种营销策略组合。
- 在对客户推销产品时，数据库可以用来发展与客户协调一致的业务关系。
- 数据库建设好后可以代替市场调研，即无须通过专门的市场调研来测试客户对所进行的营销活动的响应程度。
- 由于数据库可以自动记录客户信息和自动控制与客户的交易，自动营销管理也成为可能，但这要求有处理大批量数据的能力，并且能发现市场机会，能对市场威胁提出分析和警告，为进行市场决策和合理有效地分配资源提供高质量的信息服务。

2. 数据库营销策略的实施与控制

数据库营销作为信息技术的产物，体现了从传统的4P（产品、价格、分销、促销）向4C（以客户为中心、较低成本、方便客户和加强与客户联系）的转变，具有很强的竞争优势。但并不是每个公司都能进行数据库营销的，公司实施数据库营销必须考虑到公司的业务需求和技术支持两个方面。业务方面如公司的目标、公司的规模、客户的数量、购买频率、产品的类型、产品的周期以及竞争地位等；技术方面如公司是否支持技术投资、决策时技术发展状况和应用情况。由于互联网作为大众型的信息技术，它的发展非常迅猛，而数据库技术作为专业性技术依赖于公司的技术力量。

（1）策略的制定

通常数据库营销策略的制定要经历三个阶段：首先，确定目标优势，数据库营销是否可以通过促使市场增长、改进实施策略的效率来增加市场收入，分析是否能通过改进目前营销策略和措施降低营销成本。其次，分析计算数据库营销的成本和收益，需要注意的是，计算收益时要考虑战略性需要和未来收益。最后，综合评价网络数据库营销策略主要考虑三个方面的问题：①成本效益问题，成本应小于预期收益；②能带来多少新的市场机会；③考虑公司的组织、文化和管理能否适应采取数据库营销策略后的改变。

（2）策略的规划

公司在确立采取数据库营销策略后，要组织策略的规划和执行。数据库营销不是一种简单的新营销方法，它是通过采取新技术来改造和改进目前的营销渠道和方法，其涉及公司的组织、文化和管理各个方面。如果不进行有效的规划和执行，该策略可能只是一种附加的营销方法，它不能体现出策略的竞争优势；相反，只会增加公司的营销成本和管理复杂性。策略规划分为以下几个阶段：

① 目标规划。在确定使用该策略的同时，识别与之相联系的营销渠道和组织，提出改进目标和方法。

② 技术规划。数据库营销很重要的一点是要有强大的技术投入和支持，因此，资金投入和系统购买安装，以及人员培训都应统筹安排。

③ 组织规划。实行数据库营销后，公司的组织需要进行调整以配合该策略实施，如增加技术支持部门，数据采集处理部门，同时调整原有的推销部门等。

④ 管理规划。组织变化后必然要求管理的变化，公司的管理必须适应数据库营销的需要，如销售人员在销售产品的同时，还应记录客户购买情况，个人推销应严格控制以减少费用等。

（3）控制

数据库营销策略在规划执行后还应注意控制，以适应公司业务变化和技术发展的变化。数据库营销策略的实施是一个系统工程，首先应加强对规划执行情况的评估，评估是否充分发挥该策略的竞争优势，评估是否有改进余地；其次要对执行规划时的问题及时识别和加以改进；最后是对技术的评估和采用，目前的计算机技术发展迅速，成本不断降低，同时功能显著增强，如果不跟上技术发展的步伐，很容易丧失数据库营销策略的时效性和竞争优势，采取新技术可能改变原有的组织和管理规划。因此，对技术的控制也是数据库营销中的一个显著特点。

7.5　客户关系管理自动化营销策略

信息技术的发展促进了营销方式的创新，加速了销售自动化的进程。在 CRM 系统实施中要全面重塑企业的市场营销功能。这种重塑要求来自于企业所处的竞争环境发生的结构性变化。企业正从一个大量市场产品和服务标准化、寿命期长、信息含量小、一次性交易的竞争环境转向新的全球竞争的环境，竞争中的产品和服务个性化要求高、寿命期短、信息技术含量大，并要适应客户需求的不断变化。

企业经营以客户为中心，决定了营销已成为企业业务活动的主要内容，满足客户需求和捕捉市场机会的准确性和速度将决定企业的命运，企业因此需要一个信息顺畅、行动协调、反应灵活的自动化系统。

7.5.1 客户关系管理中的营销自动化

CRM 系统中的营销自动化（MA，Marketing Automation），也称作技术辅助式营销（TEM，Technology Enabled Marketing），它是 CRM 领域中比较新的功能。其着眼点在于通过设计、执行和评估市场营销行动和相关活动的全面框架，赋予市场营销人员更强的工作能力，使其能够对直接市场营销活动的有效性加以计划、执行、监视和分析，并可以应用工作流技术优化营销流程，使一些共同的任务和过程自动化。MA 的最终目标是企业可以在活动、渠道和媒体中合理分配营销资源以达到收入最大化和客户关系最优化的效果。

1. CRM 中营销自动化（MA）实现的功能

在 CRM 管理环境下，要求 MA 组件能够实现以下功能：

- 增强市场营销部门通过多种渠道进行的多个市场营销活动的能力。具体来讲，包括基于 Web 的和传统市场的营销宣传、策划和执行。
- 对活动的有效性进行实时跟踪，并对活动效果做出分析和评价。
- 帮助市场营销机构管理、调度市场营销材料库存的宣传品及其他物资。
- 实现对有效需求客户的跟踪、分配和管理。
- 集成到销售和服务项目中，从而实现同具有特殊要求的客户进行交互操作（个性化营销）；在 B2B 模式环境中，确保不同产品间关系的清晰；在 B2C 环境中，尽可能发现 B2C 和 B2B 之间的可能关系。

2. 营销自动化（MA）的主要应用领域

从总体上讲，MA 功能组件的应用主要集中在以下两个领域。

（1）高端营销及自动化

CRM 的高端营销及管理主要集中在涉及 B2C 营销的企业（如银行和电信服务）中。B2C 公司一般都具有极为庞大的用户规模，其用户数量可能达到上万甚至数以百万计。应用 MA 主要可以帮助这些企业制订营销计划，管理和跟踪计划的执行。同时，CRM 应用中还会帮助用户建立一个数据仓库，由相应的成熟的数据来挖掘、管理和支持 MA 的功能实现。在涉及高端营销的 CRM 营销应用系统产品提供方面，一些传统的数据库技术企业和基础硬件厂商，如 Digital/Compap、IBM、NCR 已着手开发和推广各自的企业级 MA 产品来满足 B2C 市场的需求。

（2）网络营销及自动化

网络营销绝大多数用在 B2B 市场上，应用的企业可能具有较少的用户数量，但目标用户都具有现成的网络联系方式，企业除利用邮寄、传真和电话外还主要使用 Internet 作为营销工具。因此 CRM 的 MA 子系统应包括下列功能模块：

- 活动管理系统（CMS，Campaign Management System）。可以设计并执行单渠道或多渠道的营销推广活动，可以追踪细分客户对这些活动的效果反映。CMS 的功能还可以扩展到销售部门使用，即用以规划和执行部分销售活动。
- 营销内容管理系统（MCMS，Marketing Content Management System）。可以检查营销活动的执行情况，评估营销活动收益，协调多种营销渠道，防止渠道间的营销策划发生交叉或冲突。
- 营销分析系统（MAS，Marketing Analysis System）。分析营销的活动和方式方法，支持营销数据的整理、控制和筛选，就结果及特别问题及时做出报告和分析。确保产生的客户数据和相关的支持资料能够以各种有效的形式散发到各种销售渠道和决策部门，以便进一步改进营销策略。

7.5.2　客户关系管理中的销售自动化

CRM 系统中的销售自动化（SA，Sale Automation），也称技术辅助式销售，是指在所有的销售渠道中，运用相应的销售技术来达到提升销售和实现过程自动化的目的，其目标是把技术和优化的流程整合起来，实现销售队伍效率的不断提高，同时平衡和最优化每一个销售渠道。

销售自动化适应了激烈的市场竞争中销售机构提高本身管理水平的要求，可以帮助企业获得竞争优势。按照最常见的分类方法，销售自动化的功能将集中体现在联系人管理、销售预测和机会管理三个方面。

1．联系人管理功能

联系人管理（Contact Management）功能是指 SA 系统可以通过整合 Web 等多种渠道以及来自普通的应用办公程序的客户资料，以期达到完善的客户接触资料的管理和使用功能。联系人管理具有稳定销售和市场自动化的功能，它能够将客户联系方式等相关资料存入一个可检索的联系人资料数据库，并把举办过的活动记录以及有关资料、文档也纳入到同一个资料数据库，从而与客户进行有效的沟通。

2．销售预测功能

销售预测功能可以帮助销售部门和人员跟踪产品、客户、销售定额及其前景，管理销售机会，在现有销售基础上分析销售工作情况和预测未来收入。而利用销售预测功能，企业的决策者可以及时了解销售部门的定额完成情况，审核或预计每个销售经理将来的工作计划，并制定下一步的市场策略。

3．机会管理功能

机会管理功能是指收集潜在客户需求和联络资料的数据库应用系统及“市场百科全书”，能够跟踪计划的发展，为销售经理和其他销售人员及时提供反馈意见，从而制定出实现交易的策略而使销售过程有序化。CRM 系统中的机会管理功能主要用于帮助策划复杂的销售活动。

在 CRM 中，与销售自动化配合使用的还有销售能力自动化（SFA，Sales Force Automation），它是在销售过程中，针对每一个客户、每一个销售机会、基于每一个人员行动的科学、量化的管理。可以有效支持销售主管、销售人员对客户的管理、对销售机会的跟踪；能够实现销售规范、实现团队协同工作；帮助销售人员与潜在客户的互动行为，将潜在客户发展为真正客户并保持其忠诚度。

SFA 通过对人员权限、销售阶段、客户类别、销售区域、行动规范等业务规则和基础信息（如产品）的设置，使销售人员在其授权范围内，对所管理的客户、联系人、机会等按统一的业务规范进行有序的管理；在销售过程中，通过与具体的客户、联系人、机会关联的行动安排和行动记录，建立详细的跟踪计划并自动生成人员工作日程表（按日、周、月、年），实现了按每一个客户、每一个机会（项目）的基于具体行动的人员日程、跟踪记录，并提供了丰富的统计分析与工作支持，从而实现对销售过程基于行动的量化管理，改变以往不能准确了解客户的具体状态与阶段，无法配置适合的手段、方法和人员，不能有效满足客户需求的缺点。

7.5.3 客户关系管理中的客户服务与支持自动化

CRM 系统的客户服务与支持（CSS）子系统可以帮助企业以更快的速度和更高的效率来满足客户的独特需求，以进一步保持和发展客户关系。它可以向客户服务人员提供完备的工具和信息，以帮助客户服务人员更有效、快捷、准确地解决用户的服务咨询。同时，它可以支持多种与客户交流的方式，并根据客户的背景资料和可能的需求给用户提供合适的产品和服务建议。CS&S 的功能组件主要包括现场与分派管理和呼叫管理两方面的内容。

1. 现场服务与分派管理

现场服务与分派管理也称作“服务传递链管理”，是指配置、派遣、调度和管理服务部门、人员和相关资源，负责完成高效率的服务与支持活动。现场服务与分派管理具有在生产部门和产品服务支持部门之间提供密切联系的功能，因而成为 CS&S 的一个关键组成部分，也是 CRM 的一个重要组成部分。CRM 系统中的现场服务与分派管理正从单一的后台功能转向一个紧密整合后台和前台服务系统的企业系统。现场服务与分派管理的应用必须与联络中心与呼叫管理系统整合起来，同时，在一定程度上与销售和营销系统整合起来。现场服务与分派管理的基本功能包括劳动用工预测和安排、合同管理、保修、授权、定点维修、服务技师指派、零部件的计划和管理、缺陷跟踪和报告等。该系统可以用来增加销售收入、降低人工和部件成本、提高劳动生产率，也可以降低劳动消耗、增加客户满意度和忠诚度。

2. 呼叫管理

呼叫管理是 CS&S 子系统的应用功能的核心，它的作用是处理所有登录客户的接触信息和交易信息。呼叫管理是基于企业联络中心的功能。联络中心包括与客户联系的所有渠道，如语音、E-mail、Web、传真和信函等，是一个输入/输出双向的基于服务的环境，呼叫管理则在此环境下处理所有关于销售、客户服务、营销、电话营销以及其他功能等方面的信息。

CS&S 系统的应用将有利于提高客户和潜在客户自我服务的能力，并增强他们通过 Web 等渠道与企业互动的能力。CS&S 是 CRM 系统提供的一个全过程的服务系统，具有增进客户价值的功能，能为企业创造稳定、长久的客户关系，最终成为一个实现服务与支持作业的自动调度的工作平台。

7.6　客户关系管理营销的其他理念

随着社会环境和经济环境的变化，客户关系管理营销也不仅仅局限于企业与供应商、企业与消费者之间合作关系的建立、维护和发展。近年来，一些新的营销理念得到了进一步的发展。

7.6.1　客户份额营销

1993 年，Don Peppers 和 Martha Rogers 的畅销书《一对一的未来：与客户逐一建立关系》提出了客户份额营销这个新思路。客户份额是指一家企业的产品或者服务在某一客户的该类消费中所占的比重，还可以更贴切地称为客户的钱袋份额。客户份额的基本观点是通过更好地满足客户个性化的需求，提高客户满意和客户忠诚，维系住那些对企业有重要价值的客户。而良好客户关系的维持不仅降低了交易成本，而且在更长的时间内甚至是终生，通过满足客户需求以从中收益更多。

1．客户份额的提出

自 20 世纪 60 年代市场份额这一概念被提出以来，它就成为大多数企业广泛采用的衡量企业盈利能力和竞争优势的主要指标。在随后的研究中，很多学者发现，在企业一味追求市场份额的过程中，客户满意度和忠诚度却下降了，大规模的促销/广告营销、大量客户给经营带来的错觉和市场增长拉动投资需求等市场份额策略正在将企业带入成本剧增、利润虚无和资金被套等困境。具体来讲，客户份额概念的提出基于以下的原因。

（1）市场份额策略的副作用

以市场份额为标准衡量企业的经营，首先，容易使企业将经营的焦点放在对竞争对手市场行为的关注上，相应采取竞争反应行为而忽视客户需求。尽管短期内通过竞争可以获得市场份额的扩大以及因此而增长的一定利润，但由于客户需求未能得到充分满足，因而造成客户不断流失，企业的市场基础始终是不稳定的。其次，追求市场份额的努力可能因市场费用的增加而使企业的投资收益率下降。最后，扩大市场份额的努力还要求企业迅速扩张其产能以满足其市场供应，但市场扩张与产能扩张的双重努力对资金的需要可能致使企业非常被动。

（2）关系营销的发展

关系营销注重企业与客户双方关系的交互作用，通过这些关系来降低交易成本、减少环境中的不确定性，从而创造新价值，形成企业的核心竞争优势。因此，以关系营销为基础的客户份额是市场份额的有力拓展。企业把客户的每一次购买行为都看作是双方关系中的一部分，关注客户的长期价值甚至终生价值。客户终生价值（CLV，Customer Lifetime Value）概念的提出及其研究表明，来自忠诚客户的利润随着时间的延续而增加。吸引一个新客户的成本是维持一个老客户成本的 5 倍。因此，投资于赢得客户忠诚的努力、保持客户会使企业获得长期稳定的较大收益。

（3）一对一营销的优势

当今社会各种形式的媒体使受众非常分散，广告的效果在下降，从而使大众营销很难达到确定的目标，也几乎不可能去统计它的实施效果。然而，一对一营销可以同时做到这两点，具有目标性强和可测量的优点。在一对一营销中，随着客户份额的增长，企业的边际收益是递增的。

2．客户份额营销的特征

客户份额营销的概念初看起来似乎和传统的市场份额概念没有什么区别，但实际上却有本质的不同。代表传统营销理念的市场份额是将客户看作没有个性的群体，它的着眼点在企业一方，以卖方的观点看问题，而客户份额的思路却是把客户看作不同的个体，完全是按照买方的观点看问题的。客户份额营销的元素如　表 7-4 所示。

表 7-4　客户份额营销的元素

新的 4P	目　标	新的 4P	目　标
人（People）	明确客户	许可（Permission）	获得客户的许可
偏好（Preferences）	明确客户使用的产品	精确（Precision）	一对一沟通

在营销方式上，客户份额营销强调一对一营销，而市场份额营销则强调大众化营销。并且客户份额营销和市场份额营销两者依据的理论基础不同：规模经济（Economies of Scale）驱使大众营销商为市场份额竞争，而在目标客户层内寻求最大经济效益的纵深经济（Economies of Scope）却使客户份额之战成为必然。规模制造经济会导致随着产量增加边际收益递减，而有关每位客户的信息，纵深经济则会导致随着产量增加，边际收益递增。两者的主要区别如表 7-5 所示。

表 7-5　客户份额营销与市场份额营销模式的区别

营 销 模 式	客户份额营销	市场份额营销
营销方式	一对一营销	大众营销
营销研究	剖析客户	不注重客户
生产观念	客户导向	竞争导向
生产环节	个性化产品	标准产品
	定制化生产	大批量生产
通路选择	个人化分销	大批量分销
促销领域	个性化传播	大众密集广告
	个性化激励	大众密集促销
	双向沟通	单向沟通
营销效果	纵深经济	规模经济
	有利可图的客户	所有客户
	维系客户	吸引客户

3．客户份额营销的功能

（1）客户份额营销的优势

作为一种全新的营销理念和模式，客户份额营销可以导致企业行为的根本变革，从而给企业带来巨大的商业机会和利益。

① 客户份额营销是对关系营销的有力拓展，其中心是致力于培养忠诚客户、提高客户的

忠诚性，忠诚的客户能给企业带来丰厚的收益。

客户份额营销旨在建立不同的销售组织，更好地为最后价值客户群和最后增长潜力的客户服务，设计、制造个性化产品满足他们的需要，与客户进行良好的沟通互动，提高客户的忠诚；并且客户份额营销视客户为不同的个体，从客户的需求出发，进行产品和服务的营销，满足客户的个性化需求，得到客户的认同，进而提高忠诚度。

② 客户份额的营销还能带来企业和客户的互动学习价值。

客户份额追求与客户建立长期密切的关系，在长期的关系维持过程中，双方的合作有利于培养企业的学习能力。企业和客户关系双方的相互作用有利于创造知识，与客户的紧密关系使公司发展、检验、精确确定其有关市场环境（竞争者、客户、渠道、供应商等）、技术、商业过程及其趋势的各种类型的知识成为可能。这些知识可以转换成更为可靠的预测和计划，使公司更好地理解客户目前及未来的需求，不断地提供高产品的质量和服务，这些知识经过深层整合后就变成了企业的核心能力。

③ 以客户份额营销为导向，加大市场份额，扩大企业利润点。

客户份额营销并不是对市场份额营销的否定，而是市场份额营销演化的趋势。由于客户份额营销的实施，企业有着稳定的客户资产，有利于企业形象的传播和吸引新客户的加入，从而有利于扩大产品的知名度和影响范围，易于提高产品的市场占有率。并且由于良好的客户关系，客户的维持、交易费用降低，使企业有更多的资源用于获取新客户，占领新市场，以取得更多的收益。

④ 增大产品和服务对客户的吸引力，促进客户组合性购买。

许多商业企业至今还没有意识到消费者信息的“爆炸式”增长已经改变了个人的购买方式。面对着超负荷的资料数据和数量日益增长的产品和服务选择，消费者可以从捆绑服务中获得便利。这些相关捆绑的服务如同购买者的“钱袋”——消费者对于特定商品领域的总的购买预算。今天，一个明智且可行的公司目标就是通过促进客户组合性购买，抓住消费者的整个钱袋份额。因为客户不再希望花时间在不同的卖主那里购买商品，比较实用性、费用、质量和商品价格，然后试图达成最优的交易。实际上，大部分客户宁愿成为委托人，依靠一个可信赖的专业顾问指导他们的一系列交易。

（2）客户份额营销应用的局限性

客户份额策略要求通过提高客户满意度来实现客户忠诚，从而拥有高的客户维持率。而在企业与客户建立长期关系、提供个性化的服务及解决方案的过程中，企业将面临提供更多的服务和付出相应的成本。因此，并非所有行业、所有市场形式下都适合以客户份额为目标。一般来说，客户份额策略通常适用于金融、保险、电信、通信产品等高消费产品市场和一些高消费的服务领域。对于那些获得新客户和维护客户关系成本较高的行业，客户终身价值特别有意义，比如金融服务行业、航空业和酒店业。而对于那些获得新客户和维护客户关系成本低的行业，追求市场份额显得比客户份额更有利。

在提高客户份额的经营过程中，需要注意避免以下陷阱。

① 避免过于关注高价值客户。如果企业过于关注高价值客户而忽略其他客户，那么就可

能会为少部分能为企业带来大部分利润的高价值的客户提供足够的技术和人力资源的支持，以满足这些高价值客户对企业客户服务的期望，而对可能给企业带来小利润的少部分低价值的客户加以舍弃。然而，事实上，大多数客户处于高价值与低价值的中间，他们对企业的业绩会产生很大的影响，同样也是公司重要的客户群。比如，在一些行业，虽然“20%的客户创造了80%的企业利润”，但高价值的客户未必能够截然区分。如果没有其他的80%客户，20%高价值客户也难以维持企业的生存。因此，更多的企业既有必要为高价值客户提供优质的服务，也有必要为不同层面的客户提供相应的有针对性的服务，即实施客户层级服务。

② 避免一味迎合客户需求。为追求客户份额，有些企业可能过于讨好客户，特别是一味迎合客户的需求，而忽略市场的真正需求及发展变化趋势。营销学家斯蒂芬·布朗曾在《哈佛商业评论》发表文章批评那些对客户的需求亦步亦趋的企业，他认为客户都是短视的，甚至于他们根本不知道自己究竟想要什么，因此，他们的需求只有在企业充分发挥创造性的情况下才能被挖掘出来。管理学家哈默和普拉哈拉德也认为，企业的未来维系在客户没有表达出来的模糊需求上，特别是那些潜在客户的模糊需求上，探求这些客户需求并满足他们才是真正的客户导向。正是这些客户数据库中不可能存在的东西，才能指引企业的未来之路，保证企业的长久持续发展。过于追求客户份额而陷入极端“客户导向”陷阱的企业会发现，一旦有竞争对手以非凡的远见，发掘客户隐性需求中更加真实的需求，推出超越客户现有期望的产品，老客户还是会背离而去。

③ 避免对企业能力限制的忽视。片面追求客户份额而对客户任何需求都去满足的企业还会发现，客户需求的满足可能超出了企业现有的资源、能力和经营范围的限制。企业根本不可能满足所有需求，因为，一些需求满足的成本很高，营销费用难以控制。追求客户份额，实行客户关系管理还需要相关技术手段的支持、高水平的销售人员、庞大的数据库、互联网、接触点管理、信息采集、数据挖掘能力、规模化定制生产和快速回应客户等，这些都是企业在实行客户份额策略中应该结合自身能力予以考虑的因素。不顾一切地追求客户份额，企业便有可能落入“客户份额陷阱”中而疲于应付。

4．提高客户份额的策略

企业可以利用以下策略成功实施客户份额营销。

（1）注重客户价值创新，创造客户让渡价值和提高客户感知价值

客户让渡价值是客户满意的物质基础，而客户感知价值是客户满意的心理基础，因此通过客户价值创新，创造客户让渡价值和客户感知价值可以大幅度提高客户满意度。客户价值创新的措施可以是多方面的，既可以是产品本质功能的根本性技术创新，也可以是表层功能的外观新型设计；既可以是服务内容的差异化与特色化，也可以是服务过程的响应化与亲情化，还可以是服务环境的个性化与体验化等。

（2）改善客户服务质量，优化客户服务管理，全面提高客户满意度

随着客户消费从产品消费向服务消费的结构性升级，服务质量成为客户评价与选择消费的关键指标，改善客户服务质量已经成为创造客户价值和提高客户满意的重要方法和突破口。客户服务质量主要表现在三个方面，即时间的即时性、技术的准确性和承诺的可靠性，企业应该在售前、售中和售后不断地给客户提供产品设计、信息支持、技术培训、新品推荐、保质维修、产品跟踪等基本服务或增值服务，全面提高客户满意度。就管理而言，客户服务质量改善的关

键在于内部员工服务质量意识的转变和服务质量技能的提高，企业应该加强员工服务质量培训和建立规范化的客户服务质量考评与优化体系，从根本上提高客户服务质量满意度。

（3）加强客户忠诚管理，针对客户忠诚的层次性，实施差异化的客户管理方法

Griffin（1995）按照重复购买频度和积极态度的强度，将其划分为“购买频度高、积极态度强”的持续忠诚、“购买频度低、积极态度强”的潜在忠诚、“购买频度强、积极态度弱”的惰性忠诚和“购买频度弱、积极态度弱”的不忠诚等客户。对此，有学者针对忠诚度不同的客户提出了“忠诚方案”、“吸引方案”、“保持方案”和“放弃方案”4 种策略。实施区别性、差异化的忠诚客户管理方法，有利于企业将有限的资源更多地投放到忠诚度高、盈利性强的目标客户身上，减少对非盈利性客户的资源投入，在优化企业营销资源配置的基础上，实现高价值客户的客户份额大幅度上升。

7.6.2　知识营销

随着世界信息技术的飞速发展和全球经济一体化的不断深入，知识已经成为提高生产率和实现经济增长的驱动器。在知识经济时代，信息、技术和教育在经济活动中成为决定性因素，成为新的增长模式的关键，同时也宣布了知识经济时代的到来。

知识营销作为一种和知识经济相适应的营销理论，它对传统营销理论发展不是某一个局部的关系，而是全面的创新，意味着传统营销理论提升到了一个更高级的形态。研究知识营销，对于探讨如何促进企业整合资源配置，形成以客户为中心的机制，取得竞争优势，具有非常现实的意义。

1. 知识营销的定义和内涵

所谓知识营销，是指企业主要运用现代信息技术，向广大客户不断传播与企业经营方向相关的知识，并且通过知识服务创造需求，全面满足客户个性化的潜在需要和欲望，并不断获得客户知识反馈，从而不断改进经营策略，实现以客户满意、社会的可持续发展和企业的长期发展作为战略目标的一种营销理念。

由此可知，知识营销的内涵体现在如下几个方面。

第一，知识营销是一种以知识为手段的营销方式，企业依靠向客户传播和企业及其产品的相关知识来实现营销目标。知识营销即是指以知识为中心，以开发新知识为手段，立足知识取胜，它要求企业在满足客户多层需求的同时，更要满足客户对知识的高级需求。

第二，知识营销是指知识经济背景下存在的所有营销方式。这种定义的范围很广，知识经济下存在的营销方式都应该是知识营销的组成部分。如学习营销、网络营销、合作营销、绿色营销、服务营销以及品牌营销等。

第三，知识营销是知识管理在营销过程中的应用。可以理解为，知识营销是指通过知识资本的积累、信息的运用、技术及其产品的不断创新，满足市场需求，依靠智力快速创造企业价值，实现企业营销战略的一种管理活动过程。

第四，知识营销是在网络信息技术的基础上，企业与客户在知识上交互沟通、双向交流的过程。可以理解为，知识营销是企业在分析企业文化和产品特征的基础上，开发能够体现企业独一无二的文化特征和产品特征的知识及科普知识，并在实现企业内部共享的前提下，通过现代网络信息技术平台向客户不断传播该产品的知识体系，不断获得客户知识反馈，从而调整改进经营策略的一种互动的知识交换过程。

2．知识营销的创新

相对于传统营销理论，知识营销的创新之处体现在以下几个方面。

① 知识营销以普及有关科学知识为手段，灌输新观点，创造需求，开拓新的市场。市场开拓的中心思想是创造新的需求和消费方式。只有消费者充分了解并对其评价良好的消费方式，才可能产生需求。特别是消费品领域，新产品的市场需求极难预测和把握，一般市场调查的结果很难反映出用户的真实需求，而用户面对日新月异的高技术产品，自己也说不清楚自己的需求。因此，为了将用户模糊的需求明晰化，创造新的市场需求，开拓新的市场，关键要抓住科学知识的普及，灌输新观念。如比尔·盖茨斥资2亿美元，成立盖茨图书馆基金会，为全球一些低收入的地区图书馆配备最先进的计算机，又捐赠软件让公众接受计算机知识。他的这种先教计算机知识、再卖计算机的做法不仅传播了新知识，而且开拓了新的市场。

② 通过传播知识，使产品与客户在知识结构上建立稳固的关系，使客户成为产品长期的忠实消费者。在当今的买方市场下，商家靠打折、甩卖、奖赠等促销手段很难在竞争中取胜，而将产品与客户在知识结构上建立稳固的关系，使客户成为产品长期忠实的消费者，才能适应知识经济的要求。如长沙友谊集团本着“引导消费者，帮助消费者，服务消费者”的宗旨，创办了国内首家客户学校，通过免费开班授课，让消费者不断提高消费素质，并了解商品的性能、使用、维护等知识。这种“感情投资”赢得了客户发自内心的感激和信赖，自然也会得到消费者好的口碑和丰厚的回报。

③ “知识营销”是实现企业、消费者和社会三者利益统一的有效途径。知识营销不仅为全社会带来了可观的经济效益，更从根本上提高了全社会的知识素质，其效益是难以估量的。如上海交大昂立公司举办的“送您一把健康金钥匙”的公益活动，进入社区进行科普宣传，举办科普讲座，向市民广赠生物科学书籍，举办科普知识竞赛等。通过这些活动，创造了对其产品广泛的市场潜在需求，为企业带来了巨大的经济效益，又为消费者带来了新的科学保健观念。既满足了消费者提高保健水平的要求，也为社会带来了整体文明水平和知识素质的提升，使三者的利益达到了完美的统一。

3．知识营销与传统营销的区别

（1）营销环境的不同

营销环境发生了巨大变化。首先，竞争日益激烈，随着我国加入 WTO 和经济全球化的不断演进，“国内市场国际化，国际竞争国内化”正逐步成为现实；其次，竞争的方式发生了变化，大家共同拥有信息技术，共享信息资源，更多地开发市场，在合作中竞争，在竞争中合作。

（2）营销产品的不同

营销产品有了质的改变，传统营销产品逐步被知识型产品所替代。对知识产品的营销要求营销者必须具有较高的知识素质，不仅要深谙营销技巧，同时也要掌握有关产品的知识，能够把这些知识推销给消费者，能够提供迅速、及时和高知识含量的售后服务。

（3）营销方式的不同

传统的营销方式是靠媒体、广告等向消费者传达产品信息的，这种方式是单向的，营销者往往处于主动，而消费者处于被动，信息反馈速度缓慢并且有限，成本也较高。而在知识经济时代，网络化使营销渠道四通八达，不仅营销部门可通过网络将产品信息迅速传达给消费者，大大减少营销环节，降低成本，而且消费者也可通过网络与营销部门进行对话，表达自己的愿望，提出自己的要求，促使厂家生产出更适合市场需求的产品。

（4）营销结果的不同

传统营销的结果往往是有利于企业和营销者的，因为营销的出发点和关注点在于能更多、更快地推销出自己的产品和服务；而知识营销更多地关注消费者的需求，不仅有利于企业树立良好的形象，提升品牌竞争力，也能使消费者放心地消费产品和服务，特别是使消费者获得了有关产品的知识和使用技巧。

4．知识营销与 CRM 结合

CRM 以现代化信息技术和软件工具为支持，通过对客户信息的分析揭示客户需求，以客户细分为基础创造性地满足客户需求，为客户带来价值满足。客户关系管理过程要求企业非常重视那些能给客户带来价值并因此产生忠诚度的服务。这与知识营销的理念是一致的。因而，将知识营销与 CRM 结合起来，无疑会有助于知识营销的实施。

实现 CRM 需要许多现代化的信息技术和软件工具作为支持，包括技术辅助式销售、客户服务和支持、技术辅助式营销以及数据挖掘技术。数据挖掘技术能有效地分析交易数据库及客户数据库中的大量信息，从而挖掘三类营销知识：客户描述、偏差分析、趋势分析，这是知识营销与 CRM 的重要手段，如图 7-3 和图 7-4 所示。

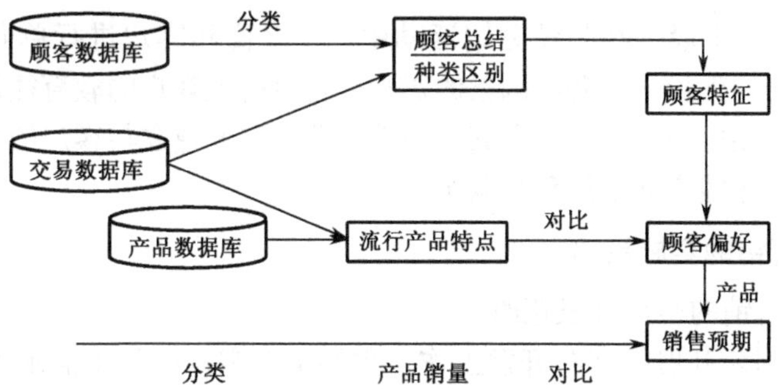

图 7-3　采用数据挖掘的客户描述系统

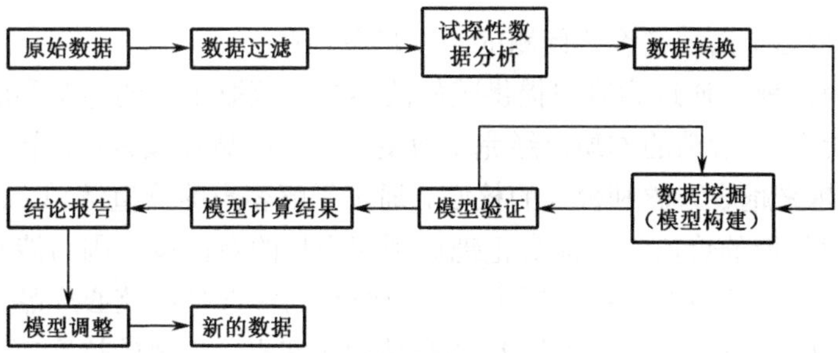

图 7-4　营销知识的挖掘过程

7.6.3　客户体验营销

客户体验营销（Customer Experience Marketing）就是通过客户的真实体验来促进客户好

感，建立客户信任的一种营销手段。它是指企业为了满足客户的体验需求，以服务产品为舞台，以有形产品为载体，通过创造、提供和出售体验，让客户在消费过程中有所感受，留下印象，这是精神需求得到最大程度满足的一种管理过程。其核心就是要帮助所有客户真正地达到“自我实现”的境界。体验源于服务，高于服务。随着“体验”变成可以销售的经济商品，“体验消费”旋风开始席卷全球产业，继“服务经济”之后，“体验经济”已大行其道。

1. 客户体验营销的特点

客户体验营销的特点体现在以下几个方面。

① 以客户忠诚为最终目的。在体验经济时代，人们期望产品与服务兼而有之，并通过消费过程中的体验产生美好的感受，在脑海中留下抹不去的美好记忆，进而对提供这种体验的企业组织产生信赖感和偏好，最终成为忠诚客户。

② 以客户需求为出发点。即企业从客户的真正需要出发，按其所接受的方式、所需要的产品和服务来进行各方面的沟通。通过创造需求并满足需求，增强了企业的主动性和积极性。当然，不同类型的企业有其自身的客户体验过程。为此，企业应通过多种途径，比如试用、购买设想、建立客户体验数据库等方式挖掘客户的体验性资料，发现客户的体验偏好。同时，企业必须学会分析并测量构成消费者体验的因素，借鉴应用心理学、消费者行为学等理论进行以情感为主的针对性、实用性调查，列出尽可能多的接触要点，以便通过规范每一个交流，创造出能全面激发客户兴趣的体验。

③ 以客户沟通为手段。在传统分销活动中，生产商和客户进行单向的交　流——现在最为熟悉的方式广告，但由于受各种因素的影响，它对广大客户的教育往往会低于预期。在体验营销中，企业要满足客户的需要，尤其是个性需要，就要建立与客户的双向互通，尽可能地收集客户信息。这样才能有效地推动其购买。

2. 客户体验营销的实施策略

（1）基于体验营销的客户开发策略

基于体验营销理念开展的客户开发工作，主要是以客户的体验需求为出发点，全力满足客户的体验需求。企业已经不满足于给客户提供优质的产品和良好的服务，而是注重美好的体验。

① 企业应转型为全面解决客户问题的“客户型企业”。

体验营销的目的就是通过为客户提供美好的体验，获取更多的体验利润。正如营销大师菲利普·科特勒所言：“营销的本质已经完全改变，从替产品寻找客户，转变为替客户寻找产品。”可见，客户越来越成为盈利模式的核心。通过了解客户的价值链和全面体验，企业能更好地评估其为客户创造的价值，并能真正把握利润增长的自由度，因为涉及客户价值链和全面体验的深度不同，在价值组合的范围上，企业面临三种选择：核心产品、扩展服务和全面解决方案。第一个层面是“核心产品”。核心产品构成客户价值链的特定部分或全面体验的特定要素。它可以独立地被消费或使用，也可以与其他产品结合起来被消费或使用。供应商可以通过提供核心产品或服务，以减少客户的总成本，从而提高客户满意度，扩大销售量。第二个层面是“扩展服务”。通过扩展服务，企业在客户价值链或全面体验中占据了很大部分，并且扩展服务可以和核心产品相连接，如汽车制造商为客户提供的金融或保险服务。第三个层面是“全面解决方案”，它提供一体化服务，涵盖整个客户价值链，或者满足客户的全面体验。核心产品、扩展服务是在特别的时间里提供的产品和服务，而全面解决方案中的各个要素可以在不同的时间购买到。现在各行各业的企业都必须转型到“客户型企业”，以整合各种商品与服务为策略，创造出高价值的解决方案，从而完整地解决客户的整套问题，如图 7-5 所示。

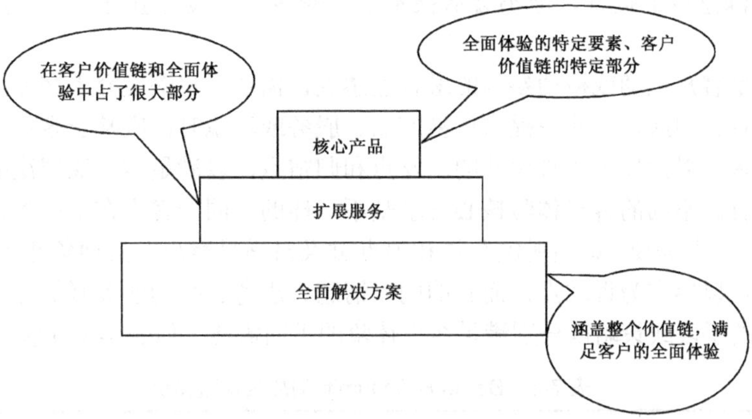

图 7-5　体验深度与价值组合

② 选择高价值的细分客户组群。

真正认识客户意味着能把他们细分为不同的群体，从而可以更准确地分析他们的行为。不同的客户给企业带来的价值是不一样的。企业对客户的细分应该基于价值，评估和选择高价值的细分客户，然后对细分客户进行优化组合，形成高价值的细分客户组群。

（2）增加客户体验价值，探索提高客户满意新途径

体验满意是客户体验的消费追求目标和质量评判标准。客户体验满意就是指基于客户体验期望和客户体验感知而给客户带来的心理与行为反应及其评价。它一方面是客户对体验消费感受的描述和反映，另一方面也是客户追求的体验消费目标和质量评判标准，成为再次消费的决策依据和向他人推荐的重要依据。客户体验满意度与客户体验价值的相关性如图 7-6 所示。

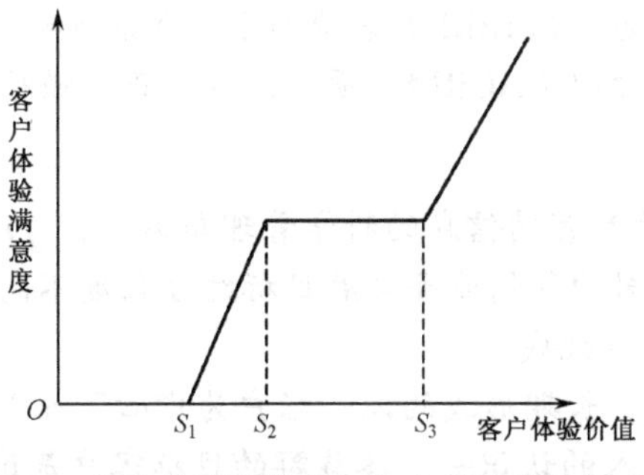

图 7-6　客户体验满意度与客户体验价值相关性

客户体验满意度必须以一定的客户体验价值保障为基础（如图 7-6 中的 S_1）。客户体验满意度具有明显的层次性特征（可以形成非常不满意、不满意、一般满意、比较满意、非

常满意等不同感受）。因此，在满足客户的基本满意后，客户体验价值的进一步提升不会带来客户体验满意度的提高，而是进入到了“客户体验价值陷阱”（如图7-6中的S_2、S_3）。只有当客户体验价值明显提高并让客户深刻感知到，客户体验满意度才会出现上升，直到非常满意为止。这是在没有任何其他因素干扰的情况下，客户体验满意度与客户体验价值之间的相关关系，而一旦有干扰因素影响时，客户体验满意将变得更为复杂（如可以加快或延缓客户体验满意度的提升，但不会从根本上改变客户体验价值对客户体验满意的正向决定关系）。

客户体验是客户主动或被动参与的融合性感受，需要客户深度介入产品的设计、服务的选择环境的布置。因此，企业在提供体验产品、服务或环境时，应基于客户的价值诉求尤其是核心价值诉求，以此作为体验设计的出发点和归宿点，以满足客户深层次的价值需要，从而赢得客户满意。不同的客户体验核心诉求是不一样的，同一客户在不同条件下的消费诉求也是有差异的。企业需要“察颜观色”，准确判断并及时满足客户在某种条件下的体验诉求点。例如，有的客户以感官为诉求点，而有的则以情感、思考、行动或关联等为诉求点，企业应对此实施不同的手段或策略以分别满足客户体验的不同需要，如表7-6所示。

表7-6　Bernd H.Schumitt 的战略体验模块

类　型	目　标	手　段
感官体验	创造客户知觉体验感受	由视觉、听觉、触觉、味觉、嗅觉等获取
情感体验	诱发客户内在的感情和情绪	营造适当的场景，提供适当的刺激
思考体验	对客户智力启迪及创造认知	以创意的方式引起客户的惊奇、兴趣及对问题的思考
行动体验	引导生活方式和做事方式	提高生理体验，展示做事方式和生活方式
关联体验	通过以上4个方面的综合，满足客户自我改造、个人渴望及社会认同	通过特定的客户体验解决方案，使之成为特定的体验消费群体

案例分析：D银行的精准营销

D银行是我国国有商业银行之一，在境内外拥有数万个网点及分支机构，为数百万的公司客户和过亿的个人客户提供全方位的金融服务。近年来，随着竞争的加剧与业务转型，传统的“机关枪扫射、海陆空全方位覆盖”营销模式已经不再适用，D银行比任何时候都需要与目标消费族群进行精准沟通。在IBM专家帮助下，D银行确立了“以客户为中心”的经营理念，实施分析型客户关系管理（ACRM）项目，以真正加强精细化营销与服务能力。

1．精准营销的挑战

“精准营销”的关键在于对营销信息的科学管理与运用， D银行的数据利用大多还停留在基础业务层面，数据与公司的营销业务发展目标结合程度不高，这些直接影响了D公司的营销质量，为D公司带来诸多挑战。

（1）没有细分目标群体。长期形成的以“账户为中心”而非“以客户为中心”的理念，使D银行对目标客户缺乏深入的认识——各族群的目标客户是谁？他们的风险偏好是什么？哪些是保守型的储蓄人群，哪些是高端的风险激进型的人群？自然，D银行也不清楚怎样才能获得所需要的族群客户。

（2）无法识别客户需求并进行产品和服务的精准营销。除传统的储蓄类产品外，D银行还有基金、保险等个人理财产品。可D银行并不清楚各族群客户最看重他们的哪些产品和服务，以及下一步可能的需求是什么。比如，D银行的某个理财产品是针对存款余额5万元以上的年轻的目标族群设计的，可实际购买人群大部分为平均存款余额10万元以上的、年龄层更大的族群，D银行需要主动引导和发现哪种产品更适合哪个族群。

（3）缺乏有效的销售支撑手段。D银行目前的销售手段比较单一，不能灵活地让各族群客户通过不同的渠道购买不同类型的产品，更无法进行交叉销售。而且，D银行不能准确衡量市场营销、销售和服务与最佳水平的差距，也无法考核对优质客户的市场策略是否达到了预期的目标。

（4）不能有效提升客户价值。D银行在怎样留住价值客户方面显得有些束手无策。在寻找新客户和留住老客户之间的平衡点以及市场占有率和利润率之间的平衡点两方面都很犯难。

上述挑战让D银行付出了高昂的营销成本，却没有得到与之匹配的收益。应如何扭转这种局面呢？D银行领导认识到，必须利用新的数据分析工具和先进的业务流程管理，紧紧锁定目标消费群体，细分目标消费市场，才能克服营销盲点，做出更准确的决策。

2. 将数据分析与营销目标相结合

2007年上半年，D银行开始频繁接触领先的智能分析服务商。经过多次考查，D银行最终选择IBM公司为其进行“分析型客户关系管理项目”的业务分析与优化咨询服务与实施。IBM顾问表示，ACRM将分三期实现，一期的重点是以个人客户分析入手，建立个人业务营销决策支持体系基础，为精细化营销提供支持。

3. 分析业务需求

项目立项后，D银行迅速组成了以“IBM顾问 +D银行业务团队”为核心的队伍，对D银行面临的业务需求进行深入的调研和分析，并将其归纳为以下五个方面。

（1）提高客户的满意度和忠诚度。D银行需要针对个人理财业务的发展要求，运用整合的信息进行多种分析，实现精确制导的营销、销售、产品开发，以提高客户的满意度和忠诚度。

（2）制定精准的市场推广策略。D银行需要针对不同的细分客户特点（包括地区和行业特点）、不同的产品特点和不同的渠道特点，制定不同的市场推广策略。

（3）形成迅速的响应机制。D银行需要对市场推广的效果进行及时的分析和处理，并形成迅速的响应机制。

（4）产品创新。D银行需要深入分析客户需求以促进产品创新。

（5）整合内部资源。D银行需要有效地整合内部资源，以客户服务与后台为支撑形成闭环的工作流。

4. 明确IT需求

基于上述业务需求，IBM顾问借鉴国际领先银行的营销经验，应用了IBM商务智能架构，为D银行梳理出详细的IT需求和本次项目的总体建设范围。

（1）建立个人业务营销决策支持体系。按客户、产品、渠道、地区来分析挖掘业务数据，建立产品营销战略规划的支撑平台；依据分析挖掘的结果，为总行管理部门提供制定营销方案设计的定量依据，提供差别化产品销售计划的信息支撑。

（2）建立产品营销销售的管理流程。依据分析挖掘的结果，定位目标客户群，提供产品销售清单，导入营销服务系统；驱动营销服务系统，指引销售人员依据销售清单执行销售，联动产品服务系统销售产品；跟踪营销计划的执行，循环分析产品销售结果，动态调整销售计划。

（3）为管理层提供详尽直观的管理数据。为总、分行各级管理者提供具备灵活分析统计功能的业务管理报表。

不仅如此，IBM顾问为此项目采用了全球领先的技术架构，新系统具备高性能、高可移植性、高可扩展性、参数配置灵活等技术特点，不仅可以满足D银行海量数据的分析和深度挖掘需求，日后的系统运维工作也将大大简化。

5. 从客户分析起步

IBM顾问建议D银行从客户构成、客户渠道使用、客户贡献、资源配置4个维度将客户分成低价值客户，高忠诚度、高潜在价值各户，以及高潜力、低贡献价值客户三大类，并积极捕捉客户整个生命周期中的各种营销机会。通过数据库营销和事件性营销两种方式，配合使用ACRM系统，寻找客户购买产品的规律，以达到D银行不断获取新客户并进行交叉销售和向上销售的目标。

数据库营销即是实现“我有一个产品/服务，让我们找到一群客户，向他们推荐这个产品/服务”。在D银行柜台人员与客户接触时，ACRM系统会立刻识别出该客户的类型，并自动推送给柜台人员最适合销售的产品组合。这样一来，柜台人员向客户介绍新产品并发放宣传单时会更加有的放矢，而后者对产品感兴趣的程度会大大提高，最终使产品的成交率成倍增长。

事件式营销，即是从客户的行为改变中找到销售的机会，让最适合的产品在最合适的时机销售给客户。比如，某客户的活期存款账户近期突然增加一笔大额存款，金额大于客户前六个月的平均存款余额。针对此类客户，IBM顾问为D银行设计了突发大额活存事件营销流程：由系统自动生成目标客户营销机会，并按照客户的不同情况加以划分，通过呼叫中心外呼、客户经理等对应的渠道进行营销，之后再由专门的营销人员向客户营销投资或理财产品。

在项目实施过程中，IBM顾问运用基于IBM Cognos的BI解决方案，实现了D银行全面的个人客户、产品、区域与渠道的销售与盈利性分析，使数据分析与营销目标得以紧密结合。

6. ACRM实现精细化营销

2008年下半年，D银行成功建立了一套以客户为中心的分析型客户关系管理系统。通过分析从前台交易系统及信息管理系统中获得的各种客户数据，进而为企业的经营、决策提供可靠的量化依据。

充分了解客户价值。D银行通过计算客户使用其产品与服务后所形成的实际业务收益，充分了解每一个客户的贡献度，为管理层提供战略决策的信息支持。

实现精细化营销，降低销售成本。ACRM系统帮助D银行细分客户，改变过去被动推销产品给客户的做法，转为在关键时刻营销产品给最适合的客户，提高了营销成功率和销售额，并有效降低了销售成本。

提高产品设计和创新水平。D银行通过ACRM分析客户持有产品的情况，将分析结果作为产品改进的依据，以提高产品设计和创新的水平。

提高客户满意度和忠诚度。通过该系统，D 银行可以分析客户流失的情况及客户特征，为客户提供主动关怀和服务，从而提高客户满意度，进而强化顾客的忠诚度。

提高经营管理能力。D 银行得以从多角度对客户、产品进行全面分析，以直观的图表展现关键经营指标，为经营管理提供决策支持的准确数据，提高银行经营管理的能力。

总而言之，IBM 通过分析型客户关系管理业务分析与优化及实施项目，帮助 D 银行在适当的时间、通过正确的渠道对合适的客户提供合适的产品，提高客户保持率和客户的盈利能力，真正实现了细分客户、细分市场、以客户为中心进行差别化的服务的目标。

（案例来源：IBM 全球企业咨询服务部. 锁定族群・精准营销[EB/OL]. http://www-935.ibm. com/services/multimedia/cn_zh_case_group.pdf, 2013.4.1.略有删减）

案例分析题

1. D 银行要解决的主要问题什么？
2. 针对 D 银行面临的问题，IBM 提出了什么样的解决方案？
3. 怎样实现分析型 CRM 与精准营销的结合？

关键词汇

关系营销，数据库营销，网络营销，整合营销，知识营销，客户份额，客户体验营销

本章小结

随着互联网的迅猛发展和市场的不断成熟，世界经济进入了电子商务时代，企业也逐渐认识到客户对其长期发展的重要性，因此，纷纷建立起以客户为导向的营销战略。围绕着这个战略，企业的客户关系管理也根据其目标和功能等采取了较新的营销策略，并且在应用的过程中不断加以创新。

CRM 是一种旨在改善企业与客户之间关系的新型管理机制，在众多的客户关系管理理念中，贯彻着以客户为中心的思想，形成了关系营销、数据库与网络营销、整合营销策略等，这些策略的核心就是把客户作为企业营销工作的中心，通过各种策略建立起与客户的友好和谐关系，形成企业长期、稳定的客户群，以保证企业长期稳定发展。

随着企业营销环境的不断变化，客户关系管理的营销理念也处于不断的创新变化中，指导着企业更好地适应竞争环境。客户份额营销、知识营销、体验营销等策略的出现，使客户关系管理的理念得到不断的丰富和发展。

复习思考题

1. 客户关系管理的营销策略有什么功能？对企业有何启示？
2. 什么是关系营销？关系营销的本质特征是什么？
3. 什么是整合营销？

4．说明客户关系管理整合的过程。
5．数据库营销有何优势?
6．营销自动化和销售自动化如何配合?
7．什么是知识营销?
8．客户份额营销与市场份额营销的区别体现在哪些方面?
9．结合实际谈谈如何使知识营销与 CRM 更好地融合。
10．什么是体验营销?

讨论题

1．企业与客户的关系是谁主导的? 是“企业管理关系”还是“客户管理关系”?
2．营销手段和方式为什么要整合?
3．如何实现营销自动化与人性化客户关怀的结合?
4．如何提升客户体验?
5．如何通过网络社交工具实现知识营销?
6．知识营销就是“卖概念”这种说法对吗?

网络实践题

1．访问 CRM 软件供应商的网站，了解一下他们是如何维护客户关系的。
2．收集三种 CRM 软件数据库中的客户视图，比较其异同。
3．比较中小企业 CRM（比如百会 CRM）的自动化销售流程与大型企业 CRM（Dynamic CRM）的差异。
4．评价两个目标客户相似的 B2C 电子商务网站的客户体验差距。

第8章　客户关系管理中数据存储与分析应用

本章导读

企业客户关系管理的实施离不开数据的支持，对优质数据的分析和应用可以提高企业决策的质量和速度。其中，数据仓库和数据挖掘是数据分析的高级技术工具，数据仓库构建标准格式的数据源，数据挖掘从大量数据中寻找隐藏的信息，如趋势、特征及相关性的过程，也就是从数据中挖掘信息或知识。具体到客户关系管理中，企业通过数据挖掘和数据仓库技术，可以与客户建立起紧密的关系，从而更好地把握客户需求。同时，在客户关系管理中有效利用数据挖掘，可以为企业高层决策者提供准确的客户分类、忠诚度、盈利能力、潜在用户等有用信息，指导他们制定最优的企业营销策略。另外，客户关系管理的数据与相应数据技术的支持为商业智能的发展提供了广阔的前景。本章通过对于数据存储与分析应用，进一步讲解客户关系管理。

学习目标

- 掌握客户关系管理中客户数据的来源
- 掌握数据仓库和数据挖掘的有关含义
- 掌握多维数据仓库与联机分析处理的相关概念
- 掌握数据库的构建
- 掌握客户关系管理的决策支持和商业智能模型

8.1　客户关系管理中的客户数据重要性和来源

8.1.1　客户关系管理中客户数据的重要性

客户数据是企业做好客户关系管理的重点，为了做好客户数据，我们以贝尔大西洋公司的客户数据收集案例，阐述客户数据在客户关系管理中的重要性。

贝尔大西洋公司是美国最大的电话公司之一，它的电话业务覆盖美国14个州，拥有商业、住家电话账户近亿个。在电话公司，追缴拖欠话费是一件很头疼的事情，不及时追缴会给公司带来很大损失，但如果每个人都进行追缴又带来很大的成本。为此，贝尔大西洋公司建立了数据挖掘系统，帮助他们进行话费追缴决策。

第一步，将所有客户分为不同的类型，并建立不同的追缴欠费模型。系统根据数据分析，将公司客户分为8种类型，并一共建立了40个追缴话费模型。

第二步，计算各种客户拖欠话费的概率，包括从一个月未缴话费到两个月未缴的可能性，从三个月未缴话费到变成坏债客户的可能性，从坏债客户到变成死债客户的可能性。

第三步，提出追缴策略线索，对哪些客户应进行追缴，对哪些客户可以暂时不追缴；在追缴的客户中，对哪些客户应该采取高强度追缴，对哪些客户只需要采取低强度追缴等。

在美国的电话公司中，追缴花费可采用信件和电话两种形式。电话追缴的强度大，效果好，但成本要比信件高得多。一般情况下，通过信件追缴话费的成本约 1 美元，而电话追缴的成本约在 30 美元左右。过去，电话公司在决定追缴策略时带有很大的盲目性，支付了大量的追缴成本，但追缴的效果并不好，甚至还得罪了一些有价值的客户，造成客户资源的流失。

采用了数据分析与管理技术后，这一问题得到了较好的解决。数据挖掘帮助公司了解客户的行为模式，以此来决定所应采取的话费追缴模式。同时对一个好客户能给公司带来的利润及其拖欠话费给公司带来的损失进行比较，决定是否要进行话费的追缴、何时进行话费追缴以及以何种方式进行话费追缴。数据挖掘系统帮助贝尔大西洋公司减少了大量的话费追缴成本，同时也留住了大量有价值的老客户。

客户数据的多样性和丰富性决定了客户管理系统（CRM）中数据来源的多渠道和多媒体特征。客户数据来源可以简单地划分为来自企业内部和企业外部。

客户数据的来源主要有两个方面。第一个来源是企业内部经营中获得的客户数据，这部分数据是最重要、最真实的，同时也是企业投入成本最高的数据资料。这些数据获得的方式是电话销售、客户面谈、销售记录、促销、市场调查等，这些资料的获得需要较长的时间，需要花费较大的精力和资金，因此这部分资料的管理和开发是企业至关重要的部分。

CRM 的内部信息主要包括生产信息、销售信息和技术信息。这些内部信息可以反映企业目前客户业务运作的基本状况，是企业分析内部条件的依据。

第二个来源主要是通过外部获得的客户数据。比如，从行业协会获得的调查数据、政府机构的调查结果、专业调查公司的数据等，这些数据中的客户大多数是潜在的客户，同时由于资料来源的真实性，获得者无法在购买前完全获知，因此，许多数据是不真实的，需要做抽样调查以提高数据的有效性。

CRM 的外部信息主要包括市场需求信息、竞争对手信息、宏观环境信息等。这些外部信息为企业各部门特别是营销部门提供了客户相关信息，在经营决策时作为分析企业外部条件的依据。

企业数据来源如图 8-1 所示。

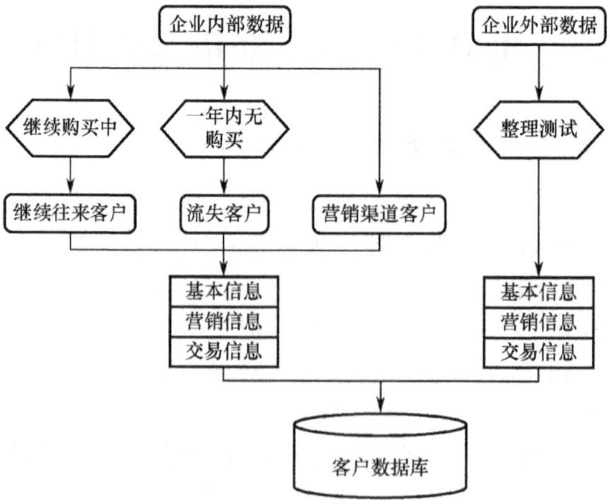

图 8-1　企业数据来源

8.1.2　客户关系管理中客户数据的来源

1. 客户关系管理中的内部数据来源

客户数据的内部来源主要是企业内部已经登记的客户信息、销售记录、与客户互动过程中的信息、开展电子商务获取的 Web 使用信息等。另外，很多企业也会有意识地组织一些活动来采集客户信息。例如，以各种方式对自愿登记的客户进行奖励，要求参加者填写他们的姓名、电话和地址等信息。这些活动能够在短时间内收集到大量的客户信息。收集客户信息的方式还包括有奖登记卡、折扣券、会员俱乐部、通过赠品收集客户信息等。

2. 客户关系管理中的外部数据来源

外部数据主要是指在企业以外产生的、与企业密切相关的各种信息。企业可以通过以下渠道获取这些数据。

① 数据公司：数据公司专门收集、整合和分析各类客户数据。它们往往与政府以及拥有大量数据的行业机构具有良好的合作关系，能够为企业营销提供大量的客户数据列表。

② 直复营销组织：美国直复营销协会（ADMA）的营销专家将直复营销定义为“一种为了在任何地点产生可量度的反应或达成交易而使用一种或多种广告媒体的互相作用的市场营销体系”。它是个性化需求的产物，是传播个性化产品/服务的最佳渠道。常见的直复营销形式主要有直接邮寄营销、目标营销、电话营销、直接反应电视营销、直接反应印刷媒介、直接反应广播、网络营销。这些直复营销方式可以单一运用，也可以结合运用。只要有合适的价格和目的，许多直复营销组织愿意分享他们的客户数据列表。

③ 零售商：一些大型的零售公司会有大量的客户，因此会有数据。

④ 信用卡公司：信用卡公司保存有大量高质量的客户交易历史数据。

⑤ 信用调查公司：专门从事客户信用调查的公司往往愿意出售客户数据。

⑥ 专业调查公司：许多专注于调查特定行业产品/服务的公司积累了大量客户数据。

⑦ 消费者研究公司：这类组织往往有大量客户行为方面的分析数据。

⑧ 相关服务行业：通过与拥有大量客户数据的相关服务行业的企业合作，相互共享客户数据。这类机构包括通信公司、航空公司、金融机构、旅行社等。

⑨ 杂志和报纸：杂志和报纸也会有大量的客户订阅信息和调查数据。

⑩ 政府机构：政府行政机关和研究机构也会有大量的客户数据，例如人口普查数据、户政数据、纳税信息、社会保障信息等。

另外，客户数据内容具有多媒体的特征。描述性、营销性和交易性数据可以是结构化的文本、语音和图像，也可以是非结构化的数据，客户管理软件（CRM）应该都能对于数据加以采集和处理，否则客户数据是不完整和片面的。

8.2　客户关系管理数据仓库

企业在管理中常常会遇到这样的情况：超市的经营者希望将经常被同时购买的商品放在

一起以增加销售；银行想了解存款的用户希望投资什么样的基金；保险公司想知道购买保险的客户一般具有哪些特征；医学研究人员希望从已有的成千上万份病历中找出患某种疾病的病人的共同特征，从而为治愈这种疾病提供一些帮助。对于此类问题，如果利用现有信息管理系统中的数据分析工具有时候是无法给出答案的。因为无论是查询、统计还是报表，其处理方式都是对指定的数据进行简单的数字处理，而不能对这些数据所包含的内在信息进行提取。随着信息管理系统的广泛应用和数据量的激增，人们希望能够获得更高层次的数据分析功能。为此，数据仓库应运而生。

8.2.1 客户关系管理中的数据仓库理论基础

客户关系管理中必须对数据仓库的内容有所理解，并通过进一步的学习，掌握数据参考的管理方式及方法。

1. 数据仓库的定义

数据仓库的概念始于20世纪80年代中期，首次出现是在号称“数据仓库之父”William H. Inmon（美国）的《建立数据仓库》一书中。随着人们对大型数据系统在研究、管理和维护等方面的深刻认识和不断完善，并在总结、丰富和集中多行业企业信息的经验之后，为数据仓库给出了更为精确的定义，即“数据仓库是在企业管理和决策中面向主题的、集成的、与时间相关的、不可修改的数据集合”。根据该定义，数据仓库具备以下4个关键特征。

① 面向主题（subject-oriented）。数据仓库通常围绕一些主题，如“产品”、“销售商”、“消费者”等来进行组织。数据仓库关注的是决策者的数据建模与分析，而不针对日常操作和事务的处理。因此，数据仓库排除了对于决策无用的数据，而提供了特定主题的简明视图。

② 集成（integrated）。数据仓库通常是结合多个异种数据源构成的，异种数据源可能包括关系数据库、面向对象数据库、文本数据库、Web数据库和一般文件等。

③ 时变（time-variant）。数据存储从历史的角度提供信息，数据仓库中包含时间元素，它所提供的信息总是与时间相关联的。数据仓库中存储的是一个时间段的数据，而不仅仅是某一个时刻的数据。

④ 不可修改（nonvolatile）。数据仓库总是与操作环境下的实时应用数据物理地分离存放，因此不需要事务处理、恢复和并发控制机制。数据仓库中的数据通常只需要两种操作：初始化载入和数据访问，因此，其数据相对稳定，极少或根本不更新。

综上所述，数据仓库是一种语义上一致的数据存储，它充当决策支持数据模型的物理实现，并存放企业战略决策所需的信息。数据仓库也常常被看作一种体系结构，通过将一种数据源中的数据集成在一起而构造，支持结构化的和专门的查询、分析报告和决策制定。

2. 数据仓库的类型

根据数据仓库所管理的数据类型和它们所解决的企业问题范围，一般可将数据仓库分为3种类型：企业数据仓库（EDW）、操作数据存储（ODS， Operational Data Store）和数据集市（Data Market）。

（1）企业数据仓库（EDW）

一个企业数据仓库为通用数据仓库，它既含有大量详细的数据，也含有大量累赘的或聚集的数据，这些数据具有不易改变性和面向历史性。此种数据仓库被用来进行涵盖多种企业领域的战略或战术上的决策。

（2）操作数据存储（ODS， Operational Data Store）

ODS 是用于支持企业日常的全局应用的数据集合。ODS 解决的是“日常”性问题，因而具有引入数据是可变的、数据是当前或近期的两个特点。ODS 是面向全局应用，使得 ODS 中的数据需要面向主题来组织，并且应当是实时集成的。

ODS 中的数据按照主题来组织，在企业级上要求保持一致，因此进入 ODS 的数据必须经过清洗和整理，达到集成和一致性的目的。这也是 ODS 与原有的数据库系统的区别。

ODS 只存放当前和近期数据。同数据库类似，ODS 中的数据可以进行增加、删除和更新等操作，而数据仓库中的数据具有稳定性，只增不删。

随着 ODS 的引入，原来的 DB（Data Base）-DW（Data Warehouse）两层体系结构逐步转化成 DB-ODS-DW 三层体系结构。ODS 作为一个中间层，一方面包含企业全局一致的、细节的、当前的或近期的数据，可以进行全局联机操作型处理；另一方面它又是一种面向主题、集成的数据环境，并且数据量较小，适合于辅助企业完成日常决策的数据分析处理。

（3）数据集市

数据集市（Data Mart）也叫数据市场，是一个从操作的数据和其他的为某个特殊的专业人员团体服务的数据源中收集数据的仓库。从范围上来说，数据是从企业范围的数据库、数据仓库，或者是更加专业的数据仓库中抽取出来的。数据集市的重点就在于分析、内容、表现以及易用方面迎合了专业用户群体的特殊需求。数据中心的用户希望数据是由他们熟悉的术语表现的。

随着数据仓库发展的需求，软件工具升级相当快，新产品也层出不穷。为了便于追踪其技术发展和更好地选择相关的工具，数据仓库的构造者应该广泛收集这方面的文件和数据，以便做出最佳的选择。

3．数据仓库的相关概念

要了解数据仓库，还需要了解数据仓库中的相关概念。

（1）数据的抽取

数据选取的过程称为数据抽取。数据的抽取是数据进入仓库的入口。由于数据仓库是一个独立的数据环境，它需要通过抽取过程将数据从联机事务处理系统、外部数据源、脱机的数据存储介质中导入数据仓库。数据抽取在技术处理上主要涉及互连、复制、增量、转换、调度和监控等几个方面。在数据抽取方面，未来的技术发展将集中在系统功能集成化方面，以适应数据仓库本身或数据源的变化，使系统更便于管理和维护。

（2）数据的存储和管理

数据存储是指数据存放的组织形式。数据仓库管理所涉及的数据量比传统事务处理大得多，且随时间的推移而快速累积。在数据仓库的数据存储和管理中需要解决的是如何管理大量的数据、如何并行处理大量的数据、如何优化查询等。目前，许多数据库厂家提供的技术解决方案是扩展关系型数据库的功能，将普通关系数据库改造成适合担当数据仓库的服务器。

（3）数据的展现

数据展现实际上相当于数据仓库的门面，其性能主要集中在多维分析、数理统计和数据挖掘方面。而多维分析又是数据仓库的重要表现形式，近几年来由于互联网的发展，使得多维分析领域的工具和产品更加注重提供基于 Web 前端联机分析界面，而不仅仅是在网上发布数据。在数据展现方面主要的方式有查询、报表、可视化、统计和挖掘。

（4）元数据

元数据是关于数据的数据。正因为有了元数据，使数据仓库的利用可以更有效。它不仅指定了数据仓库中信息的内容和位置，刻画了数据的抽取和转换规则，存储了与数据仓库主题有关的各种商业信息。而且整个数据仓库的运行都是基于元数据的，如修改跟踪数据、抽取调整数据以及同步捕获历史数据等。

（5）数据粒度

粒度是数据仓库中的重要概念，它是一个对数据仓库中数据的综合程度高低的度量。数据粒度的概括程度不仅影响数据仓库中数据量的多少，而且也决定了数据仓库所能回答的问题种类和详细程度。一般来说，粒度越小，综合程度越低，则回答问题的能力就越强，回答的种类就越多。

在数据仓库中，多重粒度是必不可少的。由于数据仓库是用于决策分析的，因此，其绝大多数的联机分析都是基于一定程度的综合数据之上的，而只有极少的查询涉及细节。将不同粒度的数据加以区分并选用不同的存储方式对提高系统的性能非常有利。

（6）数据分割

数据分割是指将数据分散到各自的物理单元中去以便能够分别独立处理，以提高数据处理的效率。在进行实际的分析处理时，往往根据数据的某种相关性来进行分割。例如，根据时间段的数据分割，根据地区范围的数据分割，根据商品类型的分割。数据经过分割后的数据单元称为数据分片，数据分片内的数据相对独立，处理起来更快，同时也更容易索引、重组和恢复。

8.2.2 客户关系管理中的数据仓库设计、模型和应用

数据仓库技术在客户关系管理中的应用，是以客户为中心（而不是以产品为中心）开展调查活动来判断、鉴别客户，以市场营销来吸引、获取客户，以服务支持来留住、增加客户，从而为企业创造新的价值活动过程。它基本上涵盖了开发新产品或服务、利用现有渠道对客户进行交叉销售、增加盈利能力等方面。

1. 客户关系管理中数据仓库的设计

由于数据仓库系统的原始需求不明确，且不断变化与增加，同时数据仓库是在现有数据库系统基础上进行开发，着眼于有效地抽取、综合、集成和挖掘已有数据库的数据库资源，因此，采用以数据驱动的原型法来进行数据仓库的开发。

（1）概念模型设计

数据仓库概念模型设计首先应该通过对原有数据库系统的设计文档以及在数据字典中的数据库关系模式，获得对原有数据库系统的一个完整而深刻的理解。

① 界定系统的边界。在设计 CRM 数据仓库的起始阶段，作为设计人员，首先应该了解下面的一些需求：

- 决策类型。是统计分析、关联分析、还是回归预测等；
- 决策者感兴趣的是什么问题；
- 这些问题需要什么信息来回答；
- 要得到这些信息需要包含原有数据库系统的哪些部分的数据。

从建立 CRM 数据仓库的初衷看来，决策者要进行的 CRM 分析主要有客户特征分析、客户行为分析、客户信任程度分析、交易分析。要进行以上的分析，所需数据应包括客户固定信息、产品销售信息、客户接触信息（客户服务信息）。于是可以将系统的边界定为包含客服子系统、产品销售子系统的集合。

② 确定主要的主题域。在以上的系统边界划分的基础上，确定 CRM 数据仓库的三个基本主题：客户、产品、客服。

（2）技术准备工作

这一阶段的工作包括技术评估和技术环境准备。工作成果是技术评估报告、软硬件配置方案、系统总体设计方案。

（3）逻辑模型设计

逻辑模型设计是指在数据仓库中如何将一个主题描述出来。它是对概念模型设计的细化。一般来说，数据仓库都是在现有的关系型数据库基础上发展而来的。所以数据仓库中的数据仍然是以数据表格的形式进行组织的。逻辑模型就是要把不同主题和维的信息映射到数据仓库的具体表中。逻辑模型设计包括如下内容：

- 分析主题域，确定当前要装载的主题；
- 确定粒度层次划分；
- 确定数据分割策略；
- 关系模式定义；
- 记录系统定义。

逻辑模型设计的成果是，对每个当前要装载的主题的逻辑实现进行定义，并将相关内容记录在数据仓库的元数据，包括：适当的粒度划分；合理的数据分割策略；适当的表划分；定义合适的数据来源等。

（4）物理模型设计

数据仓库的物理模型就是逻辑模型在数据仓库中的实现模式。为了确定数据仓库的物理模型，设计人员必须做好以下几方面的工作。

① 确定数据的存储结构。一个数据库管理系统往往都提供多种存储结构供设计人员选用，不同的存储结构有不同的实现方式，各有各的适用范围和优缺点。由于目前数据仓库是以传统的数据库技术作为存储数据和管理资源的基本手段，每个主题在数据仓库中都是由一组关系表来实现的，因此确定数据的存储结构主要是确定面向主题的数据表和对表的分割、适当引入冗余、细分数据等。

② 确定数据存放位置。同一个主题的数据并不要求存放在相同的介质上。在物理设计时，常常要按数据的重要程度、使用频率以及对响应时间的要求进行分类，并将不同类的数据分别存储在不同的存储设备中。重要程度高、经常存取并将响应时间要求高的数据就存放在高

速存储设备上，如硬盘；存取频率低或对存取响应时间要求低的数据则可以放在低速存储设备上。

③ 确定存储分配。确定存储分配主要是对数据库管理系统提供的一些存储分配的参数进行处理，如块的尺寸、缓冲区的大小和个数等，一般要在对服务器和系统软件进行实际调试后确定出来。

（5）数据仓库的生成

这一阶段的工作是接口编程，数据装入。工作成果是数据已经装入到数据仓库中，可以建立数据仓库的应用。

2. 客户关系管理中数据仓库的作用

在开放的商业环境下，商家的客户范围越来越庞大，商家拥有的客户数据也越来越多，商家更关心的是如何利用这些数据。数据仓库的应用解决了这一问题。数据仓库是客户关系管理中的一项重要技术。在客户关系管理中，数据仓库主要有以下几方面的作用。

（1）保留客户

目前，公司都面临着客户流失问题，保留客户也就成了市场竞争的一个重要内容。在客户中，并不是所有的客户都有保留价值。因此，要通过数据仓库中的数据分析出最具价值的客户，并针对这些客户制定相应的保留客户政策。

（2）降低管理成本

对于企业来说，管理大量的客户数据也是一项工作量庞大的工作，数据仓库的应用使数据的统一、规范管理成为可能，同时提供了快速、准确的查询工具。这样可以大大降低企业的管理成本。

（3）分析利润的增长

数据仓库不但记录当前数据，还记录了大量的历史数据。可以通过历史趋势发现产品销售与客户关系管理的关系以及利润增长同客户关系管理的关系。分析利润增长的最终目的是促进利润增长。

（4）增强竞争优势

数据仓库的应用使得企业有更快的市场适应能力。企业通过历史数据分析市场变化趋势，特别是客户需求的变化趋势，可以及时改变产品性能以适应客户需要，这就抢占了先机，巩固并增强了企业的竞争优势。

3. 基于数据仓库技术的客户关系管理模型

由于客户关系管理系统本身存在的需求以及数据仓库技术所能发挥的重要作用，越来越多的客户关系管理提供商将这一技术融合到客户关系管理系统中。如图 8-2 所示的基于数据仓库技术的客户关系管理模型具有决策支持能力，结合了数据仓库、联机分析处理（OLAP）、数据挖掘、模型库、知识库、方法库等技术。

4. 数据仓库技术在客户关系管理模型实施中的应用

数据仓库技术在客户关系管理模型实施中的应用可以简单地归纳为 4 个阶段：评估阶段、计划阶段、执行阶段和反馈调整阶段。

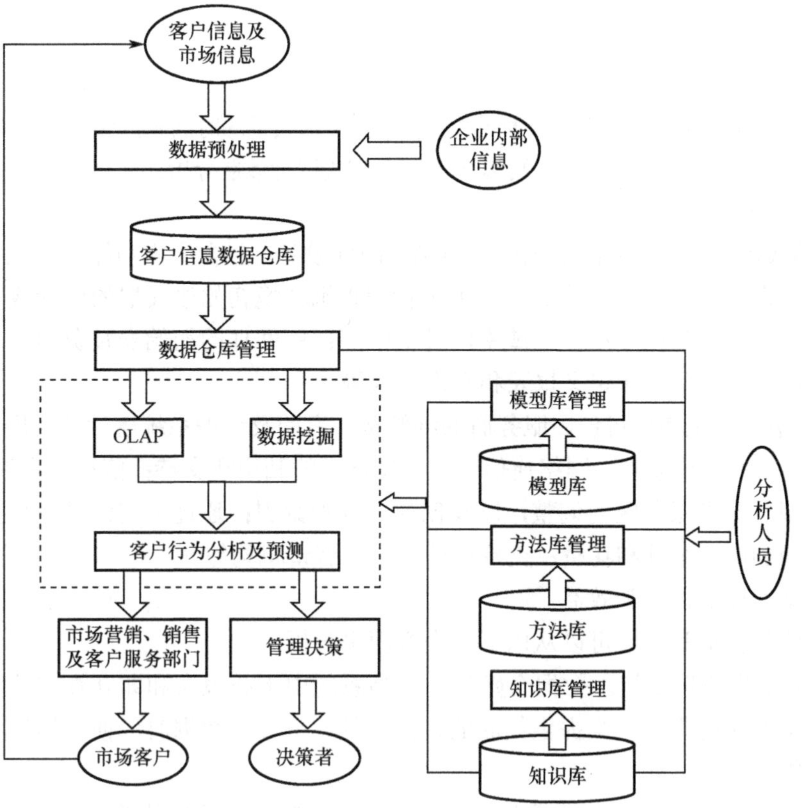

图 8-2　基于数据仓库技术的客户关系管理模型

①评估阶段就是综合运用企业内部运行数据和外部市场数据等各种信息来源，开发出一个针对某种特定客户行为的客户关系管理框架。在这个阶段中，由于数据仓库技术是一个面向主题的、集成的、稳定的、反映时间变化的数据集合，采用数据仓库技术可以对已有的数据和从其他渠道获得的信息进行转换和综合处理，汲取相关的有价值信息，分析并预测特定目标客户的行为特征，帮助决策层调整宏观的客户关系管理框架，为下一步实施做好准备。

②计划阶段的主要问题是如何制定营销战略来最好地达到客户要求。

③执行阶段涉及具体的客户信息数据仓库的构建以及客户信息数据仓库中客户数据模型的设计，是整个过程中极为关键的一步。企业在其以往的经营过程中积累了大量的客户数据，并且每时每刻都在纳入大量的相关信息，如何管理和利用这些海量的数据成为这个阶段的一个首要问题。设计一个适合企业的客户数据模型可以帮助企业有效地管理客户信息数据，得到企业不同层次客户的准确清晰的描述。根据客户数据模型，管理人员可以把目前以及将来的具体企业客户按照具体的客户指标归入相关类型，注入数据仓库内，形成一个以客户信息为主体的客户信息数据仓库。

④反馈调整阶段是在客户关系管理模型投入到实际运行以后所必需的维护调整工作。在企业的运行过程中，其内部情况和外部环境都会随着时间的推移而发生变化，为了使客户关系管理系统始终处于最优状态，就需要管理人员能够根据客户信息数据仓库的综合信息以及各种分析工具提供的分析结果及时调整客户关系管理模型，使其适应不断变化的环境，发挥

最佳的作用。

5．数据仓库应用的效益分析

数据仓库的设计开发是一个复杂的过程，它需要投入大量的时间和巨额资金，同时还要承担很大的风险。通过数据仓库的应用后，可以采取以下方式进行效益分析。

（1）数据仓库的成本

① 初始成本。数据仓库的初始成本包括：硬件设备；包含所需功能和特征的信息处理软件工具；元数据目录或构造它的成本；用于管理查询环境初始语义层的估计成本；访问和安全性控制设置；数据访问驱动器，或中间件的购买；中间件的初始安装费用，用户和管理员培训；初始启动和检验；预定义报表和查询生成等。

② 后继成本。是指许可证、服务商的维修费、启动及维护系统运行的费用，主要有软件更新、升级和中间件维修费；网络通信费；信息技术的利用和支持；信息专家的利用和支持；性能管理和调度，多层分区的调整，以及创建并维护索引；通过中间件进行数据访问时，为维护而需要增加的复杂性和花费；支持商业用户的咨询机构等。

（2）数据仓库的价值和效益

数据仓库的价值和效益可以从以下几个方面来分析。

① 成本/效率决策支持。数据仓库可从产品系统中下载报表和即席查询。商业用户不再需要信息技术专家的支持。当提供集成的、简洁的、一致的数据时，便于增设报表，提高查询质量和可靠性。

② 重组织应用系统。数据仓库技术使得企业的实际业务系统能够进行重新组织，以提高效率。在某些环境下，将产品系统和数据仓库分开，可清除产品生命周期中的无用历史数据，并改进企业系统结构，提高产品数据质量，增强产品系统的生命力。

③ 商业活动工程。数据仓库可评价商业和组织的竞争力。外部数据集成提供了评价和分析竞争力的依据。使用数据仓库有助于业务经理了解企业的商业特性，分析利益增长点，改变商业竞争策略。

④ 客户服务的提高。数据仓库中记录了详细的客户信息，通过对客户资料的分析，可以针对不同用户提供更恰当的服务，同时达到保留客户增加利润的目的。因此，是否为客户提供了更好的服务也是数据仓库实施效果好坏的评价标准。特别是对于销售型企业，客户服务质量的提高是建设数据仓库的一个最基本的目标。

8.2.3 客户关系管理中的多维数据库与联机分析处理

多维数据库（MDD，Multi Dimensional Database）体现的是数据间多对多的关系。而在关系数据库中只能反映数据间一对多的关系。采用多维数据库存储数据，不但可以节约大量空间，也能更好地反映数据间的关系。

联机分析处理（OLAP）是一种用于组织大型商务数据库和支持商务智能的技术。OLAP 数据库分为一个或多个多维数据集，每个多维数据集都由多维数据集管理员组织和设计，以适应用户检索和分析数据的方式，从而更易于创建和使用所需的数据透视表和数据透视图。

1．多维数据库的基本概念

在多维数据库中，有维、维的层次、维成员、多维数据集、数据单元、多维数据集的度量值等基本概念。

（1）维

维是人们观察数据的特定角度。例如，企业常常关心产品销售数据随着时间推移而产生的变化情况，这是从时间的角度来观察产品的销售，所以时间就是一个维度（时间维）。企业也时常关心自己的产品在不同地区的销售分布情况，这是从地理分布的角度来观察产品的销售，所以地理分布也是一个维（地理维）。

（2）维的层次

人们观察数据的某个特定角度（即某个维）还可以存在细节程度不同的多个描述方面，我们称这多个描述方面为维的层次。一个维往往具有多个层次。例如，描述时间维时，可以从日期、月份、季度、年等不同层次来描述，那么日期、月份、季度、年就是时间维的层次。同样，城市、地区、国家等构成了地理维的多个层次。

（3）维成员

维的一个取值称为该维的一个维成员。如果一个维是多层次的，那么该维的维成员是在不同维层次的取值组合。例如，我们考虑时间维具有日期、月份、年三个层次，分别在三个层次上各取一个值，就得到了时间维的一个维成员，即“某年某月某日”。

（4）多维数据集

多维数据集是决策支持系统的支柱，也是 OLAP 的核心，有时也称为立方体或超立方体。OLAP 展现在用户面前的是一幅幅多维视图。多维数据集可以用一个多维数组来表示。例如，时间、地理位置和产品的多维数据集可以表示为：（时间、地理位置、产品、销售数据）。可以看出，在多维数据集中可用（维 1，维 2，…，维 n，观察变量）的方式进行表达。对于三维数据集可用图 8-3 的可视化方式表达得更清楚，但在多维结构中并不是要观察维度结构，而是要观察由维结构所描述的观察变量。也就是说，要在此三维结构上再添加销售数据，这就得到了一个由三维所对应的销售数据。实际上也就是一个四维结构。当然，这种四维结构很难用可视化的方式表达清楚。我们可以用一个四维表的方式来显示那些超三维的多维数据集。

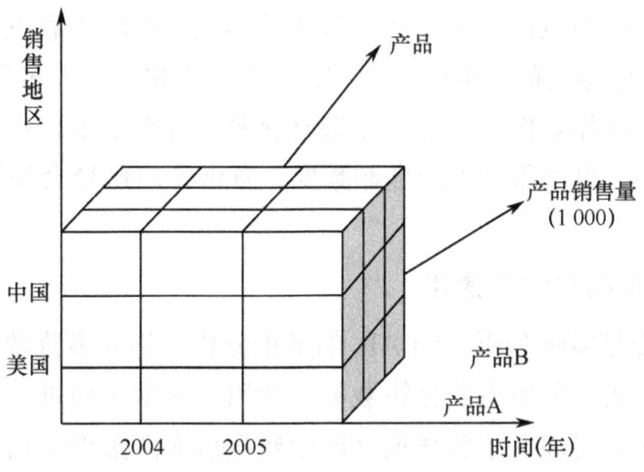

图 8-3　以时间、销售地区、产品三个维度构成的多维数据集

（5）数据单元

多维数据集的取值称为数据单元。当在多维数据集的每个维都选中一个维成员以后，这些维成员的组合就唯一确定了一个观察变量的值。数据单元也就可以表示为：（维1维成员，维2维成员，维3维成员，维4维成员，观察变量值）。例如，如图8-3所示，在产品、时间和销售地区维度上分别选取了“产品A”、“2005年”和“中国”，从而唯一确定了观察变量“产品销售值”的一个值（1 000），这样该数据单元可表示为：（产品A，2005年，中国，1 000）。

（6）多维数据集的度量值

在多维数据集中有一组度量值，这些值是基于多维数据集中事实表的一列或多列，这些值应该是数字。度量值是多维数据集的核心值，是最终用户在数据仓库应用中所需要查看的数据。这些数据一般是销售量、成本和费用等。

2．联机分析处理

1993年，有“关系数据库之父”之称的E. F. Codd首次提出了OLAP（On-Line Analytical Processing）的概念。OLAP是专门用于支持复杂的决策分析，支持信息管理和业务管理人员决策活动的一种决策分析工具。它可以根据分析人员的要求，迅速、灵活地对大量数据进行复杂的查询处理，并以直观的、容易理解的形式将查询结果提供给决策人员，使他们迅速、准确地掌握企业的运营情况，了解市场的需求。

其中包含以下4个关键特征。

① 多维。这是OLAP的基本特征，可以提供对数据的多角度综合查询、统计和分析。

② 快速。必须以相当固定的速度向用户提交信息，大多数查询应当在5秒或更短时间内提交给用户。

③ 分析。可以执行由应用程序开发人员预定义或由用户特别定义的对数据的查询和统计分析操作。

④ 共享。必须满足在大量用户间实现共享秘密数据所必需的安全性需求。

信息可以透明地访问应用程序所必需的、相关的所有数据和信息，而不受它所在的物理位置的限制。

与联机分析处理相对的概念是联机事务处理（OLTP，On-Line Transaction Processing），它是传统的关系型数据库的核心应用，主要执行基本的插入、删除等联机事务和查询处理，其基本任务就是及时、安全地将当前事务所产生的记录保存下来。在大多数情况下，OLTP涵盖了一个组织的大部分日常操作。例如，在一个银行交易管理系统中，每天的大量操作都限于增加新账号、删除旧账号、更改账号中的金额数据、查询各户账号余额等，这些都是OLTP负责实现的功能。

3．多维数据模型上的OLAP操作

OLAP技术的核心是多维分析。OLAP的多维分析是指对多维数据集中的数据用切片、切块、旋转、钻取和聚集等分析方式分析数据，使用户从多个角度、多个侧面去观察数据仓库中的数据。只有这样才能深入了解数据仓库中数据后面所蕴含的信息，才能使用户深入挖掘隐藏在数据背后的商业模式。

（1）数据切片

在多维分析过程中，如果要对多维数据集的某个维选定一维成员，这种选择操作就可以称为切片（Slice）。也就是说，如果有（维 1，维 2，…，维 i，…，维 n，观察变量）多维数据集，对维 i 选定了某个维成员，那么（维 1，维 2，…，维 i 成员，…，维 n，观察变量）就是多维数据集（维 1，维 2，…，维 i，…，维 n，观察变量）在维 i 上的一个切片。这种切片的数量完全取决于维 i 上的成员个数，维数越多，可以做的切片越多。很显然，这个切片不一定是我们想象中的一个二维的“平面”切片。切片的维数取决于原来多维数据集的维数。只有在多维数据集是三维的情况下，才能获得一个二维的“平面”切片。

在切片的概念中，有两个重要的概念必须掌握：一个是多维数据集的切片数量的多少是由所选定的那个维的维成员数量的多寡所决定的，另一个是进行切片操作的目的是使人们能够更好地了解多维数据集，通过切片的操作可以降低多维数据集的维度，使人们能将注意力集中在较少的维度上进行观察。

图 8-4 所示为一个数据切片动作。在数据立方体上，在地点维上取一个特定的值，得到一个在地点维上的切片。

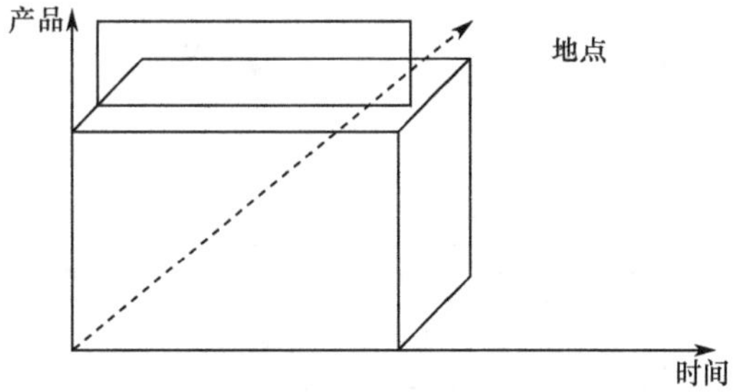

图 8-4　数据切片

（2）数据切块

与切片类似，如果在一个多维数据集上对两个及其以上的维选定维成员的操作可以称为切块（Dice）。即在（维 1，维 2，维 i，…，维 k，…，维 n，观察变量）多维数据集上，对维 i，…，维 k，选定了维成员，那么（维 1，维 2，…，维 i 成员，…，维 k 成员，…，维 n，观察变量）就是多维数据集（维 1，维 2，维 i，…，维 k，…，维 n，观察变量）在维 i，…，维 k 上的一个切块。很显然，当 $i=k$ 时，切块操作就退化成切片操作。实际上，切块操作也可以看成进行多次切片操作以后，将每次切片操作所得到的切片重叠在一起而形成的。

（3）数据钻取和聚集

数据钻取也称数据下钻，是由概括的数据到详细的数据的过程。数据钻取对应于维的层次，它是由维的高层次展开到低层次的一个动作。比如，由“年”数据下钻到“季度”数据，这无疑会增加数据细节和数据量，得到更详细的数据。

数据聚集又称数据上卷，它是数据钻取的逆过程。数据聚集是将详细的数据聚集为较概括的数据，它是一个综合数据的动作。

如图 8-5 所示，图的左侧存放的是 1998 年各地区的销售值。当从时间维的季度层察看时，得到 1998 年各个季度中各地区的销售数据，则执行的操作为钻取。反之，则执行的操作就是聚集。

地区	销售额 1998
美国	20 000
欧盟	10 000
中东	24 000

→ ←

地区	销售额				
	1998	一季度	二季度	三季度	四季度
美国	20 000	5 000	6 000	4 000	5 000
欧盟	10 000	2 000	3 000	3 300	1 700
中东	24 000	4 000	7 000	6 000	7 000

图 8-5　数据钻取和聚集

（4）数据旋转

数据旋转即变换维度的位置，也就是转动数据的视角，给用户提供一个从不同的角度观察数据的方法。例如，旋转可能包含了交换行和列，或是把某一个行维移到列维中。如图 8-6 所示，就是将图 8-3 的横向维由时间变为地区，将纵向维由地区变为时间所形成的旋转结果。

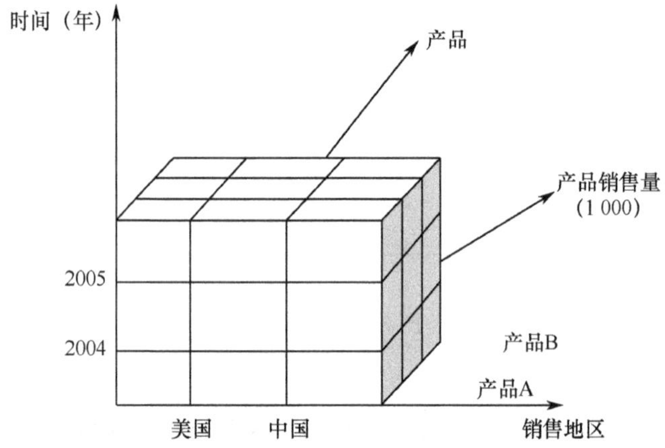

图 8-6　数据旋转

4．多维数据仓库中度量的建模

多维数据仓库的创建和维护所使用的技术与传统数据仓库有显著的不同。传统数据仓库在处理多维数据方面存在着较大的局限性，必须对其进行结构和功能上的扩展，才能较好地用在多维决策分析方面。

设计和建立数据库是成功地创建数据仓库的一个关键步骤，这一步涉及的数据来自多种数据源并且要把它们合并成一个单独的逻辑模型。不像 OLTP 系统那样以高度的正规化形式存储数据，数据仓库中存储的数据以一种非正规化的形式存储数据以便提高查询的性能。数据仓库常常使用星形模式和雪花形模式来存储数据，作为 OLAP 工具管理的基础，以便尽可能快地响应复杂查询。相比之下，星状结构更为简洁，便于 OLAP 工作并易于浏览，较雪花形结构更适合于多维数据仓库的建模。下面就两种存储模式分别说明数据仓库中度量的建模。

（1）星形模式

星形模式是最流行的实现数据仓库的设计结构。星形模式通过使用一个包含主题的事实表和多个包含事实的非正规化描述的维度表来执行典型的决策支持查询。一旦创建了事实表，那么可以使用 OLAP 工具预先计算常用的访问信息。

星形模式是一种关系型数据库结构，在该模式的中间是事实表，周围是次要的表，数据在事实表中维护，维度数据在维度表中维护。每一个维度表通过一个关键字直接与事实表关联。维度是组织数据仓库数据的分类信息，例如时间、地理位置、组织等。维度用于父层和子层这类分层结构。例如，地理位置维度可以包含国家、城市等数据。因此，在该维度表中，维度由所有的国家和所有的城市组成。为了支持这种分层结构，在维度表中需要包括每一个成员与更高层次上维度的关系。维度关键字是用于查询中心事实表数据的唯一标识符。维度关键字就像主键一样，把一个维度表与事实表中的一行链接起来。这种结构很容易构造复杂的查询语句，并且支持决策支持系统中向下挖掘式的分析。事实表包含了描述商业特定事件的数据。例如，银行业务或者产品销售。事实表还包含了任何数据合计，例如每一个地区每月的销售情况。一般来说，事实表中的数据是不允许修改的，新数据只是简单地增加进去。维度表包含了用于参考存储在事实表中数据的数据，例如产品描述、客户姓名和地址、供应商信息等。把特征信息和特定的事件分开，可以通过减少在事实表中扫描的数据量提高查询性能。维度表不包含与事实表同样多的数据，维度数据可以改变。

通过降低需要从磁盘读取数据的数据量，星形模式设计有助于提高查询性能。查询语句分析比较小的维度表中的数据来获取维度关键字以便在中心的事实表中索引，可以降低扫描的数据行。星形模式的结构如图 8-7 所示。

下面从工业企业销售管理数据仓库和保险业务多维数据仓库的需要出发分析一下星形模型的构建模式。

以销售机会作为一个主题，可以同其他几个维表组成一个星形关系结构，如图 8-8 所示，表中粗略地表示出各维之间的联系。

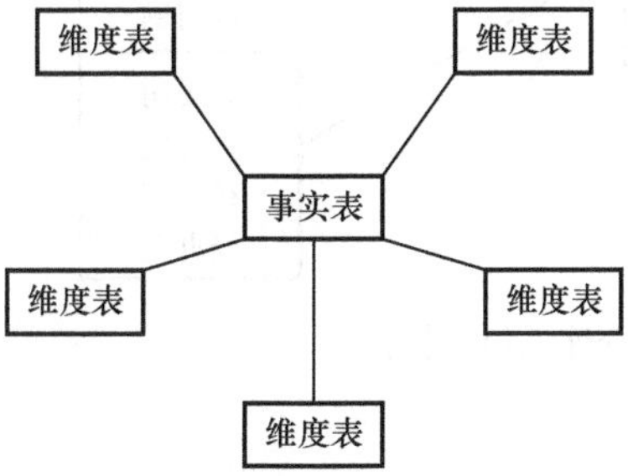

图 8-7　星形模式结构

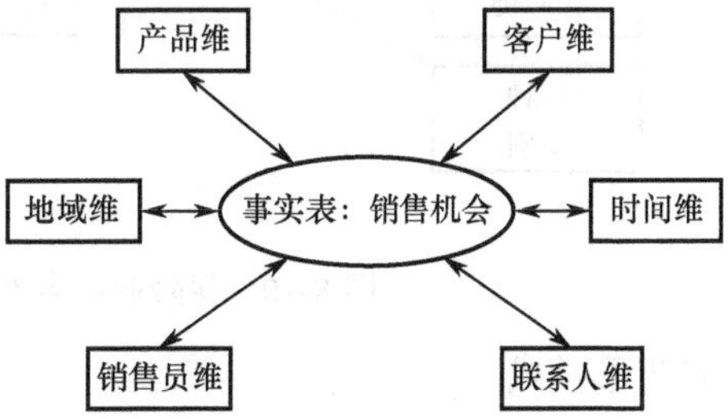

图 8-8　销售机会数据仓库的星形关系结构

星形数据关系模型中的事实表包含了所有纬度表的外键（Foreign Key），这些外键指向各纬度表的首键（Primary Key），如图 8-9 所示。利用星链接（Star Join）星形数据关系模型可以大大提高查询速度，主要原因如下。

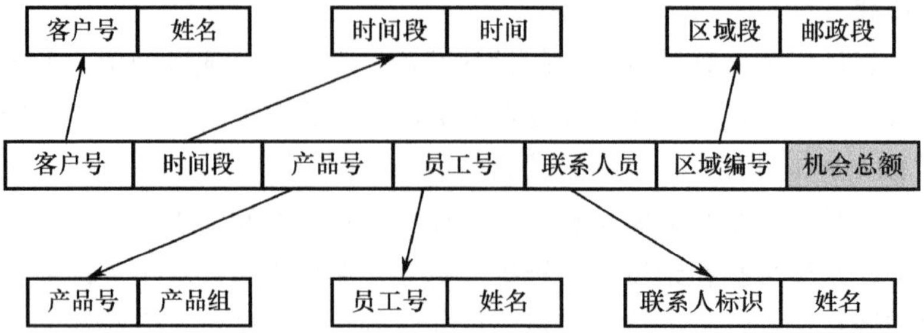

图 8-9　销售机会数据仓库的星链接

① 在事实表中每个纬度都有深度索引。

② 查询先在体积小得多的维度上过滤很大的事实表，从而首先获得较小的相关数据集。这相对于单纯从一个很大的数据表中利用单个 SQL 语句查询来说显然要有效得多。

以保险公司业务为主题来考虑维的构建。数据仓库中定义 4 个维：时间维、部门维、保险种类维、地理维。其中，时间维、部门维和保险种类维属于非空间维，地理维属于空间维。事实表中包括 4 个度量：保费、保额、赔款和地理指针。其中，保费、保额和赔款是数值型度量；地理指针为一个空间度量，代表指向地图上相应区域的空间指针集合。图 8-10 详细列示出了维的具体度量。

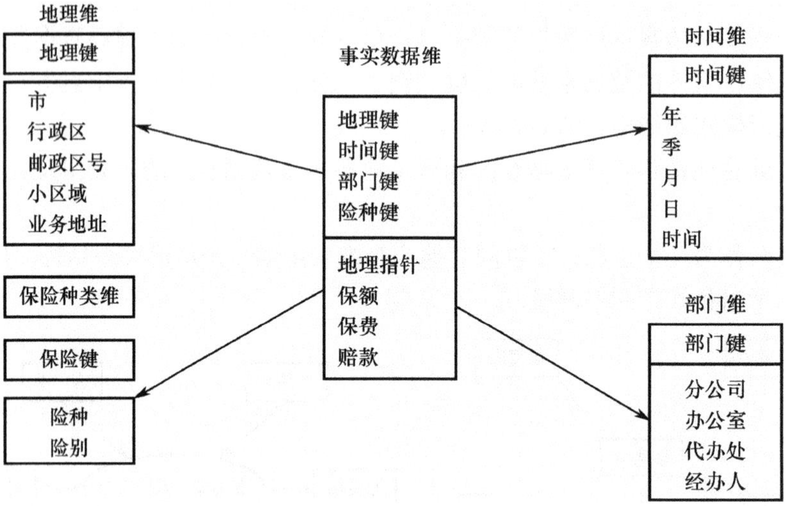

图 8-10　保险业务多维数据仓库的星形模型

（2）雪花形模式

雪花形模式是星形模式的一种扩展形式。在这种模式中，维度表存储了正规化的数据，这种结构通过减少磁盘读的次数而提高查询性能。维度表分解成与事实表直接关联的主维度表和与主维度表关联的次维度表，次维度表与事实表间接关联。雪花形模式的结构如图 8-11 所示。

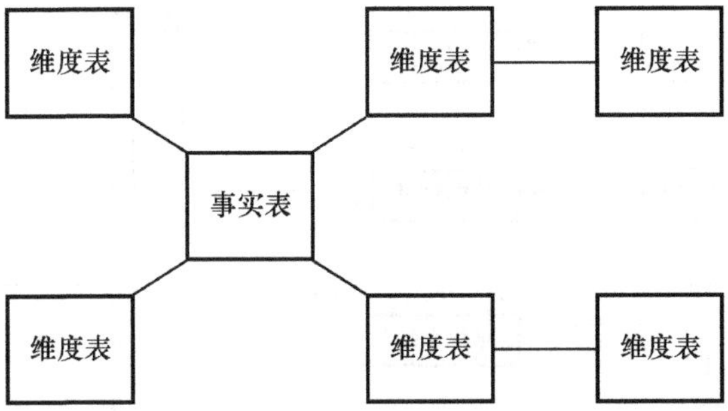

图 8-11　雪花形模式结构

在一般的多维数据仓库中，利用雪花形模式的建模并不是很多。

8.3　客户关系管理数据库的构建、更新和维护

为了进一步维护客户关系管理的数据，必须引入数据库的知识进行管理和分析。但是，客户关系管理的数据库具有独特的特点，在下面的章节中将对数据的基本知识和客户关系管理进行讲解和阐述。

8.3.1　客户关系管理中的数据库简介

数据库技术是进行数据分析的基础，没有数据库技术，就没有数据挖掘、数据仓库等高级数据分析工具的应用。我们先对数据库技术做一个简单的介绍。

数据库（Database）是按一定的数据模型组织、描述和存储的，有组织、可共享的数据集合，是构成数据库系统的重要部分。数据库技术是在文件系统的基础上发展起来的计算机数据管理技术，它有效地解决了数据的独立性问题，实现了数据的统一管理，达到了数据共享的目的。而数据库系统是指引进数据库技术后的计算机系统，它实质上是由有组织、动态存储的、有密切联系的数据集合，以及对其进行统一管理的计算机软件和配件资源所组成的系统。数据库系统将有关部门中反映客观事物的大量信息进行记录、分类整理等定量、规范化处理，并以记录为单位存储于数据库中。在数据库系统的统一作用下，用户通过应用程序向数据库发出查询、统计、打印等命令，以得到满足不同层次需要的各种信息。

数据库系统由硬件系统、数据库、数据库管理系统应用程序和用户组成。

数据库管理系统（DBMS）是指帮助用户建立、使用和管理数据库的软件系统，它由一系列软件系统组成，是数据库系统的最核心部分，一般由数据描述语言（DDL)、数据操作语言（DML)、结构化查询语言（SQL)、向导程序（Wizards)、其他管理和控制程序 5 部分组成，它具有数据的独立性、共享性、可修改性和扩充性、统一管理和控制、安全保密性等特点。

数据库系统如图 8-12 所示。

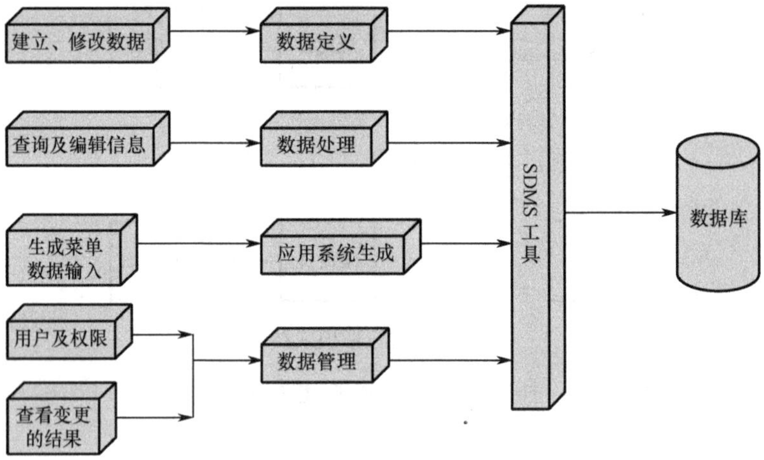

图8-12 数据库系统

8.3.2 客户关系管理数据库的特点与构建原则

学习了客户关系管理的数据库相关知识后，下面将介绍客户关系管理数据库的特点与构建原则，以便进一步熟练掌握客户关系管理数据库。

1. 客户关系管理数据库的特点

在CRM应用中，数据处理主要集中于客户数据库，与其他类型的数据库相比，客户数据库具有以下一些特点。

（1）动态的、整合的客户数据管理

所谓动态，是指数据库能够实时地提供客户的基本资料和历史交易行为等信息，并在客户每次交易完成后，能够自动补充新的信息的特性。所谓整合性，是指客户数据库与企业其他资源的整合，如一线服务人员的终端可以根据职能、权限的不同，实施信息查询和更新功能，如客户数据库与公司其他媒体（邮件、电话、互联网）的交互使用等。这些要求是进行客户关系管理的前提条件，在技术实现上已经十分成熟。

（2）有效的客户关系结构

实施忠诚客户管理的企业需要制定一套合理的建立和保持客户关系结构。简单地说，企业要像建立雇员的提升计划一样，建立一套把新客户提升为老客户的计划和方法。例如，零售企业通常采用点数（Points）或购买量决定客户的提升程度。Time-it Lube（特惠润滑油公司）吸引客户的一个格式是提供客户优惠卡——只要客户1年内光顾3次以上，第3次就可以享受比正常价（24.95美元）低3美元的优惠，第4次可以享受低5美元的优惠。结果，90%的客户成为回头客。这个计划看上去会提高成本，降低收益，但由于生意主要来自老客户和慕名而来的新客户，企业不需要花大本钱做广告。而给老客户寄发提醒通知、提供优惠卡等，比通过广告来吸引新客户花费少得多，因此这种结构实际上是划算的。

这种格式化结构建立了一套吸引客户多次消费和提高购买量的计划。它不仅是给予客户享受特殊待遇和服务的依据，也有效地吸引客户为获得较高级别的待遇和服务而反复购买。

（3）完善的忠诚客户识别系统

及时识别忠诚客户是十分重要的，在每次客户交易时，给予老客户区别于一般客户的服务，会使老客户保持满意，加强他们的忠诚度。客户数据库的一个重要作用是在客户发生交易行为时能及时地识别客户的特殊身份，从而给予相应的产品和服务，例如现在多数航空公司都实行的里程积累计划。对于航空公司的常客，基于数据库的识别系统在旅客购票时及时检查客户已经积累的里程，从而根据客户的级别主动地给予客户等级提升，或给予免费机票等忠诚客户应该享受的服务。

（4）即时的购买行为参考系统

企业运用客户数据库，可以使每一个服务人员在为客户提供产品和服务时，清楚客户的偏好和习惯购买行为，从而提供更具针对性的基于数据库支持的客户流失警示系统。企业通过对客户历史交易行为的观察和分析，赋予客户数据库警示客户异常购买行为的功能。如一位常客的购买周期或购买量出现显著变化时，都是潜在的客户流失迹象。客户数据库通过自动监视客户的交易资料，对客户的潜在流失迹象做出警示。例如，特惠润滑油公司的客户数据库在客户超过 113 天（这个数字已经过该公司多次验证，是客户平均的换油时间）没有再次使用他们的产品或服务，便会自动打出一份提醒通知。

（5）个性化服务

运用客户数据库，可以提供高质量的个性化服务。例如，现在的读者俱乐部都在进行定制寄送，他们会根据会员最后一次的选择和购买记录，以及他们最近一次与会员交流获得的有关个人生活信息，向会员推荐不同的书籍，读书俱乐部永远都不会把同一套备选书籍放在所有会员面前。这样做使客户感到公司理解他们，知道他们喜欢什么，并且知道他们在什么时候对什么感兴趣。这种个性化的服务对培养客户忠诚无疑是非常有益的。

2. 客户关系管理数据库构建原则

（1）CRM 要与数据仓库、SFA 结合

首先，涉及 CRM 如何与企业现有的系统进行连接。事实上，在目前的企业中普遍有两种做法：第一种将 CRM 与 SFA（Sales Force Automation，自动销售软件）相结合；第二种将 CRM 与数据仓库相结合。不过，对于成熟的企业而言，他们往往采用两种结合的办法，即利用 SFA 软件包来管理销售周期，然后将其中的数据传递给决策支持数据库，作为售前及售后销售数据和长期客户数据管理。同时，可以将这些销售数据和其他数据（如外部统计、账单、市场研究数据等）相结合，从而建立丰富的客户资料库。

（2）关注数据质量

确认数据对建立 CRM 数据库而言相当重要。否则，你可能会为一个相同的客户建立很多条记录，也完全有可能为两个不同的人只建了一个记录。这样，你可能会给一个顾客发很多份相同的邮件。这是很惹人烦的一件事，企业很可能会因此而疏远甚至失去顾客。因此，在建立 CRM 数据库时，一定要确认由应用程序所生成的客户编码，要保证它的唯一性。

（3）灵活应用

建立数据库，特别是建立一个完善的数据库并不是一朝一夕就能完成的事情，对企业来说，不需要因谋求建立一个详细完备的数据库而推迟建成时间，可先建成一个小而实用的数据库，在管理客户数据库中获得经验，并对其进行评价，不断改进。

（4）必要的参与和讨论

构建客户数据库时，应让尽可能多的部门和人员参与。一方面使信息采集科学完备，另一方面让数据库的使用者充分了解设计者的思想。同时在数据库设计完成后，数据小组应与相关人员进行讨论，通过讨论来熟悉数据库，从而对设计中存在的问题进行控制或从中获取数据库设计的必要信息。

（5）发挥 CRM 的最大效益

一旦把这些数据都输入到数据库，下一步便要使它们发挥最大价值。在这方面，最重要的是把数据放到使用者的“手边”，使得他们能方便、快捷地得到相关数据。每个进入客户关系管理系统顾客的资料，客户服务、电话销售等部门都应很容易得到他们的数据。因为这些数据对客户服务等部门来说非常重要，他们可据此来判断一个用户是否能为企业带来效益。对于能带来效益的用户，可为他们提供多一些的服务，也可提供一些其他的东西来吸引他们继续作为自己的客户。对于那些不能带来效益的甚至是来窃取商业秘密的用户，则不提供服务或提供收费服务。这些措施都能使企业与顾客保持一个良好的关系。

8.3.3 客户数据库的更新和维护

在学习和掌握了客户关系管理中数据库的相关概念及构建原则后，我们必须掌握客户数据库的更新与维护的相关知识，以便更好地进行客户关系管理中的数据存储与分析应用。

1. 客户数据的更新

数据分析的结果价值高低，取决于数据库内容的质量好坏。衡量其质量好坏主要通过以下一些指标实现。

- 数据的准确性：数据来源是否可靠，数据内容是否准确无误。
- 数据的时效性：数据是否为最新的。
- 数据的详细性：数据对目标客户的说明是否足够清楚。

数据分析是一个不断发展的过程，若数据库资料没有及时更新，对企业而言就等于失去了利用价值。为保证客户数据库信息的有效性和正确性，管理人员平时应及时更新以下信息。

- 各种客户交易资料。
- 客户反馈信息。
- 从其他可靠信息渠道获得的实时资料。

除了要不断补充更新信息、定期删除陈旧过时的信息之外，还要对数据库本身进行维护。

- 对现有表格进行增补、更改和删除。
- 如果数据库表格经常被替换，需保留一份以前的文件记录。
- 根据数据库满足现实工作需要的程度及时进行相应的调整和改进：如不满足程度小，可对客户模型稍加修改；如不满足程度大，可对客户模型进行大的改进；如不满足程度十分严重，则应对整个数据库的设计重新开始。

2. 客户数据库的维护

（1）24 小时可用性

一旦 CRM 数据库宕机，那么公司进行日常面向客户活动的能力多少都会受到影响。确保 CRM 数据库可访性的关键是全天候的监控和系统冗余。

通过持续追踪 CRM 数据库的运行与可用性，公司可以将宕机时间控制到最小，并及时对发现的问题采取有效的纠正措施。监控与冗余能为公司提供可用的 CRM 数据库复本，从而帮助公司避免由于重大故障而导致的系统宕机。

（2）数据安全

CRM 数据库中所蕴含的信息是公司极为重要的竞争资源。此外，客户也会因为隐私信息（如信用卡号码、社保卡号码或其他交易数据）的外流而对公司失去信任。因此，保障客户机密资料的安全是头等大事。

显然，建立一套无懈可击的防范机制是不实际的，但公司还是可以通过很多途径来显著加强对 CRM 数据库的保护。比如，多重登录验证就能帮助公司阻截未经许可的访问。基于角色的安全机制能让用户只可浏览与其工作相关的部分数据，从而确保客户信息得到了妥善的处理。同时，数据加密和防火墙都可以大幅降低由于入侵或攻击所带来的风险，保障 CRM 数据库的安全。

如果公司选择的是托管型 CRM 系统，那么就需要与服务提供商加强合作，以确保部署了到位的防护措施。此外，所选择的服务提供商还应当能及时安装任何能优化安全防护的应用、数据库或操作系统补丁。

（3）备份与容灾恢复

一套设计良好的容灾恢复计划能让公司在突发情况后妥善恢复 CRM 数据库中的信息。每周至少进行一次备份（部分专家建议每天做一次备份）。同时在条件许可的情况下，最好能够进行异地备份。因为本地备份虽然可以让公司在供电故障或系统崩溃后快速恢复数据，但在如火灾或洪灾之类的情况下却毫无招架之力。

8.4　客户关系管理的决策支持和商业智能模型

一般企业在经营过程中可能自以为很了解客户。但是，除了一些最基本的信息交流这些浅层次的工作外，需深入挖掘的东西并没有涉及。比如，公司里面的市场策划、销售和客户服务人员如果要对完全的客户档案进行访问（这些资料包括客户对特定市场功势的反应和它们的购买倾向），其困难到底有多大？对于客户的未来产品需求走势怎么预测？许多企业还没有考虑到，管理仍停留在一种浅层次的业务处理上。

客户关系管理的过程，说到底就是对客户信息进行分析处理并做出决策的过程。客户关系管理软件并非普通的企业管理软件，纵观客户关系管理软件产品，可以明显地看到决策支持系统和商业智能系统是构成企业决策智囊团与加速器的重要基础。在市场瞬息万变、企业竞争越来越激烈的状况下，缺少了决策支持系统与商业智能的支持，企业的决策是无法迅速反应和有效做出的，这已经成为不争的事实。

8.4.1　客户关系管理中的决策支持系统模型

在掌握了客户关系管理中数据来源及数据仓库的相关知识后，我们必须有效地利用和管理数据库，在下面的章节中，我们将学习客户关系管理的决策支持和商业智能模型。

1．决策支持系统概述

决策支持系统（DSS，Decision Support System）是支持决策者利用数据和模型解决半结构化和非结构化问题的系统，对公司运作日益重要。

结构化决策涉及的变量较少，只要采用专门的公式来处理相关信息，就能够得到准确的答案。通过计算机语言来编制相应的程序，就可以在计算机上处理这些信息。结构化决策完全可以用计算机来代替。日本的有关统计数据表明，在企业管理中有 44%的工作是属于常规的工作，在这些工作中有许多是具有规律性的，完全可以由计算机来代替以往的人工处理。另外，有 56%需要思考的工作，其中也还有一半为规律性的工作，同样也可以由计算机来完成。

在非结构化决策中，可能提供出很多正确的解决方案，但没有精确的计算公式能够计算出哪个解决方案是最优的，也没有规则和标准能够衡量哪种方案是最佳解决方案。如公司在市场活动中刚刚发展的新客户与原有的老客户相比较，哪一类客户更能给公司带来大的利润？目前公司中最大的一些客户存在的价值是什么？应该采用何种方式来改变公司的形象？诸如此类的问题，在没有决策支持系统作为基础的情况下是难以迅速而有效地进行决策的。

作为客户关系管理基础的决策支持系统具有高度的灵活性和良好的交互性，适用于非结构化决策的客户关系管理系统。将决策者与决策支持系统密切联系在一起，并通过信息技术为其决策提供特定的支持功能。客户关系管理系统具有高速、大量信息和复杂处理的能力，能够帮助决策者建立决策时的信息模型，而决策者则是有着丰富经验、实践知识、直觉和判断能力，并且熟悉决策的全过程的人。客户关系管理中的决策支持系统并不能够替代决策者本身，它的主要功能是提高决策者的决策效率，帮助企业的决策者强化洞察力。企业决策者的知识、技能和 IT 技术的完美结合，使得决策者能够面对迅速变化的市场做出及时的响应，并有效地配置企业的各项资源。

2．客户关系管理的决策支持系统模型

大多数客户关系管理软件中的决策支持系统由三个部件组成（见图 8-13），即数据管理、模型管理和用户界面管理。

① 数据管理：DSS 中保存了客户和管理的信息，除公司的内部信息外，还包括外部信息、竞争对手信息、行业发展信息。

② 模型管理：DSS 必须要用模型对信息进行分析，利用模型产生决策所需的信息，辅助决策者做出产品生产和库存计划。

③ 用户界面管理：企业的决策者通过用户界面存取信息并制定决策者所需的分析模型。

从图 8-13 中可以看到，CRM 的数据和信息基本流程及数据仓库等技术在整个流程中所起的作用。最初，运营数据（企业与客户间已发生的业务处理记录）是从客户“接触点”收集的，这些运营数据连同遗留下来的内部客户数据和外来的市场数据经过整合和变换装载到客户信息数据仓库中。之后，OLAP 工具通过对客户信息的归纳、分析和处理，把 DW 中繁多的数据转化为有用的信息。主要是对基层的操作数据进行多维化或预综合处理，并以一种直观易懂的形式将查询结果提供给决策人员。数据挖掘工具利用 DW、模型库、方法库和知识库共同完成数据挖掘过程。

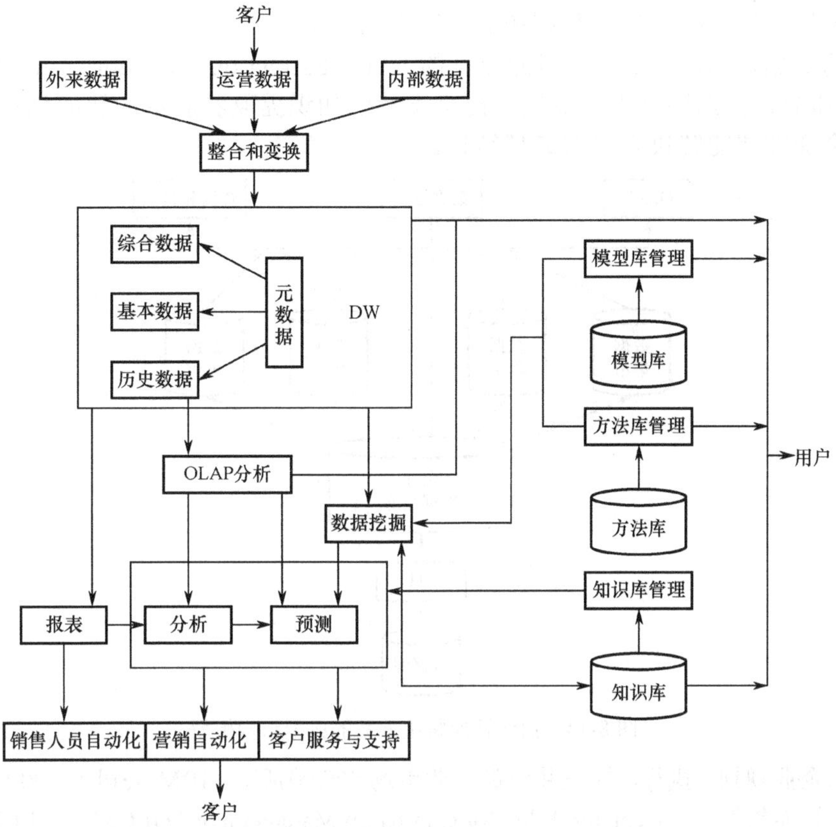

图 8-13　CRM 的综合决策支持模型

数据挖掘工具触发 DW 管理系统，从 DW 中获取相关的数据进行高度自动化的分析、推理，从中挖掘出客户潜在的模式，预测客户的行为。最后利用报表工具和企业信息系统等使有关客户的信息和知识在整个企业内得到有效的流通和共享。这些信息和知识将转化为企业的战略和战术行动，用于提高在所有渠道上同客户交互的有效性和针对性，同时可以将有些知识放在知识库中，用于新的知识发现和知识评价。

模型库实现多个广义模型的组合辅助决策，知识库存储用于模拟人类决策过程中的某些智能行为的规则、模式和规律，方法库向系统提供通用的决策方法、优化方法及软件工具等。

8.4.2　客户关系管理中的商业智能模型

CRM 的最终目的是确保客户忠诚度，以使企业利润最大化。CRM 的构建，在技术方面要把握的是 CRM 是“面向客户”的智能化企业信息系统。在知识经济时代，与客户相关的数据是海量的。据统计，全球企业的信息量平均每 1.5 年翻一番，而目前仅仅利用了全部信息数据的 7%。随着知识经济时代的来临，记录客户与市场数据的信息和信息利用能力已经成为决定企业成败的关键因素。从海量数据中快速有效地抽取有用知识以支持面向客户的决策，是传统技术难以有效完成的，商业智能技术也就有了用武之地。

所谓商业智能（BI，Business Intelligence）就是把海量数据转化为知识，以支持企业正确决策的方法和过程。确切地说，商业智能只是一个新概念，并不是一种新技术。一般认为，数据仓库、OLAP 和数据挖掘是商业智能的三大支撑组件。数据仓库构成整个商业智能的数据基础，它是通过对源数据的 ETL（Extraction /Transformation/Load）生成的。OLAP 和数据挖掘则是为商业决策提供支持的知识提取和展示的智能化过程。图 8-14 展示了一个商业智能解决方案的典型结构。

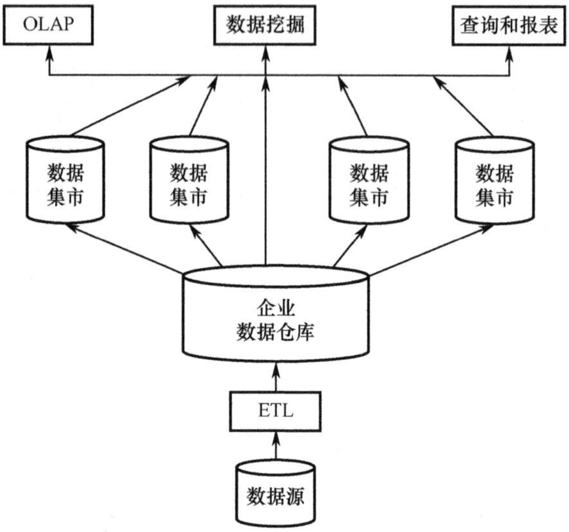

图 8-14　商业智能解决方案的典型结构模型

为帮助企业规划、执行、修正并跟踪企业市场的营销活动，IBM 公司于 2000 年年初推出了全新商业智能软件——Decision Edge for Campaign Management（DECM）。DECM 软件是端到端客户关系管理解决方案（CRM）中的重要部分。它不但能够对来自事务处理系统、呼叫中心、网站的客户信息进行处理，使公司的所有部门共享这些信息，而且可以通过客户选择的渠道发送信息。这样，市场经理就可以更加全面地了解客户关系状况，并有效地评价市场营销活动的结果。DECM 软件可以调节 DB2 通用数据库的对应性和可伸缩性，使市场营销人员更好地管理不断扩大的客户数据库。与 IBM 公司 DB2 Intelligent Miner 软件系列一起使用，DECM 还可以帮助企业发现更多的销售机会。

8.4.3　决策支持和商业智能在客户关系管理中的应用

企业庞大的数据库中存储着客户及企业营销和服务等方面的信息，倘若没有一个具有高度商业智能的数据分析和处理系统是不可想象的。CRM 将最佳的商业实践与数据挖掘、数据仓库、销售自动化及其他信息技术紧密结合在一起，通过充分挖掘客户的商业行为个性和规律，不断寻找和拓展客户的盈利点和盈利空间。借助 CRM 系统积累的多维数据并结合商业智能，可以更加科学和快速地提供高效的决策分析。

1. 了解客户

我们一直在强调要了解客户，其意义不仅在于了解客户的分布，更重要的是了解客户的需求特点、购买历史，了解客户与公司之间所有的交互。通过跟踪、观察和分析所有这些交互，使企业能够随时对客户的需求和想法有更好的了解。如何采取措施提高客户忠诚度，已成为企业考虑客户关系时的关键问题。客户忠诚基于客户满意度，只有在深入了解客户特征并通过分析与客户的历史交往过程的记录（客户数据库）后，才可能从中发现潜在的、与客户满意及忠诚有关的且有价值的信息。

在基于商业智能的 CRM 中，可以利用聚类分析技术，根据客户的个人特征以及消费数据，将客户群体进行细分，也就是通常所讲的客户分类，并且进一步对客户差异进行相应的总结性描述。客户分类和客户差异描述已经将最初的存储在客户数据仓库中的数据转化为信息并最终总结为知识。在考虑客户差异的前提下，针对不同的客户群，企业可以制定相应的营销服务方式和客户发展策略。

总之，一个企业内部的相对复杂度越高，高层管理者就越难控制其复杂的商业结构，也就越需要商业智能的支持。另外，一个企业的客户相对数目越多，企业就越难把握客户的购买模式和行为习惯，对客户信息和市场信息的片面分析很难得到对客户真正而全面的描述，因此，对商业智能技术的需求也越强烈。在基于商业智能的 CRM 中，商业智能可以更好地发掘知识，帮助企业保留旧客户，争取新客户，了解客户的需求和期望，从而针对不同的客户提供不同的服务。

表 8-1 所示是某商业银行对工商企业类客户的价值评价的指标。图 8-15 通过对某个商业银行的客户分类，显示了客户知识发现支持系统的工作流程。

表 8-1　某商业银行基于客户价值的客户分类指标体系

因素大类	因素小类	指标及描述
法人因素	基本情况	产权构成、主业比、规模、品牌等方面
	资信状况	违约记录
		经济纠纷
	经营管理	领导班子素质和经验
		经营机制
		管理体系
		其他
市场因素	市场供求及前景	供求关系
		市场前景
	产品竞争力	竞争范围、价格水平、技术应用、销售渠道、产品所处生命周期等
		生产能力利用率
		市场份额
	相关因素	客户依赖程度
		国家政策、科技进步的影响
财务因素	盈利能力	净资产收益率
		销售利润率
	营运能力	应收账款周转率
		存货周转率
	偿债能力	资产负债率
		速动比率

（续表）

因素大类	因素小类	指标及描述
财务因素	偿债能力	利息保障倍数
	增长能力	销售收入增长率
	现金流	净现金流量

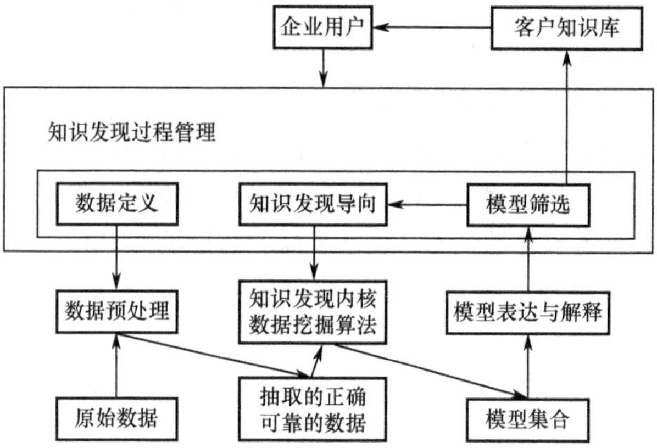

图 8-15　客户知识发现支持系统

客户知识发现系统的实现将帮助商业银行挖掘与客户消费或偏好有关的规律或模式，而这些规律经过银行专家的解释，可以得出许多意想不到的具有高价值的客户知识。这些客户知识可以被直接应用于已有和潜在客户的客户价值识别中，帮助建立个性化的营销策略，提高商业银行的工作成效性。

2．客户获得与保持

通过对客户行为进行分析，可识别客户特征，找到潜在客户，获得新客户。如能回答赢得某些客户群体的最佳广告类型是什么，赢得客户的最有效广告媒体是什么，购买特定商品的是哪一类客户等这样问题的模型，就可以应用到客户获取中。

保持长久客户关系，避免客户流失，提高客户满意度是 CRM 的关键。实践表明，保留一个客户比争取一个客户的费用要少得多，因此，客户保持也显得越来越有价值。类似地，很多模型也能够完成客户保持的任务。比如客户流失建模，如果模型能够回答最有利可图或最无利可图的客户具有哪些特征，客户最可能的购买时机是什么时间，就可以给决策者提供信息以采取相应的措施，防止客户流失。CRM 系统使用的客户保持技术多种多样，像 OLAP、分类树（CAR、CHAID 等）、聚类技术等是比较常见的。例如，在银行业中，用分类技术建立了一个模型，定义客户在不同的生命周期内不同的消费行为。如在早期，某一类客户可能对助学贷款和养老保险储蓄感兴趣，而在后期，对房屋贷款和投资不同行业更感兴趣。这样的模型就可以帮助银行对相同类型的客户做出营销策略。图 8-16 显示了这样一个模型的建立和使用过程。

3．风险评估和诈骗检查

欺诈检测、风险评估等在银行业、电信业用得比较普遍，这两个行业也是 CRM 系统、商业智能系统应用得比较好的行业。这两类模型很多时候是相辅相成的，风险评估的目的之一就是为了避免欺诈，欺诈检测往往是风险评估的一种手段，如图 8-17 所示。

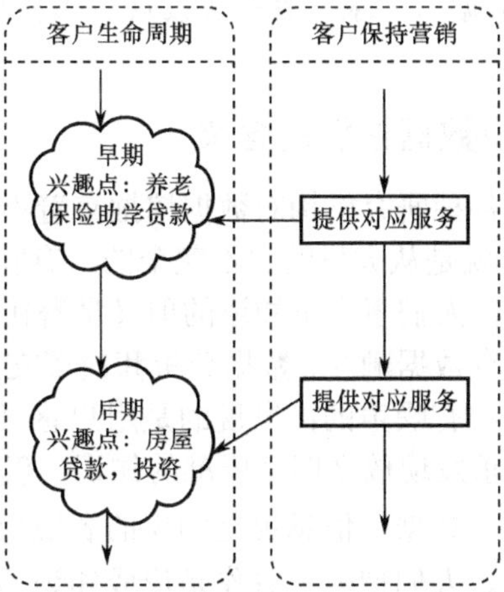

图 8-16　银行业客户保持模型

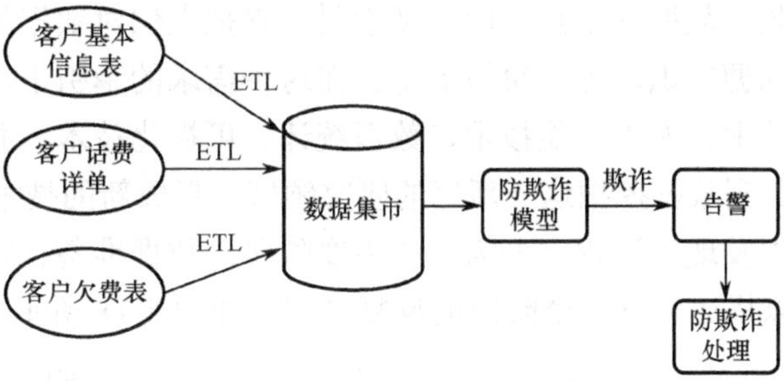

图 8-17　电信企业防欺诈模型

可以采用分类和聚类这样的技术来区别正常用户和欺诈用户，分析他们的特征，用于欺诈检测。风险评估涉及的参数可能包括用户的经营情况、历史信贷记录、信誉度和还债能力等。商业智能技术帮助信用评估由定性转向定量，更加可靠，从而提高客户的信用决策水平。

从图 8-17 可以看出，由客户基本信息表、客户话费详单、客户欠费表等电信公司已经积累的大量数据中，经过 ETL（Extraction Transformation Load，数据的抽取、清洗、转换和加载）建立起数据集市。将数据集市中的数据部分用来建模（防欺诈模型），其他数据使用到模型，得到两种结果：欺诈和不欺诈。对于被判断为欺诈的客户进行系统告警，应引起大家的注意，可对此类客户采取必要的措施。

8.5　客户关系管理中的数据挖掘

数据挖掘是近年来随着人工智能和数据库技术的发展而出现的一门新兴技术，它是从大量的、随机的数据中筛选出隐含的、可信的、新颖的、有效的信息的高级处理过程。

数据挖掘是面向事实的。在数据挖掘中，数据分为训练数据、测试数据和应用数据三大部分。而这三部分的比例依据经验来确定（如 1:1:8）。数据挖掘力图在训练数据中发现事实，并以测试数据作为检验和修正理论的依据，最后把知识应用于数据中。数据挖掘的关键性思路为实事求是。“实事”即“数据”，“求”就是去发现、去挖掘、去探索，“是”即数据中隐藏的规律。

8.5.1 客户关系管理中数据挖掘的含义

由于观点和背景的不同，各种研究机构对数据挖掘有着不同的定义。

数据挖掘（Data Mining）就是从大量的、不完全的、有噪声的、模糊的、随机的实际应用数据中，提取隐含在其中的、人们事先不知道的但又是潜在有用的信息和知识的过程。

与数据挖掘相近的同义词有数据融合、数据分析和决策支持等。这个定义包括四层含义：数据源必须是真实的、大量的、有噪声的；发现的是用户感兴趣的知识；发现的知识要可接受、可理解和可运用；并不要求发现放之四海皆准的知识，仅支持特定的发现问题。

何为知识？从广义上理解，数据、信息也是知识的表现形式，但人们更把概念、规则、模式、规律和约束等看作知识。人们把数据看作是形成知识的源泉，好像从矿石中采矿或淘金一样。发现的知识可以被用于信息管理、查询优化、决策支持和过程控制等，还可以用于数据自身的维护。因此，数据挖掘是一门交叉学科，它把人们对数据的应用从低层次的简单查询提升到从数据中挖掘知识，提供决策支持。在这种需求的牵引下，汇聚了不同领域的研究者，尤其是数据库技术、人工智能技术、数理统计、可视化技术、并行计算等方面的学者和工程技术人员，投身到数据挖掘这一新兴的研究领域，形成新的技术热点。

数据挖掘作为知识发现的过程，分为三个主要阶段：数据准备、数据挖掘、结果评价和表达。知识的发现可以描述为这三个阶段的反复过程，如图 8-18 所示。

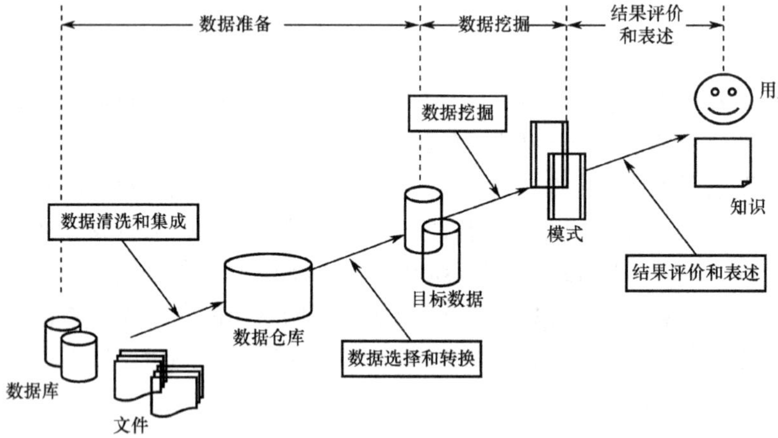

图 8-18 数据挖掘的知识发现过程

8.5.2 客户关系管理中数据挖掘的分析技术

在 CRM 中，需要借助大量的知识和方法，把表面的、无序的信息进行整合，揭示出潜在的关联性和规律，从而用于指导决策。比较典型的数据挖掘方法有关联分析、序列模式分析、分类分析、聚类分析等，它们可以应用到以客户为中心的企业决策分析和管理的各个不同领域和阶段。

1．关联分析

关联分析（Association Analysis）就是从大量的数据中发现项集之间的关联、相关关系或因果结构以及项集的频繁模式。

关联分析发现关联规则，关联规则是数据挖掘的核心技术。

关联规则就是给定一组项目和一个记录集合，通过分析记录集合，推导出项目间的相关性，关联规则广泛地应用于商业界、医疗保险、金融业、司法部门等，因此，对它的研究有着极其重要的意义。

在关联规则系统中，规则本身是“如果条件怎么样，那么结果或情况就怎么样”的简单形式。关联规则可表示为 $A \Rightarrow B$ 。左部 A 称为前件，右部 B 称为后件。前件可以包括一个或多个条件，在某个给定的正确率中，要使后件为真，前件中的所有条件必须同时为真。后件一般只包含一种情况，而不是多种情况。

以置信度（也称正确率）为目标的关联规则，主要是以置信度表示前件为真时后件为真的可能性。对于“ $A \Rightarrow B$ ”关联规则，其置信度可定义为：

$$\text{置信度}（A \Rightarrow B）= \frac{\text{包含}A\text{和}B\text{的元组数}}{\text{包含}A\text{的元组数}}$$

对用户来说，最重要的是规则的置信度。置信度达到 80%以上的规则，表明发现的关系是很强的，即使它们对数据库的覆盖率较低，出现的次数不多。

以支持度（也称覆盖率）为目标的关联规则表示数据库中适用于规则的记录数量。支持度高表示规则经常被使用。支持度可定义为：

$$\text{支持度}（A \Rightarrow B）= \frac{\text{包含}A\text{和}B\text{的元组数}}{\text{元组总数}}$$

一个超级市场的销售系统记录了客户购买货物的详细情况。下面以一个简单的客户购物清单加以分析，如表 8-2 所示。

表 8-2　客户购物清单

记录号	购 物 清 单	记录号	购 物 清 单
1	啤酒、尿布、婴儿爽身粉、面包、雨伞	4	尿布、啤酒、洗衣粉
2	尿布、婴儿爽身粉	5	啤酒、牛奶、可乐
3	啤酒、尿布、牛奶		

超市经理想知道商品之间的关联，要求列出那些同时购买的且支持度为 0.4（即在 5 行中至少出现两次）的商品名称。知识发现数据库系统通过特定算法[如著名的 Apriori（验证）算法及或改进型算法]多次扫描数据库，依次得出如表 8-3 和表 8-4 所示的结果。其中支持度小于 0.4 的项目，如单项中的（面包）、（雨伞）和双项中的（尿布，牛奶）等已经略去，3 项统计为空，其中只有（啤酒，尿布，牛奶）出现了一次（表 8-4 中的 3 号记录），支持度小于 0.4 则略去。

表 8-3　单项统计结果

单项统计	支持度
（啤酒）	0.8
（尿布）	0.8
（婴儿爽身粉）	0.4
（牛奶）	0.4

表 8-4　双项统计结果

单项统计	支持度
（啤酒，尿布）	0.6
（啤酒，牛奶）	0.4
（尿布，婴儿爽身粉）	0.4

Apriori 算法和 DHP 算法得出的知识可解释如下（在 DB Miner 软件中，由系统自动解释）：从单项统计中看出 80%的客户买了啤酒，80%的客户买了尿布。从双项统计中看出，60%的客户同时买了啤酒和尿布，40%的客户买了啤酒和牛奶，40%的客户买了尿布和爽身粉。还可观察到买了啤酒的客户中，又买了尿布的占 0.6｛啤酒，尿布｝/0.8｛啤酒｝=0.75（称为信赖度）。

于是，可得出下列 6 条规则，其中，S 为支持度，C 为置信度。

R1：啤酒～尿布，S=0.6，C＝0.6/0.8＝＝0.75

R2：尿布～啤酒，S=0.6，C＝0.6/0.8＝＝0.75

R3：牛奶～啤酒，S＝0.4C＝0.4/0.4＝＝1

R4：啤酒～牛奶，S＝0.4C＝＝0.4/0.8＝0.5

R5：尿布～爽身粉，S＝0.4C＝0.4/0.8＝0.5

R6：婴儿爽身粉～尿布，S＝＝0.4，C=0.4/0.4=l

知识发现（KDD，Knowledge Discovery in Databases）规则反映了商品之间的表面关系，但不一定是现实间的因果关系。例如，R6：“尿布～爽身粉”有很高的置信度，是相当合理并且可以解释的；R3 有很高的置信度，将提示进一步的调查分析，而在本例中，是因为数据太少而引起的失真所致。

2．序列模式分析

序列模式分析和关联分析法相似，其目的也是为了挖掘出数据间的联系，但是序列模式分析的侧重点在于分析数据间的前后（因果）关系，发现诸如“在购买 A 商品后，一段时间里客户会接着购买商品 B，而后购买商品 C”的知识，形成一个客户行为的“A—B—C”模式。可以想见，一个客户在买了手机之后，就很有可能购买手机套、手机挂件等配件。

以一个零售商的例子说明，如果数据挖掘系统在分析时按客户号而不是按交易号分组，并进一步将每组按时间分类，就得到了表 8-5。

表 8-5　按时间分类表

<table>
<tr><th>客 户 号</th><th>日　期</th><th>商 品 号</th><th>数　量</th></tr>
<tr><td rowspan="3">甲</td><td rowspan="2">3/4/2007</td><td>A</td><td>14</td></tr>
<tr><td>B</td><td>3</td></tr>
<tr><td>4/4/2007</td><td>C</td><td>11</td></tr>
<tr><td>乙</td><td>5/6/2007</td><td>C</td><td>2</td></tr>
</table>

（续表）

客户号	日期	商品号	数量
乙	5/6/2007	B	3
		D	13
	8/6/2007	B	10
		D	12

本例中，最小置信度是 0.5，最小支持度是 0.5。规则是“先购买了商品 X 的客户后购买商品 Y”的置信度为 C，支持度为 S，则：

$$C=\frac{\text{先购买商品X再购买商品Y的组数}}{\text{先购买了商品X的组数}}$$

$$S=\frac{\text{先购买商品X再购买商品Y的组数}}{\text{总组数}}$$

以组（同一客户）为准，并且在 Item1 和 Item2 之间保持时间顺序关系，则可以得出一个简单的序列规则（见表 8-6）。如表 8-6 中的第一行表示客户在购买了商品 A 之后，必定随着购买商品 B，其置信度 C 为 1，支持度 S 为 0.5。

表 8-6　序列规则

Item1	Item2	置信度 C	支持度 S	Item1	Item2	置信度 C	支持度 S
A	B	1	0.5	B	D	0.5	0.5
B	C	0.5	0.5	B	B，D	0.5	0.5
A，B	C	0.5	0.5	B，C，D	B，D	0.5	0.5
B	B	0.5	0.5				

运用序列模式分析这些记录，零售商则可以发现客户潜在的购物模式。例如，客户在微波炉前最常购买何种商品。保险公司利用序列模式分析法可以预测用户投保后最常采用的医疗措施，从而识别可能的欺诈行为。

3．分类分析

分类分析就是通过分析样本客户数据库中的数据，为每个类别做出准确的描述或建立分析模型或挖掘出分类规则，然后用这个分类规则对其他客户的记录进行分类。

决策树是一个典型的分类算法。决策树中的每个叶节点表示一个类别标志，每个非叶节点表示一个用于分类的属性。

表 8-7 是一个可用于客户购买计算机倾向的数据集，客户的年龄、收入、是否有学生及信用情况被收集其中。图 8-19 显示了一个由此表中的原始数据生成的决策树。

表 8-7　原始数据

客户编号	年龄（岁）	收入（元）	家中是否有学生	信用水平	购买倾向
1	25	3 000	否	优秀	否
2	23	2 800	否	一般	否
3	45	4 800	否	一般	是
4	56	1 800	否	一般	是

（续表）

客户编号	年龄（岁）	收入（元）	家中是否有学生	信用水平	购买倾向
5	60	870	否	一般	是
6	65	960	是	一般	是
7	40	900	是	优秀	是
8	20	1 600	否	一般	否
9	25	750	是	一般	是
10	58	1 700	是	一般	是
11	28	1 800	是	优秀	是
12	42	1 900	否	优秀	是
13	52	1 500	否	优秀	否
14	38	2 500	否	一般	是

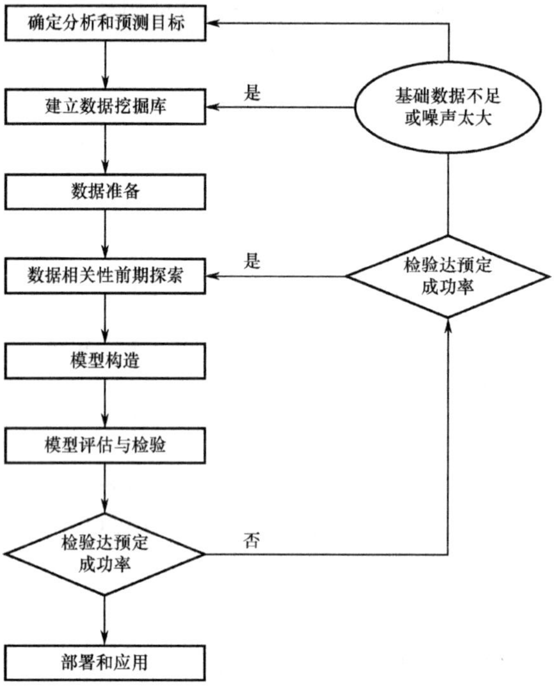

图 8-19　决策树

我们首先把年龄属性以 30 岁和 50 岁为标准分为三种类型：30 岁以下为年轻型，年龄大于等于 30 岁小于 50 岁为中年型，大于等于 50 岁为老年型；收入属性以 1 000 元和 2 000 元为标准分为三种类型：高收入 2 000 元以上，中等收入大于等于 1 000 元小于等于 2 000 元，低收入 1 000 元以下，可以得到如表 8-8 所示的新样本。

表 8-8　调整后的新样本数据

客户编号	年龄	收入	家中是否有学生	信用水平	购买倾向
1	年轻	高	否	优秀	否
2	年轻	高	否	一般	否
3	中年	高	否	一般	是

（续表）

客户编号	年　龄	收　入	家中是否有学生	信用水平	购买倾向
4	老年	中	否	一般	是
5	老年	低	否	一般	是
6	老年	低	是	一般	是
7	中年	低	是	优秀	是
8	年轻	中	否	一般	否
9	年轻	低	是	一般	是
10	老年	中	是	一般	是
11	年轻	中	是	优秀	是
12	中年	中	否	优秀	是
13	老年	中	否	优秀	否
14	中年	高	否	一般	是

在这个例子中，应用决策树算法预测客户的购买倾向。先根据年龄情况进行划分，其中，中年人肯定会购买计算机，但对于年轻和老年的情况仍然需要再分，分别根据家中是否有学生和信用水平得到另外的分支。当然，这只是一个理想状况下的范例，但它演示了决策树如何利用已知的属性进行购买倾向的评估。当一个实用问题的规模发展到一定地步，用人力去寻找判断好坏的标准时将非常困难。然而，分类分析可以判断成百的属性、计数百万的记录，以建立描述规则的决策树。

4．聚类分析

聚类分析是分类的逆向方法。聚类把没有分类的记录，在不知道应分成几类的情况下，按照数据内在的差异性大小，合理地划分成几类，并确定每个记录的所属类别，然后再对每个类进行深入分析。它按统计学的聚类分析方法进行分类规则的制定。

5．孤立点分析

孤立点又称噪声，是数据库中与数据的一般模式不一致的数据对象。孤立点的存在有很多原因，比如收集数据的设备出现故障、人为输入时的输入错误、数据传输中的错误等，但数据挖掘前会对数据进行清理、转换，解决数据的错误和不一致，所以孤立点更多时候表现的是一种特殊的、与众不同的对象或模式。这时孤立点的信息就显得十分重要。如果一味地将孤立点去掉或忽略，则有可能失去重要的信息。孤立点分析就是专门挖掘这些特殊信息的方法。

孤立点分析主要包括基于统计的孤立点检测、基于距离的孤立点检测等多种方法。基于统计的孤立点检测是运用统计学知识进行假设检验找到孤立点的方法。但数据的分布函数并不总是已知的或可以假设的，而且统计的方法只能用于一个属性，对于多维数据的孤立点分析就不合适了。

基于距离的孤立点检测是找到在周围的一定范围内没有足够多的点的对象。首先要给定对象数目和邻域半径，然后搜索每个点。如果存在一点，在给定半径的邻域内没有足够多的点（也就是点的数目小于给定的对象数目），则称这一点为孤立点。

孤立点检测的目的是找到特殊的点，进而发现特殊的行为模式，因此被广泛应用于信用卡诈骗、电话盗用等诈骗活动的发现。

8.5.3 客户关系管理中数据挖掘模型的建立过程

启动一个数据挖掘项目很容易，但要完成它却很困难。容易启动的理由是数据挖掘项目要解决的往往是一些对于企业来说很重要、同时也很难解决的问题，建立这样的模型是企业急需的。但数据挖掘本身的复杂性，再加上需要消耗大量的人力和财力，因此数据挖掘模型的成功建立需要花费相当的心血，并应依照规范的过程进行操作。图 8-20 所示是数据挖掘模型的建立过程图，基本上由 7 个步骤组成，下面对每一步骤分别予以说明。

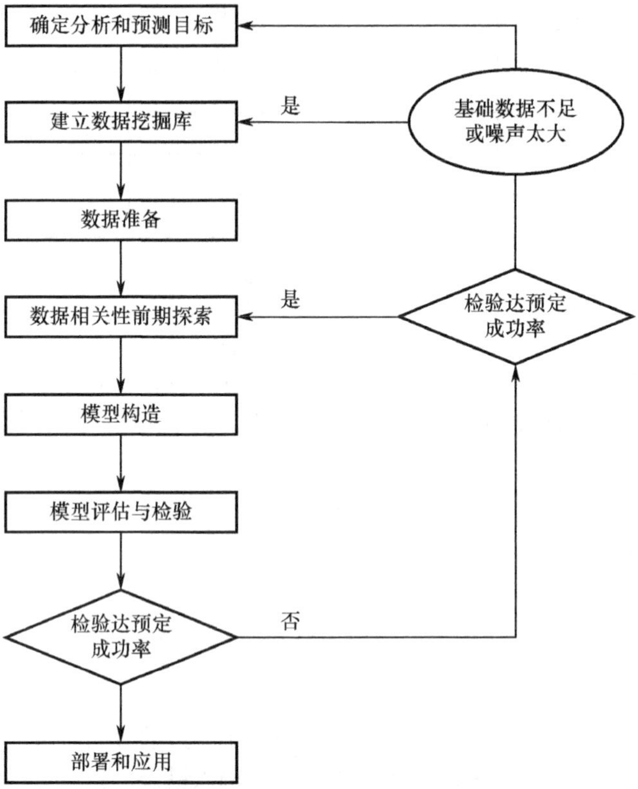

图 8-20　数据挖掘模型的建立过程

步骤 1：确定分析和预测目标

在建立数据挖掘模型之前，首先要明确企业的业务目标，即通过数据挖掘模型解决什么样的问题，达到什么目的。比如，企业想进行一次对现有客户的连带销售电话的直销活动，可是不知道该选择什么样的客户作为目标客户。这种情况下，主要问题可能是“现在客户中谁最有可能正面反馈这次针对产品 A 的电话直销活动？”数据挖掘虽然不完全肯定里面有无企业要找的准确答案，但至少可以帮助厘清思维，校正原先可能的误解，这就是数据挖掘的功效。

明确了要解决的问题之后，目标确定并没有结束，必须将要解决的问题转化为可以测量的目标，即数据挖掘的成功准则。显然，必须给出一个质或量的变化才可以测量。比如，要得出客户正面反馈率比过去提高多少个百分比这样的可测量指标，否则无法确定此次数据挖掘工作是成功还是失败。

另外，作为数据挖掘的第一个步骤，必须按照项目管理的一般方法考虑其他的因素，如可用的技术、资金、人才和时间等资源投入，确定项目期等。即必须有一个明确的计划，以确定数据挖掘项目的总体项目框架。

步骤 2：建立数据挖掘库

建立数据挖掘库是数据挖掘模型建立过程中比较复杂的环节。确定了要解决的问题以及可以测量的目标之后，必须对数据挖掘的基础数据进行收集、描述、选取等工作。比如，数据从哪里获得？数据仓库里有无直接可用的数据集市？所选用的数据表中哪些字段是必要的？如何描述这些数据？等等，对数据的初步了解可以帮助分析这些数据的可用性与适用性。另外，也可以用一些简单的工具随机地抽取一些记录，检验它们的质量。只有对数据建立基本的可信度之后，才能进入数据挖掘库，才可以进入下面的步骤，否则，太多的返工会产生很多不必要的资源浪费。

步骤 3：数据准备

这一阶段是对已确定的能进入数据挖掘库的基本数据进行必要的转换、清理、填补以及合并工作。比如，有些数据挖掘工具只能处理数字类型。在这种情况下，就必须对字段值进行必要的转化。一般数据仓库产品里都有特别的工具做这项工作，可以帮助用户从事数据准备。

数据准备工作比较烦琐，但非常重要。因为如果数据质量不高，就会影响建立模型的准确度，数据越完整，越准确，在此基础上发掘的数据规律（Pattern）就具有更高的可信度，从而更好地实现数据挖掘的目标；否则，从“垃圾”数据里再怎么挖掘也只能是垃圾，这是毫无疑问的。

步骤 4：数据相关性前期探索

在前面介绍数据挖掘技术时谈到，有些数据挖掘在定性和数据分类方面使用方便，可以作为更高一级预测的“探索”工具。比如，先用决策树或聚类方法帮助找出数据的总体趋势以及预测变量相关性之后，再用神经网络或规则导引方法有针对性地建模。一来可以细化数据，提高性能；二来可以在某种程度上帮助消除噪声，也可以作为不同方法比较之用。

步骤 5：模型构造

模型构造阶段是数据挖掘技术应用的关键阶段，有以下几个子步骤。

- 选择适用的挖掘技术

根据挖掘目标所要解决的问题，比如是历史数据描述性质的，还是对未来行为进行预测的。应选择相应的挖掘技术，因为每一种挖掘技术都有其适用性。

- 建立培训数据和测试数据

对基础数据必须分为两部分，一个是供模型建立的数据，另一个是供模型建立后检验其准确率的数据。两者的使用目的是不一样的。

- 利用培训数据采用相应算法建立模型

这个步骤就是采用相应的算法确定输出和输入的关系，即函数 $Y=P(a_1x_1, a_2x_2, a_3x_3, \cdots, a_nx_n)$ 中恒定参数 a_n 的数值一旦确定，便称为模型已建立。

- 模型解释

模型建立以后必须对模型进行分析和解释，业务专家和数据库专家应同时参与，以找出模型中的实际意义。

步骤 6：模型评估和检验

这个阶段对所建立的模型用测试数据进行测试，计算误差率，以确定模型的可信度。如果不令人满意，未达到预期的误差率目标，就必须重新回到数据了解阶段，重复相关过程，一直找到令人满意的模型为止。当然，也有可能最终放弃导致项目失败，在这种情况下，就有必要重新审视最初的挖掘目标是否合理。

步骤 7：部署和应用

如果经过测试和检验，所建立的模型可信，并在预定误差率范围内，那么便可以按照这种模型计算输出值，并按照输出值确定决策的基本依据。这样就可以在企业范围内全面部署这个预测模型。在应用过程中，必须不断用新数据进行检验，不断测试其成功概率。经过反复试验成功的模型就成为企业的一个重要的“知识”，为企业成功决策打下良好的基础。

8.5.4 数据挖掘模型在客户关系管理中的应用

从前几节的应用中可以看出，数据挖掘技术是客户关系管理深层次应用的技术核心，几乎就是为其量身定做的。在客户关系管理的各个阶段都可用到数据挖掘技术，数据挖掘在 CRM 中的应用模型如图 8-21 所示。在实践中，这需要在客户关系的各个阶段使用与客户相关的信息来预测与客户的相互作用。以下从数据挖掘模型在 CRM 中的应用入手，说明数据挖掘技术对 CRM 的影响。

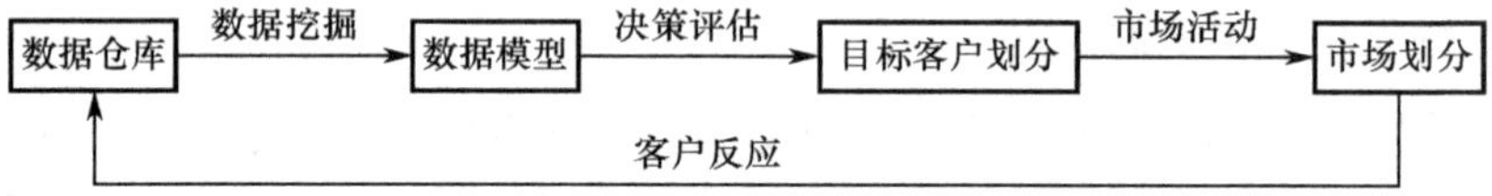

图 8-21 数据挖掘在 CRM 中的应用模型

1. 营销活动响应模型

营销活动响应模型可以帮助企业提高市场活动的响应率，使营销活动做到心中有数，有的放矢。企业为了与客户沟通，可以采取广泛的媒体广告、大量的电话行销、市中心及车站码头的广告牌等方式。这些方式有时也能取得较好的成效，但有时可能因为客户的响应率比较低，会有高额的付出，或不能取得预期的效果。而数据挖掘的响应模型可以帮助企业改善这些问题，企业可利用现有的客户记录和资料找出客户的一些共同特征，由此深入了解客户，还可以通过分类或聚类分析对客户进行群分，再由模型预测哪些人可能会对企业的营销活动产生反应，以帮助市场销售人员找到正确的行销对象，如图 8-22 所示。

例如，一个邮件直销商利用现有的客户邮件地址数据库给潜在客户发送用于促销的新的计算机产品宣传册和将要开始的产品降价信息。不加区分地给每位客户都发送促销宣传册显然是一种很大浪费，而有针对性地给有最大购买可能的客户发送产品广告才是一种高效节俭的营销策略。这时可以采用分类方法中常用的决策树归纳方法对数据库中的一部分数据进行分类，得出数据集的决策树模型。如果模型的准确率经测试被认为是可以接受的，那么就可以使用这一模型建立的规则对邮件数据库进行响应预测了。

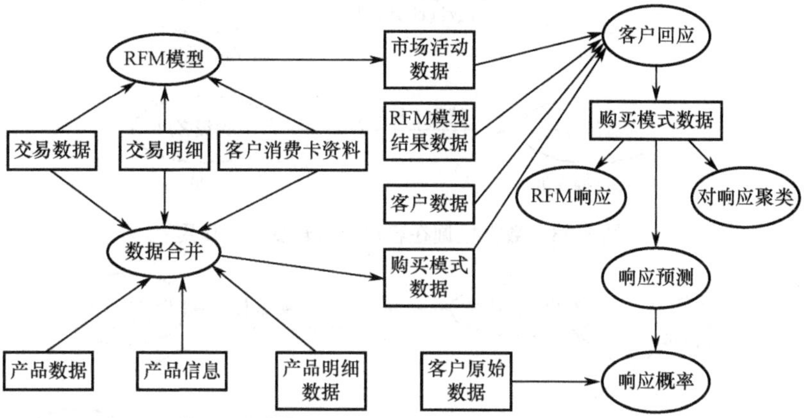

图 8-22　营销活动的响应模型

在 RFM 模型中，R（Recency）表示客户最近一次购买的时间有多远，F（Frequency）表示客户在最近一段时间内购买的次数，M（Monetary）表示客户在最近一段时间内购买的金额。这用来基于客户过去行为计算一个客户的价值。用特定的权重将过去交互作用（或购买）的最新情况、交互频率和交互的货币价值综合起来考虑分析。这种综合评价可以用来预测客户对一个营销活动参与的可能性。

2．客户价值评估模型

企业的利润与客户价值息息相关，其实客户关系管理的核心也就在于提高客户盈利能力、提高客户价值。它和客户忠诚度正向相关，是数据挖掘的基础。

数据挖掘技术可以用来预测不同的市场活动下客户价值的变化。通过相应的预测模型来预测客户的未来行为，不断调整客户关系维护的策略，从而赢得高价值客户的忠诚，把高价值客户留住（黄金客户），从而最大化高价值客户的终身价值。对于一家典型的商业银行来说，最为重要的 20%的客户能带来总收入的 140%～150%的收益，而其中 50%的收益被银行另外 20%的最差客户从银行利润中吞噬掉了。这一结果也说明了庞大的市场份额并不一定总能带来高额利润。这家银行里的管理层必须明白银行的真正利润是从哪里来的，通过数据挖掘，将营销目标定位于那些能给银行带来最多利润的优质客户。另外，客户的盈利能力也会经常发生变化，企业如果能良好预测客户预期的盈利能力趋势，将会给企业的客户关系管理能力带来良好的效用。如图 8-23 所示，对企业客户关系管理的应用中常把客户根据盈利能力的大小分为两类：黄金级客户及青铜级客户。黄金级客户价值评定比较高，青铜级客户价值评定比较低。在现实的管理过程中，经常会发现一些黄金级客户逐渐演变为青铜级客户，却不知原因出在什么地方，也不知道下阶段会有多少黄金客户会变为青铜客户。数据挖掘技术能够从客户的历史信息中预测出将来演变的趋势和概率，企业可有针对性地采取措施，防止客户价值变低，鼓励有可能增加客户价值的演变，如图8-24所示。

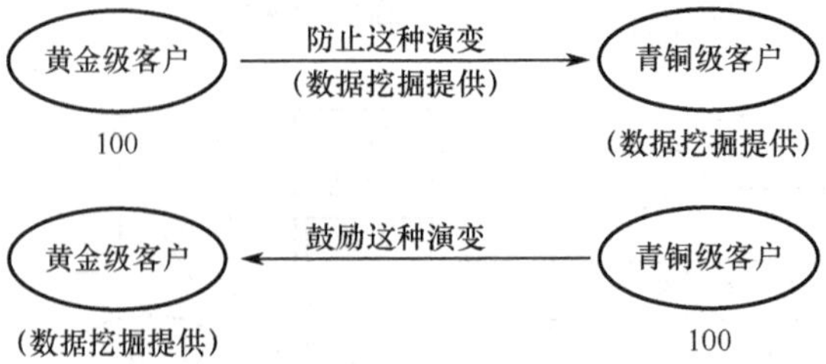

图8-23　数据挖掘在客户层次转变中的作用

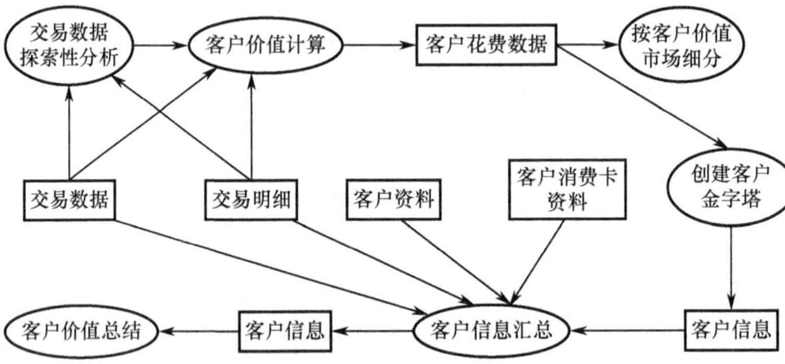

图8-24　客户价值评估模型

3. 交叉销售模型

商家与客户建立的商业关系是一种持续的不断发展的关系，良好的客户关系对商家利润的贡献是很大的。所以一旦建立起这种双向关系后，商家会尽量优化这种关系：延长关系的时间，关系期内增加接触，每次接触中获取更多的利润。

商家在与客户建立了商业关系之后，就可以向他们提供更多的商品或服务。在优化这种关系后，可以在巩固现有关系的基础上，增加向客户提供更多商品和服务的机会。其目标是达到双赢结果，即客户和公司都可以从中获益：客户获益是由于他们得到了更好、更贴切的服务质量，商家则因为增加了销售量而获利，这就是交叉营销，它是基于老客户开展新业务的过程，或者理解为向现有的客户提供新的产品和服务的营销过程。购买了咖啡的客户会对速溶方糖这种产品感兴趣，购买了尿布的客户会对其他婴儿产品感兴趣。商家可利用这种关联对客户进行交叉营销，以增加客户的价值贡献。

以一位拥有银行卡的客户为例，他希望得到的全部金融服务都能通过这张银行卡实现，如住房按揭还贷、小额抵押贷款、股票和其他有价证券的买卖、购物消费、外汇买卖、电子汇兑和代收代付家政服务等。因此，借助于CRM，银行可以对那些优质的银行卡客户进行交叉营销，起到事半功倍的效果，从而使银行的利润得以提高。

数据挖掘在客户关系管理中的应用是从现有一定量的历史数据中开始的，公司最好建有丰富信息量的数据仓库，从客户的历史交易行为中寻找交叉营销的机会。从清洁数据中进行数据挖掘可以得出一些模型，筛选出有价值的模型，并且通过这个模型能够预测出客户将来的一些消费趋势或某种消费行为的概率。在决定选择哪些客户最有价值进行某种商品或服务的交叉营销时，模型预测出的概率就可以作为指标来排序了。

用数据挖掘技术对交叉营销做分析时应包括三个步骤。一是分析现有客户的购买行为和消费习惯数据，然后用数据挖掘的一些算法对不同的销售方式的个体行为进行建模；二是用建立的预测模型对客户将来的消费行为进行预测分析，对每一种销售方式进行评价；三是用建立的分析模型对新的客户数据进行分析，以决定向客户提供哪一种交叉销售服务最合适。通过相关分析，数据挖掘可以帮助分析出最优的合理的销售匹配，如图 8-25 所示。

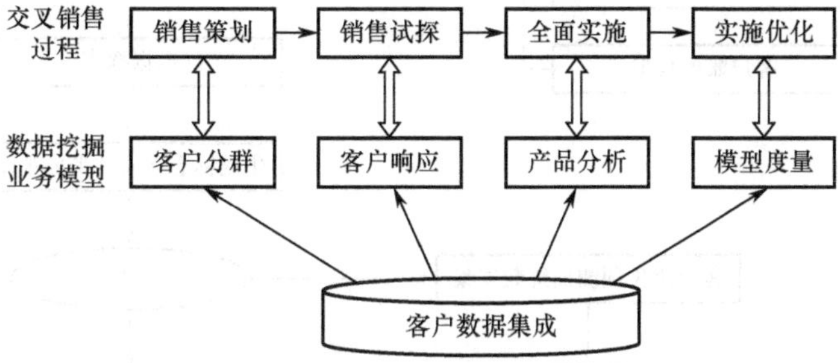

图 8-25　交叉销售模型

相关分析的结果可以用在交叉销售的两个方面：一方面是对于购买频率较高的商品组合，找出那些购买了组合中大部分商品的客户，向他们推销“遗漏的”商品；另一方面是对每个客户找出比较适用的相关规律，向他们推销对应的商品系列。通过聚类分析，可以确定属于某一类的客户经常购买的商品，一个购买了婴儿车的客户，对婴儿尿布或其他婴儿产品感兴趣的概率是非常大的，这很容易理解。但对企业来说，数据挖掘通过发现其中内在的微妙关系来帮助企业理顺关系。

4．客户流失模型

客户的保持是客户关系管理的核心内容，也是考核客户关系管理系统成功与否的首要指标。行业的竞争越来越激烈，获得新客户的成本节节攀升，保持老客户也越来越有价值。

首先，在客户关系管理中可以运用数据挖掘方法来预测客户的流失趋势，并找出影响企业保持能力因素的薄弱环节。通过研究，认为数据挖掘技术中的决策树技术（Decision Tree）能够较好地应用在这一方面。决策树是在一系列决策基础上做出预测的决策模型。树的每个分支都是一个分类问题，即对某些重要问题做出预测，相似的记录会落在分支的同侧，于是，原始数据便被分割成树的叶子。从决策树中得到的预测分割同时还带有对它本身进行定义的一些特征的描述。通过各种决策树算法（如 CART、CHAID 等），在挖掘特定数据的基础上给出预测模型，由此，按计算出的预测流失率细分客户群体，并对症下药。

客户关系管理中的数据挖掘应用最广泛的是在移动电话业，由于客户迁转成本较低，客户保持能力较差，流失现象最容易发生。例如，在中国移动和中国联通的竞争中，客户相互流出流入的量比较大，中国联通一个存话费送手机的市场活动可能会导致中国移动一定量的客户流失。具体哪些客户可能流失，数据挖掘技术可根据客户的历史消费习惯做出的一定预测，如图 8-26 所示。

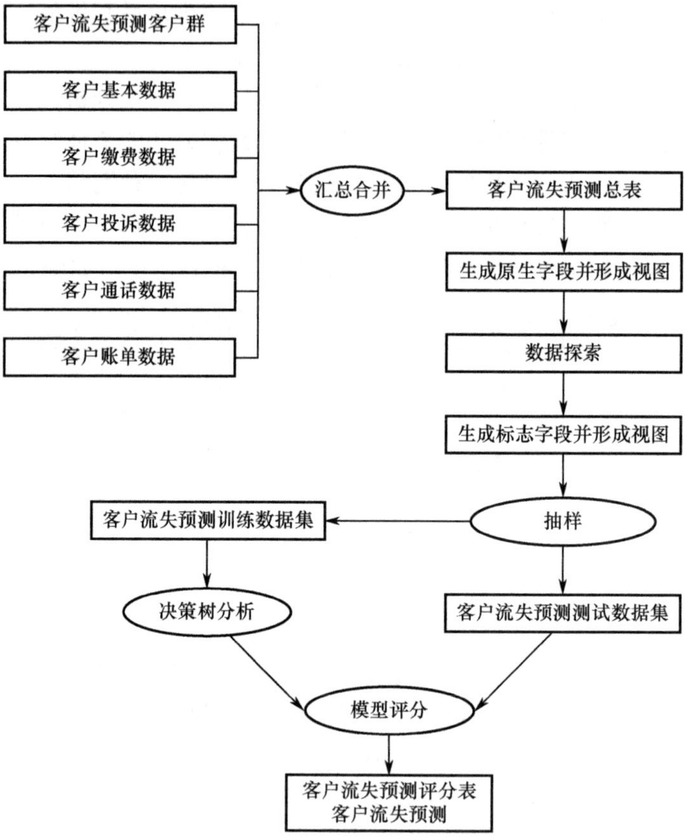

图 8-26　客户流失模型

其次，数据挖掘技术在客户保持的管理中也起到了很大作用。首先得有大量清洁的数据信息，尤其是客户一段时间内的行为信息，并初步统计一些相应的评价指标。如客户的重复购买率、客户的需求满足率、客户对竞争产品的关注程度、客户购买的挑选时间、客户对产品质量的承受能力等。在对数据初步分析的基础上再做预测模型的构建，建模时可使用决策树中的分类回归树（CART）、CHAID、C4.5、神经元网络等。产生一定的模型后，对模型的检验也需要一定的数据量，具有良好质量的模型将给客户的流失预测带来较高的准确率。有了一定的预测结果后，商家可以采取相应的预防措施，最大限度地减少客户流失，提高企业对客户的保持能力。

最后，对于关系盈利性的预测和评价是数据挖掘在客户关系管理中的一项基本应用。对于关系盈利性的评价，通常是借助客户忠诚度来衡量的，只不过其分析的数据比新客户开发要多得多。数据挖掘还可以帮你发现谁该去维护，也就是帮你挖掘出最有可能离你而去的客户。首先要找出哪些客户最有可能“离我而去”，然后采用回归分析决策树或神经网络等识别出客户流失的模型，之后运用获得的模型对当前的客户进行评分，当客户得分大于某个临界值时，则表明该客户有潜在流失的可能性，企业应该采取积极的措施防范客户流失。

案例分析：中国银行业利用数据仓库技术管理客户

中国银行业为了提高客户关系的管理，从技术角度来讲，数据仓库是使这些信息集成起来的最有力的方式，数据仓库技术与其他软件有机结合，可以有效地进行金融运作中的客户关系管理。基于数据仓库技术的 CRM 系统通过分析各种数据之间的关联，衡量客户的需求、忠诚度、满意度、盈利能力、潜在价值、信用度和风险度等指标，为银行管理层提供正确的决策支持，提升其竞争能力和盈利能力。客户关系管理的实施有四个阶段至关重要：识别客户；对客户进行差异分析；与客户保持良性接触；定制化服务以满足每个客户群体的需要。

1. 建立数据模型

由于银行汇聚了客户的多种数据信息，且这些信息均来自不同的数据库系统，在商业银行构建客户关系管理系统时，不可避免地会遇上如何管理这些浩如烟海的数据，以及如何从中提取有用的信息的问题。而数据仓库的最大优点在于它能把企业网络中不同信息岛上的商业数据集中到一起，存储在一个单一的集成的数据库中，并提供各种手段对数据进行统计、分析。

建立数据仓库的首要任务是明确客户的需求，为数据仓库中存储的数据建立模型。通过数据模型，可以得到银行客户完整而清晰的描述信息，通过分析客户具体指标，逐渐量化来构造数据模型，进一步发掘数据构建性能卓越的数据仓库，建立起整个 CRM 的框架体系。

2. 设计和创建 CRM 数据仓库

数据仓库是数据的中心仓库，包括来自多种源系统的数据。它支持多种结构，通过网络进行商业通信和交易处理。在数据模型构造成功后，应组织技术人员来开发数据仓库系统，实现大型数据库与市场营销的结合，成功地实施 CRM 客户关系管理系统，建立与客户长期的合作关系，提供更准确和成功的市场信息，并预测客户未来的行为和客户对新的产品或服务的反应。

3. 银行内部关系分析

CRM 客户关系管理系统帮助商业银行及时、准确、全面地掌握自己的资产数量及其分布、资金头寸调度情况、信贷资产分布情况、客户的信用情况和银行的网点利用率情况。有助于银行内部管理人员的分工和协作（包括专业设计人员、操作人员和业务人员），使每个员工都在数据库的管理之下各自进入角色，协调工作，识别、分析、选择和挖掘市场。

4. 赢得客户满意

通过 CRM 客户关系管理系统，银行可以为客户提供一对一的服务。银行通过 CRM 系统得知客户的嗜好、兴趣和注意力，银行根据客户的爱好调整自己的产品和服务，通过分析客户的抱怨、建议、咨询等信息不断改进自己的服务水平，赢得客户的最大满意。银行通过分析客户根据产品的应用频率、持续性等指标来判别客户的忠诚度，从而对忠诚客户提供优惠服务。通过 CRM 系统分析详细的交易数据来鉴别那些银行希望保持的具有吸引力的盈利客户，并将该数据分发到各个银行区域以确保这些客户可以享受到第一流的服务。

5. 分析客户信息，大力发展中间业务

银行作为社会交易活动的中介，存储了大量的客户交易信息，CRM 系统通过对客户的收入水平、消费习惯、购买物种等指标分析，可以得知客户的潜在需求。同时，银行作为一个金融机构经常与厂商打交道，掌握着大量的厂商信息。银行可以作为厂商和消费者之间的中介，同厂商联手，在掌握消费者需求的基础上，发展中间业务，更好地为客户服务。在买方市场状况下，谁掌握了消费者的潜在需求，谁就比别人更多一分制胜的把握。近几年在西方兴起的所谓“注意力经济”，通过分析消费者所关注的问题来了解消费者的需求。CRM 系统的一部分功能其实就是了解消费者关注的内容，银行作为交易中介，掌握了大量的客户交易信息，通过 CRM 数据挖掘技术，分析客户关注信息，使之成为银行极宝贵的资源。

6. 资金头寸管理

银行通过分析客户的账户分布状况：账面金额、不同银行产品的存款余额及资金的流动情况来分析金融网络的利用率、效率和客户行为。分析每天的现金流入/流出状况和引起变化的原因，以便及时调动资金，更好地安排网点服务和资金头寸管理。

7. 风险性分析

银行可以通过分析详细的交易数据来鉴别显示消费者是否正准备结束账户或正将交易转向另一家银行，对信用卡用户分析其是否有异常的取款行为，目的在于对那些已经被识别结束银行服务的消费者进行评估，找出他们结束银行服务的原因，是否有异常的行动，减少银行经营的风险性。

案例分析题

1. 银行业应该如何利用数据仓库技术管理客户关系？
2. 银行业利用数据仓库技术的优势体现在哪些方面？

关键词汇

客户关系管理，客户潜力，数据挖掘，数据仓库

本章小结

数据是企业做好客户关系管理的重要基础，不仅业务的操作建立在数据的基础上，对业务的预测和关联分析等知识均来源于对数据的管理。企业通过内部途径和外部途径获得了大量的客户数据，不仅要提高所搜集数据的质量，还要关注客户数据的隐私保护。

客户数据存储在数据库中，因此，要加强对数据库的管理，CRM 数据库的构建要符合一定的原则，同时要注意对数据库的更新和保养，以确保数据质量。

数据仓库是更高层次的数据应用，数据仓库技术的应用为数据挖掘准备了一个规范的数据源，数据仓库和数据挖掘技术可以帮助企业从这些信息中获得有价值的知识，为企业高层决策者提供准确的客户分类、忠诚度、盈利能力等有用的信息，指导企业制定最优的营销策略，降低成本，加速企业发展，并由此建立真正由客户需求出发的客户关系管理。

在市场瞬息万变、企业竞争越来越激烈的状况下，决策支持系统与商业智能的支持可以帮助企业快速反应，加快知识的获取速度，更好地满足管理层和决策层的要求。

复习思考题

1．客户关系管理中的客户数据来源有哪几种？
2．客户关系管理数据库的构建有哪些方式？
3．如何保持客户数据库的更新和保养？
4．什么是多维数据与联机分析处理？
5．数据挖掘的含义是什么？
6．怎样建立数据挖掘模型？
7．如何选择有限的客户关系管理的决策支持系统模型？
8．客户关系管理中的商业智能模型有哪些？

讨论题

1．试分析数据分析与应用在客户关系管理中的作用。
2．结合你所了解的相关企业，讨论数据分析在客户关系管理中的重要性。
3．你认为随着科学技术的发展，未来的数据分析与应用还会有怎样的发展？
4．试讨论不同行业的客户关系管理中数据分析与应用的不同之处和相同之处。
5．试分析数据分析与应用在客户关系管理中的重要性。

网络实践题

1．查阅相关论文，了解数据分析技术在不同行业的客户关系管理中有怎样不同的应用。（按照两个行业的客户关系管理表述数据分析技术的应用）

2．查阅相关论文，分析数据挖掘技术在不同行业的模型建立有哪些不同点和相同点。（按照两个行业的客户关系管理表述数据分析技术的应用）

3．分析携程网的客户关系管理数据库，从客户关系管理数据库的角度分析如何构建起数据结构及类型。

4．以招商银行为例，分析如何使用数据仓库技术来管理客户。

第 9 章　客户关系管理系统

课前导读

客户关系管理系统集成了 CRM 思想和最新的信息技术成果，是帮助企业最终实现以客户为中心的管理模式的重要手段。为了增加销售，赢得客户，提高客户满意度，并最终形成稳定客户群，企业必须准确把握客户需求，提供合适的营销手段和良好的售后服务。客户关系管理的系统设计，就是要通过对企业与客户间发生的各种关系进行全面管理，以获得赢得新客户、巩固保留既有客户、增进客户利润贡献度而进行的统一设计及功能化方案。

本章首先详细介绍了 CRM 系统的逻辑和网络结构，对其系统模块功能进行分析，并简单说明了 CRM 与 ERP 和 SCM 之间的关系，使读者在总体上对 CRM 系统有了整体的理解。在此基础上，对该系统的选择、实施的过程和运行管理进行阐述，让读者对 CRM 系统的实际运作有了更深入的了解。最后，对信息系统开发和使用过程中的信息安全以及可能由此导致的道德和社会问题进行了讨论，借当前信息社会中的信息使用伦理强调了人的重要性和主体性。

学习目标

- 认识 CRM 系统的逻辑架构
- 认识 CRM 系统的网络架构
- 了解 CRM 系统的模块功能
- 了解 CRM 系统的模块划分
- 理解 CRM 系统的实施
- 理解 CRM 系统的运行管理
- 了解 CRM 系统中的道德和社会问题

9.1　CRM 系统的概述

9.1.1　CRM 系统总体架构

1. CRM 系统逻辑架构

2011 年，全球著名市场咨询和顾问公司 IDC（International Data Company）追踪调查了超过 190 个 CRM 软件服务供应商，得出截至 2011 年年底全球 CRM 系统市场占有率的大致结果（见图 9-1）。

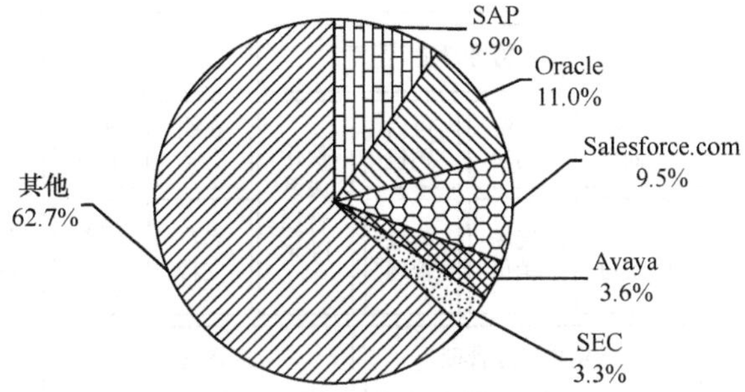

图 9-1　2011 年 CRM 系统市场占有率

从图中可以看出，目前市场占据前三位的分别是 Oracle、SAP 和 Salesforce. com。按照 IDC 的分析，Oracle 依靠亚太地区的市场扩展而占据着 CRM 市场占有率头名；Salesforce 紧紧追随在 Oracle 之后，这归功于公司在北美和日本地区市场的强势增长率；而 SAP 的第三名则是由于其把其重点放在了欧洲、中东、非洲以及拉丁美洲，并收到了显著效果。

本节将首先选取市场占有率最高的 Oracle 公司以及 Microsoft 公司的 CRM 系统分别进行阐述，使读者能够在对比分析的基础上对当前市场中的 CRM 逻辑结构有一个初步的理解。在分析之前需要加以说明的是：当前三大 CRM 软件提供商整体的市场占有率仅为 30.4%，而 62.7%的市场份额仍然被其他的企业所占据。所以，我们以市场占有率最高的 Oracle 公司作为分析对象具有一定的代表性，但也正是从市场占有率上发现这些案例也存在着某些代表性不足的问题。之所以选择 Microsoft 公司进行对比是因为它是全球最大的软件厂商，拥有最先进的软件开发技术和理念，但同时在 CRM 市场上又令人意外地只占有较小份额，具有一定的特殊性。另外，当前的大型 CRM 服务提供商往往可以根据企业用户的实际情况和具体需求对自己的软件体系进行相应调整，进而为企业提供量身定制的个性化服务，这也就意味着以下提到的逻辑结构并不是严格不变的，这种变化所引起的外在表现主要是同一企业可以通过同一软件产品为不同企业提供不同的服务。

首先，我们以 Oracle 公司的 CRM 为例。根据 Oracle 公司的分析，目前 CRM 产品市场上的解决方案可分为三种类型：一是 ERP 型 CRM，即将 CRM 功能集成在 ERP 系统中；二是“独立（Independent）、水平（Horizontal）”型 CRM，代表企业或产品有 Siebel、Onyx、Vantive 和 Clarify 等；三是“部分解决（part-of-the- solution）”型 CRM，代表企业或产品有 Trilogy、Primus、E.Piphany 和 Goldmine 等。以 Goldmine 为例，其提供的 CRM 系统就把主要的功能放在了销售管理方面。

按照 Oracle 公司的观点，CRM 系统必须是生存于某一环境、不应该独立存在，故其将 CRM 系统通常集成于它的电子商务套件中。Oracle 公司当前最新的 CRM 电子商务套件的逻辑架构见图 9-2。

从图 9-2 中可以看出，Oracle 公司的 CRM 电子商务套件在其电子商务平台的基础上从逻辑上可划分为五层：分析应用层、商业应用层、CRM 基本业务层、互动渠道层以及电子商务基本应用层。

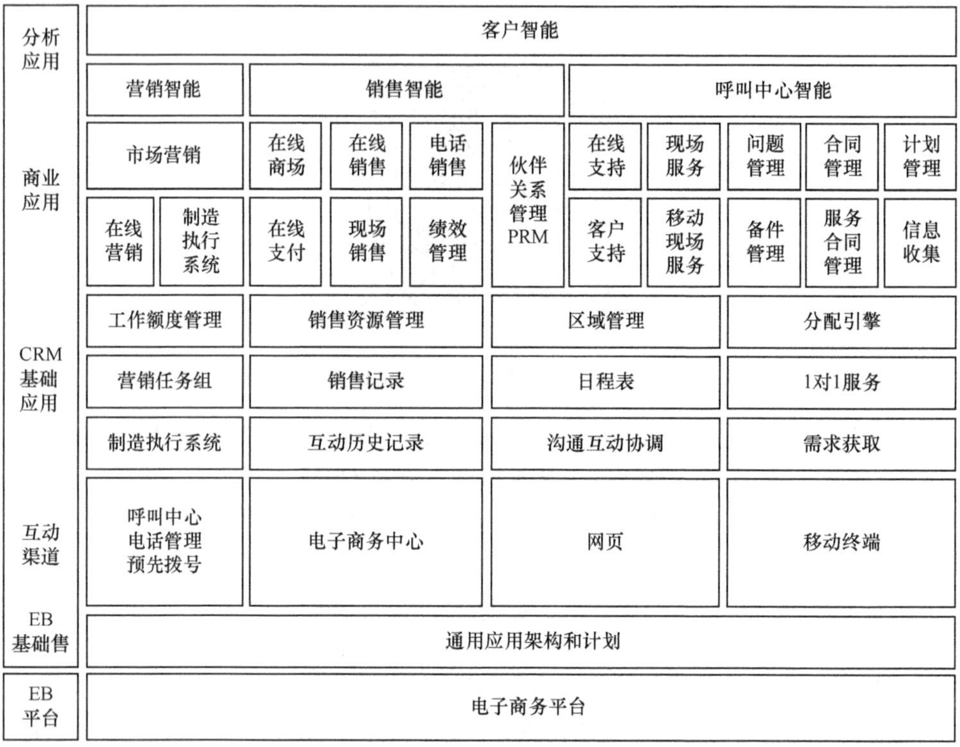

图 9-2　Oracle CRM 电子商务套件逻辑架构

在了解了市场排名第一的 Oracle 公司的 CRM 解决方案后，我们来看一下 Microsoft 公司 CRM 的发展情况。

2003 年 1 月，Microsft 的 MBS（Microsoft Business Solution）团队推出 Microsft CRM 1.0，并在同年 12 月推出升级版本 CRM 2.0。2006 年，Microsft 在企业技术大会时展示了 3.0 版本。2012 年 12 月，Microsoft 推出 Dynamic CRM Online，这一版本与 Microsoft 收购的 Yammer 社交平台和 Skype 进行深度整合，强化了用户接口及商业流程。从当前 Microsoft 在 CRM 系统的一系列动作来看，它已经意识到全球 CRM 需求的快速增长，并借助于收购、自我开发和升级等方法提示自己在此领域的服务水平。图 9-3 给出了 Dynamics CRM 的逻辑架构。

从图 9-3 可以看出，微软 CRM 的逻辑架构大致可分为五层：表现层、应用层、商业设计层、平台服务层和数据服务层。

结合以上两个案例，我们能够对目前市场上 CRM 系统的逻辑架构有一个较为直观的了解：一部分 CRM 系统的功能是直接集成在电子商务系统或 ERP 系统中，强调了系统的商务性和整体性；另一部分 CRM 系统主要针对客户关系管理的功能进行了设计和开发，并为与其他系统的对接提供了各种接口，强调了系统的专业性和可扩展性。但无论采用何种架构，其目的都是一样的，均是在数据库分析的基础上，借助于客户沟通渠道，通过各种软件功能应用，完成各种商业目的的客户关系管理活动。

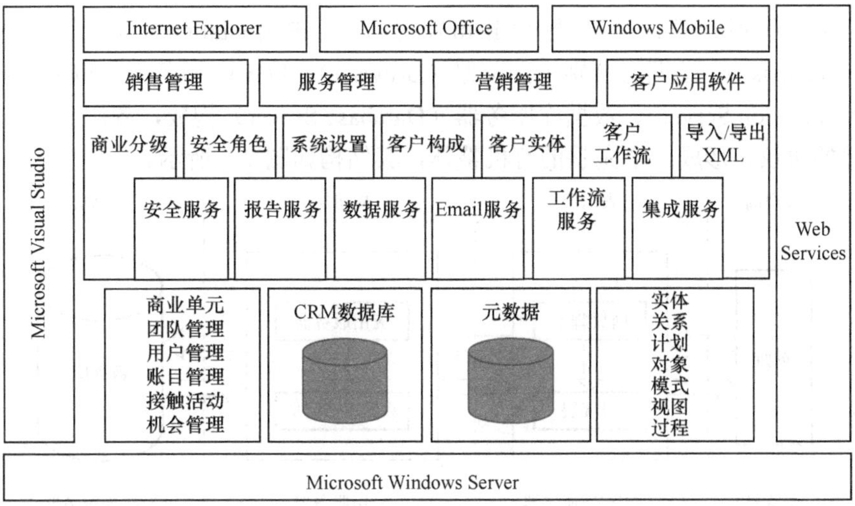

图 9-3　Microsoft Dynamics CRM 逻辑架构

2．CRM 系统网络架构

CRM 系统是建立在 Internet 和 Intranet 等网络技术基础之上的，根据客户关系数据的特性（分散性、动态性、复杂性），从企业的实际环境（生产集中、市场分散）出发，其网络体系通常采用浏览器/服务器（Browser/Server，B/S）模式和客户机/服务器（Client/Server，C/S）模式的结合。

（1）C/S 结构（Client/Server）

C/S 结构即 Client/Server（客户机/服务器）结构，它在远程服务器上安装数据库系统，客户机上安装客户端软件，采用两层结构。早期的软件大多采用主机/终端体系结构，直到 20 世纪 90 年代后才逐渐变为两层的 C/S 体系结构，其结构如图 9-4 所示。它将复杂的网络应用的用户交互界面 GUI 和业务应用处理与数据库访问以及处理相分离，服务器与客户端之间通过消息传递机制进行对话，由客户端发出请求给服务器，服务器进行相应的处理后经传递机制送回客户端，应用开发简单且具有较多功能强大的前台开发工具。由于应用处理留在 Client 端，使得在处理复杂应用时客户端应用程序仍显肥胖，限制了对业务处理逻辑变化适应和扩展能力，当访问数据量增大、业务处理复杂时，客户端与后台数据库服务器数据交换频繁，容易造成网络“瓶颈”。

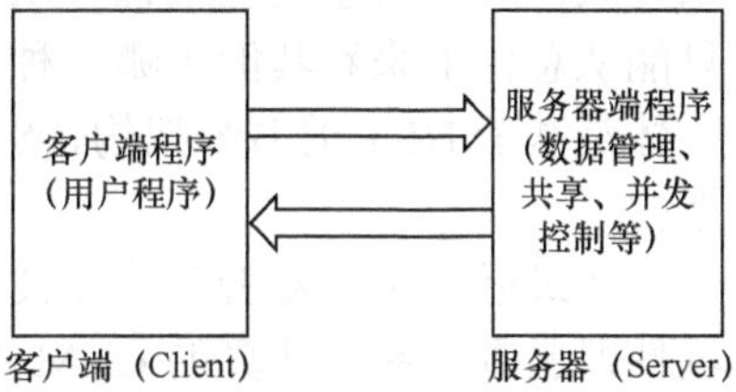

图 9-4　CRM 的 C/S 结构

（2）B/S 结构（Browser/Server）

B/S 结构即 Browser/Server（浏览器/服务器）结构，它只安装维护一个服务器（Server），而客户机采用通用浏览器（Browser）运行软件，是 C/S 结构的一种改进和变化。它大大简化了客户端，而服务器则集中了所有的应用逻辑，开发和维护等几乎所有工作也都集中在服务器端。同时，当企业对网络应用进行升级时，只需要更新服务器端的软件，而不必更换客户端软件，减轻了系统维护与升级的成本与工作量，使用户的总体拥有成本（TCO）大大降低。

B/S 架构分为四层结构：客户端（Client）、表示层（Presentation）、应用层（Application）和数据层（Database），这四层分别由浏览器（Browser）、WWW 服务器（Web Server）、应用服务器（Application Server）、数据库服务器（Database Server）构成，各层负责自己的任务，层间有成熟的协议，形成一个完整的有机整体，其结构如图 9-5 所示。

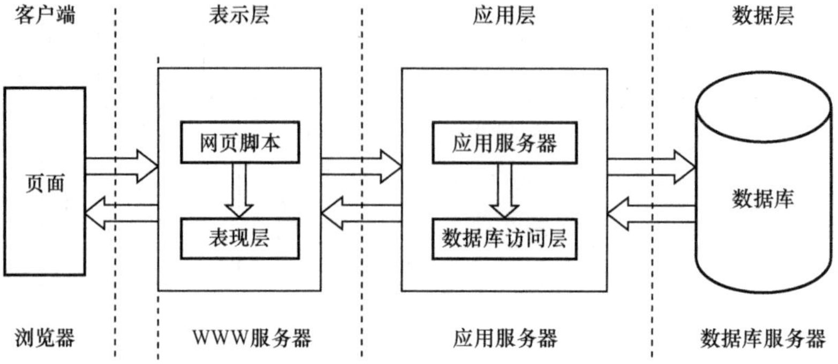

图 9-5　CRM 的 B/S 结构

客户端（Client）是系统与使用者直接交互的层次，使用了 Web Browser（如 IE 等）作为客户端程序；表示层（Presentation）实现了业务逻辑与 JSP 页面表现的分离；应用层（Application）实现全部的业务逻辑；数据层（Database）的功能是存储海量数据。

无论 C/S 架构还是 B/S 架构，其自身都有各自的优缺点。C/S 架构开发比较容易，操作简便，但应用程序的升级和客户端程序的维护较为困难；B/S 架构由于客户端没有程序，应用程序的升级和维护都可以在服务器端完成，升级维护方便，由于客户端使用浏览器，使得用户界面“丰富多彩”，但数据的打印、输出等功能受到了限制。为了克服这个缺点，一般把利用浏览器方式实现困难的功能单独开发成可以发布的控件，在客户端利用程序调用来完成。从严格意义上来说，CRM 系统提供商在实际开发过程中不可能只采取单一架构，只能从总体上来看其侧重哪一种。比如，Oracle 的 CRM 系统主体是 B/S 架构，微软的系统主体是基于.NET 的 B/S 架构，SalesLogix 主体是 C/S 架构，而金蝶主体是基于 J2EE 的 B/S 架构。

在最近几年，随着云计算技术的不断完善和发展，基于 SaaS（Software-as-a- service，软件即服务）和云计算的 CRM 系统也并不再是一个陌生的名词，很多 CRM 系统提供商向市场推出了一些颇受欢迎的软件。虽然这些新的系统具备更高可访问性的数据库，减轻了许多企业日常维护的工作以及较传统 CRM 系统成本较低等诸多优点，但它仍然存在着一些局限和不足，还没有达到一个非常成熟的阶段，我们将在本章结尾处的阅读材料中看到一些相关的知识。

9.1.2　CRM 系统模块划分方法

从一般意义上来说，有对 CRM 系统的需求才会衍生出对 CRM 系统的开发以及相应的模块划分。故此，我们先对 CRM 系统需求进行简要介绍。

1. CRM 系统需求分析

对于 CRM 的系统需求，我们完全可以根据前面章节中所涉及的客户关系管理战略、营销策略、数据分析及应用等知识总结得出。在实际的应用过程中，可以通过参考 Oracle 对 CRM 系统的功能描述，对 CRM 系统需求有更为直观的了解。

逻辑上说，应该先有需求再出现系统应用。但是由于目前市场上的诸多 CRM 软件已经较为成熟，故可以从现有的软件中反向看出用户对 CRM 系统的需求。从表 9-1 中的“该模块所能实现的主要功能”可以清晰地看出，用户借助于 CRM 系统最终想要完成何种需求。

表 9-1 Oracle CRM 系统的业务功能

主要模块	目　　标	该模块所能实现的主要功能
销售模块	提高销售过程的自动化和销售效果	销售：是销售模块的基础，用来帮助决策者管理销售业务，它包括的主要功能是额度管理、销售力量管理和地域管理
		现场销售管理：为现场销售人员设计，主要功能包括联系人和客户管理、机会管理、日程安排、佣金预测、报价、报告和分析
		现场销售/掌上工具：这是销售模块的新成员。该组件包含许多与现场销售组件相同的特性，不同的是该组件使用的是掌上型计算设备
		电话销售：可以进行报价生成、订单创建、联系人和客户管理等工作。还有一些针对电话商务的功能，如电话路由、呼入电话的屏幕提示、潜在客户管理以及回应管理
		销售佣金：它允许销售经理创建和管理销售队伍的奖励和佣金计划，并帮助销售代表形象地了解各自的销售业绩
营销模块	对直接市场营销活动加以计划、执行、监视和分析	营销：使得营销部门实时地跟踪活动的效果，执行和管理多样的、多渠道的营销活动
		针对电信行业的营销部件：在上面的基本营销功能基础上，针对电信行业的 B/C 的具体实际增加了一些附加　特色
		其他功能：可帮助营销部门管理其营销资料；列表生成与管理；授权和许可；预算；回应管理
客户服务模块	提高那些与客户支持、现场服务和仓库修理相关的业务流程的自动化并加以优化	服务：可完成现场服务分配、现有客户管理、客户产品全生命周期管理、服务技术人员档案、地域管理等。通过与企业资源计划（ERP）的集成，可进行集中式的雇员定义、订单管理、后勤、部件管理、采购、质量管理、成本跟踪、发票、会计等
		合同：此部件主要用来创建和管理客户服务合同，从而保证客户获得的服务的水平和质量与其所花的钱相当。它可以使得企业跟踪保修单和合同的续订日期，利用事件功能表安排预防性的维护活动
		客户关怀：这个模块是客户与供应商联系的通路。此模块允许客户记录并自己解决问题，如联系人管理、客户动态档案、任务管理、基于规则解决重要问题等
		移动现场服务：这个无线部件使得服务工程师能实时地获得关于服务、产品和客户的信息。同时，他们还可使用该组件与派遣总部进行联系
呼叫中心模块	利用电话来促进销售、营销和服务	电话管理员：主要包括呼入/呼出电话处理、互联网回呼、呼叫中心运营管理、图形用户界面软件电话、应用系统弹出屏幕、友好电话转移、路由选择等
		开放连接服务：支持绝大多数的自动排队机，如 Lucent、Nortel、Aspect、Rockwell、Alcatel、Erisson 等
		语音集成服务：支持大部分交互式语音应答系统
		报表统计分析：提供了很多图形化分析报表，可进行呼叫时长分析、等候时长分析、呼入呼叫的汇总分析、坐席负载率分析、呼叫接失率分析、呼叫传送率分析、坐席绩效对比分析等
		管理分析工具：进行实时的性能指数和趋势分析，将呼叫中心和坐席的实际表现与设定的目标相比较，确定需要改进的区域

（续表）

主要模块	目　　标	该模块所能实现的主要功能
呼叫中心模块	利用电话来促进销售、营销和服务	代理执行服务：支持传真、打印机、电话和电子邮件等，自动将客户所需的信息和资料发给客户。可选用不同配置使发给客户的资料有针对性
		自动拨号服务：管理所有的预拨电话，仅接通的电话才转到坐席人员那里，节省了拨号时间
		市场活动支持服务：管理电话营销、电话销售、电话服务等
		呼入/呼出调度管理：根据来电的数量和坐席的服务水平为坐席分配不同的呼入/呼出电话，提高了客户服务水平和坐席人员的生产率
		多渠道接入服务：提供与 Internet 和其他渠道的连接服务，充分利用话务员的工作间隙，收看 Email、回信等
电子商务模块	借助电子商务相关技术，实现在线商务的整个流程	电子商店：此部件使得企业能建立和维护基于互联网的店面，从而在网络上销售产品和服务
		电子营销：与电子商店相联合，电子营销允许企业能够创建个性化的促销和产品建议，并通过 Web 向客户　　发出
		电子支付：这是 Oracle 电子商务的业务处理模块，它使得企业能配置自己的支付处理方法
		电子货币与支付：利用这个模块后，客户可在网上浏览和支付账单
		电子支持：允许顾客提出和浏览服务请求、查询常见问题、检查订单状态。电子支持部件与呼叫中心联系在一起，并具有电话回拨功能

2．CRM 系统功能模块划分方法

根据上述讨论的 CRM 系统的需求，我们需要将这些需求通过一种更为合理科学的方式进行提炼，使系统的划分与实际的需求能够更加吻合。在此，我们将介绍一种制定管理信息系统战略规划的重要方法，叫做企业系统规划法（Business System Planning，BSP）。

（1）BSP 方法的作用

BSP 方法是 IBM 在 20 世纪 70 年代提出的，旨在帮助企业制定信息系统的规划，以满足企业近期和长期的信息需求，它较早运用面向过程的管理思想，是现阶段影响最广的方法。它能够帮助规划人员根据企业目标制定出 MIS 战略规划，通过这种方法可以做到：确定出未来信息系统的总体结构，明确系统的子系统组成和开发子系统的先后顺序；对数据进行统一规划、管理和控制，明确各子系统之间的数据交换关系，保证信息的一致性。

BSP 方法的优点在于利用它能保证信息系统独立于企业的组织机构，使信息系统具有对环境变更的适应性。即使将来企业的组织机构或管理体制发生变化，信息系统的结构体系也不会受到太大的冲击。

（2）BSP 方法的工作步骤

用企业系统规划法制定规划是一项系统工程，其主要的工作步骤如下。

① 准备工作。

成立由最高领导牵头的委员会，下设一个规划研究组，并提出工作计划。

② 调研。

规划组成员通过查阅资料，深入各级管理层，了解企业有关决策过程、组织职能和部门的主要活动和存在的主要问题。

③ 定义业务过程（又称企业过程或管理功能组）。

定义业务过程是系统规划方法的核心。业务过程指的是企业管理中必要且逻辑上相关的、

为了完成某种管理功能的一组活动。

④ 业务过程重组。

业务过程重组是在业务过程定义的基础上，找出哪些过程是正确的，哪些过程是低效的，需要在信息技术支持下进行优化处理，还有哪些过程不适合采用计算机信息处理，应当取消。

⑤ 定义数据类。

数据类是指支持业务过程所必需的逻辑上相关的数据。对数据进行分类是按业务过程进行的，即分别从各项业务过程的角度将与该业务过程有关的输入数据和输出数据按逻辑相关性整理出来归纳成数据类。

⑥ 定义信息系统总体结构。

定义信息系统总体结构的目的是刻画未来信息系统的框架和相应的数据类。其主要工作是划分子系统，具体实现可利用 U/C 矩阵。

⑦ 确定总体结构中的优先顺序。

即对信息系统总体结构中的子系统按先后顺序排出开发计划。

⑧ 完成 BSP 研究报告，提出建议书和开发计划。

（3）U/C 矩阵的应用

BSP 方法将过程和数据类作为定义企业信息系统总体结构的基础，利用过程/数据矩阵（即 U/C 矩阵）来解释过程和数据间的关系。矩阵中的行表示数据类，列表示过程，以字母 U（Use）和 C（Create）来表示过程对数据类的使用和产生。

下面介绍用 U/C 矩阵方法划分模块或子系统的步骤。表 9-2 是由企业内各项管理功能组和数据类之间的关系形成的 U/C 矩阵，表中用功能与数据类交叉点上的符号 C 表示这类数据由相应功能产生，用交叉点上的符号 U 表示这类功能使用相应的数据类。例如，经营计划功能需要使用有关财务和成本数据，则在这些数据下面的经营计划一行上画 U，最后产生的是计划数据，则画 C。以此类推。

表 9-2　功能/数据关系（一）

数据类 功能	客户	订货	产品	加工路线	材料表	成本	零件规格	原材料库存	成品库存	职工	销售区域	财务	计划	设备负荷	材料供应	工作令
经营计划						U						U	C			
财务规划						U				U		U	U			
产品预测	U		U								U		U			
产品设计开发	U		C		U		C									
产品工艺			U		C		U	U								
库存控制								C	C						U	U
调度			U											U		C
生产能力计划				U										C	U	
材料需求			U		U										C	
作业流程				C										U	U	U
销售区域管理	C	U	U													
销售	U	U	U								C					
订货服务	U	C	U													

（续表）

数据类 功能	客户	订货	产品	加工路线	材料表	成本	零件规格	原材料库存	成品库存	职工	销售区域	财务	计划	设备负荷	材料供应	工作令
发运		U	U						U							
会计	U		U							U						
成本会计		U				C										
人员计划										C						
人员招聘考核										U						

接着是对表 9-2 做重新排列，即对“功能”这一列，把功能按功能组排列，每一功能组内按功能发生的先后次序排列，然后调换“数据类”的横向位置，使得矩阵中 C 最靠近主对角线，结果见表 9-3。

表 9-3 功能/数据关系（二）

数据类 功能		计划	财务	产品	零件规格	材料表	材料库存	成品库存	工作令	设备负荷	材料供应	加工线路	客户	销售区域	订货	成本	职工
经营计划	经营计划	C	U													U	
	财务规划	U	U													U	U
技术准备	产品预测	U		U									U	U			
	产品设计开发			C	C	U							U				
	产品工艺			U	U	C	U										
生产制造	库存控制						C	C	U		U						
	调度			U					C	U							
	生产能力计划									C	U	U					
	材料需求			U		U					C						
	作业流程								U	U	U	C					
销售	销售区域管理			U									C		U		
	销售			U									U	C	U		
	订货服务			U									U		C		
	发运			U					U						U		
财会	会计			U									U				U
财会	成本会计														U	C	
人事	人员计划																C
	人员招聘考核																U

在表 9-3 上将 U 和 C 最密集的地方框起来，该部分形成一个集合，就构成模块或子系统。按照这种划分，整个系统被划分为经营计划模块、技术准备模块等 6 个模块。

对 CRM 系统模块的划分也可采用上述方法。但在实际的 CRM 产品市场中，不同的产品所面向的服务都有所不同。比如之前的案例中，Oracle 公司就把 CRM 与电子商务应用紧密联系，体现了诸多电子商务的服务范围；而 Microsoft 公司的 CRM 软件中就把其优势产品（比如 Outlook、Explorer 等软件）进行综合，体现了其渠道沟通的优势。但纵观整个市场的产品，CRM 的系统模块依然以 CRM 的主要组成部分进行划分，即销售管理、营销管理和客户服务管理三个部分。

9.1.3　CRM 系统模块功能介绍

根据上一节的内容，我们通常按照系统需求把 CRM 划分为客户销售管理子系统、客户市场管理子系统、客户支持和服务管理子系统，当然，也包括服务于这些子系统的数据库及支撑平台子系统等。

1．销售管理子系统功能

销售管理子系统可以快速获取和管理日常销售信息。如图 9-6 所示，它能够为销售人员提供流畅、直观的工作流功能，从而提高工作效率，同时保证客户和销售人员之间进行充分的沟通。另外，销售管理人员也能有效地协调和监督整个销售过程，从而保证销售取得最大的成功。

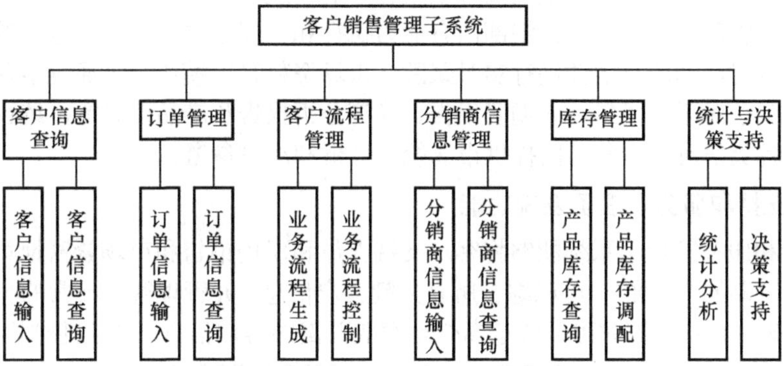

图 9-6　客户销售管理子系统功能结构

客户销售管理子系统一般包含客户（销售）信息管理、订单管理、业务流程管理、动态库存调配管理、分销商信息管理、销售统计分析与决策支持等功能模块。

① 客户信息管理模块。该模块负责收集客户销售的相关资料，帮助用户准确把握客户情况，提高销售效率与质量。

② 订单管理模块。订单管理模块可处理客户订单，执行报价、订货单创建、联系与账户管理等业务，并提供对订单的全方位查询。

③ 业务流程管理模块。业务流程管理模块通过在各业务部门间按照业务规则传递相关数据和信息，帮助用户管理其销售运作，保证销售订单的顺利完成。

④ 销售统计分析与决策支持模块。销售统计分析与决策支持模块通过对销售数据的多方面统计、查询，提供用户所需的信息，为决策提供帮助。

⑤ 动态库存调配管理模块和分销商信息管理模块能为用户提供各种功能，支持销售活动。

2．营销管理子系统功能

营销管理子系统能够提供完整的客户活动、事件、潜在客户和数据库管理，从而提高寻找潜在客户工作的效率。用户可以从任何一个地点快速获取所有关于市场销售活动、事件和潜在客户的信息，并对客户进行高度专业化的细分。其功能结构如图 9-7 所示。

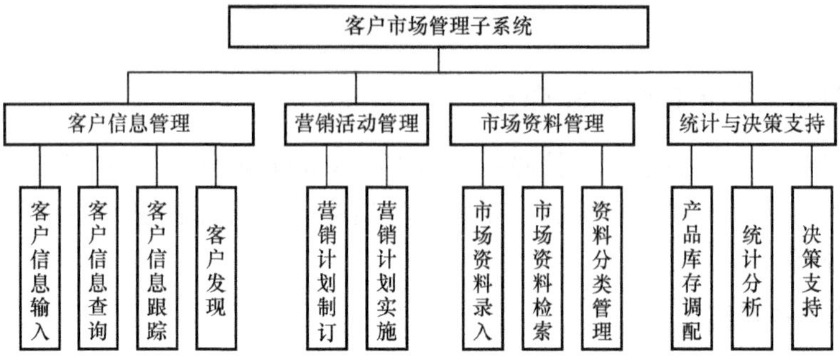

图 9-7　客户市场管理子系统功能结构

营销管理子系统一般包括客户（市场营销）信息管理、营销活动管理、市场资料管理、统计与决策支持功能模块。

客户（市场营销）信息管理模块负责收集客户的一般资料，跟踪客户资料变更，挖掘潜在客户。营销活动管理模块使市场营销部门有能力执行和管理通过多种渠道进行的多个市场营销活动，同时还能对活动的有效性进行实时跟踪。市场资料管理模块记录通过多种渠道获得的市场信息，收集竞争对手的资料，如调研报告、经济分析报告和产品信息等，统计与决策支持模块基于获得的各类信息可为各部门提供市场统计分析和决策参考。

3. 客户支持和服务管理子系统功能

客户支持和服务管理子系统能够将客户支持人员和现场销售和市场紧密地集成在一起，可以为用户提供定制的“桌面”，可以综合所有关键客户信息，并管理客户日常的客户服务活动与任务，从而在解决客户问题时可以快速高效地存取关键的客户信息，其功能结构如图 9-8 所示。

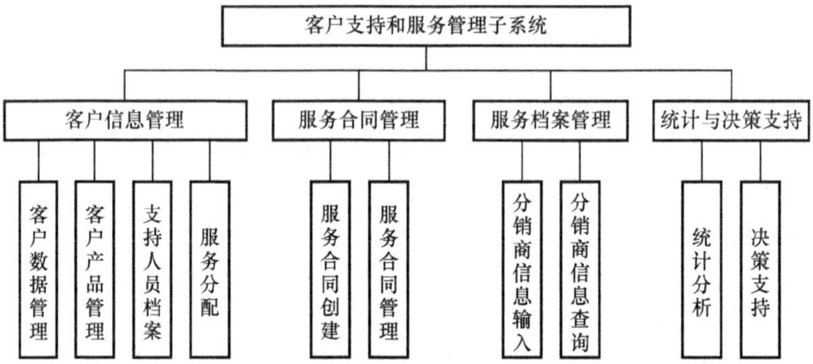

图 9-8　客户支持和服务管理子系统的功能结构图

客户支持和服务管理子系统一般包含客户（服务）信息管理、服务合同管理、服务档案管理、统计与决策支持功能模块。

（1）客户（服务）信息管理模块

主要收集与客户服务相关的资料，可完成包括含现场服务派遣、客户数据管理、客户产品生命周期管理、支持人员档案和地域管理等业务功能。此外，通过与 ERP 系统的集成，可为后勤、部件管理、采购、服务质量、成本跟踪、财务管理等提供必需的数据。

（2）服务合同管理模块

该模块通过帮助用户创建与管理客户服务合同，从而确保客户能获得应有的服务水平和质量；跟踪保修单和合同的续订日期，通过事件功能表安排预防性的维护行动。

（3）服务档案管理模块

服务档案管理模块使用户能够对客户的问题和解决方案进行日志式的记录，包括联系人管理、动态客户档案、任务管理以及解决关键问题的方案等，从而提高检索问题答案或解决方案的响应速度和质量。

（4）统计分析与决策支持功能模块

统计分析与决策支持功能模块能够对客户服务资料进行分析和处理，使企业既能根据客户的特点提供服务，又能对客户的现值进行评估，从而使客户的满意度和企业盈利都能得到提高。

此外，客户服务管理子系统还可以与 CTI（计算机电话集成）软件相结合，为客户提供更快速、便捷的支持与服务。

9.1.4　CRM 系统与其他 MIS 的关系

1．CRM 与 ERP 的关系

ERP（Enterprise Resource Planning，企业资源计划）是由美国的 Gartner Group 公司于 1990 年提出的，它除了包括制造、财务、销售、采购等功能外，还包括质量管理、实验室管理、业务流程管理、产品数据管理、运输管理以及人力资源管理等。ERP 是一种主要面向制造行业进行物质资源、资金资源和信息资源集成一体化管理的企业信息管理系统。

从定义上看，ERP 系统的概念与 CRM 系统有重合的地方，比如销售系统等，但是其侧重点又不同，ERP 更多情况下是一个企业由内向外应用扩散的过程，而 CRM 是从客户出发由外向内的过程。一般情况下，从 ERP 的模块组成看，它更多的是一个企业的后台应用管理系统。但是毋庸置疑，ERP 所有模块中的数据来源，尤其是财务管理模块和物流管理模块，对企业的营销和销售数据具有极强的依赖性。所以从某种角度来说，CRM 更多负责前台功能，而 ERP 更多是后台功能，两者之间主要通过营销和销售模块进行系统耦合；ERP 是 CRM 的基础，CRM 是 ERP 向企业下游的延伸。同时，每一个企业已经意识到客户是企业最重要的资源，ERP 必须要对客户做出全面的管理，这一点在 ERP 的分销系统和应收账系统中都有一些体现。

2．CRM 与 SCM 的关系

SCM（Supply Chain Management，供应链管理）是指在满足一定的客户服务水平的条件下，为了使整个供应链系统成本达到最小而把供应商、制造商、仓库、配送中心和渠道商等有效地组织在一起来进行的产品制造、转运、分销及销售的管理方法。供应链管理包括计划、采购、制造、配送、退货五大基本内容。

无论是从定义上还是从涵盖的范围上，SCM 是从供应商一直到客户贯穿整个企业行为的系统，从某种程度上讲，SCM 的应用应该包括 CRM 的内容。但是从实际情况看，虽然近来对 SCM 的学术研究已经逐渐涵盖了 CRM，但 SCM 的本质仍然是保证从上一单元如何高效低成本地向下一单元保证供应的流畅和有效，并没有十分突出客户在这个链条中具有何种重要性，或者换一句话讲，SCM 与 CRM 在理论和实际中的研究和应用侧重点不同，在客户的环节中 SCM 最关心的是如何将产品或服务准确快速地送至客户手中，而不是如何全面更好地维系客户关系。

我们可以用一个图来简单表示三者之间的关系（见图 9-9）。

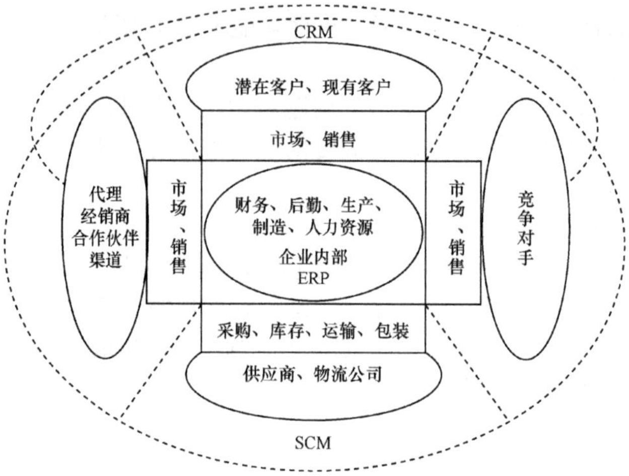

图 9-9 CRM 与 ERP、SCM 的关系图

总之，目前仍然不能找出一个完整的系统去实现企业所有的运作行为，最终实现企业所有运营目标。我们只能根据企业在快速变化的市场环境中的新需求，尽量设计和开发降低成本、提高效率的不同系统。需要特别指出的是，我们在这里简单分析 CRM 与 ERP、SCM 之间的关系，并不是要将这些概念相互孤立。恰恰相反，无论是理论上还是实际应用过程中，不同系统之间的整合才是当前信息系统不断向前发展的主流。可以预见，随着技术的发展以及新的需求的出现，CRM 系统与其他系统间的界限将变得越来越模糊，一味地强调概念毫无意义。无论最后系统的名称是什么，只要能符合企业实际应用的系统都将被市场所接受。

9.2 CRM 系统的分类

类似于 Oracle 公司的分类，美国的调研机构 Meta Group 把 CRM 系统分为操作型、分析型和协作型三类，详细的功能说明如图 9-10 所示，这一分类方法也得到了业界的一定认可。

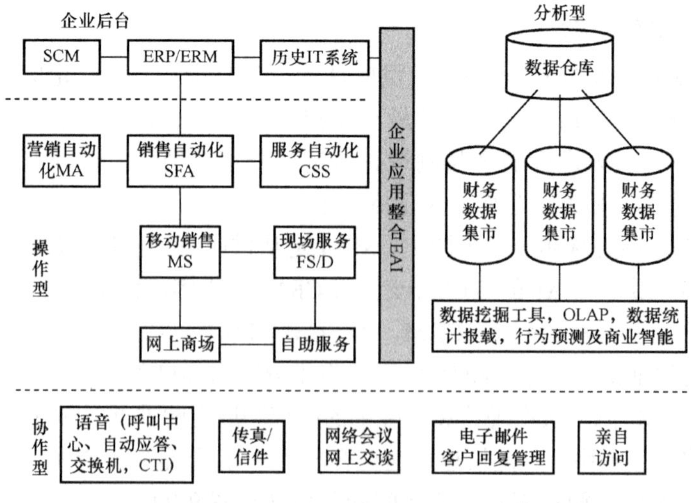

图 9-10 Meta Group 对 CRM 的分类

9.2.1　操作型客户关系管理系统

目前，一个典型的企业直接面对客户的部门大致包括销售部、客户服务部、市场营销部、呼叫中心，以及企业的客户信用部（应收款或催账）。

这种部门的划分方式是基于企业内部的人力、物力资源的分配需要，目的是使得各部门能各司其职，明确工作目标。CRM 应用系统的设计上是基于这种组织结构而形成的。

操作型 CRM，也有人称营运型或运营型 CRM，它的设计目的是为了让这些部门的业务人员在日常的工作中能够共享客户资源，减少信息流动滞留点，从而力争把一个企业变成单一的“虚拟个人”，让客户觉得公司是一个绝对的整体，并不会因为和公司不同的人打交道而感到有交流上的不同感受，从而大大地减少业务人员在与客户接触过程中产生的种种麻烦和挫折。

操作型 CRM 应用系统的设计主要基于以下两点而产生：

① 在互联网时代，由于人们的联系方式越来越方便，客户的耐心指数大大下降。在与客户打交道时，迟缓、拖拉的办事方式就会使公司很快发生客户流失。

② 由于信息的高度畅通，客户很容易从多种渠道获得多个产品的信息，对供应商的选择余地很大。对企业来说，保持老客户变得越来越难。

操作型 CRM 应用系统是客户关系管理软件中最基本的应用模块，它为以下几种人员提供便利，从而大大提高公司的效益。

① 销售人员。销售自动化中要求及时提供客户的详细信息，业务内容涉及订单管理、发票管理及销售机会管理等。

② 营销人员。营销自动化是操作型 CRM 的主要模块，其中的促销活动管理工具可用于计划、设计并执行各种营销活动，寻找潜在客户并将他们自动集中到数据库中通过自动派活功能分配给销售人员。

③ 现场服务人员。使服务自动化，包括自动派活工具、设备管理、服务合同及保质期管理、维修管理等。

从以上的应用领域可以看出，操作型 CRM 的应用模块在功能上与 ERP（企业资源计划）有所相似，如仓库管理、采购管理等，都是为了提高员工工作效率的一种应用工具。它与分析型 CRM 相比，虽然销售、服务和营销（促销）模块中具有一定的数据统计分析能力，但它是浅层次的，与以数据仓库、数据挖掘为基础的分析型 CRM 是有区别的。另外，操作型 CRM 不包含呼叫中心应用等员工同客户共同进行交互活动的应用，与协作型 CRM 也有一定区别。

9.2.2　分析型客户关系管理系统

分析型 CRM 系统不需要直接同客户打交道，这点有别于操作型 CRM。它从操作型 CRM 系统应用所产生的大量交易数据中提取有价值的各种信息，通过一系列的分析方法或挖掘工具，对将来的趋势做出必要的预测或寻找某种商业规律，是一种企业决策支持工具。目前在银行业、保险业以及零售业中应用较广，它可以利用这种系统挖掘出重要的决策信息。

分析型 CRM 与数据仓库技术密切相关，它用于完成客户关系的深度分析，通过运用数据挖掘、OLAP、交互查询和报表等手段，了解客户的终身价值、信用风险和购买趋势等，达到成功决策的目的。

9.2.3 协作型客户关系管理系统

协作型 CRM 相对于前两种 CRM 较难理解一些。英文 Collaborative 的意思指两个以上的人同时做一项工作，协作型 CRM 的参与对象也是由两种不同类型的人共同完成的，即企业客户服务人员和客户共同参与。如支持中心人员通过电话指导客户修理设备，在修理这个活动中同时有员工和客户参与，他们之间是协作的关系，而操作型 CRM 和分析型 CRM 只是企业员工自己单方面的业务工具，在进行某项活动时．客户并未一起参与。

显然，协作型 CRM 有其本身的特点，它是由企业多名员工和客户一起完成某种任务，这就要求任务处理的时间要短。这种速度需要就要求 CRM 的应用必须能够帮助员工快速、准确地记录客户请求内容以及快速找到问题的答案。换句话说，对特定工作业务必须有知识量丰富和智能查询等特点；同时，员工本身也必须经验丰富。如果问题无法在线解决，协作型 CRM 还必须提供智能升级处理，员工必须及时做出任务转发的决定。

协作型 CRM 主要由呼叫中心、客户多渠道联络中心、帮助台（Help Desk）以及自助服务帮助导航等功能模块组成，具有多媒体多渠道整合能力的客户联络中心是今后协作型 CRM 的主要发展趋势。

以上是 CRM 系统的三种分类，我们可以用一个形象的比喻来说明这种功能分类：将 CRM 应用比作一个人，分析型应用是人的大脑，操作型应用是人的手和脚，而协作型则有点像人的感觉器官。另外需要注意的是，早期的 CRM 系统并没有这种分类法，只有操作型。这种分类是发展到一定的阶段时才由 Meta Group 提出来的，并且这种分类与 CRM 系统提供商也没有直接的关系。在此，我们可以再通过微软最新的 Dynamics CRM 加深对三种类型的理解（见图 9-11）。

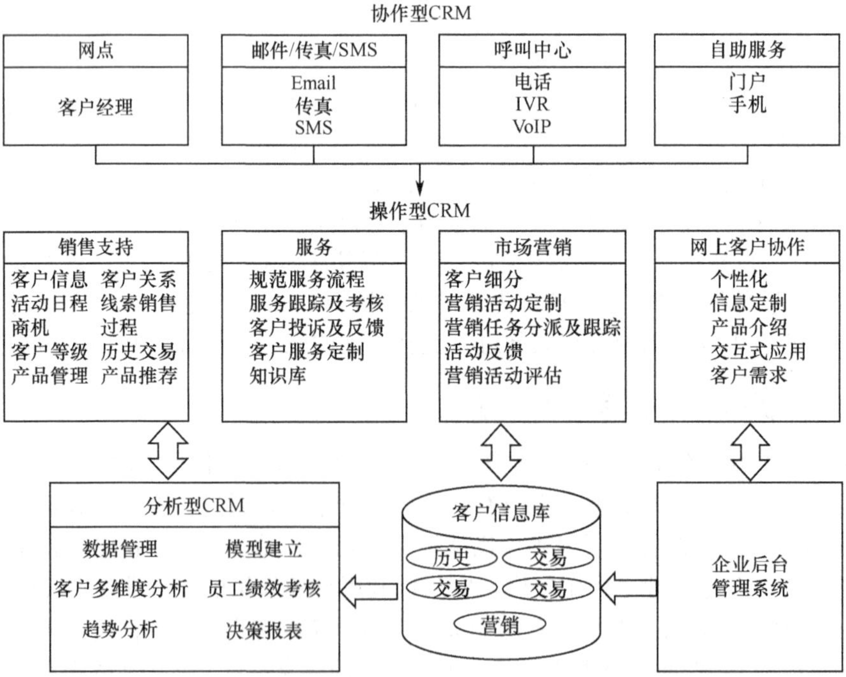

图 9-11　微软 CRM 解决方案应用框架

总之，对于 CRM 的分类，不同的企业有着不同的理解。CRM 领域的应用开发速度很快，无论何种分类方法到一定时期可能就会产生局限性和混淆，它并不是一个严肃的理论，它的产生应该与其背景联系起来。

9.2.4　CRM 系统的选择

CRM 是一项与企业战略发展密切相关的信息管理项目。这就要求企业在分析 CRM 需求时必须做好战略研究工作。首先，要在分析 CRM 需求之前对企业战略规划进行有效的调整或修改，以保证项目目标与战略规划的一致性。

确定目标后，企业还必须进一步确定实现预定目标的改进策略。但需要注意的是，不是所有的改进策略都必须在同一时间内执行完毕的。一般而言，执行的改进策略越多，涉及的管理范围就越广，其项目实施难度就会越大。为了降低项目管理风险，提高实施成功概率，企业有必要对改进策略进行合理选择，以保证最贴近现阶段发展需要的重要改进策略能够得到优先执行。

在挑选重要策略之后，企业还需要思考执行这些策略的具体措施。例如，假设某企业选择的重要改进策略是“提高客户满意度”，则企业必须围绕“客户满意度”思考提高客户满意度的各项具体措施。当各项具体措施明确之后，企业还需要思考保证这些具体措施成功实施的工作流程。又如，假设某企业计划通过“缩短客户等待时间”来“提高客户满意度”，此时该企业就必须思考如何规划工作流程才能缩短客户等待的时间。一些真正需要企业解决的基本问题将随着思考的不断深入而逐渐暴露出来。

一旦这些基本问题得到明确，企业就可以开始考虑寻求解决这些基本问题的技术了。企业可以通过咨询顾问、咨询公司、厂商客户、研讨会等渠道获取自己所需要的相关技术信息。通过对这些信息的阅读分析，一般可以明确三个问题：是不是一定要上 CRM 项目？要选择什么类型的 CRM？有哪些 CRM 产品可供选择？

如果第一个问题的答案是肯定的，那么在具体选择系统时，一般应重点考虑选择哪家系统供应商和选择哪种软件产品两个方面。

对供应商资格能力的评价可以从业务能力、服务体系、成长状况等维度进行考虑；对软件产品的选择，企业可以从产品技术和产品功能两个方面对备选产品进行有效的评价。但此处无法对产品的具体评价过程进行详细的阐述，因为不同的企业在评价指标的选择上会有差异，而且其选择的指标个数会受 CRM 项目目标、CRM 项目投资、CRM 系统设计等个性因素的影响。

对于 CRM 系统提供商，一般中大型的企业基本都能覆盖每个类型的要求，尤其是像 Oracle、Microsoft 等企业之前已经具备了数量众多的各类应用软件，通过集成各类系统实现强大功能是它们的优势之一，当然数据分析能力也必定是这类企业的竞争优势。小型企业更多的是将注意力放在良好的用户交互及系统易用性方面，当然，它们的系统也会包含基本的分析应用，而且最关键的是拥有较高的性价比。随着云计算技术的不断发展，通过互联网实现 CRM 功能将使系统的性价比进一步得到提升。当然，不可忽视的是：由于 CRM 系统涉及海量客户信息，在云计算技术还未成熟的阶段运用要实施充分的安全措施。对于使用 CRM 的用户，对选择何种类型的系统应该根据实际需求及财务能力具体分析，选择适合自身企业的系统。否则贪大图全会引起资源浪费，而只注重经济性也会导致企业得不偿失。

9.3 CRM 系统的实现

9.3.1 CRM 系统的实现过程

一个典型的 CRM 系统的实现往往有三种途径，即自主开发、购买软件产品、与软件服务提供商联合开发。但企业要想在较短时间内靠自己的力量从头分析研究、自主开发并实施高效的 CRM 系统，将会造成投入大、见效慢的结果，因此并不是最佳选择。选择一个适合自身情况而且功能强大的软件产品，并挑选一个合适的软件供应商或咨询公司帮助实施 CRM，应当是一个比较合理的方案。本节所要讨论的 CRM 系统实施主要是针对引入 CRM 系统的情况，即企业不自主开发 CRM 软件系统，而是根据自身业务特点来选择 CRM 商品软件，并且接受软件厂商或咨询公司的帮助。

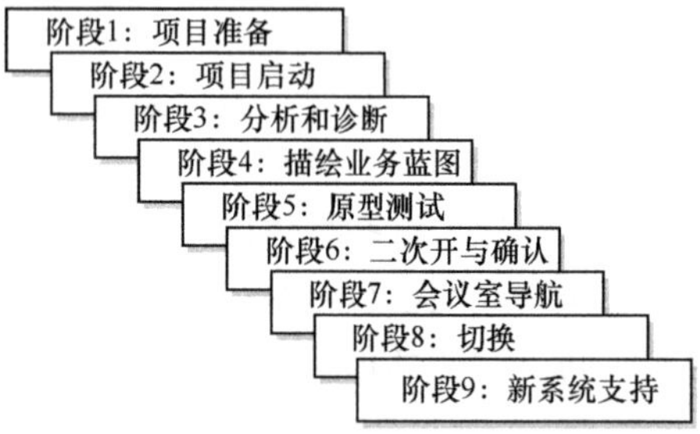

图 9-12 CRM 系统实施方法

本质上，CRM 软件是面向企业前台应用的管理信息系统，其本身就蕴涵了 CRM 的管理思想和先进的信息技术。同其他管理软件一样，CRM 软件系统的实施过程同样要遵循项目管理的科学方法。在此，结合项目管理和管理信息系统实施的特点提出了 CRM 软件系统 9 个阶段的实施方法，如图 9-12 所示。

1. 项目准备

这一阶段的主要工作是为 CRM 项目立项进行准备，目标是取得高层领导的支持和勾画出整个项目的实施范围。主要任务包括确定项目目标、界定项目范围、建立项目组织、制订阶段性的项目计划和培训计划。虽然 CRM 软件系统的应用面向的只是企业的前台，但就 CRM 系统中蕴涵的管理思想而言，却意味着企业向以客户为中心的管理模式的转变。

项目准备阶段主要由以下两个活动构成：

（1）确定项目范围。可以通过初步了解现行系统的业务以及目前已经在使用的软件系统来确定。CRM 项目的应用范围主要在企业的前台业务部门，即市场营销管理、销售管理以及客户服务与支持。

（2）中高层经理的相关培训。能够让企业中高层真正了解 CRM，基于了解给予系统开发和实施支持，并确保支持的长久性。

2. 项目启动

在准备阶段完成后，项目进入正式启动阶段。这个阶段的主要任务包括确定项目目标、建立项目组织、制订阶段性的项目计划和培训计划等。

项目目标的确定要考虑项目的长期盈利性、可测量性以及可完成性；要制订贯穿于各阶段的项目计划，每个阶段都要有自己的目标、任务和交付成果；培训可以针对不同对象，安排在不同时间和地点，有些培训要根据 CRM 的特点，通过实例练习更快实现知识转移。

建立项目组织涉及到整个项目人员的安排，是较为复杂的步骤。这支项目队伍既要有企业高级管理层所组成的指导委员会和咨询公司人员，也要有来自信息部门的技术人员和相应职能部门的熟悉企业流程的业务人员所组成的实施小组和职能小组。项目队伍组织结构如图 9-13 所示。

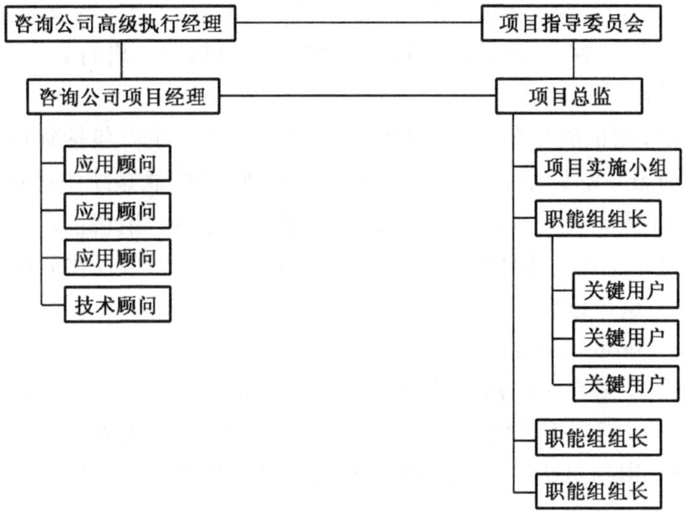

图 9-13　项目队伍组织结构图

3．分析和诊断

这一阶段的主要任务包括：CRM 信息系统的安装和技术培训；CRM 信息系统应用的初步培训；基础数据的准备；现有政策和业务流程分析和诊断。

对于较复杂的产品，需要对安装进行计划并确认系统规模，安装硬件和 CRM 软件，确定安全及访问控制，并进行系统管理的培训。通过培训，使企业人员了解项目相关的业务领域、CRM 信息系统的技术特点和所蕴涵的管理思想以及业务流程，这对于进一步进行流程的分析和诊断以及业务蓝图的初步设计会有所帮助。

在业务流程分析和诊断中，通过确定流程的需求和实现客户价值的程度，分析现有流程和政策中存在的问题，确定要改进的关键环节。可以采用流程图建模技术和鱼骨图分析技术等方法来帮助分析。

4．描绘业务蓝图

所谓业务蓝图，即改进后的企业流程模型。虽然经过了初步培训，已经对 CRM 信息系统有了初步的了解，但对其详细功能的认识还比较有限，考虑到将来新流程与 CRM 信息系统的有机结合，所以先描绘初步的业务蓝图。

在挑选业务流程进行重新设计时，首先要挑选一些关键的流程。挑选的原则可以根据位势的重要性、绩效的低下性和落实的可能性来衡量，如客户投诉服务流程等。另外，在设计新的业务流程时，必须根据企业本身的实际情况和行业特点，同时结合 CRM 信息系统的优势等进行。

5．原型测试（Prototyping）

这一阶段有三个主要任务：CRM 基础数据的准备、原型测试的准备和原型测试。

（1）CRM 基础数据的准备

数据准备是 CRM 实施成功的关键环节。由于 CRM 系统是面向企业前台应用的管理信息系统，所以其基础数据主要是一些市场、销售以及客户服务与支持的有关数据。数据的准备应当在理解了 CRM 管理思想和软件应用培训的基础上进行。

（2）原型测试的准备

由于 CRM 原型测试的复杂性，需要做一些准备工作，主要包括确定参与人员；定义将要测试的场景（Scenario），即把新的业务蓝图置于 CRM 的信息系统中进行测试，尤其是一些经过改进后的关键业务流程。另外，CRM 的软件覆盖了市场、销售以及客户服务与支持这些职能领域，由于需要对 CRM 软件的所有功能模块进行测试，所以还需要确定对各业务领域进行测试的不同人员，这可以在项目组内进行分工。

（3）原型测试（Prototyping）

原型测试的目的主要在于：深入理解 CRM 软件系统，分析与业务蓝图的差异；熟悉软件及其报表的用途；厘清数据之间的关系，作为全面实施 CRM 系统的依据。原型测试可以各功能模块同时进行，由项目实施组长或咨询公司的项目经理亲自主持，与业务相关的关键用户都应参加。

6．二次开发与确认

根据上一阶段原型测试的结果，分别视不同情况进行软件更改和其他更改（业务流程、制度和组织结构等的更改）。

（1）软件更改

这一活动的目的在于通过修改软件程序和客户化报表的开发来满足企业业务蓝图的需求。其中软件程序的修改由软件供应商按照其特定软件质量标准进行，增强后的软件功能还要根据一定的标准进行测试，经审核后确认。

（2）其他更改

其他更改包括对业务流程、制度和组织结构等的更改。业务流程的更改主要有两大原因：其一，运用信息技术的潜能进一步修订了业务蓝图；其二，由于信息技术的限制（或者可以理解为重新设计的新流程太过理想化），新流程不可实现。对于第二种情况，如果设计的流程从业务的角度确实能达到比较好的绩效，即使有些活动信息技术不能提供有力支持，这些活动的实现方式也可由业务人员的知识和经验来取代。

7．会议室导航（Conference Room Pilot）

这一阶段的主要任务是进行会议室导航和最终用户培训。

（1）会议室导航

会议室导航必须建立在原型测试与二次开发和确认的基础上，其主要目的是：验证或测试二次开发的可执行性；测试所有修订后的业务流程和确认相关制度；调整和准备相关凭证和报表；使 CRM 系统真正运行起来。测试结果要经项目指导委员会审批，判断是否具备转入实际应用的条件。如果条件还不成熟，则还需对过去阶段的工作进行进一步完善，而不能匆忙转入切换。

（2）最终用户培训

企业要根据确认了的系统及修正的业务流程、制度进行用户手册的编写，还要从关键用户中选择培训教师对最终用户进行培训。在此，最终用户不但包括具体操作人员，还包括中高层管理人员，因为这些管理人员是需要相关信息来进行分析和决策的。

8．切换

在完成了会议室导航阶段充分细致的测试后，在这一阶段，要从原先的前台系统转换到 CRM 系统。主要的活动包括切换前的准备和正式切换。采取的方式可选择直接切换法、并行切换法以及试点过渡法。

9．新系统支持

在新系统转入正式运行之后，需要不断调整并且监测和评估新系统的运行绩效，以确定它是否满足预定的目标。

（1）对系统进行调整并提供继续支持

不断根据实际需要调整新系统运行；确定更改控制流程并确认已取得的效益；审核与批准项目结束备忘录。

（2）监控新系统运行结果

一方面监测和评估系统运行状态；另一方面根据预先设定的项目目标来审核相应成果，并且审核和批准业绩评估备忘录。

9.3.2　CRM 系统实施的关键成功因素

关键成功因素法（Key Success Factors 或 Critical Success Factors，KSF/CSF）是信息系统开发规划方法之一，由哈佛大学教授 William Zani 在 1970 年提出。在现行系统中，总存在着多个变量影响系统目标的实现，其中若干个因素是关键的和主要的（即成功变量）。通过对关键成功因素的识别，找出实现目标所需的关键信息集合，从而确定系统开发的优先次序。在 CRM 系统中，对 CRM 的关键成功因素准确识别有着重要意义。在这里，我们将 CRM 的关键成功因素归结为两点：第一是“客户成熟度”与“企业成熟度”，第二是人、流程与技术的整合。

1．“客户成熟度”与“企业成熟度”

从 CRM 系统的核心和出发点来说，CRM 成功实施最关键的因素在于客户。企业不能只是强调利用 CRM 来改善他们的运营效率，而忽视了有效改善他们与客户关系的重要性。因此“客户成熟度”与“企业成熟度”等因素对 CRM 系统的成功实施极为重要。

（1）实施 CRM 系统要深入研究客户“成熟度”

所谓客户成熟度是指客户在外部环境及心理等因素的影响下做出某个购买决策的合理性，一个成熟度较高的客户往往更注重与企业建立良好的客户关系。

工业革命以来，以大批量生产、价格敏感、功能至上为竞争优势企业的典型特征。后来，随着产品的丰富与客户的成长，导致市场上产品销售的激烈竞争，产量中心论被销售中心论取而代之，客户也逐渐增加了对品牌、质量、品味、口碑等扩展价值的需求。进入20世纪90年代中期以来，随着客户的进一步成熟，客户需求出现了越来越强烈的差异化倾向，客户对产品的知识和技术等提出了更多的要求，甚至期望获得产品在制造过程、环境保护等各个环节的相关详细信息，这就使得全球市场竞争步入了个性化定制的时代。同时使得客户购买决策行为发生了巨大变化——“客户成熟度”大大提升，孕育了CRM管理理念的产生与发展。

如图9-14所示，随着客户购买经验的增加、教育水平的提高及信息技术不断成熟，客户从只关心产品功能向客户成熟度更高的质量品牌、知识技术等方面发展，客户的购买行为由低介入决策向中介入决策和高介入决策发展，这就需要企业的营销模式也由产品导向型向销售导向型和客户关系导向型转变，最终导致企业必须考虑和实施整体的CRM策略以适应不断提高的客户成熟度。

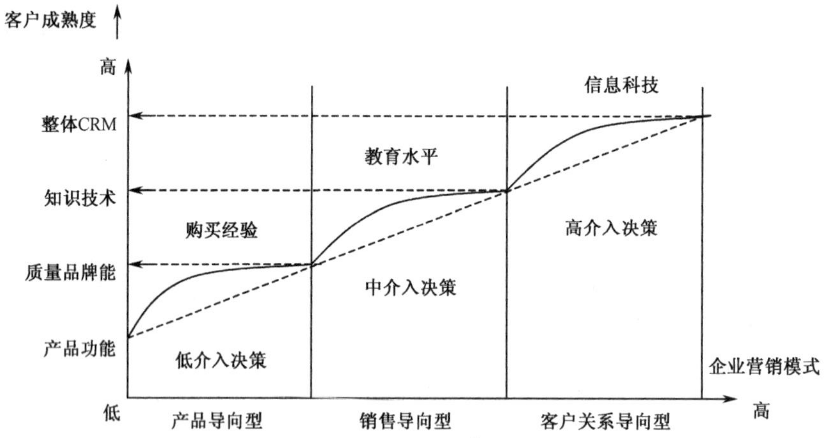

图9-14　客户成熟度与企业营销模式的转变

（2）实施CRM系统更要强调企业自身的成熟度

企业成熟度是企业面对环境的威胁或机会做出反应的灵敏程度，是衡量企业从“以产品为中心”向“以客户为中心”转变的程度。高度成熟的企业关注的重点是识别、保持和提升最佳客户的利润率，而不是采用简单的“PUSH”方式将产品推向客户（消费者）。当然，一个企业是否具有较高的成熟度涉及企业的很多方面，包括企业的经营管理理念转变、企业组织结构调整、企业员工管理水平提升、企业生产运作流程优化等众多方面。根据我国相关专家的研究，可以借鉴Watts Humphrey的软件成熟度划分标准，把企业的成熟度分为5个级别，即初始级、可重复级、可定义级、可管理级和可优化级。

在CRM实施过程中，如果企业没有达到“可重复级”这一最低要求，就会发现实施CRM项目相当困难，其原因是企业成熟度不够，没有可以使企业与不同客户间互动的自动化业务流程。而对于已达到“可定义级”的企业，则需要进行业务流程重组或管理水平提升，才能达到CRM系统实施的条件。如果企业已经达到可管理级或可优化级，则实施CRM系统取得成功的可能性就会大大提高。

企业“自身成熟度”与“客户成熟度”是CRM系统实施的重要前提，也是CRM系统实施能否成功必须考虑的两个关键因素。从世界各国及我国 CRM 实践来看，CRM 系统在客户成熟度与企业成熟度相对较高的企业实施成功的可能性更大，人们所熟知的银行、保险、电信等服务行业的企业已经普遍采用了相应的 CRM 系统。

2．人、流程与技术的整合

从 CRM 系统实施所涉及的因素来说，人、流程和技术是决定 CRM 系统实施能否成功的三个关键因素。

（1）人

集成以客户为中心的 CRM 系统，经常意味着人的工作方式要发生变革。如果员工的知识和工作方式没有随着 CRM 管理变革而更新，那他们将阻碍 CRM 管理变革的顺利实现。公司应当在 CRM 系统实施的整个阶段进行全程交流与沟通，以确保关键的职员和用户对"CRM 系统如何进展"和"CRM 系统如何影响每天的工作方式"保持最新的认识。另外，应当一开始就让用户参与到系统的分析与实施中来，并帮助他们管理自己的变革。

（2）流程

一个系统中的业务处理都是依靠软件中各种执行流程来实现的，流程设计的合理性与执行效率会直接影响软件的使用效率。由于系统开发人员与系统使用人员分属不同的企业，让他们完全站在对方的角度去全面考虑软件开发是不现实的，这导致双方的需求不能准确地在彼此间传递，这是很多企业在购买 CRM 软件产品后"水土不服"的最重要原因。目前的 CRM 软件中一般包含一个或多个由供应商预先建立好的业务流程，购买后强制在企业业务中推行，这种预先设置的做法往往大大降低了系统的适用性和可移植性。

（3）技术

两个与技术相关的要素是：CRM 软件供应商和尖端的 CRM 技术。现有的 CRM 技术大多数用来满足 CRM 的用户需求，而且存在许多具有竞争力的经济型 CRM 供应商可以选择，因此，在选择 CRM 供应商时应清楚他们的实际能力。

与技术有关的第二个问题是：与 CRM 尖端技术的发展保持同步，这是非常困难的。公司没有必要设法与每一个新技术保持同步，但是要"追踪"那些最可能影响 CRM 未来发展的技术。这此技术可能包括：建立在有效的尖端技术基础上的"客户自助式服务"应用系统；基于准许的直销；无线和声音识别能力在 CRM 系统中的应用等。

（4）整合人、流程和技术

实施 CRM 项目应当重视上述的人、流程和技术问题，并且人、流程和技术的整合将会引起企业的变革。表 9-4 提供了一些人、流程和技术如何整合来适应 CRM 实施的关键活动。这种通用的模型需要针对公司的特点进行调整。

表 9-4　人、流程和技术的正确整合

CRM 实施的关键活动	最相关的成分	CRM 实施的关键活动	最相关的成分
确定业务需求	人、部分流程	CRM 系统控制	人、技术
建立项目团队	人、部分流程	CRM 系统部署	人、技术
与其他管理信息系统的集成	技术	CRM 系统支持	人、部分流程
选择和定制 CRM 软件	人、流程、技术	CRM 系统的持续改进	人、流程、技术

我们可以用一些例子加以说明。比如，为了确定业务需求，公司希望应用一个结构化的流程来确保用户的需求能够得到正确的识别和优先排序。然而，确定业务需求的大多数努力是处理人的问题，即与潜在用户一起工作，让其思考他们现有的和潜在的业务需求，并帮助他们管理他们自己所期望的“CRM 创新如何影响这些需求”。这里，技术在确定业务需求中就不是最为重要的角色了。

类似地，当一个公司准备建立他们的 CRM 项目管理团队时，人扮演着最关键的角色，流程（比如怎样建立最佳的项目管理团队和子团队）也很重要。然而当公司准备开始集成传统的或其他所需的系统时，技术显然将扮演着最关键的角色。选择正确的企业应用程序结构、对正确的框架或使用中间件工具的问题达成一致等，这些将对系统集成的效率和效力具有重要的影响。在实际操作过程中，企业人员会要求企业现有系统首先与新系统进行集成，这需要一个流程来决定要将哪些系统进行集成，以及以一个什么样的顺序集成，此时，技术是推动这项活动走向成功的关键。

9.4 CRM 系统的运行管理

9.4.1 CRM 系统的运行和维护管理内容

如果说系统的科学开发与实现是保证系统质量的必要途径，那么系统的科学运行与管理是保证系统效益的重要前提。无论一个系统采用何种开发方法、由谁来开发，亦或是总共消耗了多少成本，这些都只能保证这个系统作为商品是质量合格的，是可以进入市场销售的，但它究竟能不能充分发挥预想的功效，是否可以对用户产生直接或间接的经济、社会效益，还要重视系统的运行管理，CRM 系统也不例外。在这里，我们将借鉴管理信息系统的运行管理方法对 CRM 的运行管理进行阐述。

1. CRM 系统运行管理的内容

一般来说，CRM 系统的运行管理包括三个方面的内容：日常运行的管理；系统文档规范管理；系统的安全和保密。

（1）日常运行管理

CRM 系统的日常运行管理具体有系统运行情况的记录、系统运行的日常维护以及系统的适应性维护等。

在日常运行管理中，我们应从每天系统的进入、功能项的选择与执行，到关闭系统前的数据备份、存档、关机等，按照要求对系统的软硬件运行情况以及数据库相关情况进行记录。尤其是系统出现异常情况后，对系统的表现状况、持续时间以及纠正情况的记录就显得更为重要。但是，此种要求在绝大多数软件系统的运行过程中可能并没有真正执行，因为这毕竟是一个枯燥、烦琐的过程。因此，在现在很多系统中，此类操作一般通过系统自动记录的功能来完成。但作为一种责任与制度，一些重要的运行情况及所遇到的问题，例如多人共用或涉及敏感信息的计算机及功能项的使用，仍应做书面记录。所以，系统运行情况的记录应事先制定尽可能详尽的规章制度，做到有规则可依。

对于系统的日常维护及适应性维护，我们将把此部分的内容放入下一小节进行详细解释。

（2）系统文档的管理

从软件工程的角度来说，软件之所以能够称为软件，是因为文档的存在，那些没有文档而存在的只能称为程序或者源代码，故文档其实有着与程序同等的地位，甚至更高。从软件生命周期中可以看出，从问题定义、可行性研究开始，一直到测试、维护整个周期结束，在每个阶段之间传递的并不是一段程序或者代码，而是一个一个的系统文档。由于每一个阶段只能在保证本阶段的输出文档是正确的前提下，才能够尽可能保证下一个阶段的工作是正确的，所以软件生命周期中每个阶段的文档都必须是科学撰写、合理存放的。

文档的重要性决定了文档管理的重要性。目前，我国信息系统的文档内容与要求基本上有了较为统一的规定。根据不同的性质，信息系统文档可分为技术文档、管理文档及记录文档等若干类（见表 9-5）。

表 9-5　信息系统文档内容及产生阶段

文 档 类 别	文 档 内 容	产 生 阶 段
技术文档	系统总体规划报告	系统规划
	系统分析报告	系统分析
	系统设计说明书、程序设计说明书、数据设计说明书、系统测试计划	系统设计
	系统使用说明书、系统测试报告、系统维护手册	系统实施
管理文档	系统需求报告	系统开发前
	系统开发计划、系统开发合同书、系统总体规划评审意见	系统规划
	系统分析审批意见	系统分析
	系统实施计划、系统设计审核报告	系统设计
	系统试运行报告、系统维护计划	系统实施
	系统运行报告、系统开发总结报告、系统评价报告、系统维护报告	运行与维护
记录文档	会议记录、调查记录	各阶段
	系统运行情况记录、系统日常维护记录、系统适应性维护记录	运行与维护

系统文档的管理工作主要有：文档标准与规范的制定；文档编写的指导与督促；文档的收存、保管与借用手续的办理等。特别需要注意的是，由于 CRM 系统基本都不是由用户自行开发的，故用户购置的商品软件的配套文件资料也要纳入规范的文档工作。另外，按照系统设计开发相关规范，文档的管理必须由专人负责并制度化。

（3）系统的安全和保密

在 CRM 系统的运行过程中会收集及处理海量的客户数据信息，这些信息是企业进行客户管理的重要资源，并且毫无疑问会涉及个人及企业隐私。尤其是现在基于云计算的新型 CRM 系统的应用，使得用户将绝大多数的数据收集及分析功能放于网络上，更增加了系统安全和保密的难度。

人们发现，对于已经建成并正在运行的系统，管理方面的疏忽和失误是导致事故的主要原因。约翰逊（W. C. Johnson）等人创立了系统安全管理的理论和方法体系 MORT（Management Oversightand Risk Tree）。MORT 包括了工业安全中许多行之有效的管理方法，如事故判定技术、标准化作业、职业安全分析等，同时又把能量意外释放论和变化的观点引入安全管理中。

其基本思想和方法对现代工业安全管理产生了深刻的影响。

一般情况下，信息系统的安全问题主要由以下几个方面原因造成：

- 自然现象或电源不正常引起的软硬件及数据损坏；
- 操作失误导致的软硬件及数据损坏；
- 病毒侵扰导致的软件及数据损坏；
- 人为的无意或故意造成的系统软硬件及数据损坏。

绝大多数的原因可以通过先进的安全技术和策略加以控制，使系统运行在一个较为安全的环境中，比如使用电源保护装置、软硬件防火墙以及数据备份等技术。但是，对于人为造成的，尤其是人为故意造成的原因，就需要全社会提高信息安全意识、公民提高自身素质、国家完善相关法律法规以及企业进行员工培训、敏感数据隔离存放并由专人保管等。

2．CRM 系统维护

从软件工程的角度，维护是软件生命周期中最后一个阶段，也是持续时间最长、花费最多的阶段。有专家或学者将系统维护比喻成“冰山”，以比喻它给软件生产所造成的伤害。由于其持续时间太长，许多中小软件开发公司并不情愿将大量的精力放置于此阶段；但另外由于软件维护过程中会产生额外的维护费用，所以一般有实力的大型软件公司又有较高的意愿去承担这项工作。

总体上，CRM 系统的维护工作可分为四类：纠错性维护、完善性维护、适应性维护和预防性维护。

（1）纠错性维护

顾名思义，纠错性维护的目的在于改正在 CRM 系统开发过程中存在的遗留问题。众所周知，软件测试阶段中有一个重要的准则：不彻底性。任何系统或软件的测试即使进行得再全面，也永远无法保证其 100%正确。所以，当 CRM 系统，尤其是大型系统，在交付使用后，都会暴露出那些潜藏的错误，对它们进行发现和改正就称为纠错性维护。微软的 Windows 操作系统不间断地提供系统漏洞补丁的做法就是纠错性维护的最好案例。

（2）完善性维护

包括 CRM 系统在内，所有的软件都要不断地完善以适应快速增长的用户需求。以 CRM 系统为例，最初它只是一个用以记录客户姓名、联系方式等信息的记事本；后来，系统中包含了根据客户获取和流失信息而产生的漏斗分析等一系列的应用；现在，随着网络及大数据等各方面的发展，CRM 已绝不再孤立存在，它可以通过与 SCM、ERP 等各系统的紧密合作，运用最新的数据仓库和挖掘技术，将企业的信息进行有效的整合，为管理者提供高效的决策支持。

（3）适应性维护

对于 CRM 系统来说，其运行所依托的软硬件环境是在不断变化之中的。软件方面，以个人计算机操作系统为例，不到 20 年的时间微软就开发了从 Windows 95 到现在 Windows 8 的多个版本，这就要求 CRM 软件提供商必须不断开发新版本以适应系统平台的变化；硬件方面，摩尔定律更是显示了其发展的快速。为了适应运行环境改变而进行的一系列维护工作就称为适应性维护。

（4）预防性维护

预防性维护最早是由 J. Miller 提出的，他主张：维护人员不要单纯等待用户提出维护请求，应该对那些目前还能使用、但不久就需要做重大修改或加强的软件进行预先维护。预防性维护中最典型的案例莫过于世纪之交中的“千年虫”问题了，就是因为世界各个国家的政府和企业在 2000 年到来之前纷纷对系统进行了有效的预防性维护，才使得各项损失减少到最小。

9.4.2　CRM 系统的运行评价

1．CRM 系统运行评价的目的

虽然现在的 CRM 系统有自行开发、外包开发和联合开发等多种方式，但每一种开发方式都有自身的利弊。我们需要对 CRM 系统在运行后进行有效的评价，才能够不断发现系统自身的以及与使用企业之间的兼容问题。

CRM 系统评价的目的是在系统投入运行以后，以系统开发过程中的需求分析和设计阶段的文档为参照，以产生的与客户关系相关的经济效益增量为依据，检查 CRM 系统是否达到预期目标、性能是否达到预期要求、产生的经济效益是否满意等。通过评价发现 CRM 系统存在的问题，最终提出相应的应对措施和解决方案。CRM 系统的评价是一项复杂程度很高的工作，一般采取多指标评价体系的方法，即首先建立综合评价指标体系和评价标准，再用定性或定量的方法确定各指标的权重和具体数值，最后通过实际调查运用综合算法得出结果。

2．CRM 系统运行评价的依据

目前，对于 CRM 系统评价的依据通常是系统日常运行和维护信息、产生的经济和社会效益、企业或部门对系统的定性评价等。实际评价过程中，可借鉴对一般信息系统评价的方法来考虑，总体上可对 CRM 系统的技术水平、系统性能实现、效益等各个方面来进行评价。

3．CRM 系统运行评价的内容

由于不同的学者对不同的系统都有着不同的评价指标，我们很难能够找到一个全面完整的 CRM 系统运行评价体系。在此，我们以闵文杰（2000）等学者对信息系统综合评价指标体系的构建为例来简要说明。在这个体系中，他们认为对系统进行评价要从系统的技术水平、性能、效益、系统的科技投入水平、价值和操作等几个方面来考虑（见表 9-6）。

表 9-6　信息系统综合评价指标体系

评 价 指 标	具体评价内容
系统的技术水平	目标规划实现度、软件质量、响应时间、外存取能力、资源利用率、规范性、先进性、经济性、开发效率
性能	系统可靠性、系统效率、可维护性、可扩充性、可移植性、适应性、可共享性、系统安全保密性、寿命
效益	直接经济效益、间接经济效益、社会效益
系统的科技投入水平	R&D 的经费支出比例、科研人员比例
价值	用户满意度、系统利用率、对管理的科学性
操作	输入标准化、输出标准化、文档完备性、操作安全与可靠性、界面友好与方便

在具体的研究方法上，他们选用了模糊综合评价方法和人工神经网络方法。其中，在模糊评价方法中采用建立评价专家组、确定指标权重、确定指标的隶属度、计算评价值等多个步骤进行评价；在人工神经网络评价方法中首先采用建立评价网络，再通过网络学习算法进行计算得出结果。

9.5　CRM 系统中的道德和社会问题

9.5.1　CRM 系统的道德维度

目前，只有劳顿（Kenneth C. Laudon）对信息系统的道德维度做了全面深刻的剖析。根据他的观点，由信息系统产生的道德维度有信息权利和义务、产权和义务、问责与控制、系统质量以及生活质量等五个。结合 CRM 的实际，本章认为由 CRM 系统产生的道德、社会、政治问题包括以下维度：客户隐私的保护、CRM 系统产权、法律约束和系统质量。

1．客户隐私的保护

在 CRM 系统开发和使用中，要时刻注意对客户隐私信息的保护。隐私，又称私人生活秘密或私生活秘密，是指私人生活安宁不受他人非法干扰，私人信息保密不受他人非法搜集、刺探和公开等。企业首先要通过合法渠道、经过授权后获取客户信息，并有责任主动保护客户信息不被滥用和窃取。随着个人数据信息在当前网络社会中的重要性越来越高，收集数据同个人隐私权间的矛盾也日益凸显。我们国家目前已逐渐意识到网络个人隐私的重要性，但可惜的是，到目前还没有一部统一的隐私权法或者个人数据保护法，使得个人信息在使用过程中缺乏一定的法律保护，即使出现问题，也只能通过《宪法》、《刑法》等相关条例法规进行约束，这是我们国家完善立法过程中亟需解决的一个问题。

2．CRM 系统产权

CRM 系统的外在表现是软件形式，而软件又属于数字化产品，所以 CRM 系统的知识产权涉及更多的是数字产品的保护问题。法律层面上，依据我国《计算机软件保护条例》的规定，软件著作权人享有发表权、开发者身份权、使用权、使用许可权和获得报酬权、转让权。除此之外，我国《著作权法》、《计算机软件著作权登记办法》和我国参加的有关版权保护的国际公约也涉及了对软件保护的条例。

3．法律约束

在 CRM 系统的开发和使用中，我国涉及侵犯客户隐私权的相关法律法规有如下几条可以参考。

宪法第 40 条规定：中华人民共和国公民的通信自由和通信秘密受法律保护，除因国家安全或者追究刑事犯罪的需要，由公安机关或者检察机关依照法律规定的程序对通信进行检查外，任何组织或者个人不得以任何理由侵犯公民的通信自由和通信秘密。

刑法第 252 条规定：隐匿、毁弃或者非法开拆他人信件，侵犯公民通信自由权利，情节严重的，处一年以下有期徒刑或者拘役。第 253 条规定：邮政工作人员私自开拆或者隐匿、毁弃邮件、电报的，处二年以下有期徒刑或者拘役。

《民法通则》第 106 条规定：公民和法人享有名誉权，公民的人格尊严受法律保护。最高人民法院《关于贯彻执行<中华人民共和国民法通则>若干问题的意见》第 140 条规定：以书面、口头等形式宣扬他人的隐私，或者捏造事实公然丑化他人人格，以及用侮辱、诽谤等方式损害他人名誉，造成一定影响的，应当认定为侵害公民名誉权的行为。最高人民法院《关于审理名誉权案件若干问题的解答》指出：对未经他人同意，擅自公布他人的隐私材料或以书面、口头形式宣扬他人隐私，致他人名誉受到损害的，按照侵害他人名誉权处理。

4．系统质量

为使 CRM 系统能够达到较高的质量，系统提供者必须以保护个人和企业信息资源为重要前提，选择科学的开发方法和工具，选择经验丰富的系统工程师严格按照软件工程的相关步骤设计与开发。目前，几乎所有具有一定规模的软件公司都有专门的工程师负责 SQA 活动。该活动的主要职责有以下几点：

① 向管理者提供正确的信息，以使软件开发正确地执行；

② 收集质量数据，确定和管理风险，促进和协助流程改进；

③ 充当测试工作的监督者，测试工作是否按照既定的流程（测试计划、测试案例、测试执行）进行。

软件质量保证的主要内容包括：保障制度体系、促使过程改进、指导项目实施、评审项目活动、审核工作产品、协助问题解决、提供决策参考和进行缺陷预防等。

除了在设计开发过程中可以通过 SQA（Software Quality Assurance，软件质量保证）技术在一定程度上保证软件的可靠性，国际上也有一些针对软件质量的通用标准。其中，ISO9001 就是应用于软件工程质量保证的标准。这一标准中包含了高效的质量保证系统必须体现的 20 条需求。因为 ISO9001 标准适用于所有的工程行业，因此，为帮助解释该标准在软件过程中的使用而专门开发了一个 ISO 指南的子集 ISO9000-3。

ISO9001 描述的需求涉及到管理责任、质量系统、合约评审、设计控制、文档和数据控制、产品标识和跟踪、过程和控制、审查和测试、纠正和预防性动作、质量控制记录、内部质量审计、培训、服务以及统计技术的主题。

9.5.2　CRM 系统的道德维护

1．技术层面

传统的观点认为，技术规范是通过调整人与自然之间的关系来调整人与人之间的关系，而目前技术规范事实上已经决定了我们在网络上能够和“谁”沟通，用“何种方式”沟通，可以获取“哪些”资讯；并且，如果违反这种制度，技术规范本身会通过技术手段给违规者以制裁。而软件的上述规范作用的发挥，主要是通过准入、监视、反制等技术措施以达到该目的。最典型的案例是网络上可以通过密码或身份证明制度，以验证使用者年龄为主要目的，从而控制信息传输的对象，防止“儿童不宜”的内容进入未成年人的系统。

对于 CRM 系统来说，随着大数据时代的到来，每一系统将面临海量的客户信息。而不管是信息的获取，还是信息的存储和使用，都经受着信息保护以防止泄露和滥用的各项压力。CRM 系统必须采用先进的开发理念和技术，从系统的可行性研究和需求分析开始，始终都将系统的安全性作为重点考虑的因素；在测试阶段使用更为全面的测试方法，使系统在最大程度上保证正确性和可维护性；系统投入使用后，要合理配置包括操作系统在内的权限和安全配置，并使CRM系统使用以及维护专人化、制度化。值得注意的是，仅使用技术并不能保证任何一个软件完全的安全，但是如果没有技术因素的完善考虑，将使系统暴露在一个极不安全的环境之中，增加了出现问题的可能性。

2．系统使用者规范

无论是操作系统，还是CRM等各种应用软件系统，其使用者归根结底还是人，人是信息安全中最活跃、能动的因素。在CRM系统使用过程中，我们首先要树立良好的社会道德风尚，减少窃取他人信息、搬弄是非等违法行为和不良习气，充分发挥舆论力量对各种陋习进行谴责，达到网络自我净化的目的。对于系统维护者而言，企业或组织必须持续进行相应的培训，培养其正确的价值观和工作态度，杜绝监守自盗行为的出现。

3．法律规范

目前，我国关于计算机和互联网领域的法律、法规和办法主要有《中华人民共和国计算机信息系统安全保护条例》、《中华人民共和国计算机信息网络国际联网暂行规定》、《中国公众多媒体通讯管理办法》、《国际联网安全保护管理办法》、《互联网上网服务营业场所管理条例》等。除此之外，我国《民法》、《刑法》、《未成年人保护法》等法律中也有相关的条目对网络中的行为进行约束和规范。但是众所周知，当前我国在计算机和互联网领域的法律还存在许多问题亟待解决。在CRM系统开发和使用过程中，有关知识产权、隐私权等各项权利的保护都需要相关部门从实际出发，制定出有较强针对性的法律法规，对个人或组织的合法权利通过法律加以确认和保护，对违反法律的行为进行相应制裁，真正实现有法可依。

9.5.3 CRM系统的社会问题

无论是国外的安然、世通事件，还是国内的三鹿事件，都在无时无刻地提醒着商业社会中的道德和伦理问题。作为商业活动的实施主体，企业的道德伦理意识就显得格外突出。虽然看上去这些企业不道德的行为与信息系统部门没有太多关系，但实际上信息系统部门在这些事件中也起到了很大的负面作用。比如，这些不道德的企业巧妙地运用财务报告信息系统，尝试隐藏他们的相关行为以躲避检查和惩罚等。

在信息社会中，技术的发展为社会的发展提供了强大的动力。技术的革新使得人们沟通的距离变短、方式多样化、时间间隔越来越小，从而使沟通的效率大大增加，但这也同时带来了诸多负面的影响。尤其是互联网和电子商务的产生，已经给信息系统的道德问题造成了新的紧迫性，CRM系统的产生和使用是造成这种紧迫性的一个缩影。

首先，企业获取客户资料的渠道变得丰富多样，不仅可以通过电话、传真等传统渠道，还可借助于网页、网络电话、视频等网络渠道，更可借助于现在流行的微薄、微信以及APP客户端等手段。

其次，客户信息是客户关系管理的核心和基础，只有能够合理高效地利用客户信息才能够使系统管理达到预期效果，而合理高效的使用信息离不开数据的反复提取、存储和共享，而这些信息几乎都带有个人隐私的性质。

再次，CRM 系统从根本上仍是一个软件，从软件的特性上来说，没有任何一个软件是可以保证没有丝毫错误或漏洞的，更何况 CRM 系统还倚重与互联网以 ERP、SCM 等的互联互通而实现。

最后，CRM 系统还会带来更多其他的道德伦理压力，但无论有多少，最终都会指向同一个结果，即 CRM 系统的开发和使用究竟如何借助于科学开发方法使系统尽可能减少漏洞，通过客户授权去合理地收集客户信息，通过有效企业和员工培训，运用高新技术最大限度保障信息安全的前提下存储和使用信息，杜绝由于客户信息而引起的各种道德和社会问题。

案例分析：入股八百客 Salesforce 意欲何为？

近日，中国在线 CRM 提供商八百客宣布完成 B 轮融资，为宛如一潭死水般波澜不惊的国内 SaaS 市场掀起了一阵涟漪。Salesforce.com 参与投资，但并未公布具体金额。

Salesforce.com 是美纳斯达克上市企业，今年第二季度营收 5.46 亿美元。而八百客已成立 7 年，在国内 SaaS 领域也位列前茅，此次二者的合作可谓强强联手。此外，值得一提的是，作为全球按需 CRM 解决方案的领导者，Salesforce.com 在拥有中国办事处的前提下依然选择入股业务类型重合的八百客，其意图耐人寻味。

猜想 1：Salesforce.com 为收购八百客投石问路？

虽然收购八百客这个假设有些过于大胆，但由于此轮融资并未透露具体金额，故不能排除有 Salesforce.com 希望借投资全面控股八百客的可能。

此前，在国内 B2C 企业京东商城完成 C 轮融资之际，京东商城 CEO 刘强东一句“因沃尔玛欲全面控股京东拒绝其投资”，引起业内广泛关注。而近期 1 号店股权出让传闻与莎啦啦鲜花网内讧事件，使国内企业管理者与投资方的利益冲突剑拔弩张。

毫无疑问，国外巨头企业觊觎中国庞大市场的司马昭之心可谓路人皆知，但就目前而言，Salesforce.com 收购八百客的可能性微乎其微。

之前进军中国市场，豪言一统江湖的国外巨头企业，大多数已成为先烈，近期最明显的案例当属团购鼻祖 Groupon 借高朋网进军中国却满处碰壁，灰头土脸。国外企业对中国互联网环境缺乏认知，盲目自大是其在华市场失败的根本原因，此前已有众多先例，Salesforce.com 入华势必谨慎行事。此外，Salesforce.com 在北美市场的根基并未稳固，SAP、微软等强敌环伺，其现有资金与精力恐难以顾及国内市场。

猜想 2：看好 SaaS 行业，Salesforce.com 入股八百客为战略投资

全力进军中国市场暂不可行，那么战略投资很可能是 Salesforce.com 投资八百客的主要目的。

Salesforce.com 千挑万选，在国内 SaaS 企业中选中了八百客作为投资对象，而非用友、金蝶、浪潮等此前人们心目中的传统豪门。由此看来，Salesforce.com 对八百客的发展前景颇为看好，并认为在将来可以从这笔投资中获取不菲收益。

作为成立 7 年的老江湖，八百客在国内在线 CRM 领域已成为公认的王者。在服务价格上，八百客相对具有竞争性。例如，Salesforce.com 每用户每月 65 美元，而八百客则是 60 块钱人民币，差额在 6 倍以上。本地化的服务，性价比最高的软件系统支持，使八百客吸引了包括中国移动、加拿大铝业、中易安、NEC 中国、ADP 中国、安富利和中国人寿保险等大型企业的入驻。

此前国内企业接受国外互联网巨头的投资案例并不少见，全球搜索门户谷歌此前在 2004 年曾战略投资国内具有相同业务属性的百度，而阿里巴巴也曾接受雅虎投资。如今百度和阿里巴巴都已成长为国内乃至全球极具影响力的著名企业，谷歌随后虽然在中国战略受挫，但其投资百度的行为收益良多；持有的阿里巴巴股份更成为如今雅虎唯一值得称道的价值，此类投资可谓双赢。作为全球领先的 CRM 服务供应商，Salesforce 投资八百客与雅虎投资阿里巴巴和谷歌入股百度的行为大同小异。Salesforce 通过国内办事处与投资行为两手准备入华，更加事半功倍；而八百客借助此轮融资发展壮大，日后成为国内互联网行业另一巨头亦非没有可能。

虽然 Salesforce.com 入股八百客意欲何为目前尚未可知，但可以肯定的是，Salesforce.com 之所以会选择投资八百客，除了看好八百客的未来外，更重要的是看好 SaaS 行业的未来，这无疑是对“悲观论”最为有力的回击。此外，通过此轮融资，八百客在技术与服务方面势必再上台阶，国内 SaaS 领域硝烟再起或许意味着新一轮市场洗牌已迫在眉睫。

案例来源：IT 专家网，http://esoft.ctocio.com.cn/125/12160625.shtml

案例思考题

1. 国内 SaaS 企业应该如何发展？
2. 与传统的 CRM 软件相比，在线 CRM 具有何种优势和劣势？

关键词汇

管理系统；逻辑架构；网络架构；模块划分；模块功能；系统实施运行管理；BSP；U/C 矩阵；CSF；道德维度；道德维护

本章小结

客户关系管理系统是借助于计算机和互联网络技术管理客户关系的运作载体。

不同的企业对于 CRM 系统的逻辑和网络结构有不同的理解：Oracle 的 CRM 电子商务套件在其电子商务平台的基础上从逻辑上可划分为分析应用层、商业应用层、CRM 基本业务层、互动渠道层以及电子商务基本应用层；微软 CRM 的逻辑架构大致可分表现层、应用层、商业设计层、平台服务层和数据服务层。

一般来说 CRM 系统功能都会包括三大基本模块：营销模块、销售模块和客户服务模块，而不同企业又在此基础上进行了不同扩展。在设计中，可通过 BSP 方法进行科学的模块划分。CRM 系统的分类可以由操作型、协作型和分析型三类组成，每一类系统具有各自的应用侧重点。

CRM 的系统实施过程与一般信息系统有相似之处，可借鉴软件生命周期中的相关概念来理解，其实现的关键成功因素包括客户成熟度、企业成熟度以及流程技术整合等。一般来说，CRM 系统的运行管理包括三个方面的内容：日常运行的管理；系统文档规范管理；系统的安全和保密。CRM 系统的维护工作可分为四类：纠错性维护、完善性维护、适应性维护和预防性维护。

根据劳顿（Kenneth C. Laudon）的信息系统道德维度观点，结合 CRM 的实际，本章认为由 CRM 系统产生的道德、社会、政治问题包括以下维度：客户隐私的保护、CRM 系统产权、问责与控制和系统质量。我们可以从技术层面、法律层面和系统使用者层面加以考虑。

复习思考题

1．Oracle 和微软的 CRM 系统的逻辑架构包括哪些部分？
2．什么是 BSP 方法？
3．CRM 系统一般划分为哪几个模块？
4．Meta Group 把 CRM 系统分为哪几种类型？
5．CRM 系统的实施一般分为哪几个阶段？
6．CRM 系统实施的关键成功因素有哪些？
7．CRM 系统的运行管理包括哪三个方面的内容？
8．CRM 系统的维护工作可分为哪四类？
9．CRM 系统运行评价的目的是什么？
10．CRM 系统产生的道德、社会、政治问题包括哪些维度？

讨论题

1．讨论 Salesforce.com 公司为什么可以击败众多知名企业而名列 CRM 市场第三位。
2．随着大数据时代的来临，CRM 系统将朝着哪些方向发展？
3．讨论不同类型的 CRM 系统适合何种类型的企业。
4．如何理解 CRM 系统的信息安全问题是一个社会问题？
5．本章提到的信息系统综合评价指标体系在评价 CRM 系统时会不会存在问题？

网络实践题

1．登录八百客网站（www.800app.com），体验此公司在线 CRM 系统的使用。

2．登录 Oracle 公司的网站（www.oracle.com），查找此公司在 CRM 系统开发中的最新动态。

3．登录微软公司的网站（http://www.microsoft.com/zh-cn/dynamics/default. aspx），查找此公司 Dynamics CRM 产品的最新动态。

4．登录 Salesforce 公司的网站（http://www.salesforce.com），查找此公司的 CRM 产品在云服务中的最新动态。

第 10 章　客户服务与支持

课前导读

客户服务与支持是 CRM 的关键环节之一，通过该环节能够帮助企业挖掘潜在客户，巩固原有客户，并且提升企业形象。客户服务与支持的重要手段就是通过客户服务中心与客户进行沟通交流，随着计算机及网络技术的发展，客户服务中心已经发展为以现代通信技术为基础的交流平台，一体化整合平台是当前最重要的客户服务中心建设方案。客户服务中心的建设关键是要完整地设计出客户联系流程，与企业内部系统实现集成以及有计划分步骤地进行。客户互动中心作为第四代客户服务中心，是一个面向客户，以人为本，能够为客户提供个性化、综合性服务的系统，通过互联网能够更加高效地实现客户服务与支持的功能，并得到越来越广泛的应用。

学习目标

- 了解客户服务与支持的基本功能
- 了解客户服务中心的发展历程
- 掌握客户服务中心的内涵和特点
- 了解客户服务中心的建设方案及成功的关键因素
- 熟悉客户互动中心的功能和特点

10.1　客户服务与支持概述

为客户提供及时周到的服务与支持是客户关系管理的关键环节之一，特别是现在以客户为中心的服务理念中，好的客户服务与支持已经成为提升客户满意度和客户忠诚度的重要影响因素，因此越来越多的企业开始重视客户服务与支持。

10.1.1　客户服务与支持概念

客户服务与支持（CSS，Customer Service & Support）是客户关系管理的重要组成部分，是专门为客户提供售前、售后服务的环节，主要包括为客户提供产品质量、业务研讨、现场服务、订单跟踪、客户关心、服务请求、服务合同、维修调度、纠纷解决等服务。一般情况下，客户服务与支持可以通过呼叫中心和互联网来实现，特别是随着互联网的普及，网络在线服务正在成为客户服务与支持的主要方式。

客户服务和支持是客户关系管理的应用范围之一。一旦客户购买了产品或服务，CSS 就负责维护和发展客户关系。CSS 是与客户联系最频繁的部门而且对保持客户满意度至关重要。由于与消费者的互动关系变得日益复杂，所以客户服务部门需要一个柔性的、可扩展的、伸缩性好并且集成度高的高技术基础设施来及时准确地满足客户需求。

10.1.2　客户服务与支持的组成

客户服务与支持主要由以下几部分组成。

1．呼叫管理（Call Management）

呼叫管理是 CSS 应用功能的核心，它能记录所有的来电和交易，并且自始至终地管理交易。呼叫管理是以互联网为基础的互动式客户服务，也称作 E-Service，它能提高客户、合作伙伴和潜在客户自我服务的能力，并且增强他们通过网络与企业互动的能力。呼叫管理的主要功能包括：

① 软件跟踪和软件升级，与前台的基于 Web 的 CSS 服务应用集成在一起。

② 问题解决型的知识管理软件，可以提供类似自然语言的接口，而且客户可以自己来查询。

③ 一个 ERMS（Enterprise Resource Management System，企业资源管理系统），用来管理发入和发出的 E-mail。

④ 一个综合排队管理系统，它的功能类似于一个漏斗，集合各种不同的渠道（例如电话、IVR、语音识别、网络和主页）来实现标准化地处理所有客户请求。

⑤ 合作式讨论，通过 Web 和基于 IP 的语音来实现企业与客户之间的交流。

2．现场服务与分派系统（FS/D，Field Service and Dispatch）

FS/D 一直具有在生产企业和产品服务提供商之间提供密切联系的后台功能。FS/D 对于服务经济来说是非常重要的，它已经成为全套 CSS 的一个关键组成部分，而且也是 CRM 的一个重要部分。FS/D 软件正从单一的后台功能转向一个紧密整合后台和前台服务系统的企业系统。FS/D 的应用必须与联络中心和呼叫管理系统整合起来，还将与销售组织整合起来。FS/D 包括劳动用工预测和安排、合同管理（包括购买和租赁）、保修、授权、定点维修或大修、技术人员的指派、零件的计划和管理、基础设施的维护、库存、缺陷跟踪和报告。

3．联络中心（Contact Center）

传统的客户服务中心的主要功能是处理语音，其目的仅仅是联系客户，而联络中心包括与客户联系的所有渠道，包括语音（如电话、IVR、语速识别和声音识别）、网络（如 E-mail）、Web、传真和信函。这是一个基于服务环境的输入/输出系统，在这个环境中，客服人员处理所有有关销售、客户服务、搜集信息以及其他功能等方面的信息。

10.1.3　客户服务与支持的功能

客户服务与支持旨在快速、及时地得问题客户的信息及客户历史问题记录等，这样可以有针对性并且高效地为客户解决问题，提高客户满意度，从而提升企业形象。不同行业的客户服务与支持的功能不完全相同，但是一般都包括客户反馈、客户关怀、解决方案、进行客户满意度调查等。客户反馈是直接与客户进行沟通的环节，能够反映出企业产品及服务存在的问题，同时，可以让管理者第一时间获知未解决的客户请求。客户关怀能够帮助企业提高客户满意度，巩固老客户并开发潜在客户。解决方案环节使企业所有员工都可以立刻提交给客户最为满意的答案。客户满意度调查环节则可以使高层管理者随时获知本公司客户服务的真实水平。

10.1.4　客户服务与支持的流程

客户服务与支持按照流程一般包括三个层面。第一个层面是客户通过电话、网络等方式与企业取得联系，企业一方面可以通过网络方式为客户提供自助服务与支持，另一方面，通过客服代表的方式与客户进行沟通。通过该层面，企业可以第一时间获取客户对企业所提供产品和服务的反馈，深入了解客户的问题及诉求。对于常见的问题可以通过自助服务的方式给予解答，对于特殊问题可以进一步创建新的客户反馈，为更好地分析客户需求和客户意见提供资料。第二个层面是对于客户的反馈，客服代表进行分析汇总，及时解决客户反馈的问题，同时企业积极制定和建设公共知识库，对于客户反映的相同或类似问题进行统计分析，制定解决方案，尽量解决和及时更新解决状态，并与客户进行深入沟通，了解客户服务的满意度。第三个层面是根据客户服务与支持的情况，知识库管理员提交相关解决方案，讨论公开并建立新的知识库，同时进行统计分析，分析客户来源、客户反馈、客户服务与支持的服务状况以及客户满意度等指标，为更好地提供客户服务与支持提供基础，如图 10-1 所示。

10.2 客户服务中心概述

客户服务与支持功能主要通过客户服务中心来实现。客户服务中心（CSC，Customer Service Center）是指利用电话、手机、传真、网络等多种信息方式接入，以人工、自动语音、网络等多种方式为客户提供各类售前、售后服务，建立起企业与客户沟通的组织平台，简称“客服中心”或“客服”。

客户服务中心是基于 CTI（Computer Telephony Integration，计算机电话集成）技术的一种新的综合信息服务系统，由早期的以电话和接话人员组成的电话服务热线发展而来。现代的客户服务中心是一种充分利用通信网和计算机网的多项功能的集成，与企业各业务渠道连为一体的完整的综合信息服务系统，能有效而高速地为用户提供多种服务。

从技术方面来说，客户服务中心是围绕客户采用 CTI 建立起来的客户关怀中心：对外提供语音、数据、传真、视频、因特网、移动等多种接入手段，对内通过计算机和电话网络联系客户数据库和各部门的资源。

从管理方面来说，客户服务中心是一个促进企业营销、市场开拓并为客户提供友好的交互式服务的管理与服务系统。它作为企业面向客户的前台，面对的是客户，强调的是服务，注重的是管理，是企业加强与客户之间的关系并完善客户资源管理和企业经营管理的渠道，可以提高客户满意度，完善客户服务，为企业创造更多的利润。

10.2.1 客户服务中心的发展历程

客户服务中心起源于早期的呼叫中心（Call Center）。世界上第一个具有一定规模的、可提供 7×24 小时服务的呼叫中心由泛美航空公司在 1956 年建成并投入使用，其主要功能是可以让客户通过呼叫中心进行机票预定。随后，AT&T（American Telephone and Telegraph Company）推出了第一个用于电话营销的呼出型呼叫中心，并在 1967 年正式开始运营 800 被叫付费业务。

呼叫中心的大规模应用是在 20 世纪 80 年代，欧美等国的电信企业、航空公司、商业银行为了密切与用户的联系及广泛应用计算机技术，利用电话作为与用户交互联系的媒体，设立了呼叫中心，实际上就是建立了针对用户的服务中心。呼叫中心利用计算机技术、计算机网络技术和电话通信技术，为客户提供自动语音应答服务和人工接听服务，包括信息查询、

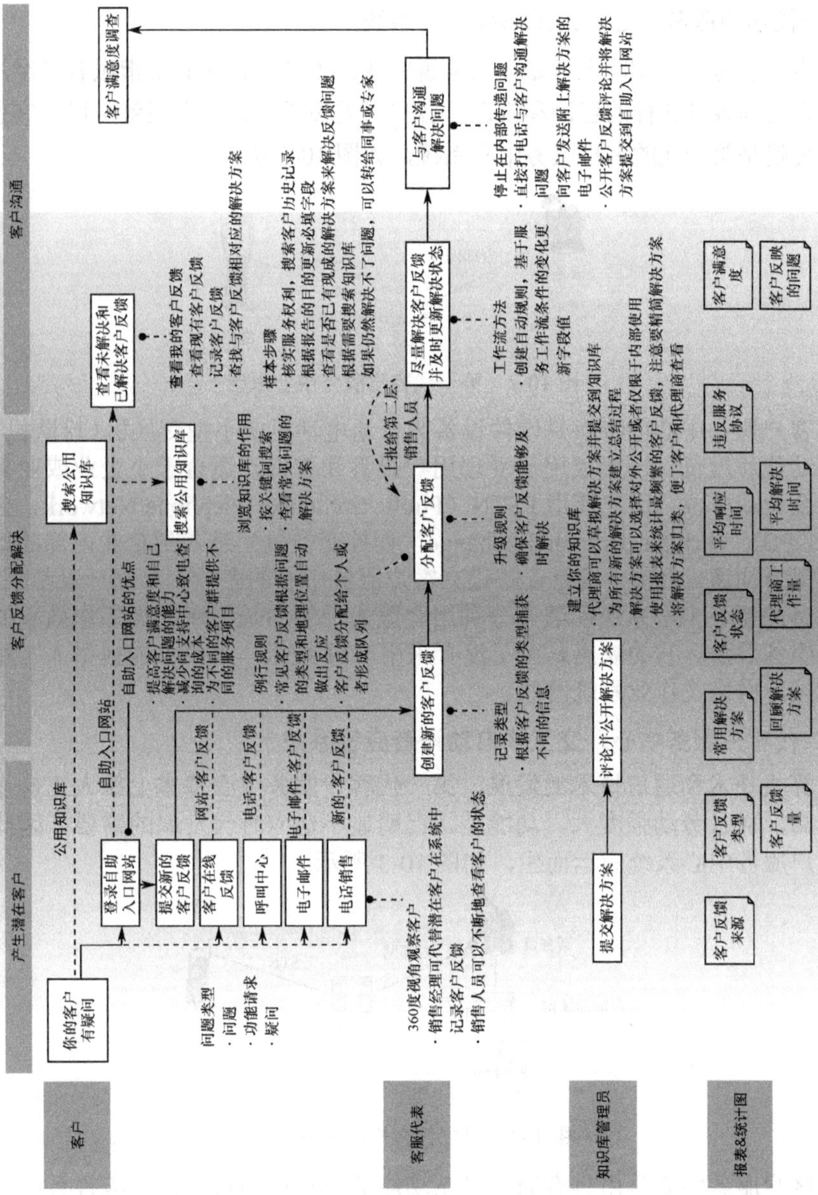

图 10-1　客户服务与支持流程

业务咨询、业务受理、质量投诉和处理、信息发布等全方位客户服务功能，还实现了满足内部使用的服务分类统计和分析、服务质量监控和考核等功能。因此，呼叫中心常常成为客户服务中心的代名词，在本书中我们把两者等同看待。根据客户服务中心应用的技术，可以将客户服务中心划分为以下几种。

1. 第一代客户服务中心：人工热线电话系统

早期的客户服务中心实际上就是今天常说的热线电话，企业通常指派若干经过培训的客服人员专门负责处理各种各样的咨询和投诉，客户只需拨通指定的电话就可以与客服人员直接交谈。这套系统就是第一代的客户服务中心系统，如图10-2所示。

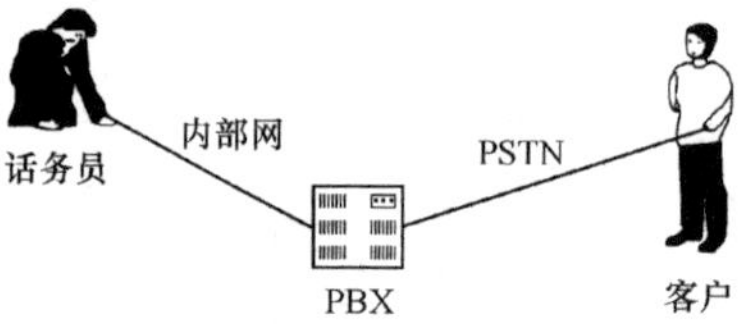

图10-2　第一代客户服务中心系统

第一代客户服务中心的特点是硬件设备为普通电话机或小型交换机（排队机），结构简单，造价低，自动化程度低，一般仅用于受理用户投诉和咨询，适合于小企业或业务量小、用户要求不高的企业或单位。用户使用PSTN（Public Switched Telephone Network，公共交换电话网络），通过PBX（Private Branch Exchange，程控交换机）进入到企业内部的话务端口，与话务员进行语音沟通。目前，没有正式设立客户服务中心的企业、单位一般都采用这种方式。

第一代客户服务中心系统能够充分利用客服人员的专长，在提高工作效率的同时也大大提高了客户服务质量。它的缺点是由于没有采用CTI技术，因此只能提供人工服务，客户的来话无法转接，网络及作业系统落后。

2. 第二代客户服务中心：交互式自动语音应答系统

由于计算机技术和通信技术的发展，第一代客户服务中心基本上靠人工操作，对话务员的要求相当高，而且劳动强度大，功能差，已明显不适应时代发展的需要。因此，功能完善的第二代客户服务中心系统应运而生，如图10-3所示。

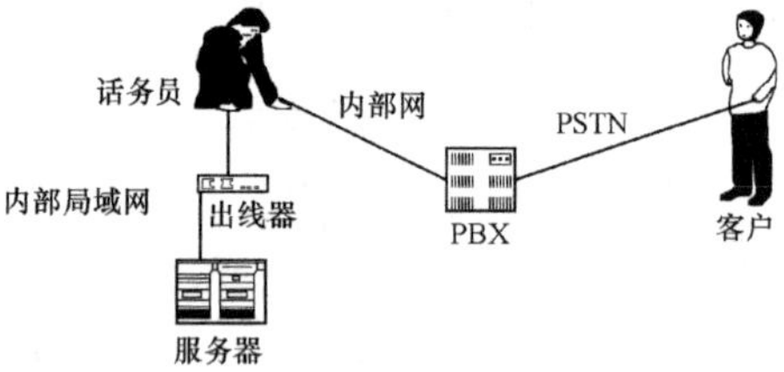

图10-3　第二代客户服务中心系统

第二代客户服务中心是由具有简单排队功能的交换机和自动语音应答系统构成的，客户拨入客户服务中心后，可以选择人工或自动语音应答服务方式。用户可以根据语音提示选择不同的操作，获得需要的服务。

第二代客户服务中心的特点包括广泛采用了计算机技术，如通过局域网技术实现数据库数据共享；利用语音自动应答技术用于减轻话务员的劳动强度，减少出错率；利用自动分配器均衡坐席话务量，降低呼叫损耗，提高客户的满意度等。但第二代客户服务中心也存在一定的缺点：它需要采用专用的硬件平台与应用软件，还需要投入大量的资金用于集成和支持客户个性化需求，灵活性差，升级不方便，风险较大，造价也较高。

3．第三代客户服务中心：CTI 技术处理系统

第三代客户服务中心是在第二代的基础上引入 CTI，实现数据与语音的融合，从而实现人工处理与计算机自动应答之间的有机结合，在系统中实现自动话务分配、预测拨号、客户资料显示等功能。这样客户服务系统可以根据用户资料和用户选择等信息，为用户提供高效和个性化的服务。目前，国内外厂家推出的客户服务中心系统均属于这种类型，是目前客户服务中心的主流。与第二代客户服务中心相比，第三代客户服务中心采用 CTI 技术实现了语音和数据的同步，其结构如图 10-4 所示。

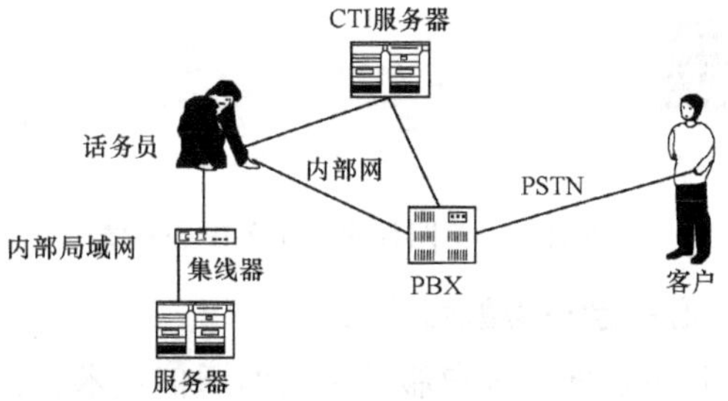

图 10-4　第三代客户服务中心系统

第三代客户服务中心的优点是：采用通用软硬件平台，造价较低；随着软件价格的不断下调，可以不断增加新功能，特别是中间件的采用，使系统更加灵活，扩容升级更加方便；无论是企业内部的业务系统还是企业外部的客户管理系统，不同系统间的互通性都得到了加强；同时还支持利用远程代理技术实现虚拟呼叫中心功能。

但是第三代客户服务中心同前两代客户服务中心一样，都是基于 PBX 的，这种客户服务中心对 IP 技术支持存在先天不足，按照目前的发展趋势，IP 技术将取代传统的语音方式，PBX 系统将面临全面更新甚至被淘汰的危险。

4．第四代客户服务中心：客户互动中心

随着时代的发展，企业在社会中的作用从提供产品转变为提供服务，企业之间的竞争也从产品竞争发展到了服务竞争的新格局。企业的社会作用和竞争模式的改变导致企业提高了客户服务中心的作用和地位。企业建立呼叫中心的目的就成为利用先进的科技手段和管理方法，让客户服务质量得到一个质的飞跃，并逐步形成以市场和客户服务为中心，带动企业各相关产业迅速发展。为此，出现了新一代客户服务中心——客户互动中心 CIC（Customer Interaction Center），如图 10-5 所示。

第四代客户服务中心 CIC 完全提供了前三代客户服务中心所具有的语音交换功能，同时利用了集成的 IP 交换功能，能够完全支持计算机的网络服务。CIC 在网络融合的基础上，实现了在业务应用层“一体化”的综合通信。由于 CIC 的技术优势，使它真正实现了对多媒体应用的支持，从而使它完全脱离了传统的客户服务中心所固有的单调表现形式。同时由于技术的支持，CIC 改变了客户服务中心和客户之间的关系，传统的客户中心只能被动地由客户来呼叫，信息流是单向的；而 CIC 支持多种媒介的交互方式，使得客户服务中心能主动地为客户提供各类服务，从而使两者之间能够真正实现互动。

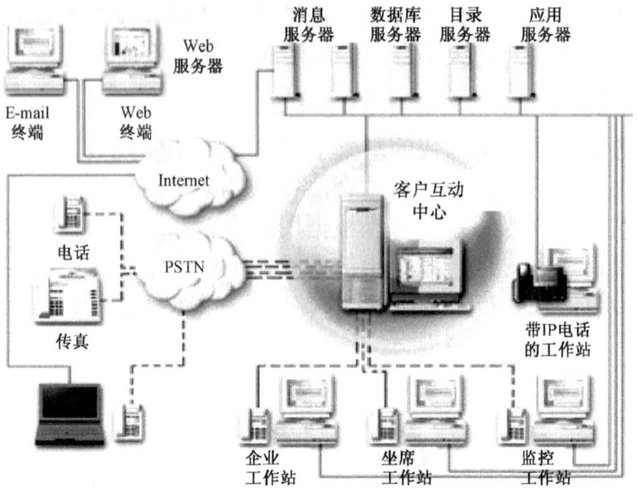

图 10-5　第四代客户服务中心系统

5．第五代客户服务中心：全业务融合平台

随着客户服务中心产业的发展，客户服务中心对通信技术、计算技术、运营管理和业务模式提出了更高的要求。于是，客户服务中心演进到了第五代。第五代客户服务中心是基于 UC（Universal Communication，通用通信）、SOA（Service- Oriented Architecture，面向服务的体系结构或面向服务架构）和实时服务总线技术的、具备 JIT（Just In Time，准时生产）管理思想和作为全业务支撑平台 TSP（Totally Service Platform）的呼叫中心。第五代客户服务中心尚处于概念阶段，但与前几代客户服务中心相比，第五代客户服务中心包含以下 4 个特性。

（1）通信：基于 UC

第五代客户服务中心在通信方面提出了更高的要求，允许客户以各种联络方式请求客户服务中心，并且客户服务中心能够和管理电话一样管理这些联络方式。这些联络方式包括电话、传真、短信、电子邮件、网上音频、网上视频、文本交谈、文件传输、护航浏览、应用共享、桌面共享和电子白板。

（2）计算：基于 SOA 和实时服务总线技术

客户服务中心引入的软件系统越来越多，软件需求也在不断变化，因此第五代客户服务中心要求软件基于 SOA 技术，以满足系统之间的交互和不断变化的需求；同时，客户服务中心是典型的实时系统，要求系统之间的交互是实时的，而实时处理的需求也是不断变化的，因此必须也必然需要实时服务总线支撑。

（3）管理：具备 JIT 管理思想

准时化生产方式（Just-In-Time，JIT）是一种独具特色的现代化生产方式。准时化生产方式作为一种彻底追求生产过程合理性、高效性和灵活性的生产管理技术，已被应用于世界各国的许多行业和众多企业中，其精髓在于持续改进。包括：杜绝一切形式的浪费，尊重人性和调动人的积极性，良好的外部协作关系。第五代客户服务中心在技术上需要对 JIT 管理思想提供有效的管理工具。

（4）业务：全业务支撑平台 TSP（Totally Service Platform）

第五代客户服务中心在业务模式上应该是一个全业务支撑平台：既可以应用于呼入，也可以应用于呼出；既可以应用于客户服务，也可以应用于电话营销；既可以应用于众多商业领域，也可以应用于多个政务行业；既可以应用于自建客户服务中心，也可以应用于外包客户服务中心；既可以应用于大集中客户服务中心，也可以应用于分布式客户服务中心。

随着客户服务中心的应用和地位的不断改变，目前的客户服务中心已远远超出了过去的定义范围，成为以信息技术为核心，通过多种现代通信手段和服务工具，为客户提供优质高效、交互式服务的技术系统。

10.2.2　客户服务中心的功能

客户服务中心集成了计算机技术、网络技术和电话通信技术，为客户提供自动语音应答服务和人工接听服务，包括查询和咨询服务、业务受理服务、服务质量投诉和处理、信息发布等全方位客户服务功能，还包括内部使用的服务分类统计和分析、服务质量监控和考核等功能。

1．计算机集成处理（CTI）

CTI（Computer Telephony Integration）呼叫处理子系统可以实现屏幕弹出并实现同步转移，使客户的信息显示在接线员的屏幕上，同时实现呼叫跟踪管理，基于计算机的电话智能路由选择、个性化问候语、来话和去话管理、坐席终端的“软电话”功能和通话过程中的在线录音功能。如今，CTI 技术已经发展成“计算机电信集成”技术（Computer Telecommunication Integration），即其中的“T”已经发展成“Telecommunication”，这意味着 CTI 技术不仅要处理传统的电话语音，而且要处理包括传真、电子邮件等其他形式的信息媒体。

2．交互式语音应答（IVR）

IVR（Interactive Voice Response）即交互式语音应答，是一种功能强大的电话自动服务系统。它用预先录制或 TTS（Text To Speech，文本转语音）技术合成的语音进行自动应答，提供一种为客户进行菜单导航的功能。用户只须用电话即可进入服务中心，根据操作提示可以实现用户的自助服务。

3．自动传真应答（FOD）

FOD（Fax On Demand，自动传真应答）向客户提供传真服务或定时给客户发送信息。完成自动接收传真到服务器上，由用户自己选择文件，系统自动将传真发送到用户的传真机上。实现传真数据存储，将传真数据保存为文件，同时建立管理检索库。完成传真数据合成，将图像文件和业务数据按一定的格式合成为传真文件。

4．自动呼叫分配（ACD）

自动呼叫分配 ACD（Automatic Call Distributor）也称自动排队机，负责客户电话的均衡分配，系统能够实时跟踪坐席状态并依此生成有效坐席队列，依据排队算法，将呼叫插入最合适的坐席队列。系统可以根据实际需要随时更改来电处理方法，一般包括以下几种来电分配方式。

① 循环振铃：循环检测各坐席，直到发现空闲的坐席。

② 集体振铃：在呼叫到达时，同一组的坐席的电话一起振铃。

③ 自动排队：根据坐席的接听情况，选择一个空闲时间最长的坐席来提供服务，实现业务量均衡。同时，在等待队列中，呼叫者还可以听到等待的人数、自己等待的时间或一段音乐等。

④ 按记忆分配：系统自动记录以往通话记录，并将来电转入上次通话的坐席。

⑤ 按客户转接：和 CRM 结合，直接将客户来电分配到所属专有坐席，VIP 客户可得到

最快速的服务。

⑥ 按归属地转接：系统可自动根据来电号码的地区归属转接不同的坐席，以利于不同的区域客户由不同的坐席服务。

5．语音信箱服务（VM，Voice Mail）

用于客户的留言及播放，如客户对服务提出投诉或其他要求时可进行留言，以便让话务员来处理。VM 可以在收到留言时，通过手机、呼机、固定电话等方式通知当事人。服务人员可以在公司内部的任一分机收听留言，如果刚好出差在外，也可以远程听取留言。我们可以将语音信箱里的留言通过 E-mail 发送到服务人员的信箱中，以便他随时随地读取。

6．呼叫同步转移

当客服人员在为客户提供服务遇到无法解决的问题时，这时客服人员会选择将电话转给熟练的坐席及相关部门，在电话转出的同时，客户的基本资料及此次通话记录概要也同步转移至受话者，免去不必要的问询时间，既提高了效率又节省了客户的宝贵时间，从而增强了客户的满意度，更提升了公司的服务形象。

7．多功能呼叫操作

系统提供多功能的呼叫操作，可以在计算机上直接操作，亦可用电话键盘操作，包括电话转接、呼叫保持、直接留言、电话截取、呼叫等待、呼叫转移、语音存取、快速拨号、时间限制、呼叫限制、拨出预约、免打扰、遇忙回叫等。

8．客户档案管理

客户的基本资料以一定的格式存储在客户数据库中，包括客户的名称、联系人、通讯地址、通讯方式、交往记录等。作为客户原始资料以备其他子系统读取相关客户信息（如来电屏幕弹出的客户基本资料），此子系统可单独使用。

9．电话回访

此系统主要用于客户电话回访，系统可自动进行外拨队列处理，选定客户名单系统自动进行外拨操作，如选定部分客户电话号码系统将自动、逐个、反复拨号直到拨通为止（建议使用）；客服人员亦可在地址簿中选定某客户双击直接拨号，省去人工拨号操作以节省大量时间，从而大大提高话务员的工作效率。

10．统计报表

对各种信息进行统计、分析，如按时间统计产品需求率；按区域统计某种型号产品投诉率；按产品统计某个部件的故障率；数据库营销按区域调查用户满意度；等等。对统计结果以柱形图、盘形图的形式加以分析，为管理部门提供强有力的决策依据。此系统可按需量身定制，以适应使用者的特殊需求，功能强大。

11．质检

利用录音信息、数据库信息等进行质检，实现对分组、话务员工作质量的客观评价，为实施奖罚，提高话务员的业务水平、提高服务质量提供依据。

12．自定义字段

针对各行各业对客户服务中心界面的需求，客户服务中心每个界面的字段都可以自定义设置，可以自由添加适用于自己的词条，方便、快捷地解决各行各业对客户服务中心页面词条设置的要求。

10.2.3 客户服务中心的作用

客户服务中心是企业为实现低成本、高效率和高质量的服务而建立的客户服务机构。许多企业一般都有这样的特点：一方面企业为客户提供了多种多样的服务；另一方面客户与客户之间有比较大的价值差异，常会出现少数高价值客户代表了企业大部分利润来源的现象。理论上，这种类型的企业最适合实施 CRM。但是，要实现 CRM 就要求收集大量的客户信息，这不可能完全由客户自己来提供，因为任何人都会对填写烦琐的表格产生反感，所以信息的收集常常需要在客户不知不觉的情况下完成。因此，企业每一次与客户的接触都是企业收集客户信息的最佳时机。

客户服务中心作为客户与企业建立联系的纽带，在这方面发挥着重要的作用。另外，通过 CRM 改善的优质服务，也需要在客户服务中心得到充分的展示，才能获得最佳的效果。利用客户服务中心，可以为适当的客户提供适当的服务，让他感到满意并继续与企业保持关系，从而确保企业继续获利，由此才能真正实现 CRM 的价值。可见，客户服务中心在 CRM 中扮演着重要角色，是企业成功实施 CRM 的保证。具体来说，在 CRM 系统中，客户服务中心在企业中的作用主要表现在以下几个方面。

1. 企业与客户沟通的统一平台

随着市场竞争的白热化，产品和服务的质量已经成为营销中的主要因素，客户服务中心作为企业与客户联系的重要窗口，在企业的整体营销战略中处于越来越重要的地位。特别是 1999 年中期，客户关系管理理论的形成拓展了客户服务中心的内涵。对很多企业来说，销售、营销和服务部门的信息化程度越来越不能适应业务发展的需要。越来越多的企业要求提高销售、营销和服务等日常业务的信息化和自动化程度。这是客户关系管理应运而生的需求基础。客户关系管理从本质上说，是实施以客户为中心的商业策略，据此对企业业务流程重组，以找到企业和客户双赢的机会。

客户服务中心是企业为客户提供的一个明确且统一对话的窗口，在与客户联系的过程中能够解决客户的各种问题，也避免了干扰企业内部作业。如果没有客户服务中心，客户不同性质的问题必须直接寻求企业中不同部门人员的协助，或者需要与多个职能部门沟通才能完成。而企业如果任由客户打电话到内部单位联系，常常会干扰到内部人员的作业，并且可能出现人员忙于日常的工作，导致出现回答不一致的现象，这种情形无法满足客户的需求。客户服务中心可以为客户提供产品之外更多的附加价值，例如个性化咨询服务、全天候的电话服务等，这些附加价值将有助于协助客户解决问题，增加客户满意度和忠诚度。

2. 了解客户需求的关键渠道

企业利用客户服务中心可以全面地接近市场，满足客户的需求。如通过收集客户的抱怨和建议，并定期整理集中交给相关部门，作为改善产品和服务质量的重要依据。通过收集客户的基本资料、偏好与关心的问题，可以帮助企业建立客户数据库并用于分析市场消费倾向；企业还可以通过客户服务中心的各个渠道来了解市场的动向，协调后台职能来开展或修正市场营销活动等。

3. 维护客户忠诚度的中心

一般客户的发展阶梯是：潜在客户、新客户、满意的客户、留住的客户和老客户。失去一个老客户的损失往往等于获得八九个新客户的收益，所以留住客户比替换客户更为经济有效。要学会判断最有价值客户，通过满足他们的需求和提供优质服务，来提高客户满意度和忠诚度。

客户的忠诚度往往和售后服务成正比。例如，快速响应客户的抱怨，协助解决客户的难题，都能让客户感受到贴心的服务，从而提升客户的忠诚度。企业面对客户要有选择地提供个性化服务，就必须借助客户服务中心来完成。客户服务中心通过搜集客户资料并利用相关知识，协助企业了解客户的需求、想法，使企业与客户的交流从简单的活动变为对双方都有用的经验，更好地为客户服务，从而为企业建立起一个战略性的竞争优势。

4. 企业利润中心

客户服务中心作为企业提供优质客户服务的有效手段，确实需要企业投入不少成本。但是，如果能真正深入挖掘客户服务中心的潜力，使其由被动接入电话发展为积极主动的出击，则完全可以主动为企业创造丰厚的利润。而且客户服务中心可以根据客户资料向其推荐适用的产品，满足客户的需求，增加销售额。满意和忠诚的客户也可能免费为公司宣传，或推荐他人来购买或了解产品，从而增加更多的新客户，降低服务的成本，使服务中心从原来的成本中心转变为利润中心。

5. 协调企业流程再造

企业设立客户服务中心之后也带来了内部流程重组的契机。因为客户的需求及抱怨往往不是客户服务中心能单独解决的，而是需要后台协调解决。也就是说，客户服务中心只有与其他部门合作，才能全面地满足客户的需求。企业在建立客户服务中心之初，就需要定义各种服务项目和相应的服务流程，必须解决在客户服务中心的框架下，内部各部门间应如何协调整合以保证客户服务流程的顺畅，创造最大的客户满意度。另外，客户服务中心也往往成为客户服务流程的协调中心，负责联系不同的部门，保证流程的顺畅，并能积极加以改善，追踪问题解决的进度。这些功能使客户服务中心具备了类似企业流程再造中流程总管的功能。

10.2.4 客户服务中心的发展趋势

随着以客户为中心理念的不断深入，客户服务中心也得到了越来越多的重视，其发展也越来越快，在向第五代客户服务中心发展的过程中，随着新技术的出现，客户服务中心也呈现出多元化的发展趋势。

1. 基于云计算的新型呼叫中心

云计算呼叫中心是基于云计算而搭建的呼叫中心系统，企业无须购买任何软、硬件系统，只需具备人员、场地等基本条件，就可以快速拥有属于自己的呼叫中心，软硬件平台、通信资源、日常维护与服务由服务器商提供。具有建设周期短、投入少、风险低、部署灵活、系统容量伸缩性强、运营维护成本低等众多特点；无论是电话营销中心还是客户服务中心，企业只需按需租用服务，便可建立一套功能全面、稳定、可靠、坐席可分布全国各地、全国呼叫接入的呼叫中心系统。

2007 年，讯鸟软件推出“启通宝”SaaS（Software as a Service，软件即服务）型呼叫中心，奠定了如今云计算呼叫中心的雏形。之后随着云计算理念的兴起，又细分出公云呼叫中心、私云呼叫中心、混合云呼叫中心等概念。公云用户无须任何设备、安装即可快速运行，起到立竿见影的效果；混合云在解决大集中、小分散上发挥作用；私云在个性化、高性能、私密性上发挥作用。

云计算呼叫中心通过 Internet 传输语音，全网络交换、智能路由，具备以下几个特点。

（1）虚拟化

采用了各层次（中继线、网关、ACD、IVR、录音、坐席）的虚拟化，使呼叫中心逻辑化，不依赖具体的硬件部署。由于软、硬件都通过虚拟化技术以服务形式来提供，可使得企业在空间及时间上都享有很大的弹性，企业可按运营的实际情况，随时根据需求增减呼叫中心资源，达到节约成本的问题。

（2）弹性

采用了各层次（中继线、网关、ACD、IVR、录音、坐席）的弹性，设备和服务可随时按需扩展、随时按需收缩，及时调配企业数据中心的资源，最终可以让企业腾出更多时间及资源专注于日常的销售规划及企业运营上。

（3）大数据处理能力

实现对通信过程中产生的海量信息（客户数据、坐席外呼记录、坐席状态变化、任务外拨结果等）进行统计分析，并提供给用户。

（4）统一路由，统一排队

实现全网关的统一排队，通过网络合理地安排各地话务员资源，自动将呼叫分配给最合适地点的话务员进行处理。

此外，语音网关和服务人员可以在异地，灵活调度，寻找低成本人员；将业务的控制点植入到服务人员接触流程上，通过大数据采集、分析，合理化调整，提高人均生产率。同多种云生态系统整合，如淘宝、Salesforce、Xtools、阿里云、中移动大云、政府私云等。服务组件可以根据实际情况按需组合，通过增加用户数量，提供多种业务支持，按服务计费等方式提高系统的运行效率。

随着云计算产业的快速发展，基于云计算的呼叫中心的发展趋势日益明显。越来越多的企业开始选择基于云计算的呼叫中心系统。

2．多媒体呼叫中心

多媒体呼叫中心是一种基于 CTI 技术、充分集成通信网和互联网的多项功能，并通过连接企业后台业务系统，为客户提供高质量、高效率、全方位服务的系统。多媒体呼叫中心可以支持前端的多种媒体接入，实现不同媒体间的无缝协同，提供后端融合的多种业务能力。随着用户需求的不断变化，语音、数据、视频、互联网等多种通信技术在呼叫中心的应用日益深入和成熟。接入媒体由单一的语音接入向多媒体接入转变；渠道之间由各自为营的“孤岛”，向整体运作的“协同”转变；业务应用由传统的移动或固网单业务服务，向融合、多业务的服务转变。其具备以下特点。

（1）多业务融合

随着移动/固网融合、互联网/电信网融合，运营商需要为客户提供一站式的多业务融合服务。多媒体呼叫中心可以为客户提供融合的多业务服务营销能力。

（2）多媒体接入

多媒体呼叫中心实现了电信网与互联网的融合，不仅提供语音/视频类实时交互手段，还支持 Web 类接入方式，如支持客户与客户代表之间的文字交谈，并可以提供基于 VoIP 的点击通话、回呼请求、护航浏览等功能，客户可以在一次服务过程中体验文字、语音与视频等多种模式的组合式服务。

（3）多渠道协同

不同媒体渠道的多种媒体的接入，带来了不同渠道之间的联动与协同问题。用系统化的视角来检视不同渠道的建设和运行，实现各渠道的交互融合、优势互补、互相协调，为客户提供完整的服务，是影响客户体验的重要环节。渠道联动是指多媒体呼叫中心通过联动其他渠道提供的共享功能，为客户开展相关的服务。渠道协同则通过不同渠道之间的互动、协同，联合后台业务应用，向不同渠道提供统一的业务适配。渠道的联动与协同，使得客户代表能够结合当前的具体业务要求、客户的使用偏好等，对客户的一次业务请求，综合使用不同渠道，实现客户相关信息在不同渠道间的传递及展示，保证客户在不同渠道的体验一致性。

有些企业已提供了部分多媒体功能的呼叫中心，实事求是地说，这些中心还不是功能强大且全面的多媒体中心，由于早期呼叫中心主要是基于 CTI 技术，其主要是语音与数据集成，所以引入视频部分成为一种趋势。CTI 的未来发展必然是语音数据及视频信号的集成。由于人类接收信息的 70%来自视频，因此呼叫中心引入视频技术，即采取多媒体技术，将使呼叫中心在功能上有一个飞跃。

3．虚拟呼叫中心

虚拟呼叫中心是虚拟呼叫中心提供商为企业提供虚拟呼叫中心坐席资源租用及坐席外包服务的业务。利用智能化网络技术建立虚拟呼叫中心，这种呼叫中心可以是系统庞大、功能齐全、坐席数目过千的环球呼叫中心。这样一个庞大的系统也可以同时为若干中小企业服务，而呼叫中心为运营商所有。

企业用户在解决对外的营销及服务手段时，无须投资建设，只需按照企业自身运营的需求在虚拟呼叫中心提供商处租用相关的资源，迅速建立起自己的呼叫中心。一般供应商可以为企业提供定制化的坐席应用，企业的客户资料等数据可以保存在企业内部，也可以存储在供应商处，可以方便地与企业的信息系统进行集成。同时，企业可以根据其现状灵活调整所租用的呼叫中心资源的使用数量，以达到成本的最小化。虚拟呼叫中心的特性如下。

（1）没有地域限制

通信资源打包获取，可以为客户提供统一接入号码、中继线路、宽带资源等，并且统一接入号码，不限地域，各种终端均可拨打。不管用户用何种终端，也不管服务人员在哪里，都可以进行服务受理。

（2）灵活的资源配置

呼叫中心可根据地域、业务规模、业务应用、经营淡旺季进行灵活定制和调整 IVR 及人工坐席的数量。企业呼叫中心的业务应用可以根据需要进行灵活定制和调整。

（3）降低企业成本

大幅度降低企业的建设成本，企业呼叫中心建设“零”成本，只需准备计算机、电话，呼叫中心系统所需的交换机、CTI 软件、IVR 软件、各种语音板卡、录音系统等都由虚拟呼叫中心平台提供。同时大幅度降低运营成本。企业呼叫中心“零”维护，所有系统都部署在电信运营商机房，系统可以借助电信运营商的网络和运营环境，从而能大大节省运营成本。

（4）管理方便

基于 Web 管理方式，企业管理人员可以方便地进行业务管理及账务查询，如人工坐席的工号、技能配置、可以查询到各种统计信息，如呼叫量、基于业务的呼叫统计、坐席的工作状态等。

（5）保证数据安全

虚拟呼叫中心系统具有大型数据库或数据仓库，它可以为每一个“入网”的中小公司做决策和分析。当然，中心运营商要保证各公司之间信息绝对保密和安全，以使任何一个公司不因采用共同呼叫中心而泄密。另外一种方法是：入网的各中、小企业来自不同行业，具有不同的运营方式，他们之间无共同之处，因此可以做到保密。

随着现代通信系统技术、互联网技术和交互式视频信号系统的发展，这些技术进步都会对呼叫中心的发展产生影响。因此呼叫中心将随着信息技术的进步，向着智能化、个性化、多媒体化、网络化、移动化的方向发展。呼叫中心会给企业带来巨大利润和良好的社会效益，为广大用户带来满意的服务，其快速发展和被广泛采用已成为必然。

10.3 客户服务中心的设计与建设

客户服务中心必须是基于计算机电话集成技术（CTI）的应用系统，适合较大规模的客户呼叫以及复杂的呼叫流程。此系统中，CTI 技术提供足够的呼叫资讯支援功能。例如，屏幕显现来电基本资料（POP-up Screen）协助工作人员立即拥有足够的资讯来处理客户来电；自动话务分配（ACD）来平均呼叫人员的话务载重；交互式语音应答（IVR）运用计算机语音来回答常见的咨询，不需要呼叫人员直接服务客户；对话录音提供与客户对话的录音，可用于教育训练及作为纠纷处理的凭据；等等。

同时，客户服务中心还必须与后台业务流程进行整合，与销售流程自动化、营销自动化等的结合将有利于快速创建订单及反映客户需求，让客户得到个性化的服务。呼叫中心只有与企业其他部门密切合作，才能完整地满足客户的需求。

10.3.1 客户服务中心的结构

随着 Internet 技术的应用，传统的、被动的、单独的、功能简单的客户呼叫中心已经逐渐过渡到了 Internet 客户服务中心。客户服务中心的体系结构从基于交换机的模式发展为计算机的模式。客户服务中心成为一项结合语音通信、数据通信和数据处理技术，使企业能够处理灵活性和实时性很强的业务，并减少业务开支的业务方式。

一般的呼叫中心由六部分组成：程控交换机（PBX）、自动呼叫分配器（ACD）、交互式语音应答（IVR）、计算机语音集成（CTI）服务器、人工坐席代表（Agent）和原有系统主机。

虽然有些公司的集成系统只适用于自己的呼叫中心，但呼叫中心环境下的基本技术差别不大，如图 10-6 所示。

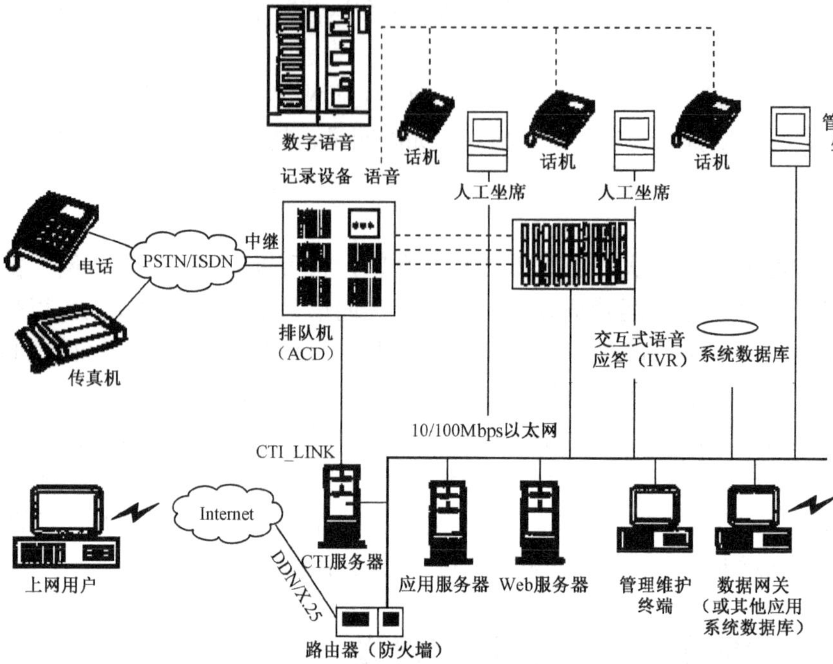

图 10-6　客户服务中心的网络结构

程控交换机（PBX）为呼叫中心提供内外的通道。对外作为与市话局中继线的接口，对内则作为与坐席代表话机和自动应答设备（VRU）的接口。但呼叫中心的 PBX 与传统的 PBX 不同，中继线数大于内线数。多出来的中继线如何使用就涉及自动呼叫分配器（ACD）了。

ACD 的作用是将外界来电均匀地分配给各个坐席代表。如果没有空闲接线员，则将来话放入等待队列，空闲时再转接过去。如果来话在长时间里得不到处理，ACD 应该为客户播放提示信息，包括呼叫者在等待队列中的位置并询问其是否愿意继续等待等，以减少客户挂机比例。随着技术的发展，ACD 将会提供更多的特色服务，如呼叫溢出等，并与其他解决方法更好地结合起来。

IVR 技术给呼叫中心带来了强大的生命力。IVR 是计算机技术用于呼叫中心的产物。用户通过双音频电话输入信息、IVR 系统向用户播放预先录制好的语音，回答用户的问题。 IVR 还具有语音信箱、 传真收发等功能。应用了 IVR 技术，有 80%～90%的呼叫不需要坐席代表的干预就能完成。在 IVR 应用中，语音识别技术将会发挥很大的作用，从而减少语言误解和消息失真。据专家预测，未来的 Internet 技术将与 IVR 技术结合，基于 Web 的处理方式会使呼叫中心处理起来更像电话处理。在硬件上，IVR 由 PC（或工控机）、电话接口卡、语音处理卡和传真卡组成。这些专用的板卡一方面通过计算机主板上的总线进行通信，另一方面为了传送数据还需要专门的一条时分复用（TDM）总线。由于板卡数量较多，而且呼叫中心提供的是 24 小时全天候服务，对主板的要求很高，因此，大多数 IVR 系统使用工控机。

CTI 服务器对整个呼叫中心进行全面管理，是呼叫中心的心脏所在。它与 PBX 相连，接收来自 PBX 的事件状态消息，并向 PBX 发出命令。CTI 服务器能够向上提供统一的编程接口，屏蔽 PBX 与计算机间的复杂通信协议，给不同的用户开发应用程序带来方便。CTI 服务器与 PBX 的连接称为 CTI 链路。CTI 链路在物理上可能是 X.25、ISDN（D 通道）或 TCP/IP 连接中的一种，在软件上是一种专用的应用层协议。目前，CTI 协议缺少统一的标准，于是 CTI 服务器的最大任务就是协调不同交换机厂家的这些协议，使其具有统一的模式。解决这个问题的途径似乎可以是同时支持多种不同的 CTI 链路协议或对这些协议进行编程，但这是不切实际的。一个可行的方法是开发一个运行于 CTI 服务器上的 CTI 中间件，以完成底层的协议操作。这种 CTI 中间件通常具有以下功能：

- 协调语音和数据在两个坐席代表间的转移；
- 语音与数据的同步传送；
- 基于计算机的电话路由选择；
- 提供一致的 CTI 应用编程接口。

人工坐席代表（Agent）的工作设备包括话机（数字或专用模拟话机）、耳机、话筒及运行 CTI 应用程序的 PC 或计算机终端，对于电话接听、挂断、转移和外拨等工作，坐席代表只需通过鼠标和键盘就可以轻松完成。人工坐席代表是呼叫中心中的唯一非设备成分，能更灵活地进行呼叫处理。呼叫中心的某些服务，如业务咨询、电话号码查询、故障报告和服务投诉等，必须由坐席代表完成。另外一些可以由自动语音应答设备完成的服务，如账单明细查询、营业网点查询等，通过坐席代表来完成将会达到更好的服务效果，增加客户的满意度。

呼叫中心在对外提供服务时，如果要用到企业已有的数据库和信息管理系统里的信息，就会涉及原有系统主机的数据集成问题。这种集成通常有三种途径。

（1）直接的远程数据库访问

这种方法适用于呼叫中心所用的数据库与原有系统主机上的数据库是同一个厂家的产品，且是通过局域网进行的访问。

（2）由本地获得日常呼叫所需的数据

即需要呼叫中心在本地建立一个数据库。这就需要再开发一个数据同步程序，以准确的周期性从原有系统主机上的数据库向本地数据库更新数据。此方法适用于经常访问的数据库。

（3）通过“代理”程序

对于采用专有系统（非开放式）的主机，需要在原有主机系统上开发一个“代理”程序，连接呼叫中心服务器和系统主机数据库，对非开放式平台的数据进行访问。

10.3.2　客户服务中心信息系统设计

随着电子信息技术的发展和应用，信息系统成为客户服务中心的核心环节之一，在设计客户服务中心信息系统时，需要考虑到多种因素，并且与企业的发展战略相一致，这就需要在一定的框架下遵循一定的流程来进行。

1. 客户服务中心信息系统设计框架

客户服务中心信息系统设计需要考虑的多种相关因素主要是客户服务中心信息系统的支持功能，包括系统的支持因素，如营销、计划、预测能力，基础设施管理能力，与相关部门的交流沟通以及系统管理等；系统正常运行的保障因素，如坐席代表、服务项目的管理、服务人员的招聘、培训，行政管理，服务质量的控制以及监督等。此外，客户的信息需要通过 E-mail、电话、网络等方式进入到信息系统中，这还需要其他业务部门的配合，这就要求企业在战略与项目建设等方面积极合作和配合。

在此基础上，客户服务中心信息系统的设计还需要考虑 10 个关键因素：流程、渠道、技术、服务类型、整合、地理位置、设定标准（dimensioning)、获得服务的方式、用户和坐席代表集中、合法性等相关因素，如图 10-7 所示。这个框架可以作为理解、引导和促进客户服务中心信息系统设计实现的一个模型来使用。

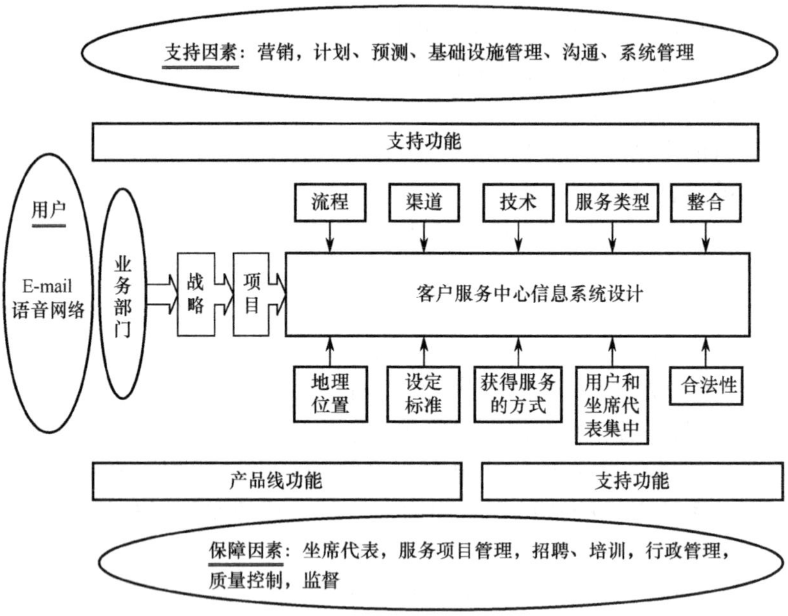

图 10-7　客户服务中心信息系统设计框架

2. 客户服务中心信息系统设计步骤

由于客户服务中心信息系统设计时需要考虑多种因素，统筹考虑支持因素和保障因素，保证相关业务部门与客户服务中心的战略一致性以及业务方面的融合，特别是客户服务中心信息系统设计的关键因素，如流程设计和渠道选择、整合以及设定标准，因此需要设定设计步骤而有计划地开展，如图 10-8 所示。在客户服务中心信息系统设计的过程中，每一步活动的结果都会引起上一步的反馈，也说明这些活动是紧密相连的。

第 1 步，战略一致性。是以组织战略为基础，定义客户服务中心如何使企业实现它的战略目标。例如，企业想降低成本，客户服务中心作为主要的联络点会代替各地的联络处吗？企业想通过提供更好的客户服务，如售后服务，实现与竞争对手的差异化吗？如果客户服务中心的服务代表了企业的核心业务或使用了重要而机密的信息，那么客户服务中心可能会是一个内部服务中心。另外，还需要分析客户服务中心行为的周期性，即服务是长期的、周期性的还是暂时的。如果是为了开展销售或月度营销，那么外包客户服务中心可能会更好。如果企业需要永久性的服务，它必须确认和证明客服中心提供的已经存在或将要完成的进程。

第 2 步，流程文件化。如果没有关于现存进程的证明，那么最好使用模型技术来使流程文件化。每个流程的活动都必须明确活动之间暂时或假定的联系，如哪个承担责任、哪个信息是必需的也都要包含在文件中。

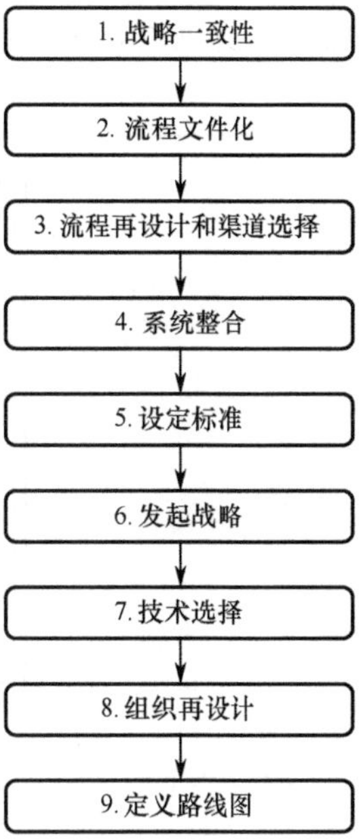

图 10-8　客户服务中心信息系统设计步骤

第 3 步，流程再设计和渠道选择。在大多数情况下，流程必须重新分析和设计，即流程的重新设计，必须明确哪个步骤是由客户服务中心实施以及如何实施，这可以选择使用基于路由选择的技术。此时，选择正确的互动渠道很重要。渠道的选择必须考虑目标受众、技术环境、使用者年龄或文化等特征。另一个重要的问题是引导用户逐渐进行自我服务的辅助渠道的使用。渠道选择必须考虑到特定因素，如企业战略和形象、企业通常如何与其用户沟通、如何设定公共因素（如年龄、性别、文化、技术能力等）目标、产品和服务特征等。渠道的正确选择使重新设计流程成为可能。大多数情况下，这些流程会更加简化，更容易理解，并且使用的步骤更少。

第 4 步，系统整合。基于每一步都需要信息，现在需要确定现有系统和客户服务中心间的哪些整合必须完成，即实现系统整合。与方法无关，流程的每一步及其信息组成了坐席代表和 IVRS（Interactive Voice Response System，交互式语音应答系统）整合流程的架构。这一架构会引导坐席代表和客户之间的互动。

第 5 步，设定标准（dimensioning）。设定标准是非常关键的，因为劳动力占据了客户服务中心 70%的操作成本。一方面，设计优良的客户服务中心信息系统会降低坐席代表的数量。另一方面，坐席代表的数量也会影响技术、系统架构、流程及其他相关方面。相关的规划活动是预测、员工配置和时间安排。

第 6 步，发起战略，即分析自建还是外包的决策。许多客户服务中心的主动权经常丧失，因为其实施仅限于软件安装，没有提供其实施的环境、支撑，缺乏对员工的了解，没有充分利用信息系统的优势。

第 7 步，技术选择。客户服务中心管理的工具只有在提出一个优良的设计战略和操作计划后才能实施，即进行设计和实时技术的选择。

第 8 步，组织再设计。客户服务中心不仅会改变企业流程，还会改变其内部的等级层次（hierarchy level）。这种结构性的重组必须认真准备，即进行企业内部组织结构的重组。

第 9 步，定义路线图。哪些流程、服务和渠道会在客户服务中心进行操作、演变和随客户服务中心而成长。如何运作一个客户服务中心的学习曲线很长，这就是为什么客服中心必须和企业一起成长的原因。

10.3.3　客户服务中心的解决方案

目前，市场上主要存在四种客户服务中心的解决方案：语音板卡方案、交换机方案、IP-PBX 方案以及一体化整合平台的解决方案。

1．语音板卡方案

图 10-9 所示是语音板卡平台呼叫中心构成示意图。该系统由语音卡（包括 CTI 服务器、IVR 服务器和呼叫管理服务器）、人工坐席、数据库、业务处理系统等构成。基于计算机语音

板卡式的基本思想是：在微机平台上集成各种专用的计算机语音板卡，完成通信接口、语音处理、传真处理、坐席转接等功能，再结合外部的计算机网络来实现应用系统的需求。

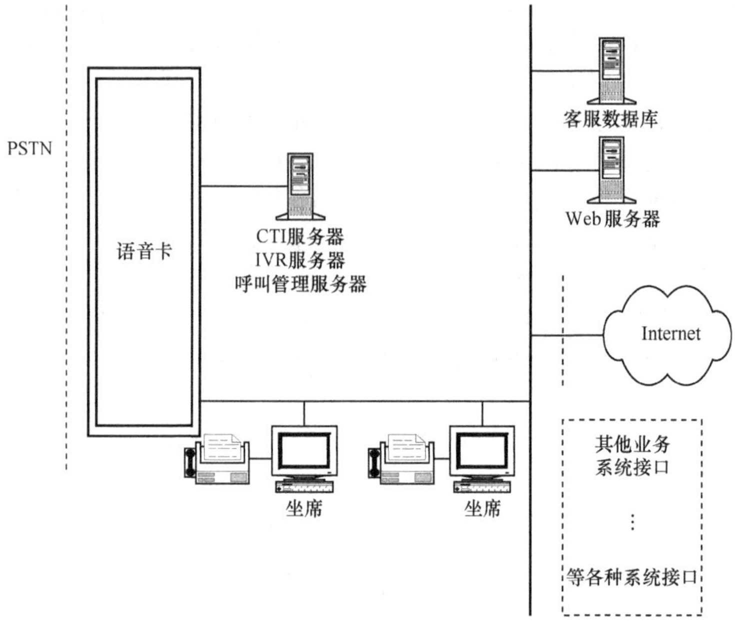

图 10-9　基于语音板卡的呼叫中心结构图

语音板卡的种类包括：通信线路接口卡（数字中继卡、模拟线接口卡等）、信令处理卡（如七号信令卡）、语音资源卡、传真资源卡、坐席卡以及通用语音处理平台。呼叫处理和语音处理的功能集中在语音工作站中，系统的资源控制、数据库系统在服务器中实现，业务生成、改动则由专门的应用处理工作站完成。这种系统的硬件系统在板卡级集成，由于是总线结构，硬件系统可靠性指标的保证由系统整体的设备性能决定。由于系统的所有功能都是由软件编程实现的，因而系统整体可控型及可维护性都极为简易。整个系统是一个 Client/Server 结构的微机网络，所以很容易将其接入数据库系统，用户可以很方便地同时得到电话和计算机数据两种资源。微机方案的实施带有明显的软件研发特点，灵活性较强，但由于复杂的电话交换是在微机平台上由呼叫处理卡完成的，所以系统呼叫的能力相对较弱。

在要求功能比较全面、对规模的扩展性也要求比较强的情况下，全板卡的呼叫中心解决方案具有较高的性能价格比。国外企业的产品以 Dialogic 及 NMS 为主，这两种产品占据着语音板卡呼叫中心的相当份额的市场，众多厂商基于它们开发了大量的解决方案。国内的板卡厂商如东进、五岳鑫、三汇、英立讯等，各自占有一定的市场份额。

2. 交换机方案

在呼叫中心发展的早期，主要采用基于交换机的解决方案。交换机方案以交换机为核心，配备交互式语音应答系统（IVR）、计算机电话集成（CTI）服务器、Web 服务器及应答服务器、坐席系统、Call Center 服务器、E-mail 服务器等，通过应用网关与现有的业务应用系统集成，如图 10-10 所示。

交换机为呼叫中心提供内外的通道，对外作为与 PSTN 接口，对内则作为与坐席代表话机和交互式语音应答（IVR）的接口，CTI 服务器对整个呼叫中心进行全面管理，它与交换机相连，接收来自交换机的事件/状态消息，并向交换机发出命令。CTI 服务器能够向上提供统一的编程接口，屏蔽交换机与计算机间的复杂通信协议，给不同的用户开发应用程序带来方便。IVR 能提供 24 小时不间断的全自动语音/传真服务，实时显示当前所有电话线路状态，支持多种数据来源，连接到客户数据库，进行信息查询和互动操作，快速实现客户业务。该方案稳定性好，容量扩展容易，更适用于大型应用，而且配套系统成熟，开发周期相对较短。存在的问题是整个系统造价较高，不能为一些资金有限的中小企业所接受。主要的代表厂商有 Avaya、北电、爱立信、西门子、阿尔卡特、华为和新太等。

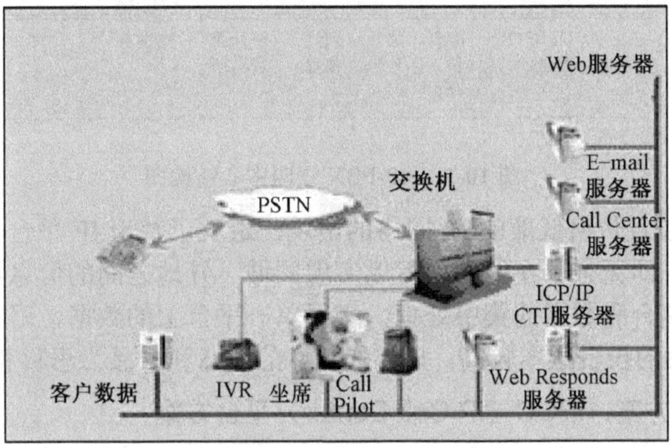

图 10-10　交换机方案

目前，在大型呼叫中心应用中，主要还是采用交换机的方式。但是由于交换机方案造价高，而 CTI 板卡系统成本低、扩展性比较强等原因，部分中小型的呼叫中心还是采用板卡或可编程交换机的解决方案。而且，由于国内外语音板卡厂商的进步，板卡和交换机系统在稳定性方面的功能差别越来越小，基于语音板卡的解决方案获得更多的关注。

3. IP-PBX 方案

图 10-11 所示是 IP-PBX 呼叫中心的构成示意图。该系统由交换机、ACD 服务器、CTI 服务器、IVR 服务器、路由器、坐席、业务处理系统等组成。其核心思想是：在专用交换机集成 ACD 的基础上扩展路由功能，开放 CTI-Link 接口，用 CTI 技术实现通信和计算机的功能结合，再配以必要的语音和数据库系统，从而以强大的通信和计算机功能满足呼叫中心的要求。

该方案使用 TCP/IP 通路，建立于 IP 网络上，让企业可以应用数据网络来传送语音，不仅可以大幅降低通信成本，而且在部署及管理维护系统上也可以更加容易。IP-PBX 方案可以在结构上清晰地区分开计算机系统和通信系统，CTI 服务器是协调控制两者的连接设备：保证坐席和自动语音应答系统可以充分利用数据资源和呼叫处理资源。IP-PBX 同时也是新一代交互式语音应答（IVR）、语音信箱、录音系统、Call Center 客户服务中心系统架构的平台，更具有扩充性及稳定性且易于管理。由于 PBX 方案处理能力较强，性能稳定，因此国际上大型呼叫中心一般采用 PBX 方案实现。

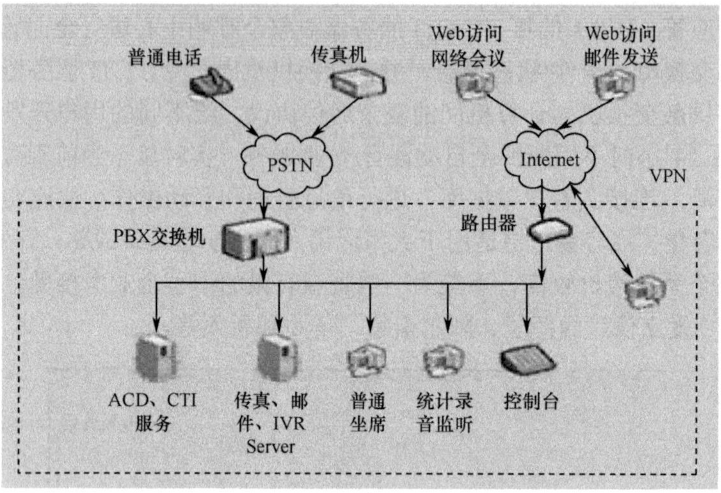

图 10-11　IP-PBX 呼叫中心结构图

IP 技术的发展以及价格低廉的 IP 网络的出现，造就了基于 IP 平台的呼叫中心智能化和网络化的竞争优势：即无处不在的网络可以实现同城、异地之间的信息快速传输和共享，实现现有资源的有效整合和数据的集中处理，实现单一平台上的数据、语音、视频等多媒体的响应，但是这种方案的投资成本较高。具有代表性的厂商和产品为思科和 3Com 的解决方案。

4．一体化平台方案：IPCC（IP Call Center）平台方案

IPCC 本质上是以 IP 技术和 IP 语音为主要应用技术的呼叫中心构建方式，即利用 IP 传输网来传输与交换语音、图像和文本等信息。IPCC 的内部以 IP 数据包的形式处理所有视频、音频、数据、传真等信息，内部组成部件全面实现 IP 化，其基本架构如图 10-12 所示。

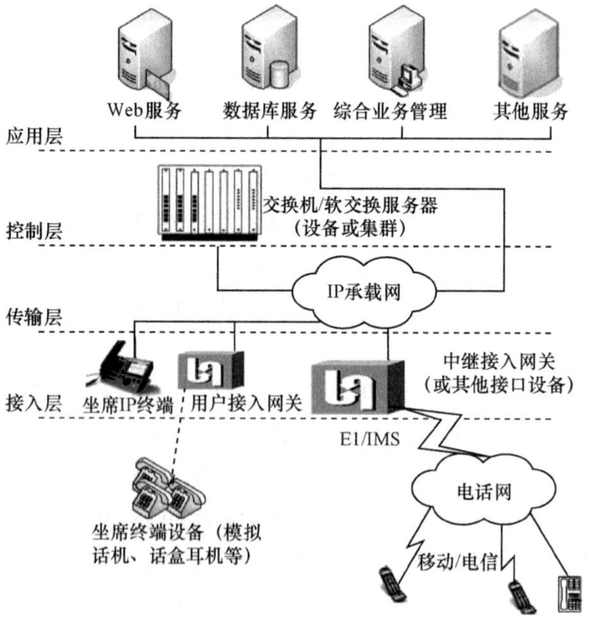

图 10-12　IPCC 架构图

其中，接入层由各种网关设备或者类似于网关设备的接口设备组成，负责将各种不同的网络及终端设备接入到 IP 网络中，功能类似于传统程控交换机上的用户模块和中继模块。传输层以 IP 承载网代替了传统电路交换中的交换矩阵，负责将 IP 网络内各类信息由信息源传送到目的地。控制层实际上就是 IPCC 中心控制服务器。主要负责呼叫控制，即完成呼叫连接的建立、监视和拆除。应用层也称为业务应用层，该层的主要功能是在纯呼叫建立之上为用户提供附加增值业务。IPCC 将传统呼叫中心的技术特征与 Internet 技术融合起来，支持从门户网站、电话、E-mail、传真、短信、彩信、即时通信、视频、微博等各种媒介接收信息，由 IPCC 统一受理后再反馈到各种媒介上。

在此架构基础上，不同的企业设计了不同的 IPCC 解决方案，主要有 AVAYA IPCC 方案、华为 IPCC 方案和即时通信 IPCC 方案，如图 10-13 所示为 AVAYA 的 IPCC 解决方案。该系统主要由网关（通常由路由器加相关模块构成）、接口服务器、媒体服务器、CTI 服务器、IVR 服务器、呼叫中心坐席、数据库以及业务系统等构成。

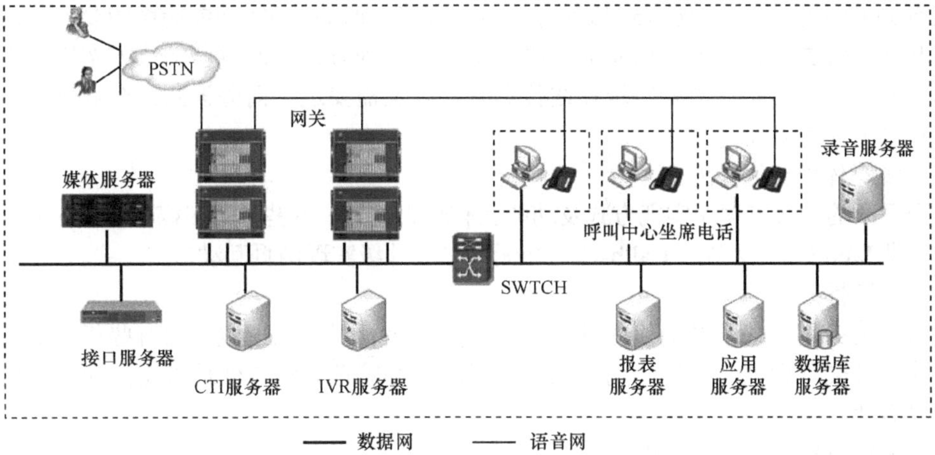

图 10-13　AVAYA IPCC 解决方案

IPCC 把语音转换为 IP 包，与数据一起在计算机网络上传递，在一定程度上实现了三网合一，完全使用计算机网络构建呼叫中心。IPCC 方案体现了 IP 的移动性，即插即用减少了管理维护费用以及管理维护难度。此外，对于传统架构呼叫中心中的语音交换以及业务控制功能，各个厂家纷纷采用自由协议，不同厂家的产品难以兼容。而 IPCC 实现信令和控制、业务分离，IP 协议贯穿于整个系统，不同组成模块即使采用不同厂家的产品，也可以进行无障碍互通，使得用户配置与部署更加灵活，强大的兼容性使得用户可以在不影响原有通信业务的情况下平滑扩容、升级。此外，还有厂商提供了高集成度的平台，这种平台拥有高度整合的硬件与软件系统，提供易用、开放的 API 接口，为用户提供了便捷的开发平台，如奥迪坚通讯公司。

5．四种方案的比较

上述四种方案的基本功能，如自动呼叫分配、交互式语音应答和 CTI 等方面都已经比较成熟，用户需要考虑的主要是性能价格比、稳定性、大业务量处理能力等方面。一般来说，交换机方案投资较大，其他方式投资相对较少。从开发简易程度来说，一体化平台和 IP-PBX 提供了较为友好的开发平台，可以缩短开发周期；从系统未来的发展来说，IP-PBX 方案提供了数据、语音合一的方案，可方便部署分布式和多媒体中心，如表 10-1 所示。

表 10-1　呼叫中心的技术解决方案类型

主要类型	代表性产品/解决方案	评　价
板卡方案	国外产品：Dialogic、Nms、Music Telecom 等。国内产品：东进、五岳鑫、三汇等	随着语音板卡操作系统稳定性的增强，交换机和板卡系统在稳定性和备份方面的功能差别越来越小，加之应用灵活性强，板卡的解决方案将获得更多的关注，而且性价比较好
交换机方案	国外产品：AVAYA、北电、爱立信、西门子、阿尔卡特等。国内产品：华为、新太等	稳定性好，扩容容易，更适用于大型应用，配套系统成熟，开发周期相对较短，价格较高
IP-PBX 方案	Cisco、3com 等	是未来呼叫中心发展的重要方向，应用环境的成熟性稍有欠缺
高度一体化平台方案	奥迪坚等	高度的软硬件系统整合，开放的 API 接口，开发便捷

在选择呼叫中心方案时，必须清楚呼叫中心每个业务功能的具体实现方式。以呼叫中心的“按需传真（FOD，Fax on Demand）功能”为例，绝大部分呼叫中心方案都会有 FOD 功能，但对 FOD 的定义和实现方式却各有不同。有些厂商的 FOD 功能能够为企业同时提供在线传真和回拨传真两种功能，由企业最终决定使用哪种方式。而有些解决方案则只能提供回拨传真一种方式，当企业需要实现在线传真时，则又需要进行商务谈判。企业选择方案时要特别注重以下几个方面。

（1）多媒体处理能力方面

各个厂商的解决方案在实现方式及功能上有较大差异，有些号称多媒体呼叫中心的解决方案只能提供 Web-Chat 及 Web-Callback，却无法平滑升级实现网页互动。

（2）灵活性方面

能对联络渠道、基于技能组的呼叫中心分配等进行灵活的调整。而有些相对低端的解决方案只能通过硬件调整来实现，而无法通过呼叫中心管理系统方便地设定，流程规则的调整也缺乏灵活性。

（3）未来升级维护费用方面

呼叫中心日常维护和升级是一笔不小的投入，用户需要前瞻性地要求厂商提供未来维护和升级的收费水平，不要认为系统价格较理想就确定，而在将来被供应商的高价套牢。将来会涉及的升级方面通常包括：Web 功能、TTS、统一消息和大量外拨等方面。

10.3.4　客户服务中心的建设与管理

通过客户服务中心的服务可收集并利用相关的个性化客户知识，以协助企业了解客户的需求和想法，实现在线客户关系管理（OCRM），提供个性化服务，并可进一步利用联机分析（OLAP）、数据挖掘（Data Mining）、数据仓库（Data Warehousing）技术发现商务的增长点，为企业提供决策支持依据。因此，对于 CRM 来说，客户服务中心的建设与管理是最为关键的环节之一。客户服务中心的建设关系到企业的发展战略及相关业务部门的运作和管理，因此，在建设过程中首先要确定其建设模式，其次是制定具体的建设步骤和计划，在具体的建设过程中要明确其中的关键环节。

1. 客户服务中心建设模式选择

客户服务中心建设可以选择外包模式或自建模式。在“外包”模式中，首先要有一个独立的客户服务中心业务运营商，它有自己的较大的客户服务中心运营规模，并可以将自己的一部分坐席或业务承包给有关的其他企业。这样，企业就可以将有关业务需求直接建立在这种业务运营商的基础之上，不用给自己添置单独的硬件设备，仅需提供有关的专用服务信息，而由客户服务中心业务运营商为自己的用户提供服务。这种方式的优点是节约成本，而且能够提供一个较专业的服务，但需要对有关的坐席人员进行培训。

另一种模式是自建模式，即由企业自己购买硬件设备，并编写有关的业务流程软件，直接为自己的客户服务。这种方式能够提供较大的灵活性，而且能够及时地了解用户的各种反馈信息。

在建立具体的客户服务中心系统时，要根据企业的实际情况，选择具体的实现方案和技术，如企业的实力，对建设成本的承受能力，企业未来的发展规划以及客户服务中心的规模，服务处理能力对服务性能的要求，等等。一般来说，在企业实力较小、客户服务中心处理规模小、稳定性要求不高的情况下，可以考虑成本较低的板卡方案，而对于要求客户服务中心处理能力大、要求稳定性强、未来需要大规模客户服务的企业，则可以考虑交换机、IP-PBX 以及 IPCC 等方案。

2．建设客户服务中心系统的具体步骤

建设客户服中心系统涉及企业的很多相关部门，因此，需要制定详细的计划和步骤，在每个阶段都需要企业投入大量的人力、物力支持，一般来说，建设一个完善的客户服务中心需要经过以下几个步骤，如图 10-14 所示。

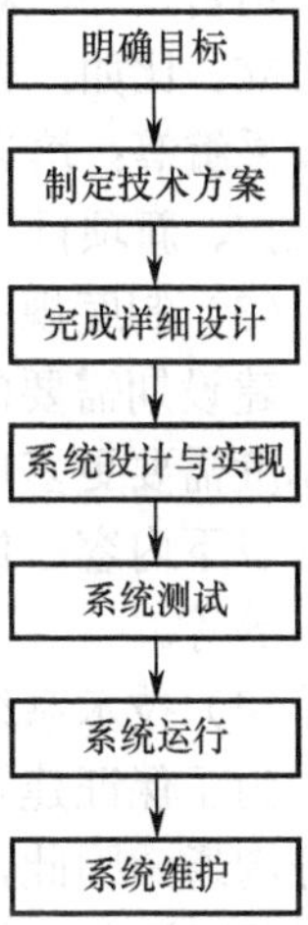

图 10-14　客户服务中心系统的建设步骤

- 明确目标：了解用户准备利用客户服务中心完成哪些功能，此外，还有哪些性能方面的要求等，将这些要求以书面的形式留档，以备以后查阅。
- 制定技术方案：提出如何满足用户各种要求的技术方案，然后选用交换机方式或计算机方式，并确立各个部分的功能。
- 完成详细设计：在与用户进行多次的反复交流之后，确立具体的实现细节，完成详细的设计工作。
- 系统设计与实现：完成具体的客户服务中心系统的设计与实现，完成有关的编码工作。
- 系统测试：由于客户服务中心系统是在电话网上运营的，因此对可靠性的要求较高，应该进行充分的测试。
- 系统运行：将系统投放到实际的运营中，及时解决出现的有关问题。
- 系统维护：对系统进行日常运营维护，或根据用户的要求进行升级。

建立一个具体的系统要和业务需求进行紧密结合，只有经过充分的业务分析之后才能满足用户的要求，并在此基础上开始选择具体的集成技术。

3．客户服务中心建设的关键环节

一般来讲，客户服务中心在建设过程中包含 6 个关键环节：服务定位、搭建团队、制度规范、技术系统、关键技能、场地环境。

（1）服务定位

首先要明确客户服务中心建立的目的是什么，其中包括战略定位、长期目标、中期目标和短期目标。有的企业将客户服务中心的建立视为客户满意工程的重要环节，而也有部分企业一开始就认识到客户服务中心在做好客户服务的同时，能通过呼入呼出服务对客户挖掘、客户增值、客户保留和客户筛选做出重要贡献。不同的建设目的决定了客户服务中心的服务定位和未来的发展。如提供全国范围的服务，需要考虑到线路成本、人员在方言和地区地理上的技能。如果为 VIP 客户提供服务，则需考虑服务差异化策略，比如优先接入、专家服务等。再比如需要提供 24 小时服务，就要考虑到人员数量的变化以及夜间安全、空调、系统维护等方面的条件。因此企业的决策层一定要先明确客户服务中心的定位，这样才能更有利于客户服务中心的建设规划。

（2）搭建团队

关于团队的建设，应该首先考虑组织架构的设立。从运营角度讲，设置客服中心经理、运营主管、班组长、客服代表都是必需的。当然根据不同的规模，也可以增加或者减少层级。除了运营之外，对于大型呼叫中心（50 坐席以上，或者业务较为复杂的），也应考虑相关部门的设立。比如，客户关注组可以负责疑难问题解决、工单流转、投诉处理、建议处理、知识库建设采编等；培训组可以负责管理、组织、实施员工培训；技术维护组可以负责系统维护、网络维护、新项目应用界面开发、部分系统优化；综合行政组可以负责人事、行政等事务。

（3）制度规范

建设期需要的制度规范需要简洁适用，以能满足建设期的需要为最佳。过多或者太复杂的制度需要更多的管理资源，在建设期是比较难以实现的。具体说来，建设期制度规范主要包含以下内容：岗位管理，绩效管理，行为规范，薪酬激励，工作流程，质量管理，培训管理，等等。

（4）技术系统

为了保证建设的客户服务中心的技术系统能够达到企业的要求，需要项目建设双方进行充分沟通，因此，应该建立共同的项目小组，充分沟通与合作，控制项目的范围和质量。同时寻找对运营、技术都了解的专家。

（5）关键技能

主要是对客户服务中心工作人员包括管理人员和坐席代表的技能要求，更重要的是管理人员的关键技能培养。比如，对呼叫中心系统的基本了解，话务量预测与排班，报表制定与分析，质量标准的制定和监听等。已经有了具备这些关键技能的人员，应该注重内部的传承，营造学习型组织的氛围。对于不具备掌握这些关键技能的人员，可以参加相关的专业培训或者请专业机构进行顾问咨询。

（6）场地环境

从选址、场地布局到环境布置都应该考虑到满足未来 2～5 年的话务需要、注重成本控制、沟通方便、安全性和交通便利性等。

4．客户服务中心的管理

客户服务中心的管理是把客户服务中心由传统的成本中心转化为利润中心的关键。企业很少研究如何有效地运营和管理客户服务中心，以至于客户服务中心的实际潜能往往不能得到充分的挖掘。为了充分发挥客户服务中心的功能，使其真正转化为企业的利润中心，需要从战略到运营等多个方面来加强管理。

（1）战略管理

从企业整体的角度出发来管理客户服务中心，把客户服务中心融入企业资源，并作为其中重要的一部分。根据企业的战略目标来规定相应的客户服务中心策略，同时营造一种环境和气氛，使员工充分参与客户服务中心的实际运作和管理。

（2）运营管理

客户服务中心的运营思想应当与 CRM 系统的运营思想相同，即将客户的需求作为企业的出发点和归宿，通过不断增加客户让渡价值来提高客户满意度，也就是将客户满意度作为客户服务中心运营管理的最终目标。

（3）人员管理

通过培训，使各级管理人员以及业务代表掌握岗位基本技能，提高与客户沟通和解决问题的能力，并形成一支训练有素的工作团队。

（4）绩效管理

绩效管理是客户服务中心在实际运作过程中所体现的效益标准。一般有如下几点：接通率、接通量、平均通话时长、在线利用率、现场解决率、投诉解决及时率。

10.3.5　客户服务中心成功的关键因素

当 CRM 引入整个企业时，客户服务中心的建设遇到了各种各样的挑战。客户服务中心成功的关键取决于以下几方面：能否完整设计出客户联系流程；能否与企业内部其他系统实现集成；能否分步骤有计划地推进系统建设。

1．完整设计出客户联系流程

设计出完整的客户联系过程是客户服务中心能否成功建设的关键。为此，企业必须要了解各部门的客户群特征，了解客户联系过程的时间和成本。对过程的描述越详细，问题就越能更好地预先处理。理解处理过程后，可以计算出采用客户服务中心处理客户交互的费用和收益比。此外，更重要的是客户联系过程是一个整体，包括销售收入、市场和客户满意度等是一个持续的业务过程。因此所有的客户交互最好由一个管理者主要负责，要明确责任和权利，并将客户联系与销售、市场和服务部门结合在一起。应记住，对于客户来说，他们的“体验”是整体的，并不存在销售、市场和服务的区别。只有完整地设计出客户联系的流程，才能提高建设的成本收益比。

2．与企业内部其他系统实现集成

在客户服务中心的建设中还应当注意，实现与业务流程的综合和与其他信息系统的集成是关键所在。客户服务中心一定要与销售、市场等业务流程结合在一起。而不应当仅仅应用于服务部门。无论是通过网络、电话还是与销售人员面对面交谈，一个客户可以选择不同的交流方式与企业发生联系。但这些联系反映到企业的信息系统中，应该在同一个客户账户之下，成为连贯性的记录。这样，当客户打电话来询问他通过网络输入的订单时，电话业务代表可以立刻从弹出的计算机屏幕上看到他的订单号码、内容、价格等，从而立刻对这个客户的信息有所了解，即便电话业务代表是第一次与该客户通话，也可以马上提供有针对性的服务。企业在考虑整合 CRM 解决方案的时候，一定要明确客户服务中心的信息系统是否与原来的客户信息系统相兼容，甚至是否可以直接利用原有的客户信息系统。如果本来没有任何信息系统，则可以直接选择市场上的呼叫中心软件包，从一开始就保证

现场销售、电话销售和网络销售的后台数据库是资源共享的。

3. 分步骤有计划地系统推进

企业在建设呼叫中心过程中，会发现建立一个能真正满足需求的系统非常困难，往往需要不断改进，而建立客户服务中心更是特别复杂。因此，许多成功的案例告诉我们，采取分步实施的方法会减少建设中遇到的困难，可保证企业需求功能的实现。一般而言，分步建设呼叫中心分以下几步进行。

① 了解呼叫中心方案提供厂商的CTI应用。

② 分析自身的业务需求。

③ 结合业务流程分析，进行技术改造和方案修改。

④ 咨询专家意见，确立企业要创建的客户服务中心模型。

⑤ 考虑需要的通信等技术方案和系统的可扩展结构。

⑥ 制定进度方案，按阶段实施建设方案。

10.4 客户互动中心

客户互动中心（CIC，Customer Interaction Center或Contact Center，本文使用CIC）系统作为第四代客户服务中心，是一个面向客户、以人为本、能够为客户提供个性化、综合性服务的系统。它应用强大的多媒体应答和智能外拨管理，贯穿实施主动营销理念，服务与营销于一体，使呼叫中心真正成为企业的利润中心。客户互动中心充分应用CTI技术和互联网技术，能够真正高效地实现企业与客户间的双向互动。此外，客户互动中心可以最大限度地整合整个企业的呼叫中心资源，有利于企业的统一管理和资源共享。

10.4.1 客户互动中心的基本功能

CIC支持呼入/呼出的“一体化”动态智能管理，系统根据客户服务请求量的波动，实时地智能调控呼入与呼出的比例，实现效率最大化。CIC通过计算机网络，特别是Internet的连接，可以实现以下功能。

① 数字化电话程控交换功能。可以支持完全数字化的电话系统，支持ANI自动号码识别（Automatic Number Identification）、DNIS被呼叫号码识别服务（Dialed Number Identification Service）等。

② 数字化自动呼叫分配功能。可以处理任意数量的通话队列，形成复杂的话务分配。

③ 交互式语音应答功能。可接受语音电话输入或按键选择，并以适当的应答形式（如语音、传真、回电、电子邮件或其他媒体形式）与用户交互。

④ 集成消息和语音功能的邮件系统。与Microsoft Exchange、Lotus Notes、Novell Groupwise集成的完全多媒体信息功能，实现真正的信息统一。

⑤ 传真服务。可以与Microsoft Exchange集成，提供桌面传真、在线传真和传真广播。

⑥ Internet功能。具备网上交谈、网上回呼、网页生成和网页同步的功能。

⑦ 报表生成管理功能。可以自动提供系统报表，并且用户可以轻松定制特殊报表。

⑧ 实时监控和管理功能。可以对客户互动中心进行实时的监控和及时的管理。

10.4.2　客户互动中心的特点

基于智能网技术的客户互动中心与基于平台的客户服务中心系统比较，有着不可比拟的独特优点。基于智能网技术的呼叫中心拥有先进、灵活的系统结构，以及完善的呼叫控制和灵活的系统生成。

1．先进灵活的系统结构

CIC 系统基于开放式通用协议的网络构成，可以动态添加新设备和资源，支持在线扩容和在线升级，包括业务代表的升级、资源的升级、知识库的再利用和升级。容错和报警功能使客户服务中心解决方案具有电信级的质量保证。控制系统采用双机热备用，保证 24 小时不间断服务；所有通信信息都采用加密处理，通信网络、服务器均支持热备份的工作方式，可监控系统中各种通信设备、数据库、计算机网络等方面的故障，并可分级报警。

2．卓越的客户服务接入能力

CIC 采用 Excel、SUMMAFOUR 等可编程前端交换机，使用户接入数目可达数千线，可以直接在呼叫中心连接数千个坐席和语音资源。另外，还可以利用呼叫前转，融合已存在的旧呼叫中心系统，整个虚拟呼叫中心系统的接入能力又可以大大扩充。

3．快速简单地生成新业务

CIC 客户互动中心的体系结构极为灵活，业务的设计和运行不依赖于特定系统结构，因此，可以随时根据使用者的需要量身定做新的客户服务业务。

传统的客户服务中心不易添加新业务。业务升级时系统必须停机调试、重新配置等。基于智能网的 CIC 中心的结构免除了业务升级时的种种不便，在业务添加和更改时，使用人员只需对系统做简单的调整，并且容易掌握其操作，这样 CIC 系统可以实现自助式的售后服务，大大减少了 CIC 厂商的服务成本。

4．强大、独立的自动语音资源功能

CIC 客户互动中心拥有功能强大的自动语音功能。语音资源功能节点拥有优越的系统体系和强大的信令支持和通信支持。客户互动中心系统可以根据使用者的需要量身定做，提供几百路自动语音，也可以支持高端应用，同时提供高达 2 万路的语音资源。优越的体系结构提供了海量的语音资源。超长的自动语音播放，动态生成的自动语音播放，以及随着客户服务中心业务的发展，海量语音如何存储等这些长期困扰着客户服务中心供应商的难题，都可以轻松解决。同时提供了功能强大的语音资源管理系统，使用户可以录制、添加、修改、更新甚至删除客户服务提示音。

5．完善、开放的虚拟客户服务中心解决方案

虚拟客户服务中心是针对传统的呼叫中心而言的，传统的呼叫中心由 PBX、IVR、HOST 等部分组成，是一个独立的封闭系统。而虚拟服务中心是一个开放式的系统，可以与企业现有的呼叫中心无缝链接。对于已开通的呼叫中心，虚拟中心可以通过自动/人工的语音引导，把该部分业务重新定向到原有的呼叫中心系统。这样就可以保护现有的投资，保护用户的最大利益。

10.4.3　客户互动中心的具体应用

由于客户互动中心（CIC）能够更加及时有效地与客户进行互动，并能有效提高客户服务的效率和满意度，因此在很多业务领域得到广泛应用。

1. 网络电话

CIC 支持网络电话应用，因此可以为企业提供类似 800 业务的服务，用户在访问企业 Web 站点的同时，可以通过网络电话直接连通服务中心，经过智能路由选择后连到最适合的坐席，与坐席直接进行语音交谈。由于采用 IP 通话，节省了大量的长途话费，而用户在使用时也不需要繁复的软件下载和配置，在很大程度上促进了企业和客户的沟通和交流。此外，通过在坐席的配置中集成网络电话模块，使坐席可以直接在 PC 上与客户交谈，甚至为企业节省了板卡的费用。坐席人员还可以用网络电话功能与其他坐席人员进行内部通话。在 CIC 系统中，这种完全 IP 网络中传输的语音交谈模式真正实现了零话费通话。

2. 文字交谈

用户在访问企业 Web 站点的时候，如果对某一内容感兴趣或需要与企业进行沟通，除了利用网络电话进行在线通话外，还可以通过点击嵌入在页面中的在线求助的图标，与坐席人员进行文字交谈。在客户服务中心内部，每个坐席人员可以打开多个文字交谈的窗口，同时与多名客户交谈。坐席人员通过系统及时获得每个客户的浏览信息，如客户当前所在浏览的网页、在站点各网页的停留时间、历史服务记录以及该客户的认证等。

CIC 可以运用文字交谈的丰富功能，帮助众多电子商务企业搭建 Web 客户服务中心，使客户能够方便地与企业进行一对一的交流，降低了成本，增加了销售额，提高了客户忠诚度。

3. 用户留言

用户在访问企业站点的同时通过点击留言图标，进入留言服务页面。用户写好留言内容并留下 E-mail 或者电话号码等个人联系方式后即可提交该页面。系统收到客户留言后分配给适合的坐席处理，而用户会收到服务中心的 E-mail 回复或电话回复。用户留言功能帮助企业灵活安排服务时间，保证客户服务中心不会漏掉任何一个客户的请求。

4. Web 同步

CIC 支持 Web 同步，又称护航浏览。即在远程用户端，计算机通过运行与客户服务中心代理计算机一样界面的软件，使客户中心的坐席可以逐步指导远程用户使用的各种功能，并及时解答疑难问题，就像教师指导身边的学生上机一样，使用户感受到“贴身”的服务，提高了客户的满意度和忠诚度，护航浏览对初学者非常适用。

5. 高级 E-mail 服务

CIC 为客户 E-mail 处理提供了强大的功能支持，包括主题词匹配、文字内容、关键字识别、自动回复、标准回复资料库、智能回复建议、弹出屏幕、优先级选择设置、电子邮件转移处理、自动拼写错误检查和质量控制等功能。

6. 外包式客户服务中心

CIC 的灵活架构使服务中心的外包服务成为可能。对于中小型企业或经济条件不允许的企业，建立一个完整的客户服务中心无疑成本过高，代价太大。但一些有实力的企业应该建立综合性的大型客户服务中心，除满足自身需要外，还可以采取坐席外包方式，实现资源的共享与优化，其经济效益是显而易见的。对于一些有条件的企业，甚至可以和 IDC（Internet Data Center，互联网数据中心）机房的建设结合起来考虑，统一规划，统一建设，从而取得显著的经济效益和社会效益。

案例分析：北京联通 1001 客户服务中心建设

北京联通是中国联通网络发展和用户发展的排头兵。北京联通分公司将客户作为企业生存的基础，认为面对客户对企业提供服务的迅速性、方便性的期望和要求越来越高的情况，必须树立现代客户服务理念，采用先进的服务手段来满足客户的需求。只有这样才能使现有的客户成为忠实的客户，潜在的客户变成现实的客户。客户服务系统的建设在改善服务的同时，还可以规范业务管理，统一品牌形象，降低运营成本，使公司在日益激烈的市场竞争中处于有利的地位。北京联通分公司客户服务系统的建设就是在这种情况下提出来的。

1. 方案介绍

北京合力金桥系统集成公司是国内最早开展智能呼叫中心技术研发工作的单位之一，拥有独一无二的多平台 CTI 实验环境，已成功建设多个大规模的综合客户服务中心，该公司专为北京联通公司设计的 1001 客户服务系统是真正的实时互动式客户服务支撑平台。它以代表国际先进水平的第四代呼叫中心 HollyOne 技术为核心，结合最先进的计算机网络和智能交换设备，根据电信行业的特点设计了特色鲜明的应用系统，在呼叫接入、业务代表管理、呼叫记录分析、呼叫和数据转移、客户关系管理等方面综合运用最先进的手段，全面支持语音、传真、电子邮件、WWW 等信息访问通道，集成领先的 CTI 中间件技术，提供强大的呼叫处理能力和丰富的管理运营手段，以有效地提高客服中心的运营效率，降低综合成本。北京联通 1001 客户服务中心解决方案的特点如下。

① 开放式体系结构 HollyOne 在系统定制及集成方面为未来的发展提供了一个广泛的选择。通过支持多种国际标准的通信协议及遵循 OSI 的开发规范，北京联通 1001 客服中心具备了最佳的与其他系统开放互联的能力。

② 智能化企业级 PBX HollyOne 解决方案中提供的 Siemens Hicom 企业级 PBX 为 1001 客服中心奠定稳健的运行基石。内嵌式 ACD 排队软件包提供通信级的高可靠性，更配合智能呼叫管理系统，使客服中心具有强大的呼叫处理能力和无比的灵活性。

③ 高级路由选择 HollyOne 充分尊重北京联通用户对个性化服务的追求，为用户提供多种路由选择方式。通过基于技能和业务的智能分组，使每一个服务请求都能在最恰当的时间以最恰当的方式传递给最恰当的服务代表。

④ 通道无关性处理支持各种方式的拨入和拨出，包括从电话、传真到电子邮件及视频会议。HollyOne 允许以一种统一的消息处理机制来定义呼叫，把复杂的通道处理过程对客户及服务代表完全屏蔽。模块化的设计还使得未来系统的扩充和升级变得简单。

⑤ 支持分布式中心 HollyOne 允许把多个地理位置分隔的客户服务中心连接在一起，形成一个单一的逻辑上的呼叫中心。在未来中国联通集团全国客服网络实现联网时，HollyOne 可以提供对本中心访问请求的话路和数据分配均衡，而不必关心其他呼叫中心的处理能力是否一致。

⑥ 图形用户界面组件 HollyOne 为服务代表、超级用户、中心管理员提供了灵活的可定制图形组件。这些标准的图形工具包括会话管理、软电话（Soft Phone）、服务观察、数据采集等。

⑦ 商业应用的集成 HollyOne 支持外挂式应用模块，能够令呼叫中心集成不同的商业应用，最大限度地发挥客服中心的功能价值。

联通北京分公司将客户服务系统与现有计费、营业、账务系统进行组织，形成了一个有机的结合体，能够充分发挥现有系统的优势。客户服务系统从营业账务系统提取相关用户资料，建立客户服务的系统资料库，从计费系统提取相关用户话费资料等供查询使用。同时客服系统还将与北京联通现有的计费、营业、账务、网管等相关系统以及 Internet 相连，提供业务处理和用户自助服务等业务。

2. 客户服务中心系统组成

北京联通客服系统由以下主要部分组成。

（1）交换机（PBX/ACD）

采用 Siemens 公司最先进的 Hicom 350E 交换机，完成客服中心电话呼叫的接入和自动呼叫分配，配备 360 路中继，支持 7 号信令接入。Hicom 350E 可以利用 Flexrouting 实现复杂的呼叫路由定制管理，并且在一个统一的系统管理下，Hicom 300E 可以支持所有的多媒体通信，宽带范围达到 2Mbps，其语音压缩和最经济路由选择功能可以大大降低网络运营费用。另外，系统还可以实现与 ATM 部件或通过 ATM 部件的通信。

（2）CTI 服务器

北京联通公司客服中心网络上所有业务代表的计算机都将通过 CTI 中间件来访问交换机，因此，CTI 服务器是客户服务中心的一个关键部分，是交换机和计算机联系的纽带。本次建设中，采用合力金桥公司的 HollyContact 作为 CTI 中间件。HollyContact 负责将交换机与计算机网络结合起来，维护整个呼叫生命周期内的数据结构。

HollyContact 与交换机通过 CTI-Link 相连，获得用户的主叫和被叫号码，完成智能路由分配，语音数据同步转移，自动与人工和人工间呼叫互转，通过软电话对坐席进行管理控制，以及全程的呼叫监控等。

（3）IVR/FAX 服务器

作为客服中心提高服务水平、用户满意度和工作效率的手段，自动服务在客服中心一直占有非常重要的地位。根据国外一些成熟客服中心和国内已建成客服中心的数据统计显示，自动语音/传真服务能够处理多达 50%以上的呼叫量，使客服中心效率大幅度提高，大大节省了运营成本。

本次北京联通客服选择合力金桥公司的 HollyIVR 作为自动语音/传真应答设备，完成客服中心的所有呼叫的语音引导、自动语音应答、传真接收和发送、语音、传真资源管理、IVR 流程自动生成等功能以及对 TTS、ASR 等的支持。

（4）外拨服务器

为了提高客户满意度和客服中心的工作效率，本次工程不仅需要进行电话呼入时的服务（Inbound Call），同时还需要主动呼出，提供客户调查、回复回答等主动、周到的服务。因此，在本方案中采用了合力金桥公司的 HollyDialer 作为外拨服务器，完成客服中心呼出呼叫的管理。通过智能外拨排队机制，有效控制客服中心的主动呼出呼叫，呼叫一旦建立，则实现与呼入呼叫相同的智能路由分配策略。

（5）录音服务器

录音服务器完成对全部坐席的在线全程录音，提供监听、回放、检索、统计等功能，为客服中心监督检查业务代表的服务质量以及处理用户纠纷提供重要依据。本方案采用 Eletech 公司的 Archivist-C 数码录音系统。

（6）ICM 服务器

HollyICM 是合力金桥公司为处理来自 Internet 的呼叫而开发设计的系统，在本项目中负责管理全部来自 Internet 的联通用户的呼叫，Internet 用户的排队、路由、坐席选择、管理、统计等功能都由 HollyICM 实现。在使用 HollyICM 的情况下，呼叫中心需要设立专门的坐席小组，负责应答来自 Internet 的呼叫。这些呼叫包括文本交谈（Text Chat）、伴随浏览、E-mail 回复、回呼（Call Back）等。

（7）数据库服务器

提供对北京联通客服系统全部数据的快速/安全访问机制，以保证客服系统的高可用性、数据安全性和可靠性。采用 HP 9000 N4000 UNIX 服务器、双机热备、配置 HP FC60 光通道磁盘阵列和 DDS3 磁带机，数据库软件采用 Oracle 8。

3. 主要业务功能

依据《中国联通客户服务系统业务规范》和《中国联通客户服务系统技术规范》的要求，北京合力金桥公司结合联通北京分公司自身的业务开展需要，为其客户服务中心系统提供如下主要业务功能。

（1）业务咨询

业务咨询功能支持电话、传真、Web、E-mail、短信等多种方式，向客户提供公司介绍、有关各类业务的网络情况、资费标准、业务简介，以及营业网点、服务指南和通信常识等方面的咨询。

（2）话费查询

话费查询功能只向本地用户提供。支持电话、传真、Web、E-mail、短信等多种方式，向客户提供各类业务的话费查询，包括月结话费、月结清单、实时总额、实时清单、账号余额/欠费、缴费情况等查询项目。

（3）投诉建议

投诉建议功能实现通过电话、传真、Web、E-mail、短信等方式受理客户的投诉及建议，并实现用户答复的闭环处理。

（4）业务受理

业务受理功能只向本地用户提供。支持通过电话、Web 等方式接受用户对各类业务的受理请求，并实现用户答复的闭环处理。

（5）自动回复

通过设置智能外拨自动回复系统，对所受理的客户投诉建议、业务咨询、业务受理和数据查询等功能请求，不能立即答复的，待后台处理完成后由系统回复客户。

（6）欠费催缴

欠费催缴功能完成对欠费客户、信用限额客户、高额漫游超信用客户、预付费不足客户等实施电话、传真、E-mail 和短信等多种方式的催缴。

（7）增值业务

增值业务功能支持通过电话、传真、Web、E-mail、短信等方式向客户提供多种增值业务服务，包括信息服务、秘书服务、出租坐席、客服外包等。

（8）用户资料管理

用户资料管理功能实现对一般客户、VIP 客户等的资料管理。提供资料的录入、修改、查询、排序、统计、分析、备份及信用管理等功能。

（9）后台综合处理

后台综合处理功能主要完成对话务员未能解答和不能解答的问题的处理，监督相关业务部门配合客户服务的完成，收集整理最新业务信息，答复客户处理结果等。

（10）话务管理

话务管理包括话务员的权限分配、技能定义、强拆、强插、三方通话、录音、监听、强制示忙、强制签出、解锁等，以及话务员服务质量监督。

（11）系统管理

系统管理功能包括对客服网络的监控和管理、业务人员的资料和权限管理、客服业务信息的维护、处理工作流的定制和维护等。

（12）数据管理

数据管理功能包括对客服数据的二次处理、数据传输、备份和恢复等。

（13）统计分析

统计分析功能为本客服中心、相关管理部门、全国客服中心等提供各种周期、各类业务、各个重要指标的统计报表和图形分析功能。

4．项目总结

联通北京分公司的客户服务中心是中国联通全国客服网络重要的建设试点工程之一。项目规模较大，建设周期短，且要求具有丰富的功能。此次试点建设工作，不仅为中国联通客服系统建设贡献了一份力量，更为合力金桥 HollyOne 呼 叫中心解决方案在联通客服系统的应用开创了一个成功的先例。随着 HollyOne 呼 叫中心系统在中国联通北京分公司应用的不断完善和发展，北京联通必将能够为广大用户提供更高质量的个性化服务，从而创造出更多的商业机会和附加价值。

案例来源：http://www.vsharing.com/k/CRM/2002-12/A457571.html

案例分析题

1. 北京联通公司客户服务中心的主要功能有哪些？
2. 在该项目建设过程中主要使用了哪些技术？

关键词汇

客户服务与支持（CSS）；客户服务中心；计算机电话集成技术（CTI）；呼叫中心；一体化平台；客户互动中心（CIC）；解决方案

本章小结

客户服务与支持是 CRM 的重要组成部分，对于企业维护老客户和吸引新客户具有重要的意义。客户服务中心是客户服务与支持的重要组成部分，起源于呼叫中心，经过多年发展，已经广泛地应用于各个行业和领域，日益成为企业与客户沟通的重要平台和企业的利润中心。

随着电信和互联网技术的发展，客户服务中心也成为多技术的融合体。现代的客户服务中心必须是基于 CTI 技术的应用系统，在其建设过程中广泛应用 PBX、VRU 等技术。目前市场上主要存在四种客户服务中心解决方案，即交换机方案、语音板卡方案、IP-PBX 方案以及一体化整合平台方案，并且后者逐渐成为主流。客户服务中心的成功取决于能否完整设计出客户联系流程、能否与企业内部其他系统实现集成、能否分步骤有计划地推进系统建设等关键因素。

客户互动中心（CIC）应用强大的多媒体应答技术，贯穿实施主动营销理念，使客户服务中心真正成为企业的利润中心。CIC 可以实现多种技术管理功能，具有先进灵活的系统结构、卓越的客户服务接入能力等特点，广泛应用于网络电话、文字交谈等领域。

复习思考题

1. 什么是客户服务与支持？
2. 客户服务与支持应该具备哪些功能？
3. 客户服务中心在客户关系管理中应该发挥怎样的作用？
4. 客户服务中心未来的发展趋势如何？
5. 客户服务中心建设一般具有哪几种方案？
6. 客户服务中心成功的关键因素有哪些？
7. 客户服务中心建设中应该注意哪些问题？
8. 客户互动中心的基本功能包括哪些？
9. 客户互动中心具备哪些特点？
10. CIC 具体有哪些应用？

讨论题

1. 试分析客户服务与支持在客户关系管理中的作用。
2. 结合你了解的客户服务中心，讨论客户服务中心在企业发展中的重要性。
3. 你认为随着科学技术的发展，未来的客户服务中心还会具备怎样的功能。
4. 试讨论不同行业的客户服务与支持环节有哪些不同之处，如制造业与服务业等。
5. 试分析客户互动中心的应用对于企业客户关系管理有哪些优势。
6. 试分析客户服务与支持在客户关系管理中的重要性。

网络实践题

1. 登录中国银行、工商银行、建设银行等银行的网站，了解并比较它们的客户服务有哪些相同和不同之处。

2. 登录中国移动、中国联通和中国电信的网站，了解并比较它们提供的客户服务有哪些，同时拨打它们的服务电话，分析其电话服务与网站服务各自的优缺点。

3. 登录联想、戴尔、IBM 等公司的主页，比较国内外大型企业的客户服务与支持有哪些不同，国内企业应该向国外企业学习哪些经验。

4. 登录海尔、海信、美的、格力等家电企业网站，比较分析其客户服务与支持环节。

第 11 章　CRM 的运行绩效及成本效益分析

课前导读

与其他任何管理活动一样，客户关系管理活动在给企业带来收益的同时，也伴随着成本的产生。作为一个可能涉及一两百万元投资的大型项目，在实施前后，企业必须能够理性地预测以及评估 CRM 投资的作用和效果，以便能够对 CRM 的实施流程进行更加科学的管理和控制，进而使 CRM 成为一种有力的战略管理工具，甚至成为企业核心竞争力的一个有机部分。客户关系管理系统的评价通常分为运行绩效评价和成本效益评价，现已分别发展出一套较为完整的指标体系。值得指出的是，客户关系管理系统的评价还需把诸如客户满意与客户忠诚这些关键指标进行量化处理和表示，只有这样才能为 CRM 的实施和绩效评价指明调整和改进方向。

学习目标

- 了解绩效管理以及 CRM 绩效测评的维度
- 了解和掌握客户满意度与忠诚度的分析与测评
- 了解 CRM 的运行绩效评价
- 了解 CRM 的投资成本及效益

CRM 是一种管理理念，也是一套应用软件，更是企业应对新经济时代国内外竞争的解决方案，能够为企业与客户双方带来相应收益。与其他任何管理活动一样，客户关系管理活动也伴随着成本的产生。在企业资源有限的条件下，如何测评和提高 CRM 的效率与效果，成为企业在 CRM 实践中必须给予足够关注的战略问题。

11.1　CRM 绩效测评概述

国内外学者对绩效测评已经有了许多相关的研究。在正式展开对 CRM 系统实施绩效评价之前，有必要先对绩效管理的概念和相关知识内容有所了解，以便为本章后面几节要进行的讨论给出必要的铺垫。为此，本节首先对绩效管理的概念、存在的问题与管理方法进行简要的介绍，然后强调 CRM 实践中必须重视绩效测评，并且阐述了 CRM 绩效测评过程中的三种关键维度。

11.1.1　绩效管理概述

绩效管理是管理学中的一种管理方法，其目的在于通过对结果或行为的考核或测评来发现问题、解决问题并进一步提升效率，以达到改善企业绩效的作用。随着信息技术的应用，传统的绩效管理表现出较多问题，新的绩效管理方法和手段的应用为客户关系管理提供了更好的借鉴。

1．绩效与绩效管理的含义

关于绩效的定义主要有两种观点，一种是把绩效看作一种结果，用诸如产出、指标、任务、目标等词表示；另一种则把绩效看作个体的行为，认为绩效就是个体在工作中的行为和行动。把绩效定义为产出的结果与人们日常的感受相符合，便于人们理解，同时在进行绩效衡量时操作性强，有利于明确具体的指标，如生产总量、次品率销售量等，容易保持客观性。但有的学者对这种定义提出了质疑：一方面组织很难把结果作为衡量绩效的标准；另一方面单纯地追求结果，很可能导致员工的一些不当行为，如追求短期利益行为、不顾及组织整体利益的行为等。在我国，学术界比较一致的看法是：绩效即业绩和效果。

绩效管理的定义也有两种观点：一种观点认为绩效管理是管理组织绩效的一种体系，主要从组织的角度来考虑目标制定、绩效改进和考查，虽然雇员会受到影响，但不是主要的考虑对象；另一种观点认为绩效管理应以雇员为中心，绩效管理系统应包括计划、估计与修正三个过程，这种管理系统的主要考虑对象是员工个体。英国学者理查德·威廉姆斯（Richard Williams）在《组织绩效管理》一书中则提到绩效管理是把对组织的绩效管理和对员工的绩效管理结合在一起的一种体系。本书认为，威廉姆斯将两种观点予以综合的看法更全面。

2．绩效考核方法

绩效考核是绩效管理中的核心环节，绩效考核方法的选择与设计是绩效考核的关键步骤。从不同的分析角度来看，绩效考核方法能列出 50 余种。但是比较系统的、适合目前大多数企业情况的绩效考核方法主要有两种：目标管理（Management by Objective）与关键业绩指标（KPI，Key Performance Indicator）。

（1）目标管理

目标管理是管理大师彼得·杜拉克（Peter F. Drucker）提出并倡导的一整套管理思想与管理方法，指的是组织的最高层领导根据组织面临的形势和社会需要，制定出一定时期内组织经营活动所要达到的总目标，然后层层落实，要求下属各部门主管人员以至每个员工根据上级制定的目标和保证措施，形成一个目标体系，并把目标完成情况作为考核的依据。目标管理的主旨在于使组织目标与个人目标结合起来，从而有助于个人目标的实现来达到满足个人兴趣与组织需要的目的。

目标管理的实施步骤及过程包括几个方面：首先，设定绩效目标，为每位被评估者设立所应达到的目标以及为达到这一结果所应采取的方式、方法；其次，制定被评估者达到目标的时间框架，通过对时间的有效约束，保证组织目标的实现；再次，将实际绩效水平与设定的绩效目标进行比较，查找工作实施过程中的优缺点，有助于决定对于培训的需求以及确定下一绩效评估周期的各级绩效指标；最后，制定新的绩效目标。目标管理实施步骤如图 11-1 所示。

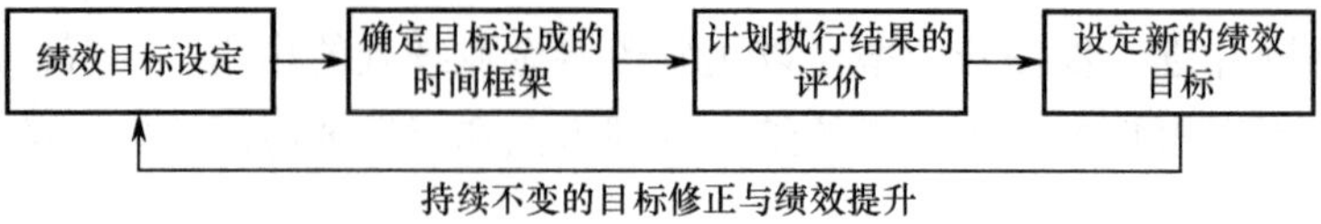

图 11-1　目标管理实施步骤

目标管理有助于改进工作效率，还能够使公司的管理者根据迅速变化的竞争环境对员工进行及时的引导。但目标管理的实质是反向式控制管理，容易导致对质量的忽视；单纯追求利润目标，靠账面数字管理企业；制定高额利润或绩效目标，仅靠奖罚管理企业容易导致企业管理走向极端。因此，在目标管理实施过程中，需要对全体人员进行现代管理科学和目标管理思想的教育，当市场环境发生改变时，应及时调整目标，确保目标的合理与有效。

（2）关键业绩指标

关键业绩指标（KPI，Key Performance Indicator）是通过对组织内部某一流程的输入端、输出端的关键参数进行设置、取样、计算和分析，并以此来衡量绩效的一种目标式量化管理方法。确定关键绩效指标要遵循 SMART 原则，即具体化（Specific）、可度量（Measurable）、可实现（Attainable）、现实性（Relevant）以及时限性（Time-based）。在遵循 SMART 原则进行 KPI 指标设计的过程中，由于对 SMART 原则理解的偏差可能导致指标过分细化、关键指标遗漏与“中庸”以及考核目标偏离和考核周期过短等问题。因此，企业在设计 KPI 指标时，应加强与基层员工的沟通与交流，并针对不同岗位设计不同的 KPI 指标组合，突出不同部门的 KPI 指标不同的特点和着重点。KPI 指标是自上而下分解的，不是绩效考核目标或者激励指标与控制指标相结合。

关键业绩指标对绩效管理的最大贡献是：把企业的绩效指标设置与企业的战略结合在一起，所关注的是在某一特定发展阶段中企业需要解决的战略性问题。同时，它也存在不足之处，如未能将绩效目标分解到企业的基层管理人员和操作人员那里，也未能提供一套具有实践意义的、完整的指标框架体系。

11.1.2　CRM 项目的成功率

虽然企业有意于 CRM 相关项目的投资，但是目前这些项目的成功率依然令人失望。表 11-1 中列出了文献中引用的 CRM 的成功率，在这些研究中，CRM 项目成功的定义也是多种多样的。最高的成功率 65%是由 CRMGuru.com 在 2001 年的研究中观察到的，在该研究中，CRM 的成功被定义为基于对未来两年的预期的基础上，因此这个成功率不能解释为已经看到的成功。另外，美国贝恩咨询公司（Bain&Company）所做的一个失败的财务结果的研究表明，失败的 CRM 项目可能会损坏长期的客户关系（Rigby et al., 2002）。

表 11-1　CRM 项目的成功率及相关定义

CRM 成功率（%）	CRM 成功的定义	来　源	参 考 文 献
10	CRM 投资有正收入	Meta Group	Brewton and Schiemann(2003)
10	达到预期目标	Forrester Research	Richards and Jones(2008)
25	客户体验的改善	Gartner Group	Brewton and Schiemann(2003)

（续表）

CRM 成功率（%）	CRM 成功的定义	来　源	参 考 文 献
25	达到实施目标	Meta Group	Krol(2002)
30	看到正的财务收入	Gartner Group 2003	Richards and Jones(2008)
30	成功完成 CRM 任务	Cap Gemini Ernst&Young	Brewton and Schiemann(2003)
45	达到期望的结果	Gartner Group 2001	Caulfield(2001), Hellweg(2002)
55	CRM 实施满意	Merrill Lynch	Dignan(2002)
65	期望两年后获得投资回报	CRMGuru.com	Krol(2002), Lee(2003)

CRM 测评中主要的困难是关于 CRM 成功的定义的混乱，在 META Group 的全球研究中，64%的企业认为缺乏用来衡量 CRM 商业价值的技术，只有 10%的受访者看到了 CRM 投资的有形回报。Meagher（2002）的研究结果表明，大约 40%的澳大利亚企业不能确定 CRM 是否对企业有积极的影响。因此，在测评 CRM 之前应该澄清 CRM 以及明确其预期利益。本书对 CRM 成功的定义为：只要 CRM 实施后达到了设定的预期目标就是成功的，因此下文中关于 CRM 绩效测评的相关论述都是基于此定义的。

11.1.3　CRM 绩效测评过程

CRM 绩效同时关注行为与结果，而 CRM 绩效测评涉及组织、个人和介于两者之间的各个层次，其综合测评财务的有形和无形方面，同时也兼顾到非财务方面。

CRM 绩效测评是一个动态的循环过程，如图 11-2 所示。

评价过程的第一步是率先确定 CRM 的任务与目标；第二步是设计出 CRM 战略框架，以便确定主要的战略因素；第三步是找出 CRM 活动与所要实现的商业目标之间的内部联系。通过内部联系的分析，管理人员清楚如何做才能获取更多收益以及什么样的视角对于获取收益是至关重要的；第四步是确定研究视角与测量的具体方法，通过分析来测评 CRM 实施的绩效；第五步是分析 CRM 实施效果，并将评估结果反馈到系统中。这一评价过程有助于管理人员对 CRM 战略形成更深入的理解，可以帮助他们制定和实施合理的 CRM 战略。在把 CRM 活动转化为最终收益之前，上述过程将会不断地重复进行。其中，分析 CRM 绩效测评中的因果关系至关重要，主要包括以下三个方面。

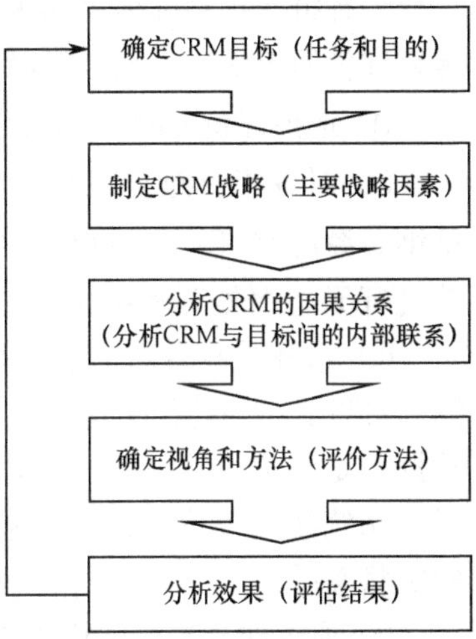

图 11-2　CRM 绩效测评过程

首先，企业要收集大量的有关客户的信息，并创建客户特征数据库。企业运用数据挖掘工具和其他相关技术从中发掘出大量的、隐藏的客户特征或行为模式，进而帮助企业通过创新方式创造出全新的产品或客户定制的产品。

其次，管理人员还可以对每个客户的所有相关信息进行整合，实施更为有效的计划、营销和服务活动，培育令客户满意的行为，使盈利性与客户满意度达到最优。当客户需求、期望和客户所感知的实际绩效相吻合时，客户的满意度与忠诚度就会上升，但这要以提供优质的客户价值为前提。其中，企业可以通过产品、定制化服务、提高产品与服务质量或额外信息等创造和交付优异的客户价值。显然，对于任何价值创造与交付活动而言，理解和收集客户需求都是至关重要的。

再次，CRM 技术与流程要有助于加强客户洞察力、提高客户评价，并达成更有效的客户交互，同时整合全部客户渠道与后台企业职能。这样才能够给客户提供更为有效和有力的服务，企业就可以与客户之间建立起长期的、令人满意的关系。最终企业必将在提高形象、构建客户关系、创造客户价值和引导客户消费等过程中获取丰厚的收益。

11.2 CRM 的绩效评价

对 CRM 的绩效评价一般包括两个方面：一方面是对 CRM 实施过程进行评价，评价的结果经过分析后反馈给企业，实现实施过程的控制；另一方面是对 CRM 实施产生的效果进行综合评价。本节主要侧重于对 CRM 实施效果的综合评价。

11.2.1 CRM 绩效评价的步骤

由于评价企业 CRM 系统绩效的指标不仅数量多，而且指标的性质也各不相同，因此应寻找一种将各种指标综合起来，对 CRM 系统进行综合评价的方法。本节首先介绍进行 CRM 综合评价的步骤，一般包括以下几个方面。

① 选择评价 CRM 运行绩效的各种指标，其中包括定性指标和定量指标。

② 对各指标进行量化和标准化处理。在 CRM 绩效评价指标体系中，由于各个指标的量纲、经济意义、表现形式以及对总目标的作用不同，不具有直接可比性，因此必须在对其进行无量纲处理和指标价值量化后，才能计算综合评价结果。

③ 指标数据获取。获取数据的方法包括统计、问卷调查（部分主观指标）、普查和实测（如测定网站访问量等）。CRM 系统在运行与维护过程中不断地发生变化，因此采集指标数据不是一项一次性的工作，数据采集和系统评价应定期进行或每当系统有较大改进后进行。系统绩效评价的第一次数据采集一般安排在开发完成并投入运行一段时间且进入相对稳定状态后。

④ 通过建立的数学模型进行处理、分析（其中包括确定矩阵的最大特征值和特征向量、确定各指标的权重等处理过程）。指标权重是对每个指标在整个体系中的相对重要性的数量表示。权重确定合理与否对综合评价结果和评价质量将产生决定性影响，通常采用层次分析法（AHP）确定各指标的权重。

⑤ 最后给出一个综合的、合理的、考虑全面的评价结果。

11.2.2 CRM 绩效评价指标体系

CRM 绩效评价指标的选取会直接影响到评价结果的判断，因此在建立绩效评价指标体系时应该遵循一定的原则。

1．CRM 绩效评价指标选取的原则

在选取评价指标体系时一般应遵循以下原则。

（1）系统性

客户关系管理实施的效益不仅表现在财务方面，还表现在企业流程、客户服务等方面，因此指标体系应全面、准确地反映被评价系统的特征，包含多个方面或角度的评价指标。

（2）可比性

各项指标应可以量化，得到的评价结果在不同企业间应该具有可比性。只有按照同一口径或标准搜集信息，进行比较，才能保证评价结论的真实性和有效性。

（3）可操作性

选取的指标应可理解、可量化、容易获得，具有综合性和典型性。缺乏明确定义的指标可能导致理解偏差，难以量化的指标可能导致主观和随意性。指标应尽量与企业现有数据衔接，以便于数据采集。指标并不是越多越好，应选择具有典型性的综合指标和主要指标，以降低信息搜集成本。

（4）导向性

建立客户关系管理绩效评价指标体系的目的是对企业的客户关系管理工作进行规范，从而强化导向和监控作用，使客户关系管理给企业决策层、管理层和业务层带来实实在在的利益，进而增强企业竞争力和可持续发展能力。

（5）实效性

选择指标必须注重实效，不能体现客户关系管理绩效的指标不要选。但是，要考察客户关系管理的长期效益和潜在效益，存在一个显示实效和长期效益权衡的问题。

（6）可控性

通过合理组织，改善管理，所选指标可以被改善。只有选取可以改善的指标，才真正具有完善管理的意义。

2．CRM 绩效评价指标体系的建立

评价指标体系的建立一般是先将目标进行细分，将目标层划分为准则层，再细化为指标层，不同的评价方法对应建立的评价指标体系也不尽相同，为了保证评价的全面性，一般包括以下几个方面的指标。

（1）客户指标

此部分指标说明通过 CRM 的实施，客户对企业产生的客观感受和获益情况以及企业的客户获得和保持能力，一般通过客户满意度和客户忠诚度指标来表示。

（2）内部流程业务指标

通过此部分指标可以评价企业在技术能力、制造水平、设计能力等方面的表现，包括创新程序、经营程序、售后服务程序等。

（3）发展趋势指标

此部分指标用于说明企业的员工状况，包括学习能力、创新能力以及企业发展后劲如何等。

（4）财务效果指标

财务指标是一般测评体系中必不可少的组成部分，重点反映 CRM 实施后给企业带来的具体的成本、收益等，是评价 CRM 的重要指标。具体的指标可以参考表 11-2。

表 11-2 CRM 绩效评价指标体系

目标层	准则层	指 标 层	指 标 解 释
CRM 绩效评价	客户关系	客户获取能力	企业在争取新客户时获得成功部分的比例
		客户维护能力	现有客户群中未发生客户流失的比率
		客户满意度	客户对企业所提供的产品或服务的满意程度
		客户忠诚度	客户对企业所提供的产品或服务依赖和偏好程度
	内部流程业务	企业信息技术应用能力	企业内部信息技术应用提升及改善
		在线帮助及支持服务能力	在线帮助及支持服务的质量提升及多样性增加
		业务运营可靠性	企业整体业务运营可靠性的增加及改善
		在线业务管理能力	企业对于在线业务管理能力的提升及改善
	发展趋势	市场信息反馈能力	企业市场信息的收集、获取能力
		客户信息分析能力	对客户偏好、购买行为、需求的了解度
		新产品或服务推广能力	客户对企业新产品或服务的接收及认可能力
		新产品或服务销售能力	客户对企业新产品或服务的购买量占同期企业总销售量的比率
	财务	运营成本	企业对现有业务流程进行改善及维护所需成本
		营销费用	企业用于营销、客户关系维护等相关费用
		销售利润	企业 CRM 实施所带来的产品或服务销售利润
		业务成长	企业 CRM 实施所带来的企业整体业务成长（增加）

此外，CRM 是一个应用系统软件，这个软件系统的质量如何，将直接影响到企业 CRM 项目的成败以及 CRM 的实施效果。任何系统都避免不了故障的发生，如果不加以防范，故障将有可能给企业带来不可估量的损失。因此，CRM 系统的安全审计、入侵监测以及自动恢复等功能的质量如何对企业来说是非常重要的。对 CRM 系统质量的评价指标主要有：系统技术上的安全性、软件的先进性（包括开发技术的先进性、软件可重复应用性能、软件的创新程度）、二次开发效率（开发的难易程度）等。系统软件质量系数的测算，可根据模糊测评原理，对系列指标权重的赋值和系统质量系数的最终测算采用专家评分、加权平均法测算。

当然，在不同的行业和不同性质的企业中，CRM 系统应用的范围、功能和目标不尽相同，因此 CRM 绩效评估的指标选择也会有很大的不同。另外，不同的企业，对各个指标赋予的权重也不太一样。总之，选择评价指标时需要“因企业而异”，上面指标体系只是一个参考。

11.2.3 CRM 绩效测评方法

关于 CRM 绩效测评的方法国内外学者研究较多，本节在介绍相关评价模型的基础上，重点介绍基于平衡计分卡的 CRM 绩效测评方法。

1. CRM 绩效测评方法概述

国内外的学者和专业人士提出了相应的方法和框架来衡量 CRM，根据他们对 CRM 的理解和测量过程，可以分为以下几组模型。

（1）间接测评模型

在这组模型中，通过品牌建设或客户权益条款和方法来测评 CRM 的绩效。一方面，他们认为品牌资产（brand equity）的组成部分、品牌忠诚度、品牌知名度、品质认知度和品牌联想与 CRM 相关。另一方面，客户权益包括三部分，即价值权益、品牌资产和保留股权（Richards and Jones，2008）。

（2）关键成功因素评分法（CSFS，Critical Success Factors Scoring）

这个方法是由 Mendoza et al.（2007）提出的，它是以关键成功因素作为评分的基础，模型中定义了 13 个关键成功因素（包括高级管理委员会、综合学科团队的建立、目标明确、部门间融合、CRM 战略实施的交流、CRM 实施时的承诺、客户信息管理、客户服务、销售自动化、营销自动化、业务管理的支持、客户沟通管理、信息系统整合）和 50 个以上的度量指标。考虑到各种自然因素和指标，该模型还提供了每个指标的说明。

（3）关系质量模型（RQ，Relationship Quality）

客户和供应商之间的关系质量已经成为研究人员感兴趣的领域。RQ 测量模型旨在定义和量化客户对于关系的感知问题。该模型以统计研究为基础，并且以调查作为测量的工具。Roberts et al.（2003）定义了在消费者服务中 RQ 的维度，包括合作伙伴诚实的信任、合作伙伴善行的信任、情感认同、满意度和情感冲突（负相关）。

（4）客户管理流程（CMP，Customer Management Process）

CMP 是平衡记分卡（BSC，Balanced Score Card）的一个过程，其重点是客户管理。这一分类中的四个子过程分别为客户选择、客户获取、客户保留和客户增长。对于每个子过程，企业都确定了评估的目标和指标。CMP 不是一个固定的评估模型，每个企业应该根据其企业战略和目标来设置目标和措施。

（5）关系管理评估工具（RMAT，Relationship Management Assessment Tool）

该评估工具由 Lindgreen et al.（2006）提出，旨在帮助管理者对关系的阶段进行自我评价。RMAT 分析的因素包括客户策略、客户交互策略、品牌策略、价值创造策略、文化、人员、组织、信息技术、关系管理过程、知识管理和学习。

（6）CRM 计分卡（CRM-SC，CRM scorecards）

最初开发平衡计分卡（BSC）的目的是为了提供一个组织绩效测评的大纲。CRM-SC 是基于 BSC 的 CRM 绩效测评模型。在 CRM-SC 中，定义了主要的维度，每个维度的元素的识别，以及指明了维度与相关元素之间关系的示意图（Kim et al.，2003；Kim and Kim，2009），下文有详细说明。

上述方法和模型对于 CRM 绩效的测评都有一定的作用，但是任何一个方法都有一定的局限性，不能适合所有类型的企业。

2．CRM 计分卡绩效评价框架

下文在介绍平衡计分卡法的基础上，介绍 CRM 计分卡的绩效评价模型。

（1）平衡计分卡原理

平衡计分卡（BSC，Balanced Score Card）源自哈佛大学教授 Robert Kaplan 与诺朗顿研究

院（Nolan Norton Institute）的执行长 David Norton 于 20 世纪 90 年所从事的未来组织绩效衡量方法的一种绩效评价体系，它是从财务、客户、内部运营、学习与成长四个角度，将组织的战略落实为可操作的衡量指标和目标值的一种新型绩效管理体系。

BSC 是一套从四个方面对公司战略管理的绩效进行财务与非财务综合评价的评分卡片，不仅能有效克服传统的财务评估方法的滞后性、偏重短期利益和内部利益以及忽视无形资产收益等诸多缺陷，而且是一个科学的集公司战略管理控制与战略管理的绩效评估于一体的管理系统，其基本原理和流程如下。

① 以组织的共同愿景与战略为内核，运用综合与平衡的哲学思想，依据组织结构，将公司的愿景与战略转化为下属各责任部门（如各事业部）在财务（Financial）、顾客（Customer）、内部流程（Internal Processes）、创新与学习（Innovation & Learning）4 个方面的系列具体目标（成功的因素），并设置相应的四张计分卡，其基本框架如图 11-3 所示。

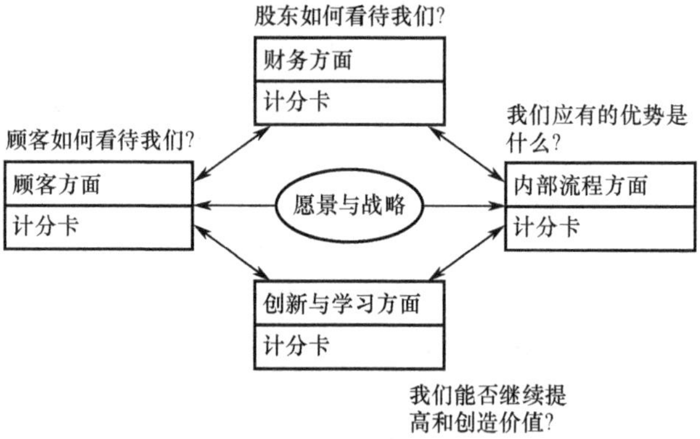

图 11-3　平衡计分卡基本框架

② 依据各部门在财务、顾客、内部流程及创新与学习等方面设定的目标，设置对应的绩效评价指标体系，这些指标不仅与公司战略目标高度相关，而且是以先行与滞后两种形式，同时兼顾和平衡公司长期和短期目标、内部与外部利益，综合反映战略管理绩效的财务与非财务信息。

③ 由各主管部门与责任部门共同商定各项指标的具体评分规则。一般是将各项指标的预算值与实际值进行比较，对应不同范围的差异率设定不同的评分值。以综合评分的形式，定期（通常是一个季度）考核各责任部门在财务、顾客、内部流程、创新与学习 4 个方面的目标执行情况，及时反馈，适时调整战略偏差，或修正原定目标和评价指标，确保公司战略得以顺利与正确实行。

（2）平衡计分卡的特点

平衡计分卡方法因为突破了财务作为唯一指标的衡量工具，做到了多个方面的平衡。平衡计分卡与传统评价体系比较具有如下特点。

① 平衡计分卡为企业战略管理提供强有力的支持。平衡计分卡的评价内容与相关指标和企业战略目标紧密相连，企业战略的实施可以通过对平衡计分卡的全面管理来完成。

② 平衡计分卡可以提高企业整体管理效率。平衡计分卡所涉及的内容都是企业未来发展成功的关键要素，通过平衡计分卡所提供的管理报告，可以大大节约企业管理者的时间，提

高企业管理的整体效率。

③ 注重团队合作，防止企业管理机能失调。平衡计分卡通过对企业各要素的组合，让管理者能同时考虑企业各职能部门在企业整体中的不同作用与功能，促使企业管理部门考虑决策时要从企业出发，慎重选择可行方案。

④ 平衡计分卡可提高企业激励作用，扩大员工的参与意识。平衡计分卡强调目标管理，鼓励下属创造性地（而非被动）完成目标，这一管理系统强调的是激励动力。

⑤ 平衡计分卡可以使企业信息负担降到最少。平衡计分卡可以使企业管理者仅关注少数而又非常关键的相关指标，在保证满足企业管理需要的同时，尽量减少信息负担成本。

同时，平衡计分卡法在实施过程中也存在一定的障碍，如高层管理者与基层员工沟通和共识上的障碍，组织与管理系统方面的障碍，信息交流方面的障碍等。

（3）基于平衡计分卡的 CRM 计分卡框架

CRM 计分卡是在平衡计分卡的基础上，结合 CRM 自身的特点而设计的绩效评估指标。这些指标强调了客户价值、客户整合以及客户满意等因素，平衡计分卡可以将 CRM 实施过程中产生的有形效益和无形效益都包括进来，并且通过目标导向和行动导向的系统，能够更加全面地评估 CRM 的绩效。表 11-3 为 CRM 计分卡的整体框架，共包括四个视角，即组织绩

表 11-3　CRM 计分卡框架

<table>
<tr><th colspan="2">视　角</th><th>组　成</th><th>测 量 指 标</th></tr>
<tr><td colspan="2" rowspan="3">组织绩效视角</td><td>股票价值</td><td>股票价值</td></tr>
<tr><td>盈利能力</td><td>ROA（Return On Assets，资产收益率）、ROI（Return On Investment，投资回报）、净收入、净收入/员工数（人均净收入）等</td></tr>
<tr><td>客户权益</td><td>客户权益、CLV（Customer Lifetime Value，客户终身价值）</td></tr>
<tr><td colspan="2" rowspan="3">客户视角</td><td>客户忠诚</td><td>RFM（Recency、Frequency、Monetary，消费、消费频率、消费金额）</td></tr>
<tr><td>客户满意</td><td>客户满意率（%）</td></tr>
<tr><td>客户价值</td><td>客户投诉</td></tr>
<tr><td colspan="2" rowspan="3">过程视角</td><td>客户获得</td><td>每个渠道的获得率、网站访问率、赢返率（win-back）、新客户的盈利率、反应率、销售成功率</td></tr>
<tr><td>客户保持</td><td>反应时间（等待时间）、第一次呼叫的问题解决率（%）、保持率、交货时间、客户流失率、交货绝交比率、问题记录清除</td></tr>
<tr><td>客户扩展</td><td>钱包份额（%）、核心客户比率、每个订单的追加销售价值</td></tr>
<tr><td rowspan="7">基础设施视角</td><td>信息技术</td><td>CRM 技术</td><td>3 种客户信息的技术能力、IT 的自足能力、客户信息的准确性(%)、客户信息集成(%)、信息稳定性</td></tr>
<tr><td rowspan="3">人力资源</td><td>员工行为</td><td>人力资本准备（%）、工作效率、每名员工的利润、满意服务客户的比率、</td></tr>
<tr><td>员工满意</td><td>关键员工营业额</td></tr>
<tr><td>管理态度</td><td>薪酬期望与实际的差距</td></tr>
<tr><td rowspan="3">机构设置</td><td>培训</td><td>培训时间/员工</td></tr>
<tr><td>奖励体系</td><td>奖励的公平性</td></tr>
<tr><td>组织结构</td><td>组织多样性的改善</td></tr>
<tr><td rowspan="3"></td><td rowspan="3">组织文化</td><td>合作关系</td><td>多样性</td></tr>
<tr><td>市场导向</td><td>客户调查、客户知识创造的频率</td></tr>
<tr><td>明确的目标</td><td>客户满意的价值观明确</td></tr>
</table>

效视角、客户视角、过程视角和基础设施视角。每个视角都由若干个因素组成，并且每个因素都有相应的关键指标来进行衡量，从而建立一个评价指标体系，再运用相应的评价方法就可以对CRM的绩效进行评价了。

① 组织绩效视角。

组织绩效的测评应该能够显示一个企业的CRM策略是否有助于改善企业的业绩，因此，这比测量CRM措施、企业的盈利能力和企业的整体价值的直接经济效果更好。在组织绩效视角中，组成指标包括股票价值、盈利能力和客户权益三部分，每个组成部分可以细化为若干个关键业绩指标。其中，客户权益是一个评价CRM项目的综合指标，它由客户的感知价值、品牌价值、企业客户关系决定。而且，它可以提升企业的盈利能力，因为客户权益的核心是使客户的资金贡献最大化和降低营销成本。盈利能力是企业现金流和整体价值的决定性因素，因此，客户权益、盈利能力和企业价值联系紧密。

② 客户视角。

客户如何看待一个企业是所有高层管理者最关心的事情。客户忠诚是对企业的信任，是客户视角首要考虑的因素。只有当企业的产品或服务、企业的品牌、与企业的关系满足客户需求时，客户才会满意。客户满意直接影响着客户的保持和企业未来的收入，只有客户满意才能带来客户的忠诚。客户的忠诚对于企业未来的收入和成长具有重要影响。

③ 过程视角。

企业的经营战略都是由一组能带来期望结果的业务活动实施的，因此，从过程视角来评估企业绩效是必须的。同样，在CRM领域，随着买卖双方关系的发展，过程视角也是很重要的。因此，CRM作为企业战略近来已经受到越来越多的重视。本书对CRM过程的定义是一系列获得、维持和扩展客户关系的活动。

④ 基础设施视角。

基础设施包括10个因素，可以分为4个子类，如信息技术、人力资源、机构设置和组织文化。IT技术是企业可持续竞争优势的关键资源之一，是CRM成功的必要条件。企业评估IT技术时，应该测评它们的CRM技术能否有效地支撑每一个CRM流程的客户信息。员工行为、员工满意和管理态度被划为CRM战略中人力资源一类。客户导向定义为在工作中员工倾向于满足客户的需求，从这点来看，过分强调工作的效率而不考虑客户服务质量会破坏员工与客户之间的公平，反而会导致客户不满意。因此，这些可以作为评估工作效率的补充指标。这就意味着，企业应该首先将其员工作为内部客户使他们满意。CRM作为一个组织创新也需要管理层的支持，组织结构也应该适应CRM战略进行调整。如果企业调整其组织结构，培训和奖励员工等，员工也会更加积极地参与CRM相关活动，从而使CRM战略更加高效。此外，组织文化中还包括合作关系、市场导向和明确的目标。

基于平衡计分卡的CRM评价方法从客户服务的角度建立了一个更加全面的CRM绩效评价指标体系的框架，具体的评价结果还需要应用层次分析法或模糊综合评价法等对指标体系进行计算得出。这个评价方法框架包括所有与客户服务相关的内容，通过该方法可以更加全面地考核客户服务对企业的影响，同时也对企业的绩效测评提出了更高的要求。

11.3　CRM 投资回报分析

投资回报（ROI，Return On Investment）分析是一种基于财务分析的绩效评价方法。它主要侧重于从财务角度对 CRM 实施和运行的整个流程做出评价。下面就按照 CRM 流程实施的先后顺序，运用投资回报分析方法对企业 CRM 项目的整个过程进行评价分析。

11.3.1　CRM 投资

CRM 是一种全新的管理理念，在中国，它不仅仅与经济、技术或管理的发展相关，更是随着因特网和电子商务在中国市场的发展而逐渐发展起来的。CRM 的实施往往要求企业进行两个方面的投入。

一方面是无形的 CRM 理念。CRM 的顺利实施，要求企业中高层管理者的全力支持以及基层员工与其他相关人员的通力合作。在实施的初期阶段，由于工作量巨大，经验积累不足，往往会遇到各种各样的难题和挑战，这就需要企业各层管理者和员工对 CRM 的管理理念与基本原理有着较为清晰的认识，并且持有坚定的成功信念。

另一方面是有形的 CRM 系统。这通常需要耗资巨大且要求苛刻的界面、实施应用方案及员工的重新培训等。随着数据仓储和可以支持数据库的 CRM 技术及其应用（数据挖掘、营销活动管理等）的蓬勃发展，世界上有许多著名企业都已将 CRM 作为在日趋激烈的竞争中取胜的法宝，并且也已在 CRM 技术和流程方面投入数百万美元。

对 CRM 投资取得的收益可能很难测量，因为 CRM 投资回报中存在着很多无法量化的因素。尽管如此，投资回报仍是一个很现实的问题，在 CRM 趋于理性时，ROI 已经成为人们不得不考虑的关键因素。在国外有很多评论文章，已经开始重视 CRM 的 ROI 问题。当然，CRM 投资不同于其他类型的投资，很难准确计算出 CRM 的 ROI 或者描绘出 CRM 项目实施后的具体收益的数据。

ROI 是指企业所投入资金的回报程度。在 CRM 投资中，ROI 的计算公式可变为：ROI=收益/总成本。形式上，这个公式应用于计算 CRM 的 ROI 尤为简单，只需知道在 CRM 的投资总成本为多少，从投资中获得了多少收益，所测量的时间跨度为多少，就可以运算。但是，实际的 ROI 要比这个公式复杂得多，需要综合考虑长期因素和短期 ROI 的计算公式因素，如客户忠诚和品牌形象等，还需要考虑 CRM 所带来的有形和无形的收益。因此，综合评价 ROI 也是一个挑战。

11.3.2　CRM 成本

CRM 建设是一个规模大、复杂程度高的人-机系统，它的开发、使用、维护和管理等过程是一项复杂的系统工程，需要投入较多的人、财、物资源，需要各种软、硬件设施的支持，这一切就构成了 CRM 系统的成本。

在现实的经济活动中，成本是一个应用十分广泛的概念，它反映了产品生产过程中所消耗的各项费用的总和，包括原材料、燃料和动力、折旧、工资、管理费用等开支。项目的成本分析有不同的方法，下面从不同角度对 CRM 成本进行划分。

1．按 CRM 系统的生命周期阶段划分 CRM 成本

首先，该体系按照 CRM 系统的生命周期阶段将信息系统成本分成开发成本和运行/维护成本两大类，在各类中又根据费用的目的进行逐级细分，如图 11-4 所示。

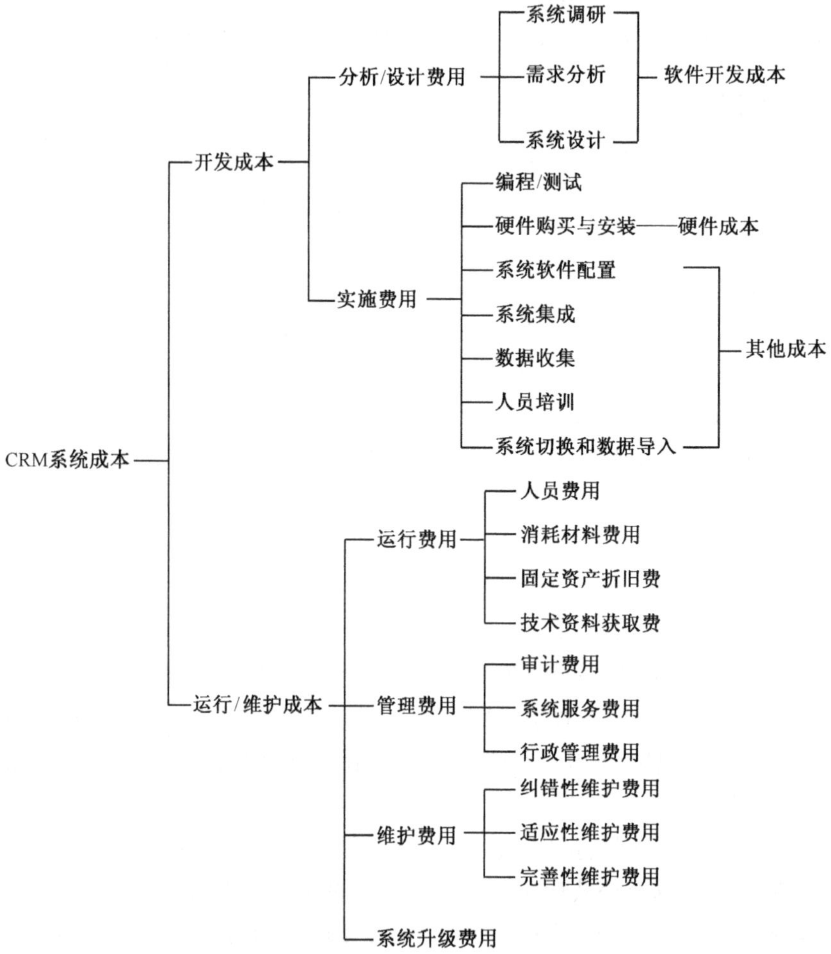

图 11-4　按生命周期划分 CRM 系统的成本构成

图 11-4 中的成本分类方法与传统的信息系统生命周期阶段划分是一致的。因此，可以采用国际流行的信息系统开发规范和我国有关信息系统工程的国家标准中的一系列约定，以便于按照信息系统开发和应用的不同层次进行成本的核算和分析。另外，当把“开发成本”按照图中的方式划分为软件、硬件和其他成本等三类时，其进一步测算就可以借用国内外一些现有的测算原理、方法和技术，如“软件开发成本测算技术”等。这样，整个系统的成本就可以比较准确地计算出来。

2．按经济用途划分 CRM 项目成本

用于 CRM 系统的全部费用，按其用途不同可以分为各种具体的费用项目，即“成本项目”。而按照费用发生的环节和用途计算考核的成本就是“项目成本”。针对 CRM 系统成本的特点和国家对成本项目的统一规定，CRM 系统的成本项目可由以下 10 个大类组成。

- 硬件购置费用：主要指购买计算机和相关设备的费用。
- 软件购置费用：包括购买操作系统软件、数据库系统软件和其他应用软件的费用。
- 基建费用：包括新建或改建机房及配置相关设置的费用。
- 通信费用：包括购置计算机网络设备、通信线路器材等。
- 人工费用：包括各类系统开发人员、操作人员和与系统有关部门的管理人员的所有工资费用。
- 消耗材料费用：主要用于购置打印纸张、磁盘等。
- 系统开发、运营及维护期间水电及维修费用。
- 管理费用：指办公费、差旅费和会议费等。
- 培训费用：包括 CRM 系统使用人员培训、有关技术人员或管理人员进修的费用。
- 其他费用：包括资料费、固定资产折旧费和咨询费等。

上述按成本项目即开支的经济用途分类的主要优点在于：可以明确指出费用的目的；便于对 CRM 系统进行开发；对运行过程中的经费使用情况进行监督和管理；为系统的价值分析奠定基础。

3．CRM 的隐性成本

客户关系管理是许多企业热衷于投资的领域。Gartner Group（高德纳咨询公司）指出，绝大多数实施 CRM 项目的企业将项目成本低估了 40%～75%。许多公司仅仅计算 CRM 项目中最明显的成本，如购买软件和咨询开支。事实上，CRM 项目还有许多其他的花费，例如项目规划、培训、测试、文本化、软件集成和项目管理。

在 CRM 实施过程中，意外成本的持续攀升令人震惊。据美国 Gartner Group 公司评估，大型企业在 CRM 项目上的花费在 3000 万～9000 万美元之间。

由于出乎意料的成本激增，大多数 CRM 项目（根据 Butler Group 的预测，达到 70%）在财务上被评价为是失败的。控制成本和避免失败就需要了解 CRM 的隐性成本到底隐藏在哪里。在做 CRM 项目预算时有以下 4 个关键的“成本因子”。

（1）培训

公司所犯的最大失误就是低估 CRM 项目的复杂性和长期性。公司通常需要培训员工，让他们理解如何运作 CRM 软件。因此，也需要建立培训基金，以让员工能够充分发挥新的业务模式的优越性，如在 CRM 系统提供信息的基础上进行交叉销售和追加销售。

（2）维护数据

许多公司没有能够计算出收集和维护客户信息的真正成本。CRM 需要庞大的数据收集来识别客户，并描绘出他们的购买行为和偏好。数据不是一劳永逸的，它需要进行持续维护来纠正条目的错误并不断更新数据。例如，当客户改变住址或退回订单时，数据应当得到更新。客户数据每个月将有 2%的退化率，这样整个客户数据库每年需要改变 1/4。低质量的数据将

会侵蚀 CRM 创新的有效性，因此数据质量的确保是维护成本中的重要因素。

（3）软件集成

CRM 软件通常需要一些形式的集成，才能呈现出一幅完整的客户“视图”，并且能在销售和营销中充分利用客户信息。例如，CRM 软件经常与 ERP 系统进行集成，以提供交易数据的访问。

（4）项目管理

出现的另一个隐性 CRM 成本的来源是项目管理，它是正确评估和控制成本的核心所在。它们应当被正确看待：它首先是一个企业战略，然后是 IT 创新。秘诀在于一开始就应当彻底评估公司“以客户为中心”的战略，然后规划一个 CRM 项目怎样来支持这个战略。一个项目管理方法应当是在整个 CRM 项目过程中，定期跟踪项目转折点、资源和费用。

企业在 CRM 项目上期望的实际投资是多少呢？尽管不能一概而论，但 AMR 研究建议：公司计划 CRM 项目的总预算应当是软件实施、服务、硬件和培训成本的 3～4 倍。尽管彻底的规划和项目管理需要耗费大量额外的时间和金钱，但这最终将别无选择。

4．CRM 成本管理

所谓成本管理是指以预算成本为限额，按限额开支成本和费用，将实际成本和预算成本比较，衡量活动的成绩和效果，并以例外管理原则纠正不利差异，实现成本控制。因此成本管理的内容应包括预算、会计记录以及成本分析与控制。

（1）预算

预算是指组织按照一定的业务量水平及质量水平，估计各项成本，计算预算成本，并以预算成本为控制经济活动的依据，衡量其合理性。当实际状态和预算有了较大差异时，要查明原因并采取措施加以控制。编制预算是以预算项目的成本预测及 CRM 实施的工作量预测为基础的。

① 预算项目的成本预测。

预算项目一般按照成本项目划分，一旦确定就要保持稳定。这样一是可以使企业了解其成本变动趋势，进行纵向比较，也可以与其他企业之间进行横向比较。二是为成本管理活动提供了一个简单的处理基础，如折旧可以按照成本类型的不同分别进行处理。

在预算编制时，除了已拟定的 CRM 购买成本外，实施过程中的其他项目成本通常都是未知的，因此必须对其进行预测。预测这些成本是以未来工作量的预测为基础进行的。成本管理必须谨慎地估计不可控制的成本的变化。

② IT 服务工作量预测。

工作量是成本变化的一个主要原因之一，因此，在编制预算的时候，要预测未来 CRM 实施、运行中的工作量。

（2）会计记录

会计记录是跟踪监测 CRM 实施成本是如何形成的书面记录，包括各种分类账，由会计人员进行管理。会计记录非常重要，它是人们认识、识别与 CRM 实施有关的成本，了解费用去向的工具，提供 CRM 成本效益分析或投资回报分析数据，描述成本的变化趋势。CRM 会计记录的基本原则与其他业务活动的会计原则没什么两样。

CRM 会计记录最主要的工作是定义成本要素。成本要素是成本项目的进一步细分，例如，硬件可以再分为办公室硬件、网络硬件以及中心服务器硬件。这有利于识别每一项成本并将每项成本填报在成本表中。成本要素结构一般在一年当中是相对固定的。定义成本要素结构一般可以按部门、客户或产品划分。对 CRM 实施和应用而言，理想的方法应该是按照服务要素结构定义成本要素结构，这样可以使硬件、软件、人力资源成本等直接成本项目的金额十分清晰，同时也有利于间接成本在不同服务之间的分配。服务要素结构越细，对成本的认识越清晰。

（3）成本分析与控制

会计人员将每月和每年支出项目、工作量和成本的实际数据与相应的预算、计划数据相比较，确定其差额，发现有无例外情况。对存在的例外情况，要进行差异分析。

差异分析是指确定差异的数额，将其分解为不同的差异项目，并在此基础上调查发生差异的具体原因，提出分析报告。通过差异分析，找到造成差异的原因，对可以降低的成本进行控制。

11.3.3　CRM 效益

“效益”这一概念比较狭义的定义是“社会经济活动中通过提高经济效果（效率）而得到的实际经济利益”，而人们在实际工作中则更多地从广义的角度去理解效益，认为效益是社会经济活动中取得的有用劳动成果和产生的积极效应与资金、劳动力及其他资源投入之间的一种比较关系。我们在讨论 CRM 系统的效益时，主要采用广义的“效益”概念，具体又分为经济效益和非经济效益。

1．CRM 系统的经济效益

经济效益是衡量经济活动的综合指标。CRM 系统的经济效益就是 CRM 系统产生的经济收入与成本之间的比例关系。从不同的角度看，CRM 系统的经济效益可以分为不同类型。

（1）直接经济效益与间接经济效益

CRM 系统的直接经济效益指带给企业的直接经济收入，如为企业增加产品的销售收入。间接经济效益是指企业在实施 CRM 之后，通过改进组织结构及动作方式、提高人员素质等途径，促使成本下降、利润增加而逐渐地、间接地获得的效益。由于成因关系复杂，计算困难，我们只能进行定性的分析，所以间接经济效益也称为定性效益。尽管间接效益难以估计，但其对企业的生存与发展所起的作用往往要大于直接经济效益。

（2）近期经济效益、中期经济效益和远期经济效益

一般情况下，近期、中期和远期可分别定为 1 年、2～4 年和 4 年以上。由于 CRM 系统通常是分段实施的，并且在投入运行后还有一个纠错和维护、用户适应的过程，因此，在近期内不会很快进入最佳运行状态，其经济效益主要集中在中期和远期。

（3）有形、准有形和无形经济效益

有形经济效益是指可以用货币定量计算的经济效益，如 CRM 系统以自动化手段代替了

人工信息收集加工，从而精简人员，减少人工费用。无形经济效益是指难以定量计算、不能直接用货币来体现的效益。例如，CRM 系统的应用提升了企业的现代信息化形象，对外可提高客户对企业的信任程度，对内则提高员工积极性等。介于有形经济效益和无形经济效益之间的是准有形经济效益，该类效益主要表现在工作效率的提高上。如 CRM 系统提高了客户及产品信息收集和数据处理的速度和质量，使企业人员能获得更多、更及时和更准确的信息，进而使各种营销和服务行为的有效性增强。

CRM 系统的经济效益能产生于企业的多个部门和领域，并且一部分是无形的经济效益，难以通过货币价值直接度量和估计，有形经济效益是可以用货币定量计算的经济效益。CRM 经济效益评价的主要指标是财务净现值、投资回收期和投资回报率。

① 财务净现值（NPV，Net Present Value）：是把所有预期的未来现金流入与流出都折算成现值，以计算一个项目预期的净货币收益与损失。净现值越大越好，这意味着项目的收益会超过投资成本。

② 投资回收期：回收期就是公司由现金流入情况计算得出收回其初期投资所需要的确切时间长度。换句话说，投资回收期分析就是要确定经过多长时间累计收入就可以超过累计成本以及后续成本。当累积折现收益与成本之差开始大于零时，回收就完成了。

③ 投资回报率（ROI）：表示投资的净收益与投入金额的比率。由于 CRM 效益不仅体现在有形经济效益上，所以使用这些指标评价 CRM 系统实施的整体效益是不完全的，而且通常是低估的。

2. CRM 系统的非经济效果

非经济效果是指 CRM 系统带来的经济效益以外的有益效果。它有多种表现形式，包括以下几个方面。

① 对企业组织结构、管理制度与业务流程等的变革会起巨大的推动作用。

② 能显著改善企业形象。对外可提高客户对企业的信任程度，对内可提高全体员工的自信心与自豪感。

③ 可使管理人员获得许多新知识、新技术与新方法，进而提高他们的技能素质，拓宽思路，进入学习与掌握新知识的良性循环。

④ 实现客户、产品、服务信息的共享与交互，使部门之间、管理人员之间的联系更紧密，从而可加强他们的协作精神，提高企业的凝聚力。

⑤ 对企业客户信息资料、客户交互记录等的基础管理产生很大的促进作用，为其他管理工作提供有利的条件。

⑥ 创造新的企业文化，改变销售、市场、客户服务人员的工作方式。将过去繁杂的人工工作自动化，改善员工的工作满意度等。

总之，对 CRM 投资回报的定量和定性分析的目的是通过分析目前的收益状况来确定 CRM 创新的投资是否合理。使自己对公司的 CRM 的投资回报有一个清晰的洞察力。同时，也为公司未来的 CRM 投资确定方向，这将帮助你确定下一步优先考虑的 CRM 功能。企业通过接收 CRM 系统用户的建议、分析实施 CRM 所获得改进的状况、规划流程再造的步骤、理解潜在的 ROI 是多少，来确保未来的 CRM 投资，以帮助公司解决面临的问题。

案例分析：上海通用汽车公司 CRM 实施案例

1. 实施 CRM 前的状况

在实施 CRM 项目之前上海通用公司原来已经有一个呼叫中心和多个客户信息系统。原有系统运行了一年多以后，已渐渐变为通用公司实施新战略、推进新业务的瓶颈。主要表现在如下方面。

① 随着汽车销售业务的突飞猛进，原有系统的数据容量、数据结构、响应速度等性能已经越来越不能够适应业务的发展。

② 原有的分散系统也不能满足客户的需求。例如，客户打 800 电话，得到的回答是咨询需要打一个号码，如果买车则又需要打另一个号码找销售代表。如果是修车的话，还必须再打维修服务中心的号码。客户感到非常不方便。

③ 由于客户信息放置在不同的地方，这些地方又互不相联，实际上形成了几个相互隔离的客户信息孤岛。信息不能够共享，严重浪费了客户资源。

④ 现在市场运作模式是公司统一定价，通过销售商来销售。渠道的进一步扁平化，使得加强对销售商的管理迫在眉睫。

⑤ 由于销售的工作都由销售商来完成，公司自身从整体上凸显通用的品牌优势、树立公司整体形象势在必行。

⑥ 通用公司 CRM 的全球化战略也要求在中国积极推进。IBM 综合考虑通用公司六个方面的情况提出了整体的解决方案。

2. 实施 CRM

IBM 提出的策略要点是统一规划、分步实施。IBM 认为，要从系统的长远发展蓝图来考虑问题，而绝不能是头痛医头、脚痛医脚。过去的问题在于考虑长远不够。方案的制定同样是以客户为中心而展开的。客户在今后不仅仅面对销售商，他在购车以后还会面对售后服务站，对于四位一体的销售商来说，售后服务站可能和它是一家，但处理问题的一定是两批人员，维修人员不会是销售代表。还有公司的客户服务中心，这里的人员经常要和客户打交道，他们如何协同工作是一个很重要的问题。客户的资料要集中化，销售人员有任何变化都不会影响对客户的服务。此外，车辆的信息要集中化，原来生产的信息是在工厂内，但是库存是在各地的经销商那里。公司必须要随时掌握每一辆车的状态，有没有卖掉，谁买走的，车子有没有修理过，是在什么地方修的，修了什么。

为了避免失误，通用公司选择了全球 CRM 方面市场占有率最大的厂商 Siebel 的产品，同时也选择了 Siebel 的全球合作伙伴 IBM 公司来实施这个项目。IBM 在实施过程中通过四步来完成。

第一步是集中客户信息。虽然过去通用公司也有很多客户数据，但是这些数据是残缺的。例如，有客户购买汽车的数据，但是这辆车在客户购买后修过没有、在哪里修的、修了什么地方，没有这些动态的数据。由于汽车是高价值的产品，同时它的使用寿命又很长，处于动态过程中的信息比购买信息更为重要，原有系统的局限性无法处理这方面的数据。

第二步是提高协同工作的效率。主要是针对客户服务中心、大客户销售代表以及零售商、市场活动和售后服务站四个部分，使它们能够既协同工作，又能提高效率。

第三步是开拓新的渠道。为客户提供新的个性化的接触渠道。

第四步是客户细分。通过使用各种系统工具对客户进行细分，分析客户的满意度、忠诚度和利润贡献度。有的放矢地为客户提供个性化服务。

3. 实施成效

虽然通用汽车的CRM项目只完成了两个步骤，但是已经体现出它带来的成效。在新实施的CRM系统中，客户与通用公司的联系可以通过几个渠道进行：客户服务中心、大客户服务代表、区域经理和零售商。咨询和投诉都是由客户服务中心来处理的。这里同样也可以捕捉销售机会。现有的系统可以共享更多的客户信息，客户服务代表可以根据这些信息对客户实行交叉销售，进一步提高销售业绩。

作为前台的 CRM 系统与后台也有很好的连接。例如，和柔性制造控制系统的连接，使得根据来自前台的客户个性化需求，能够自动安排车辆的生产计划。被记录在计算机中的除了客户对车型、配置等个性化需求外，还有这辆车的SGM生产编号。这个编号可以称作车辆在流水线上通行的身份证号。自动车体识别系统将制造信息自动读入电子标签内，制造信息跟随此车身经过每一生产工段直至进入总装车间。通过联网系统，“身份证号”同客户个性化的需求被唯一对应地传送到各个工位。机器根据车辆的不同生产编号无误地执行不同的工作任务，而线旁的工人根据被粘贴至车身前左侧位上与生产编号一一对应的制造信息标签，正确完成不同的装配工作。质量报交系统则按照不同车型的不同检测标准进行测试，在每一个环节保证车的可靠质量。还可以正确地反映出当前测量的状态，是在仓库里，或者是在运输途中，还是正在交易之中。

CRM系统与物料供应系统也实现了很好的连接，可以根据收到的客户订单安排生产，与此同时生成相应的物料计划发给各个供应商。这样既保证生产时有充足的供货，又不会产生库存而占用资金和仓库。CRM系统还与通用公司的网站实现了很好的连接，方便客户通过网站访问通用公司，咨询购车或是寻求服务。

案例来源：百度文库，http://wenku.baidu.com/view/3c399135f111f18583d05a87.html。

案例思考题

1. 通用公司为什么要实施CRM?
2. 试评价通用公司在实施CRM中哪些方面做得比较好。

关键词汇

绩效；绩效管理；绩效测评；关键业绩指标（KPI）；关键维度；客户满意；客户忠诚；指标体系；平衡计分卡；CRM计分卡；投资回报（ROI）；成本；效益

本章小结

绩效测评是考核一个CRM项目是否成功的重要环节，国内外对于CRM绩效测评的研究较多，相关的评估方法和框架可以分为10组。CRM绩效的评价指标可以从客户关系、内部流程业务、发展趋势和财务 4 个方面来建立，评估的方法可以使用层次分析法等，其中平衡计分卡法在 CRM 中也得到了相应的应用。在实践中对于 CRM 绩效的测评需要根据企业的实际情况来制定评价指标体系和选择测评方法。

CRM 系统的实施使用、维护和管理等过程是一项复杂的系统工程，需要投入较多的人、财、物资源，这些都构成了 CRM 系统的成本。可用两种方法划分和测算 CRM 系统的成本：按信息系统的生命周期阶段划分和按开支的经济用途划分。CRM 实施中的隐性成本常常被忽视，造成对成本的低估。CRM 实施成本管理的内容包括预算、会计记录以及成本分析与控制。

CRM 系统的经济效益包括直接经济效益与间接经济效益，或分为有形、准有形和无形经济效益。有形经济效益是可以用货币定量计算的经济效益，并可用于经济效益指标计算。间接经济效益、无形经济效益由于成因关系复杂，计算困难，往往只能进行定性分析，但其对企业的生存与发展所起的作用往往要大于直接经济效益。

复习思考题

1．什么是绩效和绩效管理？
2．绩效考核的方法有哪些？
3．简述 CRM 绩效测评过程。
4．简述 CRM 绩效评价的主要步骤。
5．建立 CRM 评价指标体系的原则有哪些？
6．简述平衡计分卡的基本原理。
7．简述平衡计分卡的优点。
8．简述 CRM 绩效评价的主要方法。
9．说明 CRM 计分卡的主要组成因素。
10．CRM 的投资成本有哪些？

讨论题

1．为什么要对 CRM 运行绩效进行评价？
2．试讨论和分析建立 CRM 评价指标体系时需考虑的因素。
3．可以从哪几方面来评价 CRM 运行绩效？
4．分析企业在进行 CRM 投资时应考虑哪些方面的因素。
5．试讨论银行业与制造业对 CRM 的绩效评价会有哪些不同之处。
6. 某企业的 CRM 系统投入运行一年了，企业领导认为它并未带来企业利润的大幅度增长。结合本章的知识，你如何看待这一问题？应如何全面分析 CRM 效益？

网络实践题

1．利用搜索引擎等工具，分析海尔、联想等企业是否应用 CRM。如果应用则比较其应用前后的效果如何。

2．登录我国四大银行网站，搜集 CRM 的应用资料，并分析其在银行业中应用的效果。

3．登录国内外知名企业网站，如惠普、甲骨文、联想、华为等，搜集相关资料，比较其应用 CRM 的实施效果。

4．登录铁路客户服务中心网站，比较其提供的服务与开通网站前有何不同。

参考文献

[1] Bang Nguyen, Dilip S. Mutum. A review of customer relationship management: successes, advances, pitfalls and futures[J]. Business Process Management Journal, 2012, 18(3): 400-419.

[2] Rui Rijo，João Varajão，Ramiro Gonçalves. Contact center: information systems design[J]. Intell Manuf, 2012, 23:497–515.

[3] Basar Öztays¸i, Selime Sezgin, Ahmet Fahri Özok. A measurement tool for customer relationship management processes, Industrial Management & Data Systems, 2011, 111(6):943-960.

[4] Demiriz, A. , & Akbilek, N. A framework for balanced service and cross-selling by using queuing science. Journal of Intelligent Manufacturing, 2009,20(2): 249–257.

[5] Hyung-Su Kim, Young-Gul Kim. A CRM performance measurement framework: Its development process and application, Industrial Marketing Management , 2009(38): 477–489.

[6] Mendoza, L. E. , Marius, A. , Perez, M. and Griman , A. C. Critical success factors for a customer relationship management strategy, Information and Software Technology, 2007, 49 (8): 913-945.

[7] Harker, M. J. and Egan, J. The past, present, and future of relationship marketing[J]. Journal of Marketing and Management, 2006, 22(1): 215-242.

[8] Timothy L. Keiningham, Lerzan Aksoy, Tor Wallin Andreassen, Bruce Cooil, Barry J. Wahren, “Call center satisfaction and customer retention in a co-branded service context”, Managing Service Quality, 2006, 16 (3):269-289.

[9] Adrian Payne, Pennie Frow. A Strategic Framework for Customer Relationship Management[J]. Journal of Marketing, 2005, 69 (4): 167-176.

[10] Payne, A. and Frow, P. A strategic framework for customer relationship management[J]. Journal of Marketing, 2005, 69(4): 167-176.

[11] Arnett D. B. , Badrinarayanan V. Enhancing customer-needs-driven CRM strategies: Core selling teams, knowledge management competence, and relationship marketing competence[J]. Journal of Personal Selling and Sales Management, 2005, 25(4): 329-343.

[12] William Boulding, Richard Staelin, Michael Ehret, Wesley J. Johnston. A Customer Relationship Management Roadmap: What Is Known, Potential Pitfalls, and Where to Go.Journal of Marketing, 2005, 69(4): 155-166.

[13] Reinartz W, Krafft M，Hoyer W D. The customer relationship management process: its measurement and impact on performance[J]. Journal of marketing research, 2004, 41(3): 293-305.

[14] Kale S H. CRM failure and the seven deadly sins[J]. Marketing Management, 2004, 13(5): 42-46.

[15] J onghyeok Kim, Euiho Suh, Hyunseok Hwang. A model for evaluating the effectiveness of CRM using the balanced scorecard. Journal of Interactive Marketing, 2003, 17 (2):5-19.

[16] Shaw M J, Subramaniam C, Tan G W, et al. Knowledge management and data mining for marketing[J]. Decision support systems, 2001, 31(1): 127-137.

[17] Shapiro, Varian. Information Rules. McGraw-Hall, 2001.

[18] Eriksson K, Vaghult A L. Customer retention, purchasing behavior and relationship substance in professional services[J]. Industrial Marketing Management, 2000, 29(4): 363-372.

[19] James A O'Brien. Introduction to Information Systems. IRWIN, 1997.

[20] Palmer, A. J. Relationship marketing: local implementation of a universal concept[J]. International Business Review, 1995, 4(4): 471-481.

[21] Dick A S, Basu K. Customer loyalty: toward an integrated conceptual framework[J]. Journal of the Academy of Marketing Science, 1994, 22(2): 99-113.

[22] Morgan R. M, Hunt S. D. The commitment-trust theory of relationship marketing[J]. Journal of marketing, 1994, 58(3).

[23] Prahalad CK, Hamel G. The core competence of the corporation[J]. Boston (MA), 1990: 235-256.

[24] Bernd H. Schmitt. A revolutionary approach to connecting with your customers [M]. Customer Experience Manaherment. USA. Experiental Marketing Press, 2013.

[25] Peppers, D. and Rogers, M. Managing Customer Relationships — A Strategic Framework(2nd ed)[M]. Wiley, Hoboken, NJ, 2010.

[26] Porter M E. Competitive advantage: Creating and sustaining superior performance[M]. Simon and Schuster, 2008.

[27] Kenneth C. Laudon, Jane P. Laudon, Management Information System: Managing the Digital Firm, 9th Edition[M]. Pearson Prentice Hall, New Jersey, 2006.

[28] Newell F. Loyalty. com: Customer relationship management in the new era of Internet marketing [M]. McGraw-Hill, Inc, 2001.

[29] 劳顿（Laudon, K. C.），劳顿（Laudon J. P.）. 管理信息系统（原书第 11 版）[M]. 薛华成编译.北京：机械工业出版社，2011.

[30] 张明立. 客户价值——21 世纪企业竞争优势的来源[M]. 北京：电子工业出版社，2007.

[31] 杨路明. 客户关系管理[M]. 重庆：重庆大学出版社，2007.

[32] 网络营销基础与实践[M]. 北京：清华大学出版社，2007.

[33] 布拉德利 • T. 盖尔（Bradley T. Gale）. 客户价值管理[M]. 安圣惠等译. 北京：中国人民大学出版社，2006.

[34] 郑玉香. 客户资本价值管理[M]. 北京：中国经济出版社，2006.

[35] 马刚等. 客户关系管理[M]. 东北财经大学出版社，2005.

[36] 黄梯云. 管理信息系统（第三版）[M]. 北京：高等教育出版社，2005.

[37] 詹姆斯 • H. 迈尔斯. 市场细分与定位[M]. 王袆译. 北京：电子工业出版社，2005.

[38] 宝利嘉顾问. 忠诚可求——获取客户终身价值[M]. 北京：中国经济出版社，2005.

[39] 汤姆 • 奥森顿. 客户份额营销——释放客户忠诚，找到利润源泉[M]. 刘晓虹，梁漫春译. 北京：中国人民大学出版社，2005.

[40] 严浩仁. 客户忠诚管理：机理分析与策略指导[M]. 北京：经济科学出版社，2005.

[41] 李扣庆. 客户价值优势论[M]. 北京：经济科学出版社，2004.

[42] 奈杰尔·希尔等. 客户满意度和忠诚度测评手册[M]. 廉志奇等译. 北京机械工业出版社，2004.
[43] 伯尔尼特·施密特. 客户体验管理——实施体验经济的工具[M]. 冯玲译. 北京：机械工业出版社，2004.
[44] 伯尔尼特·施密特. 体验营销[M]. 周兆晴译. 桂林：广西民族出版社，2003.
[45] 张志强，冯美珍. 最大化利润——客户中心方法[M]. 黎新平译. 北京：中国人民大学出版社，2003.
[46] 殷正坤. 计算机伦理与法律[M]. 武汉：华中科技大学出版社，2003.
[47] 杨永恒. 客户关系管理——价值导向及使能技术[M]. 大连：东北财经大学出版社，2002.
[48] 查尔斯·威尔逊. 盈利性客户——如何确认、发展和保留他们[M]. 王莹等译. 桂林：广西师范大学出版社，2002.
[49] 幸平，君庆. 知识营销[M]. 北京：经济管理出版社，2002.
[50] 吴建安. 市场营销[M]. 北京：高等教育出版社，2000.
[51] 屈云波，郑宏. 数据库营销[M]. 北京：企业管理出版社，1999.
[52] 方华，祺琦. 关系营销[M]. 太原：山西经济出版社，1998.
[53] 薛萍，徐洁怡. 顾客满意度指数建模方法研究综述[J]. 现代商业，2013（3）：17-20.
[54] 李逊. 关于物流企业客户体验管理中的体验创新研究[J]. 牡丹江教育学院学院，2013，2：180-183.
[55] 李秀芳，刘娟. 基于 BSC 思想的企业 e-CRM 应用绩效评价探讨[J]. 现代财经，2012（6）：119-129.
[56] 唐滔，唐勃. CRM 提高客户满意度与忠诚度之捷径[J]. 信息与电脑，2011（9）.
[57] 卢海燕. 基于平衡计分卡的商业银行客户关系管理绩效评价指标体系的构建[J]. 淮海工学院学报（社会科学版·社会经纬），2011（20）：87-90.
[58] 华瑶，宋媛媛，吴洁. 基于层次分析法的 CRM 绩效评价研究[J]. 长春大学学报，2011（11）：19-22.
[59] 杜栋. CMS 与 ERP、CRM 的对比分析[J]. 信息技术，2010（6）：45-47.
[60] 虢欢. 浅议企业如何选择 CRM 软件系统[J]. 中国商界，2010（6）：335-336.
[61] 单友成，李敏强，赵红. 面向客户关系管理的客户满意度指数模型及测评体系[J]. 天津大学学报（社会科学版），2010（2）.
[62] 叶映兰. 基于价值的客户关系管理及其应用[J]. 科研管理，2009，30（6）：172-177.
[63] 范利敏，王贵和. FAHP 方法在客户满意度评价中的应用研究[J]. 辽东学院学报（自然科学版），2009（1）.
[64] 胡启国，张鹏. 顾客满意度指数测评指标体系的构建[J]. 统计与决策，2009（10）.
[65] 匿名. 客户体验管理：CEM 取代 CRM？[J]. 上海信息化，2009，4. ：51-54.
[66] 宋庆美，王晶，程丽娟. 时尚电子产品顾客满意度的动态特性[J]. 工业工程，2008（5）：28-31.
[67] 郭红丽. 客户体验管理的概念、实施框架与策略[J]. 工业工程与管理，2006，3：119-123.
[68] 罗珉. 价值星系：理论解释与价值创造机制的构建[J]. 中国工业经济，2006（1）：80-89.
[69] 韩顺平，王永贵. 客户资产管理视角下的客户忠诚及其驱动因素[J]. 经济管理·新管理，2006（4）：31-37.
[70] 何叶荣. 客户关系管理与企业核心竞争力[J]. 淮南师范学院学报，2006，8（4）：53-54.
[71] 彭红. 基于客户生命周期的客户价值分析[J]. 经济管理·新管理. 2005（4）：70-75.
[72] 王化成，尹美群. 价值链模式下价值创造的要素体系研究[J]. 管理世界，2005（5）：104-110.
[73] 李海舰，原磊. 基于价值链层面的利润转移研究[J]. 中国工业经济，2005（6）：81-89.
[74] 王锡秋. 客户价值评估方法研究[J]. 南开管理评论，2005（5）：31-34.
[75] 简彩云. 客户满意度指数测评模型比较与借鉴[J]. 商业时代·理论，2005（11）：39-42.
[76] 王月兴. 客户忠诚的驱动因素[J]. 山东大学学报（哲学社会科学版）（双月刊），2004（4）：103-107.
[77] 冯根尧. 从 CRM 到 CEM[J]. 现代管理科学，2004. 10：26-28.

[78] 王成. 全面客户体验——持续盈利的卓越之道[J]. 福建税务，2004（7）：47-48.
[79] 王学军，陈武. 运用 CRM 打造企业的核心竞争力[J]. 科技进步与对策，2004，5：40-41.
[80] 熊本峰. 关于客户价值理论的述评与思考[J]. 重庆工商大学学报（社科版），2003（6）：57-59.
[81] 严浩仁，贾生华. 客户满意向客户忠诚转换的机理研究[J]. 山西财经大学学报，2003（12）：69-72，
[82] 陈明亮. 客户忠诚与客户关系生命周期[J]. 管理工程学报，2003（2）：90-93
[83] 齐佳音，李怀祖. 客户关系管理（CRM）的体系框架分析[J]. 工业工程，2002, 5（1）：42-45.
[84] 杨永恒，王永贵，钟旭东. 客户关系管理的内涵、驱动因素及成长维度[J]. 南开管理评论，2002，5（2）：48-52.
[85] 杨龙，杨永贵. 客户价值及其驱动因素[J]. 管理世界，2002（6）：146-147.
[86] 陈明亮. 客户生命周期模式研究[J]. 浙江大学学报（人文社会科学版），2002（11）：66-72.
[87] 杨理，尤天慧. 论客户管理与企业文化的关系[J]. 科技进步与对策，2002，19（9）：87-88.
[88] 冯鹏义. 整合营销传播形成的理论基础及其形成过程[J]. 重庆商学院学报，2002（6）：56-58.
[89] 桂煜航. 关于知识营销及其方法的研究[J]. 科技进步与对策，2002，19（7）：83-84.
[90] 张国安，孙忠. 客户关系管理与企业文化[J]. 科技进步与对策，2001，18（1）：98-100.
[91] 闵文杰. 信息系统评价指标体系及方法的研究[J]. 铁道学报，2000（10）：37-41.
[92] 王淑芹. 市场营销价值观探析[J]. 中国工业经济，2000（4）：70-73.
[93] 张馨遥. 健康网站信息服务满意度评价指标体系研究[D]. 吉林大学，2011.
[94] 江威. 电子通讯制造企业大客户满意度测评研究[D]. 清华大学，2010.
[95] 齐佳音. 企业客户价值研究[D]. 西安交通大学，2002.
[96] 克里斯托弗，迈耶（Christopher Meyer）安德烈，施瓦格尔（Andre Schwager）. 发掘客户体验的价值[Z]. 商业评论，上海：中欧国际商学院, 2007.
[97] 陈冠宇. 微软 CRM 体系、架构、客户化和实施. www. microsoft. com/china/technet, 2013.
[98] 企业如何有效保护 CRM 数据库. http://jingyan. baidu. com/article/d7130635033a2f13fdf475a4. html, 2013-12-23.
[99] 客户数据来源可以简单地划分为来自企业内部和企业外部. http://www. 6-soft. com/News_433. aspx, 2013-8-26.
[100] 企业如何有效保护 CRM 数据库. http://jingyan. baidu. com/article/d7130635033a2f13fdf475a4. html, 2013-12-23.
[101] 客户数据来源可以简单地划分为来自企业内部和企业外部. http://www.6-soft. com/News_ 433. aspx, 2013-8-26.
[102] Oracle CRM 客户关系管理解决方案. www. oracle. com/cn, 2012.
[103] 浅谈 CRM 云技术架构. www. cnetnews. com. cn, 2012.
[104] 百会纵横科技有限公司. 中小企业 CRM 选型指南[EB/OL]. http://www. baihui. com/crm/ 362. html?source=SEMbdCRMkhty, 2012-11.
[105] 亿邦动力网. 5 个环节降低客户流失率. http://www. ebrun. com/online_marketing/5176. html, 2010-03-25.
[106] 亿邦动力网. 选择你自己的 SEO 策略. http://www. ebrun. com/online_marketing/5176. html, 2010-02-24.
[107] Kelvin Li. CRM 技术发展趋势[EB/OL]. ERP 世界网. http://www. erpworld. net/Soft/CRM/1/200805/12-13525. html.
[108] CRM 实施过程中的客户隐私保护. http://blog.163. com/feng_mail_888/blog/static/

1901469520071124102557487/，2007-2-24.

[109] 建立 CRM 数据库的几个原则. http://news. chinabyte. com/137/147137_2. shtmlhttp://news. chinabyte. com/137/147137_2. shtml, 2000-12-20.

[110] 浅谈 CRM 在中国银行领域中的应用. http://www1. ctiforum. com/technology/CRM/crm0421. htm.

[111] 孟蕊. 互联网发展信息与动态（96 期）[EB/OL]. 中国互联网络信息中心（CNNIC）. http://www. cnnic. cn/hlwfzyj/hlwfzzx/qwfb/201402/W02014022659902176. pdf.

[112] 客户关系管理. 维基百科. http://wiki. mbalib. com/wiki/.

[113] 客户服务中心. 维基百科. http://wiki. mbalib. com/wiki.

[114] 中国呼叫中心市场迎来云呼叫中心 2.0 时代. http://www. it. hc360. com.

[115] 云计算呼叫中心. http://baike. baidu. com/view/4767883. htm.

[116] 新锐国际. 用户体验和客户体验管理（CEM）. http://www. geong. com/Channel/709369，2014-1-20.

[117] Gartner 支招七步改善客户体验. http://crm100. com/SrcShow. asp?Src_ID=379.